COMPLETE - PASS

CAS

리더스

한 권으로 끝내기

관리사

4차 산업혁명의 핵심은 초연결성과 초지능화로 언급될 수 있으며, 사람과 기계가 스마트하게 연결되는 모든 중심에 사람이라는 고객이 존재한다. 초고도화된 기술환경에서 초개인화 서비스와 맞춤화를 요구하는 고객의 기대에 부응하도록 기업은 환경적 변화를 인식하고 고객만족경영의 목적을 달성하도록 노력을 기울여야 할 것이다. 또한 4차 산업혁명과 글로벌 시대의 조직환경에서 요구되는 서비스 전문지식과 실무능력을 갖춘 전문인력양성에도 지속적인 개발과 혁신이 이루어져야 할 것이다.

이러한 환경 변화에 부응하여 서비스 전문역량 강화는 필수이며 서비스이론을 체계적으로 제시하고 있는 CS리더스관리사는 고객의 입장에서 고품질 서비스의 필요성과 역할에 부합되도록 직무를 정의하고 비즈니스 경쟁력 향상을 위한 서비스체계 기반 마련에 기여할 수 있는 인재를 위한 자격증이다.

본서의 구성을 살펴보면 각 과목의 챕터마다 다루고 있는 적중 예상문제는 자주 기출되는 문제들을 분석하여 제시된 것으로 집중적으로 학습하는 것이 좋다. 또한 기출된 이론 및 내용들에 대해 중요 표시나 볼드체로 표기하여 제시하였다.

제1과목 CS개론은 고객만족과 서비스이론에 관한 내용으로 CS에 대한 전반적인 역사와 서비스에 대한 정의에 대한 내용을 다룬다.

제2과목 CS전략론에서는 서비스 분야와 CS활용으로 구성되어 있으며 서비스를 고도화시키고 고객 만족을 이루어낼 수 있는 방법과 이론을 제시하고 있다.

제3과목 고객관리 실무론은 CS 실무, 고객관리, 컴퓨터 활용에 대한 것으로 비즈니스 매너, 에티켓, 소비자기본법, 그리고 프레젠테이션 활용 방법 등에 대한 내용을 다루고 있으며 최신 개정된 소비자기본법과 개인정보 보호법에 대한 내용을 업데이트했다.

CS리더스관리사 자격시험은 고객만족 서비스에 대한 전문지식을 다루고 있어 다소 내용이 어렵고 세부적인 학습전략이 필요하다. 따라서 본서는 기출문제 유형을 분석하여 출제된 내용들을 중심으로 필수적인 핵심 이론 및 문제들만을 정리하여 구성하였다.

저자는 독학으로 준비하는 수험생들에게 합격을 목표로 좀 더 쉽고 빠른 지름길을 제시하고자 하며 도전하는 모든 수험생들의 합격을 진심으로 소망한다.

편저자 씀

CS Leaders 관리사 시험안내

CS(Customer Satisfaction)의 이론 및 실무를 숙지하고 실생활 및 Business의 효율성과 실용성을 달성하기 위해 CS기획, 인사 · 마케팅, 고객관리 등의 업무를 응용하여 다양한 직무분야를 바탕으로 서비스 경영환경에서의 자문과 지원, 기업 이미지 관리 및 제고의 역할을 수행함으로써 개인과 조직의 서비스 혁신과 성공을 달성하기 위한 직무이다.

● **시행처** : (사)한국정보평가협회

● **검정기준**

고객만족과 서비스관련 종목에 관한 실무 이론 지식을 통해 교육학, 인사관리학, 마케팅학 등 기타 유사 학문과의 관련 지식을 이용하여 고객 만족을 관리, 교육하고 업무에 활용할 수 있는 능력을 갖추었는지 평가

● **응시자격** : 제한 없음

● **검정방법** : 필기시험(객관식 90문항/90분/5지선다형)

● **합격기준**

• **합격 판정** : 3과목(CS개론, CS전략론, 고객관리 실무론) 평균 100점 만점에 60점 이상
• **과락으로 인한 불합격 판정** : 3과목(CS개론, CS전략론, 고객관리 실무론) 중 단일 과목 획득 점수 40점 미만

● **접수방법**(온라인 접수)

홈페이지 접속
(www.kie.or.kr) ▶ CS Leaders (관리사)
종목 및 응시지역
선택 ▶ 접수 및 응시료
결제 ▶ 수험표 출력

● **자격증 발급 안내**

• **자격증의 신규 발급** : 자격증 최초 발급의 경우, 합격자에 한하여 별도의 신청 절차 및 수수료 없이 회원가입시 작성된 E-mail 주소로 1회 무료 발송
만약 개인적인 사유로 E-mail을 변경하고자 할 경우, E-mail 변경기간에 [마이페이지] – [수험생 기본정보] – [정보 수정] 클릭 후 변경
• **자격증의 재발급** : 분실, 파손 등의 사유로 자격증을 재발급하고자 할 경우, [자격증/확인서] – [자격증재발급(개명)신청] – [자격증 재발급 신청]을 클릭 후 해당 페이지에 안내된 내용을 참고하여 자격증을 신청
• **자격증 재발급 수수료** : 3,000원

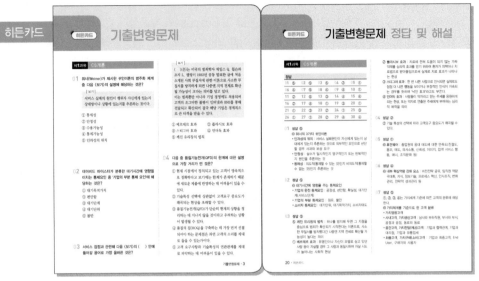

- 기출분석을 통해 실제 시험과 유사한 문제 출제
- 기출문제에서 필요한 내용에 맞는 상세한 해설 수록

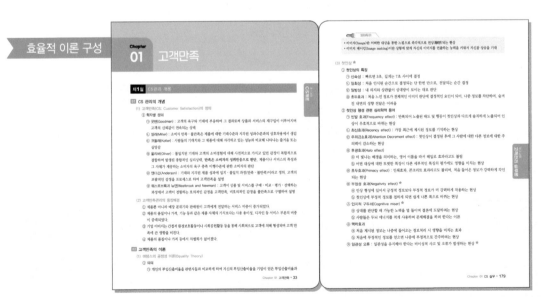

- 시험에 반복 출제되는 핵심내용 엄선 수록
- 주요 핵심 내용에 ★ 표시하여 학습 포인트 제시

적중 예상문제 수록

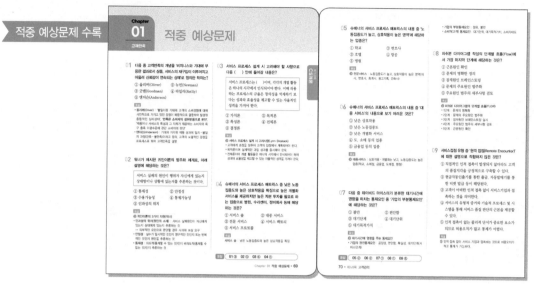

– 단원별로 보는 적중 예상문제와 상세한 해설을 한 눈에!

기출예상 모의고사 및
정답·해설 수록

– 기출 문제들을 분석, 분류하여 만든 기출예상 모의고사 3회분 수록
– 실제 시험과 동일한 형태의 문제 수록으로 실력 점검은 물론 실전에 효과적으로 대비

제1과목 CS개론

CHAPTER 01 고객만족

CHAPTER 02 서비스이론

제2과목 CS전략론

CHAPTER 01 서비스 분야

기출변형문제

01 워너(Weiner)가 제시한 귀인이론의 범주화 체계 중 다음 〈보기〉의 설명에 해당하는 것은?

| 보기 |

서비스 실패의 원인이 행위자 자신에게 있는지 상대방이나 상황에 있는지를 추론하는 것이다.

① 통제성
② 안정성
③ 수용가능성
④ 통제가능성
⑤ 인과성의 위치

02 데이비드 마이스터가 분류한 대기시간에 영향을 미치는 통제요인 중 '기업의 부분 통제 요인'에 해당하는 것은?

① 대기목적가치
② 편안함
③ 대기단계
④ 대기단위
⑤ 불만

03 서비스 접점과 관련해 다음 〈보기〉의 (   ) 안에 들어갈 용어로 가장 올바른 것은?

| 보기 |

(   )(은)는 미국의 범죄학자 제임스 Q. 윌슨과 조지 L. 켈링이 1982년 공동 발표한 글에 처음 소개된 사회 무질서에 관한 이론으로 사소한 무질서를 방치하게 되면 나중엔 지역 전체로 확산될 가능성이 크다는 의미를 담고 있다.
이는 범죄뿐만 아니라 기업 경영에도 적용되며 고객의 조그마한 불평이 인터넷과 SNS를 통해 전달되고 확산되어 결국 해당 기업은 경제적으로 큰 타격을 받을 수 있다.

① 베르테르 효과
② 플라시보 효과
③ 스티그마 효과
④ 언더독 효과
⑤ 깨진 유리창의 법칙

04 다음 중 품질기능전개(QFD)의 한계에 대한 설명으로 가장 거리가 먼 것은?

① 현재 시점에서 정의되고 있는 고객이 영속적으로 정확하다고 보기에는 한계가 존재하기 때문에 새로운 제품에 반영하는 데 어려움이 있을 수 있다.
② 기술특성 선택에 상관없이 고객요구 중요도가 왜곡되는 현상을 초래할 수 있다.
③ 품질기능전개(QFD)가 단순히 현재의 상황을 정리하는 데 지나지 않을 것이라고 우려하는 상황이 발생될 수 있다.
④ 품질의 집(HOQ)을 구축하는 데 가장 먼저 선결되어야 하는 문제점은 과연 고객의 소리를 제대로 들을 수 있는가이다.
⑤ 고객 요구사항과 기술특성의 연관관계를 제대로 파악하는 데 어려움이 있을 수 있다.

05 고객만족(CS)의 3요소 중 휴먼웨어에 해당하는 내용을 다음 〈보기〉에서 찾아 모두 선택한 것은?

| 보기 |

가. 다양한 상품이 진열되어 있다.
나. 직원이 단정하게 유니폼을 착용하고 있다.
다. 고객이 매장을 나갈 때 친절하게 인사를 한다.
라. 고객이 주문처리 절차를 쉽게 따라할 수 있다.

① 나, 다
② 가, 다, 라
③ 가, 나
④ 나, 라
⑤ 다, 라

06 다음 총체적 고객만족경영(TCS)의 혁신 요소 중 내부 핵심역량 강화를 위한 혁신 활동으로 보기 어려운 것은?

① 지식
② 정보기술
③ 프로세스
④ 가격 경쟁력
⑤ 인사조직

07 다음 중 고객의 범주와 관련해 평면적, 전통적 관점의 고객에 해당하는 것은?

① 기업과 유통업체
② 기업과 협력업체
③ 도매상 또는 소매상
④ 직장동료 또는 부하직원
⑤ 재화나 서비스를 구매하는 사람

08 고객행동의 영향요인 중 문화의 특성에 대한 설명으로 가장 거리가 먼 것은?

① 문화는 점진적으로 변화하는 동태성을 갖는다.

② 사회구성원들에 의하여 공유된 관습은 유지되기를 바라고 다음 세대로 계승되기를 바란다.
③ 문화는 태어날 때부터 타고나거나 본능적인 것이 아니라 삶의 초기에 학습을 통해 형성하는 것이다.
④ 신념이나 가치 또는 관습이 문화적 특성으로 인정받기 위해서는 영향력을 가진 사회 지도층의 권위 있는 검증이 가장 중요하다.
⑤ 사람의 일상적인 생활을 규범에 의해 생리적, 사회적, 개인적 욕구해결의 방향 및 지침이 되고 아울러 외부사회 집단의 압력에 의한 연대성을 갖게 된다.

09 준거집단 영향 요인 중 다음 〈보기〉의 설명에 해당하는 것은?

| 보기 |

• 준거집단 구성원의 의견을 신뢰하게 되어 영향을 받게 되는 유형이다.
• 현상에 대한 판단, 평가의 기준을 획득하기 위해 타인의 행동을 관찰하는 특성을 보인다.

① 학습영향
② 규범적 영향
③ 가치표현적 영향
④ 정보적 영향
⑤ 가치대립 영향

10 고객 의사결정을 위해 필요한 고객의 정보원천의 분류로 가장 거리가 먼 것은?

① 경쟁적 원천
② 개인적 원천
③ 경험적 원천
④ 상업적 원천
⑤ 공공적 원천

11 성격유형지표(MBTI)의 선호경향 중 내향형에 대한 설명으로 가장 올바른 것은?

① 사람과 관계에 큰 관심을 갖고 상황적이며 정상을 참작한 설명을 한다.
② 깊이 있는 대인관계를 유지하며 조용하고 신중하며 이해한 다음에 경험한다.
③ 진실과 사실에 큰 관심을 갖고 논리적이고 분석적이며 객관적으로 판단한다.
④ 분명한 목적과 방향이 있으며 기한을 엄수하고 철저히 사전 계획하고 체계적이다.
⑤ 목적과 방향은 변화 가능하고 상황에 따라 일정이 달라지며 자율적이고 융통성이 있다.

12 메타(Meta) 그룹에서 제시한 고객관계관리(CRM)의 분류 중 분석 CRM의 내용에 가장 부합하는 것은?

① 백오피스와 CRM 통합
② 비효율적 업무 프로세스 도출
③ 채널 다양화로 일관된 서비스 제공
④ 프런트 오피스 고객접점을 연계한 업무지원
⑤ 고객 캠페인을 통한 타깃(Target) 마케팅 수행

13 고객관계관리(CRM)의 등장 배경 중 고객의 변화에 해당하는 것은?

① 시장의 세분화
② 시장의 규제 완화
③ 고객만족의 준거변화
④ 컴퓨터와 정보통신기술(IT)의 발전
⑤ 대중 마케팅(Mass Marketing)의 비효율성 증대

14 고객평가가치(CLV) 제고를 위한 핵심 활동 중 다음 〈보기〉의 대화에 가장 부합하는 것은?

| 보기 |

• 직원 : 환영합니다. 고객님. KIE 버거입니다. 주문 도와드릴까요?
• 손님 : 네. CS 버거 세트 하나 포장해 주세요.
• 직원 : 500원 추가하시면 햄버거 라지 사이즈 가능하신데 변경하시겠습니까?
• 손님 : 네. 그러면 변경해 주세요.

① 재고판매(Stock Selling)
② 교차판매(Cross Selling)
③ 유인판매(Bait Selling)
④ 상향판매(Up Selling)
⑤ 하향판매(Down Selling)

15 다음 중 고객관계관리(CRM)의 특징에 대한 설명으로 가장 거리가 먼 것은?

① 다양한 방법으로 고객의 데이터와 정보를 얻고 이를 전사적 차원에서 활용한다.
② 기업 업무 프로세스의 통합과 혁신을 요구한다.
③ 신뢰를 바탕으로 고객과 쌍방향의 관계를 형성하고 지속적으로 발전시키는 것을 의미한다.
④ 수익의 원천을 상품으로 보고 시장 점유율 중심의 매스 마케팅(Mass Marketing)을 활용한다.
⑤ 차별적 타깃 마케팅(Target Marketing)을 추진하여 전반적인 마케팅 활동에 통합적 효율성을 제고한다.

16 고객관계관리(CRM)의 실패 요인 중 의미 없는 데이터베이스 자료로 보기 어려운 것은?

① 평생 단 한번 구입하는 제품
② 정보 수집에 적은 비용이 드는 경우
③ 장기적 타산이 맞지 않는 경우
④ 상표에 대한 충성심을 보이지 않는 제품
⑤ 단위당 판매가 작은 경우

17 다음 중 e-CRM에 대한 설명으로 가장 올바르지 않은 것은?

① 커뮤니케이션, 마케팅의 다양성을 중시하여 적극적인 고객화를 통한 장기적인 수익 실현을 목적으로 한다.

② 초기 기반 시설에 대한 설치비용이 높은 반면 유지 관리 비용이 낮다.

③ 고객 요청 시 언제든지 온라인에 접속하여 처리할 수 있기 때문에 단순한 절차와 실시간 처리가 가능하다.

④ 영업점 방문, 전화, DM, TM 등 복수의 분산된 채널을 적절하게 활용한다.

⑤ 구매이력 이외에 방문횟수, 관심횟수, 광고관심횟수, 게시판 사용횟수 등 고객의 행위를 표현하는 다양한 정보를 사용할 수 있다.

18 다음 중 e-CRM 전략에서 고객접근 전략에 해당하는 것은?

① 옵트 인 메일(Opt-in Mail)

② 리마인드 서비스(Remind Service)

③ 어드바이스 서비스(Advice Service)

④ 인센티브 서비스(Incentive Service)

⑤ 개인화 서비스(Personalize Service)

19 휴스턴(Huston)과 레빙거(Levinger)가 제시한 인간관계 형성 단계 중 다음 〈보기〉의 설명에 해당하는 것은?

| 보기 |

• 두 사람 사이에 직접적인 교류가 일어나는 단계이다.

• 공정성과 호혜성이 관계유지의 주요 원인으로 작용한다.

• 상대방의 인격적인 특성보다 역할이 중시되므로 친밀감이나 상호의존성이 증진되기 힘들다.

① 인상 형성 단계   ② 의존적 결정단계

③ 피상적 역할 단계   ④ 친밀한 사적 단계

⑤ 심리적 기여단계

20 부적응적 인간관계 유형 중 실제로 깊이 있는 인간관계를 맺지 못하지만 겉으로는 넓고 원만한 인간관계를 맺고 있는 것으로 보이는 유형은?

① 피상형   ② 관리형

③ 회피형   ④ 고립형

⑤ 의존형

21 대인지각 왜곡 유형 중 판단을 함에 있어 자신과 비교하여 남을 평가하는 경향에 해당하는 것은?

① 투영 효과   ② 방사 효과

③ 초두 효과   ④ 후광 효과

⑤ 대비 효과

22 다음 중 존 포웰(John Powell)이 제시한 자아개방의 5단계를 순서대로 바르게 나열한 것은?

① 일상적인 회화 수준 – 자신의 감정과 느낌을 표현하는 단계 – 생각을 나누는 단계 – 정보를 주고받는 단계 – 진실의 단계

② 일상적인 회화 수준 – 생각을 나누는 단계 – 정보를 주고받는 단계 – 자신의 감정과 느낌을 표현하는 단계 – 진실의 단계

③ 일상적인 회화 수준 – 정보를 주고받는 단계 – 생각을 나누는 단계 – 자신의 감정과 느낌을 표현하는 단계 – 진실의 단계

④ 일상적인 회화 수준 – 정보를 주고받는 단계 – 자신의 감정과 느낌을 표현하는 단계 – 생각을 나누는 단계 – 진실의 단계

⑤ 일상적인 회화 수준 – 정보를 주고받는 단계 – 생각을 나누는 단계 – 진실의 단계 – 자신의 감정과 느낌을 표현하는 단계

23 의사소통의 구성요소 중 잡음(Noise)에 대한 설명으로 적절하지 않은 것은?

① 커뮤니케이션 각 단계에 존재하는 방해, 저해 요인을 말한다.
② 제한된 범위에서 현재적으로 커뮤니케이션의 특정한 과제에 한해 적용할 수 있다.
③ 잡음은 내적 잡음과 외적 잡음으로 구분하기도 한다.
④ 내적 잡음은 수신자의 내적·심리적 요인을 의미하며 외적 잡음은 발신자와 커뮤니케이션 환경에 영향을 주는 요인에 해당된다.
⑤ 특정 어휘의 다중성에 따른 해석의 오류와 메시지에 내재된 문법적 오류, 동사 시제의 급격한 변화는 의사소통을 방해한다.

24 다음 중 하버마스(Habermas)가 제시한 이상적인 의사소통 상태를 특정 짓는 준거 기준으로 가장 거리가 먼 것은?

① 일관성
② 타당성
③ 진리성
④ 진지성
⑤ 이해가능성

25 에릭 번(Eric Berne)이 제시한 교류분석(TA)의 인간관 중 자율성에 대한 내용으로 가장 거리가 먼 것은?

① 자율성은 생리적이고 생득적인 특성을 지닌다.
② 인간의 내부에는 자율성을 회복할 수 있는 상당한 잠재력을 가지고 있다.
③ 인간은 재결단의 선택을 통해 생애 초기의 잘못을 새롭게 변화할 수 있다.

④ 인간은 자신의 정서를 표현할 수 있는 자발성 및 다른 사람과 사랑을 나누고 친교를 나눌 수 있는 친밀성을 가지고 있다.
⑤ 어린 시절 부모의 일방적 명령과 금지에 복종하면서 유보된 자율성을 스스로 되찾게 하여 포기된 자율성을 증대시키는 것이다.

26 접촉경계혼란의 원인 중 타인이나 환경과 상호 작용하는 대신 자기 자신을 대상으로 삼아 외부에 하고 싶은 행동을 자신에게 하거나, 외부에서 나에게 해주길 바라는 행동을 스스로에게 하는 상태를 의미하는 것은?

① 투사(Projection)
② 자의식(Egotism)
③ 내사(Introjection)
④ 융합(Confluence)
⑤ 반전(Retroflexion)

27 서비스의 정의에 대하여 다음 〈보기〉의 내용과 같이 주장한 학자는?

| 보기 |

제품은 유형물, 고안물, 객관적 실체인 반면 서비스는 무형 활동이나 노력이다. 그러므로 구매하는 대상의 본질이 유형적 혹은 무형적인가의 여부로 판단해야 한다.

① 베리(Berry)
② 세이(Say)
③ 레티넨(Lehtinen)
④ 마샬(Marshall)
⑤ 자이다믈(Zeithaml)

28 러브록(Lovelock)이 제시한 다차원적 서비스 분류에서 다음 도표의 (가)에 들어갈 업종에 해당하는 것은?

		서비스 조직과 고객과의 관계 유형	
		회원 관계	비회원 관계
서비스 제공의 성격	계속적 거래	(가)	(나)
	단속적 거래	(다)	(라)

① 경찰　　　　② 보험
③ 렌터카　　　④ 방송국
⑤ 우편 서비스

29 리더십 이론과 관련해 피들러(Fiedler)가 제시한 상황 이론에서 다음 상황 변수 중 성격이 다른 것은?

① 응집력　　　　② 보상체계
③ 리더의 권력　　④ 과업의 난이도
⑤ 의사결정 구조

30 기존 고객 유지를 위한 시장 방어 전략 중 보복 전략(Retaliation)에 해당하는 것은?

① 집중 광고
② 서비스 보증
③ 높은 전환 비용
④ 가격인하, 판매촉진
⑤ 입지, 유통 등의 통제

---

31 다음 〈보기〉의 서비스 청사진 구성도에서 (바)에 들어갈 내용으로 알맞은 것은?

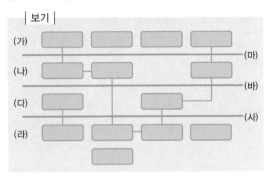

① 가시선　　　　② 상호 작용선
③ 공급 변동선　　④ 서비스 수익선
⑤ 내부 상호작용선

32 다음 중 VOC(Voice of Customer)의 장점에 대한 설명으로 가장 거리가 먼 것은?

① 고객과의 관계를 개선하고 유지할 수 있다.
② 고객의 요구와 기대의 변화를 파악할 수 있다.
③ VOC를 통해 예상 밖의 아이디어를 얻을 수 있다.
④ CRM의 한계를 극복하여 데이터를 통한 분석이 아닌 고객의 실제 성향 파악을 가능하게 한다.
⑤ 원시 데이터가 아니라 가공되어 정제된 상태의 데이터를 통해 고객의 요구사항을 파악할 수 있다.

33 서비스 모니터링 조사기법과 관련해 다음 〈보기〉의 내용에 해당하는 용어는?

| 보기 |

• 서비스나 상품을 제공하는 회사와 계약을 맺고 지속적으로 모니터링 자료를 제공하는 고객 집단이다.
• 일정 기간 동안 서비스나 제품에 대한 고객의 태도와 지각을 기업에 알려주기 위해 모집된 지속적인 고객 집단이다.

① 블루슈머(Bluesumer)
② 모디슈머(Modisumer)
③ 헤드헌터(Head Hunter)
④ 퍼플오션(Purple Ocean)
⑤ 고객패널(Customer Panel)

34 서비스 마케팅과 관련해 칼 알브레히트(Karl Albrecht)가 제시한 서비스 삼각형(Service Triangle)에 대한 내용 중 상호작용 마케팅의 설명으로 가장 올바른 것은?

① 기업이 고객에게 제공할 서비스를 설계하고, 가격을 결정하며, 분배 및 촉진하기 위해 행하는 모든 업무에 해당한다.
② 경영자가 기업 서비스 약속을 이행할 수 있도록 서비스 제공 종사원을 지원하는 활동이다.
③ 기업의 서비스 약속을 종업원, 대리인 등이 제대로 지키는 과정을 의미하는 것으로 고객에게 서비스를 제공하는 데 있어 구성원의 역량이 매우 중요하다.
④ 서비스 제공 종사원이 고객과 약속한 서비스를 제공할 능력과 의지를 가질 수 있도록 교육 및 동기부여, 장비와 기술 확충 등을 실시하는 행위를 말한다.
⑤ 서비스를 제공하기 이전에 고객과 커뮤니케이션하는 모든 것으로 기업이 고객의 기대를 형성하고 고객과 약속하는 활동을 말한다.

35 다음 중 얀켈로비치(Yankelovich)가 제시한 시장 세분화의 장점에 대한 설명으로 가장 올바르지 않은 것은?

① 이익 가능성에 상관없이 모든 세분화 시장에 대하여 판매 촉진비를 일괄적으로 설명할 수 있다.
② 미래의 시장 변동에 대비해 계획을 수립하고 대책을 마련할 수 있다.
③ 세분화된 시장의 요구에 적합하게 제품 계열을 결정할 수 있다.
④ 광고 매체를 합리적으로 선택할 수 있고 각 매체별로 효과에 따라 예산을 할당할 수 있다.
⑤ 판매 저항이 최소화되고 판매 호응이 최대화될 것으로 예측되는 기간에 판촉 활동을 집중할 수 있다.

36 다음 중 산업재 시장에서 가능한 시장 세분화 방법으로 보기 어려운 것은?

① 개인적 특성
② 운영적 변수
③ 상황적 변수
④ 심리분석적 변수
⑤ 구매습관적 변수

37 표적시장 선정을 위한 표적 마케팅 활동 중 집중화 전략에 대한 설명으로 가장 거리가 먼 것은?

① 소수의 작은 시장에서 높은 시장 점유율을 달성하기 위한 전략이다.
② 기업의 자원이 제한되어 있지 않을 경우 주로 사용되는 방법이다.
③ 자사보다 큰 경쟁자가 동일시장에 진입할 경우 시장성을 잃을 수도 있다.
④ 기업의 목표 달성에 가장 적합한 하나 또는 소수의 표적시장을 선정하여 마케팅 활동을 집중하는 전략을 말한다.
⑤ 소비자의 기호나 구매행동 변화에 따른 위험을 감수해야 할 수도 있다.

38 마케팅 전략 수립과 관련해 파레토 법칙(Pareto's Law)에 해당하는 설명으로 가장 거리가 먼 것은?

① 소비자행동론에 기초한 이론인 파레토 최적의 개념이다.
② 대부분의 현상이 중요한 소수에 의해 결정된다는 법칙이다.
③ 총 매출의 80%는 20%의 고액구매 고객으로부터 나온다는 법칙이다.
④ 선택과 집중이라는 키워드와 결합되어 기업 전략의 중요한 축을 형성하는 데 영향을 주었다.
⑤ 유통비용이 거의 들지 않는 온라인을 통해 주로 관찰된다.

39 서비스 실패와 관련해 다음 〈보기〉의 내용과 같이 주장한 학자는?

| 보기 |
서비스의 실패란 서비스 접점에서 고객의 불만족을 야기하는 열악한 서비스 경험을 의미한다.

① 윈(Weun) ② 젬케(Zemke)
③ 레너드(Leonard) ④ 헤스켓(Heskette)
⑤ 존스턴(Johnston)

40 고객이 추구하는 가장 일반적인 서비스 회복 방안 중 그 성격이 서로 다른 유형에 해당하는 것은?

① 제품 수리
② 기업의 사과
③ 발생한 사건에 대한 기업의 해명
④ 같은 문제가 반복되지 않을 것이라는 확신
⑤ 고객의 불만을 기업에 표현할 수 있는 기회

41 다음 중 애프터서비스(After Service) 품질 차원의 영향 요인으로 가장 거리가 먼 것은?

① 정책
② 처리시간
③ 공식적 훈련 프로그램
④ 전문성과 기술
⑤ 직원의 태도와 행동

42 다음 중 서비스 수익체인의 구조와 기능에 대한 설명으로 가장 올바르지 않은 것은?

① 서비스 가치는 고객만족을 유도한다.
② 내부 품질은 종업원 만족을 가져온다.
③ 고객충성도는 수익성과 성장을 유발한다.
④ 종업원 만족은 종업원 충성도를 유발한다.
⑤ 종업원의 충성도는 경쟁사 유인을 유발한다.

43 필립 코틀러(Philip Kotler)가 제시한 5가지 제품 차원 중 잠재적 제품에 대한 설명으로 올바른 것은?

① 제품을 구입할 때 구매자들이 정상적으로 기대하고 합의하는 일체의 속성과 조건을 말한다.
② 고객이 실제로 구입하는 근본적인 이점이나 서비스를 말한다.
③ 미래에 경험할 수 있는 변환과 확장 일체를 의미한다.
④ 핵심 이점을 유형 제품으로 형상화시킨 것으로 제품의 기본 형태를 의미한다.
⑤ 기업이 제공하는 것을 경쟁자가 제공하는 것과 구별되게 하는 추가적인 서비스와 이점을 포함하는 제품이다.

44 다음 〈보기〉의 설명에 해당되는 제품 차별화 방법은?

| 보기 |

혁신적인 기술에 의해 기존 제품이 해결하는 방식보다 효율적이고 편리, 신속하며 보다 적은 노력을 통해 경제적으로 해결할 수 있는 제품을 제공한다.
그러나 중소기업의 경우 자원이 우수한 대기업에 의해 시장기반이 쉽게 빼앗길 위험성이 있기 때문에 주의해야 한다.

① 성장 요소 차별화
② 제공 요소 차별화
③ 대체 요소 차별화
④ 기능 요소 차별화
⑤ 효용 요소 차별화

45 다음 중 의료 서비스의 특성에 대한 설명으로 가장 올바른 것은?

① 의료 서비스는 수요 예측이 가능하다.
② 의료 서비스 비용은 직접 지불형태를 갖는다.
③ 의료 서비스는 기대와 실제 성과의 불일치가 크다.
④ 의료 서비스는 의사결정자가 제한적이고 획일적이다.
⑤ 의료 서비스는 기본적으로 유형적인 제품 특성을 가지고 있다.

46 SERVQUAL의 5가지 품질에 따른 차원별 설문 내용 중 응답성(Responsiveness)에 대한 사항과 가장 거리가 먼 것은?

① 업무처리 시간의 알림
② 즉각적인 서비스 제공
③ 안심하고 거래하기 위한 안전 확보
④ 자발적으로 소비자를 도와주려는 태도
⑤ 직원이 바쁠 때도 소비자의 요구에 신속한 대응

47 가빈(Garvin)이 제시한 품질 구성의 8가지 차원 중 적합성에 대한 내용으로 가장 올바른 것은?

① 기업 혹은 브랜드의 명성을 의미한다.
② 제품이 가지고 있는 운영적인 특징을 의미한다.
③ 특정 제품이 가지고 있는 경쟁적 차별성에 해당한다.
④ 고객들의 세분화된 요구를 충족시킬 수 있는 능력을 의미한다.
⑤ 제품이 고객에게 지속적으로 가치를 제공할 수 있는 기간을 말한다.

48 다음 〈보기〉의 내용 중 e-서비스 품질(SQ)의 4가지 핵심 차원을 찾아 모두 선택한 것은?

| 보기 |

가. 경험성	나. 보상성
다. 보안성	라. 신뢰성
마. 효율성	바. 성취이행성

① 가, 나, 다　　② 가, 나, 라
③ 나, 라, 바　　④ 나, 다, 마, 바
⑤ 다, 라, 마, 바

49 데이비드 보웬(David Bowen)과 에드워드 로울러(Edward Lawler)가 제시한 권한 위임에 잘 맞는 조직의 설명으로 가장 올바른 것은?

① 사업 환경을 예측하기 쉽다.
② 기술이 일상적이고 단순하다.
③ 고객과 주로 단기적인 계약 관계를 갖는다.
④ 사업 전략이 고객화되고 차별화된 조직이다.
⑤ 임직원의 성장 욕구가 높은 반면 낮은 사회적 욕구를 가지고 있다.

50 다음 중 서비스 종사원에게 역할 모호성이 발생되는 원인으로 보기 어려운 것은?

① 서비스 표준이 없을 경우

② 하향적 의사소통이 수행될 경우

③ 서비스 표준이 제대로 커뮤니케이션 되지 않을 경우

④ 우선순위가 없이 너무 많은 서비스 표준이 존재할 경우

⑤ 서비스 표준이 성과측정, 평가, 보상 시스템과 연결되어 있지 않을 경우

51 고객만족 측정 방법 중 간접측정 방식에 대한 설명으로 가장 올바르지 않은 것은?

① 만족도 차원의 구성에서 모든 요소를 포함시킬 수 있을 뿐만 아니라 측정 오차의 문제를 완전히 극복하는 데 도움을 준다.

② 여러 가지 서비스의 하위 요소 또는 품질에 대한 차원만족도의 합을 복합점수로 간주하는 방식을 말한다.

③ 혼합측정에서 발생하는 중복측정 문제를 완화시킬 수 있다.

④ 다양한 서비스 품질 차원을 고려하기 때문에 만족도를 개선하기 위해 어떤 노력을 기울여야 하는지에 대해서도 다양한 정보를 제공받을 수 있다.

⑤ 만족에 대하여 직접 설문을 통해 측정하는 것이 아니라 만족에 대한 선행변수로 전제되는 품질 요소에 대한 측정을 통해 만족도를 측정하는 방식이다.

52 다음 중 표적집단면접(FGI)의 한계점으로 가장 올바르지 않은 것은?

① 높은 비용이 요구된다.

② 자료의 일반화 가능성이 낮다.

③ 주관적 해설의 가능성이 높다.

④ 자료의 신뢰성에 문제가 발생할 수 있다.

⑤ 다양한 주제의 자료를 수집하는 데 어려움이 있다.

53 설문지 개발과 관련해 질문의 순서를 결정할 경우 유의해야 할 사항으로 가장 거리가 먼 것은?

① 어렵거나 민감한 질문은 뒤에 위치시킨다.

② 그 질문이 반드시 필요한 질문인지 고려해 본다.

③ 보다 포괄적인 질문을 한 다음 구체적인 질문을 한다.

④ 논리적이고 자연스러운 흐름에 따라 질문을 위치시킨다.

⑤ 중요한 질문은 설문지 내용이 많을 경우 앞쪽에 위치시킨다.

54 라파엘(Raphael)과 레이피(Raphe)가 제시한 고객충성도의 유형 중 특정 제품이나 서비스를 빈번하게 구매하는 계층에 해당하는 것은?

① 고객(Customer)   ② 단골고객(Client)

③ 단순고객(Shopper)   ④ 예비고객(Prospect)

⑤ 충성고객(Advocator)

55 SERVQUAL의 5가지 GAP 모델 중 GAP 2가 발생되었을 경우 해결 방안으로 가장 올바른 것은?

① 조직의 관리단계 축소

② 체계적인 서비스 설계

③ 종업원 업무 적합성 보장

④ 상향적 커뮤니케이션 활성화

⑤ 광고와 인적 판매의 정확한 약속 이행

56 2005년 IBM CX 포럼에서 발표된 소비자 태도 변화 추세에 대한 내용으로 가장 거리가 먼 것은?

① 시장의 구조조정
② 정보 활용도의 변화
③ 소비자의 가치 변화
④ 대형 유통업체의 몰락과 소멸
⑤ 산업의 변화에 따른 기업의 포커싱 변화

57 다음 〈보기〉의 설명에 해당하는 벤치마킹 유형은?

| 보기 |

최신의 제품, 서비스, 프로세스를 가지고 있는 조직을 대상으로 한 벤치마킹 유형으로 새롭고 혁신적인 기법을 발견할 수 있다는 장점이 있지만, 서로 다른 업종일 경우 방법을 이전하는 데 한계가 있다.

① 경쟁 벤치마킹   ② 포괄 벤치마킹
③ 기능 벤치마킹   ④ 시설 벤치마킹
⑤ 내부 벤치마킹

58 다음 〈보기〉의 (   ) 안에 들어갈 용어로 가장 올바른 것은?

| 보기 |

소비자에게 특정 행동이나 무언가를 요구할 때는 소비자의 저항을 생각해야 한다. 특히 일방적인 소비를 요구하는 광고나 마케팅을 내세우면 반발심이 생기고 효과는 떨어질 수 있다. 그러나 소비자의 다양한 의견이나 니즈를 모두 반영하기는 현실적으로 불가능하다.
이에 마케팅에서는 저항을 최소화하는 방법을 연구하기 시작했고, 소비자들이 스스로 선택하도록 만드는 (   )을 다양한 영역에서 활용하기 시작했다.

사전적 의미로 살짝 건드리다. 주의를 끌다. 주변을 환기시킨다는 뜻의 (   )은 강요하지 않고 부드러운 개입으로 사람들이 더 좋은 선택을 스스로 할 수 있도록 유도함으로써 흥미를 자극하여 소비자의 관심을 유발하고, 선택은 소비자 스스로가 할 수 있게 하는 마케팅 전략이다.

① 버즈(Buzz) 마케팅
② 니치(Niche) 마케팅
③ 바이럴(Viral) 마케팅
④ 넛지(Nudge) 마케팅
⑤ 플래그십(Flagship) 마케팅

59 다음 중 소비자 행동 특성에 대한 설명으로 가장 올바르지 않은 것은?

① 소비자는 구매결정 과정에서 내·외부 환경의 영향을 받는다.
② 소비자의 제품 구매 동기와 행동은 조사를 통해 파악할 수 있다.
③ 소비자의 목표 지향적이고 능동적인 판단은 소비자가 최적의 정보를 가지고 최고의 대안을 선택한다는 의미를 지닌다.
④ 소비자는 스스로 판단하여 필요한 제품이나 서비스에 관한 정보를 수집하고 이를 기반으로 구매할 것인지 판단한다.
⑤ 소비자 행동은 경우에 따라 외부 사람들에게 불합리하게 보일 수 있으나 대부분의 소비자 행동은 매우 합리적인 목표를 수반한다.

60 다음 중 슈미트(Schmitt)가 제시한 고객경험을 제공하는 수단으로 가장 거리가 먼 것은?

① 커뮤니케이션 경험
② 고객만족(CS) 평가지표 개발
③ 웹사이트(Web site)의 상호작용
④ 시각적, 언어적 아이덴티티(Identity)
⑤ 제품의 외형을 이용한 경험 수단 제공

61 다음 중 '소비자는 생활자로서 일반 국민인 동시에 거래 과정의 끝 무렵에 구매자로 나타나는 것이다.'라고 소비자에 대해 정의한 학자는?

① 폰 히펠(Von Hippel)
② 다케우치 쇼우미(Takeuchi Shoumi)
③ 가토 이치로(Kato Ichiro)
④ 이시카와 마사토(Ishikawa Masato)
⑤ 이마무라 세이와(Imamura Seiwa)

62 다음의 불평고객 중 제3자에게 불평을 하지 않고, 불평해도 들어주지 않는다는 생각을 갖고 있는 유형에 해당하는 것은?

① 직접 행동자
② 표현 불평자
③ 소극적 행동자
④ 적극 행동자
⑤ 격노자

63 아래 〈보기〉의 내용에 해당하는 콜센터 모니터링의 종류는?

| 보기 |

모니터링 요원이 무작위로 상담자의 수행평가 콜을 선택함에 따라 상담자도 자신의 콜을 듣고 반복적으로 검토할 수 있다.

① Silent Monitoring
② Mystery Call
③ Peer Monitoring
④ Appraiser
⑤ Call Taping

64 굿맨(Goodman)의 법칙 중 아래 〈보기〉에 해당하는 것은?

| 보기 |

문제 해결에 불만을 가진 고객의 흑평적 소문의 영향력은 만족한 고객의 호평의 영향력보다 2배 더 강하다.

① 제1의 법칙　　② 제2의 법칙
③ 제3의 법칙　　④ 제4의 법칙
⑤ 제5의 법칙

65 다음 교육훈련 기법 중 〈보기〉의 설명에 해당하는 명칭으로 올바른 것은?

| 보기 |

오스번(A. F. Osbarn, 1941)이 개발한 기법으로, 개개인의 자유연상기법을 이용한 아이디어를 수집하는 방법이다. 새로운 아이디어 도출에 효과적이지만, 서로의 아이디어에 비판하거나 평가하지 않아야 자유로운 아이디어를 표현할 수 있다.

① 브레인스토밍　　② 사례연구법
③ 강의법　　　　　④ 역할 연기법
⑤ 토의법

66 혹실드(Hochschild)의 감정노동 유형 중 아래 〈보기〉에 해당하는 것은?

| 보기 |

실제 내면 감정상태를 변화시키지 않고 조직의 감정규칙인 서비스 표준에 맞춰 겉으로 표현하는 행위를 의미한다.

① 내면화 행위　　② 표면화 행위
③ 동기적 행위　　④ 표준화 행위
⑤ 조직적 행위

67 다음 중 콜센터 업무수행에 필요한 '스크립트 진행 과정'에 대한 설명으로 가장 옳지 않은 것은?

① 첫인사는 도입 단계에서 고객과의 신뢰감 형성을 위해 가장 중요하므로, 인사 후 바로 회사와 상담원을 소개하도록 한다.

② 통화 상대에 대한 본인 확인 후 상담 진행이 기본이다.

③ 먼저 고객을 이해하는 시간을 갖는 유대관계 형성이 필요하다.

④ 상담 진행 시, 고객정보 수집 후, 고객 맞춤 상품 제안 및 정보를 제공하는 것은 개인정보 보호법에 위반되므로 지양해야 한다.

⑤ 고객 반론에 대한 자료는 미리 준비하여 대응한다.

68 콜센터의 역할 중 서비스 전략적 측면의 내용으로 옳지 않은 것은?

① 콜센터의 운영 지표를 확보하고 있어야 한다.

② 다양한 커뮤니케이션 채널을 확보한다.

③ 철저한 실행조직으로서 기업 전체에 미칠 영향을 중시해야 한다.

④ 정확한 고객 니즈 파악 및 피드백 제공할 수 있어야 한다.

⑤ 콜센터 KPI는 불필요하나, 잠재고객을 활성화하는 고객확보가 중요하다.

69 다음 내용 중 멘토의 역할에 대한 설명으로 옳은 것은?

① 멘토의 역할은 장기적으로만 가능하다.

② 같은 조직 구성원을 제외한 외부 전문가가 수행한다.

③ 팀원이 원하여 스스로 지원하는 것은 불가능하다.

④ 한 보 뒤에서 장기적 관점으로, 지식과 기능의 발전을 위한 상담 및 조언을 한다.

⑤ 업무 외의 조언은 불필요하다. 동기부여 및 변화를 주는 조언자이다.

70 다음 중 비즈니스 이메일 네티켓의 내용으로 적합하지 않은 것은?

① 메일의 용량은 지속적인 관리가 필요하다.

② 비즈니스 메일은 24시간 이내에 답장을 보낸다.

③ 유머성 메일과 정보성 메일은 수신자 동의 시 보낸다.

④ 용량이 큰 파일은 생략하고, 본문에 세부 내용을 작성한 후 보낸다.

⑤ 영어 대문자로만 사용하지 않는다.

71 다음 중 수명 업무와 보고를 받을 때의 매너로 올바르지 않은 것은?

① 업무지시를 받을 시, 애매한 점은 육하원칙(5W1H)으로 질의 확인해야 한다.

② 불가능한 명령은 불가능한 이유를 설명하고, 재지시를 받아야 한다.

③ 다른 부서의 상사 명령도 협업을 위해 적극 자체 수렴 후 신속히 처리한다.

④ 지시받은 방침 및 방법으로 진행이 불가능한 경우 중간 보고를 한다.

⑤ 업무 진행 중 곤란한 문제가 발생하는 경우 중간 보고를 한다.

72 다음 중 첫인상 형성에 대한 내용으로 〈보기〉에 해당하는 용어로 올바른 것은?

| 보기 |

반복되어 노출된 태도 및 행동이 첫 인상과 다르게 솔직하게 노출되어 인상이 우호적으로 바뀌는 현상이다.

① 인지적 구두쇠 효과
② 맥락 효과
③ 후광 효과
④ 부정성 효과
⑤ 빈발 효과

73 나들러(Nadler)가 제시한 교육훈련 강사의 역할 중 다음 〈보기〉에 해당하는 것은?

| 보기 |

강사는 다양한 경험과 이론적 배경을 갖추어야 하며, 강의 및 토의 진행, 시범 등의 역할을 수행한다.

① 학습 촉진자
② 훈련 지도자
③ 교육 개발자
④ 교수전략 개발자
⑤ 교수 프로그램 개발자

74 다음 중 전통 예절에 대한 내용으로 가장 거리가 먼 것은?

① 여성은 음으로 최소 음수 기본 두 번을 절한다.
② 남성은 양으로 최소 양수 기본 한 번을 절한다.
③ 의식행사 및 고인(故人)에게는 기본횟수의 배를 한다.

④ 고인(故人)에게는 남성은 기본횟수의 배를 한다.
⑤ 흉사(凶事) 시에는 남성은 오른손이 위로, 여성은 왼손을 위로 올려 포갠다.

75 다음 중 교육훈련을 위한 역할연기 교수법의 강의 기법 중 장점에 대한 설명으로 옳지 않은 것은?

① 알고 있는 것과 실천하는 것의 격차를 체감할 수 있다.
② 타인의 연기를 통해 새로운 아이디어 습득이 가능하다.
③ 참여자들이 단시간 친화력을 높일 수 있다.
④ 교육생 모두가 흥미롭게 현실감 있는 학습이 가능하다.
⑤ 집중력과 소통을 통해 생각하게 한다.

76 다음 〈보기〉에서 메라비언(Mehrabien) 법칙의 '비대면(전화) 커뮤니케이션' 구성요소에 대한 ( ) 안에 들어갈 내용으로 가장 올바르게 나열된 것은?

| 보기 |

전화응대와 같은 '비대면 커뮤니케이션' 구성요소의 청각적 요소는 (가), (나), (다)로, 82%에 해당하며, 언어적 요소는 18%이다.

① 전문지식, 말의 내용, 말씨
② 숙련된 기술, 말씨, 어조
③ 말씨, 음성, 숙련된 기술
④ 어조, 억양, 말의 내용
⑤ 어조, 억양, 말씨

77 피고스(Pigors)와 마이어스(Myers)가 제시한 성인 학습의 효과에 대한 설명으로 가장 거리가 먼 것은?

① 승진에 대비하여 능력향상에 방법을 세울 수 있다.
② 신입사원의 양과 질이 모두 표준 미달로, 임금 증가 도모를 방지한다.
③ 업무 종사원은 새로 도입된 신기술에 적응을 원활히 한다.
④ 종사원의 불만과 결근, 이동을 방지할 수 있다.
⑤ 재해, 기계설비 소모 등의 감소에 유효함이 있다.

78 다음 전화응대 시 유의 사항에 대한 내용으로 가장 옳지 않은 것은?

① 고객의 말 속도에 맞춰 일치감을 형성하는 것이 좋다.
② 강조하거나 쉬어야 할 부분은 빠르게 연속 반복하여 말한다.
③ 상대가 이해하기 힘든 전문 용어는 사용하지 않는다.
④ 플러스화법을 사용하고, 말씨와 억양에 주의한다.
⑤ 부정적인 말은 우회적으로 표현하도록 한다.

79 다음 중 비영리 민간단체가 '소비자 단체소송'을 제기할 요건의 내용으로 옳지 않은 것은?

① 법률상 동일한 침해를 입은 100명 이상의 정부 주체로부터 단체소송의 제기를 요청받아야 한다.
② 최근 1년 이상 이를 위한 활동 실적이 있어야 한다.
③ 정관에 개인정보 보호를 단체의 목적으로 명시해야 한다.
④ 단체의 상시 구성원 수가 5천명 이상이어야 한다.
⑤ 중앙행정기관에 등록되어 있어야 한다.

80 칼 알브레히트(Karl Albrecht)의 고객을 화나게 하는 7가지 태도 중 아래 〈보기〉에 해당하는 것은?

| 보기 |

고객의 요구나 문제를 못 본척하며 피하는 유형

① 무관심   ② 냉담
③ 거만   ④ 무시
⑤ 경직화

81 다음 중 국제 비즈니스 매너를 위해 숙지해야 할 국가별 문화 특징에 대한 설명으로 가장 거리가 먼 것은?

① 인도에서 힌두교는 소를 신성시하며, 쇠고기를 먹지 않으므로 메뉴 선정 시 주의한다.
② 일본은 홀수로 된 것이 행운을 준다고 믿는다.
③ 중동, 인도네시아, 말레이시아는 왼손을 부정하게 생각하므로 주의한다.
④ 중국에서의 박쥐는 행운을 전해주는 동물이다.
⑤ 멕시코 인디언들은 사진을 찍으면, 사람의 혼(魂)이 빠져 죽음에 이른다고 생각하므로, 사진 촬영 시 동의를 구하고 신중을 기해야 한다.

82 다음 중 클레임(Claim)에 대한 내용으로 가장 옳지 않은 것은?

① 클레임 처리가 되지 않을 땐 고객에게 물질적 또는 정신적, 법적 보상을 해야 한다.
② 클레임의 종류는 소프트 클레임, 일반 클레임, 하드 클레임으로 구분된다.
③ 보편적으로 고객이 상품을 구입하는 과정에서 품질, 서비스, 행위 귀책의 사유로 불만을 제기한다.
④ 클레임은 상대방의 잘못된 행위에 대한 시정요구로 볼 수 있다.
⑤ 소비자보호에 의해 권리를 요구할 수 있다.

83 프레젠테이션 자료 제작에 필요한 디자인 원리 중, '조직성(組織性)'에 대한 설명으로 올바른 것은?

① 이해하기 쉽게 단순화 작업

② 공간을 느낄 수 있도록 입체감 있게 작업

③ 내용의 배열 흐름이 완만함

④ 컬러 및 크기, 글자와 배경색의 어울림

⑤ 전체적으로 하나인 것처럼 작업

84 다음 중 호칭의 기본예의에 대한 내용으로 가장 적절하지 않은 것은?

① 자신보다 아랫사람이라도 처음 대면 시, "○○씨" 또는 이와 유사한 존칭을 사용해 주는 것이 좋다.

② 문서에는 상관에 대한 존칭을 생략한다.

③ 외부업체에 자신을 밝힐 때는 회사명과 부서명 및 성명을 밝힌다.

④ 직급과 직책 중에서 더 상위 개념을 칭하는 것이 통상적인 예의이다.

⑤ 대등한 위치의 친구 또는 동료 사이의 사적인 자리라도 이름을 부르는 것은 큰 실례이다.

85 다음 중 불만고객 응대 처리 프로세스에 대한 설명으로 가장 옳지 않은 것은?

① 독립적인 조사기관이 있어야 한다.

② 고객 불평 사항에 대한 조치 후, 그 결과는 고객에게도 알리며 '효과적으로 대응'한다.

③ 고객에게 공정하게 보이고, 실제로도 공정한 처리가 중요하다.

④ 고객 불평을 통해 알게 된 내용을 다른 조직 내부와 공유하며 '체계적으로 관리'한다.

⑤ 고객 불평 행동 전반에 대한 비밀은 유지하고, '고객 프라이버시는 보장'한다.

86 다음 개인정보 보호법 제72조에 의해 〈보기〉에 해당하는 자에게 적용되는 벌칙으로 올바른 것은?

| 보기 |

제59조 제1호를 위반하여 거짓이나 그 밖의 부정한 수단이나 방법으로 개인정보를 취득하거나 개인정보 처리에 관한 동의를 받는 행위를 한 자 및 그 사정을 알면서도 영리 또는 부정한 목적으로 개인정보를 제공받은 자

① 3년 이하의 징역 또는 3천만원 이하의 벌금

② 3년 이하의 징역 또는 2천만원 이하의 벌금

③ 2년 이하의 징역 또는 3천만원 이하의 벌금

④ 2년 이하의 징역 또는 2천만원 이하의 벌금

⑤ 1년 이하의 징역 또는 1천만원 이하의 벌금

87 와이블(Weible)이 분류한 개인정보의 14개 유형 중 전과기록, 교통위반기록, 납세기록에 해당하는 것은?

① 신용정보   ② 기타 수익정보

③ 동산 정보   ④ 법적 정보

⑤ 특수정보

88 다음 〈보기〉의 피해구제 신청에 관한 조항에서 ( ) 안에 해당하는 용어로 바르게 표기된 것은?

| 보기 |

• 국가, 지방자치단체 또는 소비자단체는 소비자로부터 피해구제의 신청을 받은 때에는 (가)에 그 처리를 의뢰할 수 있다.

• 사업자도 소비자로부터 피해구제의 신청을 받은 날부터 (나)이 경과하여도 합의에 이르지 못하는 경우에 한국소비자원에 그 처리를 의뢰할 수 있다.

① (가) : 한국소비자연맹, (나) : 7일
② (가) : 한국소비자권리위원회, (나) : 15일
③ (가) : 한국소비자권리위원회, (나) : 30일
④ (가) : 한국소비자원, (나) : 15일
⑤ (가) : 한국소비자원, (나) : 30일

89 소비자기본법의 내용 중 다음 〈보기〉에 해당하는 조항으로 옳은 것은?

| 보기 |

• 물품 등의 성분, 함량, 구조 등 안전에 관한 중요 사항 준수
• 물품을 사용할 때의 주의사항 및 경고등을 표시할 내용과 방법 준수

① 제8조, 위해의 방지
② 제9조, 계량 및 규격의 적정화
③ 제13조, 소비자에의 정보제공
④ 제10조, 표시의 기준
⑤ 제11조, 광고의 기준

90 다음 〈보기〉의 내용의 사례에 맞는 화법으로 가장 적절한 것은?

| 보기 |

고객 : 상의가 너무 짧네요.
직원 : 고객님 오히려 상의가 짧기 때문에 하의는 하이웨스트 스타일로 입으시면 다리가 길어보이게 연출하실 수 있습니다.

① 샌드위치 화법
② 레이어드 화법
③ 쿠션 화법
④ 부메랑 화법
⑤ 후광 화법

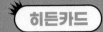

기출변형문제 정답 및 해설

제1과목 CS개론

정답

01	⑤	02	⑤	03	⑤	04	②	05	①
06	④	07	⑤	08	④	09	④	10	①
11	②	12	⑤	13	③	14	④	15	④
16	②	17	④	18	①	19	③	20	①
21	①	22	③	23	②	24	①	25	③
26	①	27	①	28	②	29	④	30	④

01 정답 ⑤
> **워너의 3가지 귀인이론**
- **인과성의 위치** : 서비스 실패원인이 자신에게 있는지 상대에게 있는지 추론하는 것으로 외부적인 요인으로 판단할 경우 사과와 보상 요구
- **안정성** : 실수가 일시적인지 영구적인지 또는 반복적인지 원인을 추론하는 것
- **통제성** : 의도적(통제할 수 있는 것)인지 비의도적(통제할 수 없는 것)인지 추론하는 것

02 정답 ⑤
> **대기시간에 영향을 주는 통제요인**
- **기업의 완전 통제요인** : 공정성, 편안함, 확실성, 대기단계(서비스단계)
- **기업의 부분 통제요인** : 점유, 불만
- **소비자 통제요인** : 대기단위, 대기목적가치, 소비자태도

03 정답 ⑤
⑤ **깨진 유리창의 법칙** : 하나를 방치해 두면 그 지점을 중심으로 범죄가 확산되기 시작한다는 이론으로, 사소한 무질서를 방치했다간 나중엔 지역 전체로 확산될 가능성이 높다는 의미
① **베르테르 효과** : 유명인이나 자신이 모델로 삼고 있던 사람 등이 자살할 경우 그 사람과 동일시하여 자살 시도가 늘어나는 사회적 현상

② **플라시보 효과** : 치료에 전혀 도움이 되지 않는 가짜 약제를 심리적 효과를 얻기 위하여 환자가 의학이나 치료법으로 받아들임으로써 실제로 치료 효과가 나타나는 현상
③ **스티그마 효과** : 한 번 나쁜 사람으로 인식되면 실제로도 점점 더 나쁜 행동을 보이거나 부정적인 인식이 지속되는 경우를 뜻하며 '낙인 효과'라고도 부른다.
④ **언더독 효과** : 사람들이 약자라고 믿는 주체를 응원하게 되는 현상, 또는 약자로 연출된 주체에게 부여하는 심리적 애착을 의미

04 정답 ②
② 기술 특성의 선택에 따라 고객요구 중요도가 왜곡될 수 있다.

05 정답 ①
> **휴먼웨어** : 종업원의 응대 태도에 대한 만족도(친절도, 용모, 태도, 의사소통, 신뢰성, 이미지, 접객 서비스 행동, 매너, 조직문화 등)

06 정답 ④
> **내부 핵심역량 강화 요소** : 비전전략 공유, 임직원 역량 극대화, 지식, 정보기술, 프로세스 혁신, 인사조직, 변화관리, 전략적 성과관리 등

07 정답 ⑤
①, ②, ③, ④는 가치체계 기준에 따른 고객의 분류에 해당한다.
> **가치체계를 기준으로 한 고객 분류**
- **가치영향고객**
- **사내고객, 가치생산고객** : 상사와 부하직원, 부서와 부서, 공정과 공정, 동료와 동료
- **중간고객, 가치전달(제공)고객** : 기업과 협력관계, 기업과 대리점, 기업과 유통업체
- **최종고객, 가치구매(소비)고객** : 기업과 최종고객, End User, 구매자와 사용자

08 정답 ④

❱ **문화의 속성** : 동태성, 공유성, 학습성, 규범성(연대성)

09 정답 ④

❱ **준거집단에 영향을 주는 유형**

- **실용적(규범적) 영향** : 고객이 보상을 기대하거나 처벌을 회피하기 위해 다른 사람의 기대에 순응하고자 할 때 발생된다.
- **가치 표현적 영향** : 사람들이 특정 집단에 소속되길 원할 때 발생하는 영향력으로 그 집단의 행동이나 규범을 따른다.
- **정보적 영향** : 준거집단 구성원의 의견을 신뢰성 있는 정보로 받아들인다.

10 정답 ①

고객 의사결정을 위해 필요한 고객의 정보원천에는 개인적 원천, 경험적 원천, 상업적 원천, 공공적 원천이 있다.

11 정답 ②

① 감정형, ③ 사고형, ④ 판단형, ⑤ 인식형

12 정답 ⑤

①, ②, ④는 운영 CRM, ③은 협업 CRM에 대한 설명이다.

❱ **분석 CRM** : 고객 데이터를 추출, 분석하는 시스템(고객 세분화, 마케팅, 고객 데이터 추출, 분석)

13 정답 ③

①, ②, ⑤는 시장의 변화, ④는 정보기술의 변화에 해당한다.

❱ **고객의 변화** : 고객만족이 아닌 고객충성이 구매결정력을 가짐. 개인생활 방식의 변화, 고객의 요구 변화

14 정답 ④

④ **상향판매(UP-Selling)** : 같은 카테고리 내에서 상품의 구매액을 늘리도록 유도하는 활동. 등급을 업그레이드 시킨 상위 품목을 판매하는 것

❱ **교차판매(Cross-Selling or X-Selling)** : 연속적으로 물건을 끼워 파는 것. 같은 상품을 한 사람에게 연속적으로 판매하는 것. 맥주를 사는 고객에게 땅콩을 끼워 팔거나, 신발을 사는 고객에게 양말을 끼워 파는 것

15 정답 ④

④ 고객점유율을 목표로 CRM을 활용한다.

16 정답 ②

② 정보 수집에 많은 비용이 드는 경우

17 정답 ④

④ e-mail, 음성서비스, 동영상 등의 단일 통합 채널 구축이 가능하다.

18 정답 ①

❱ **e-CRM의 전략**

- **고객접근 전략** : 퍼미션 마케팅, 옵트 인 메일, 정크 메일
- **고객유지 전략** : 인센티브 서비스, 레커멘데이션 서비스
- **고객만족 전략** : 어드바이스, 서스펜션, 매스 커스터마이즈 서비스, 저스트 인 타임 서비스, 리마인드 서비스
- **고객창출 전략** : 커뮤니티 서비스, 인비테이션 서비스

19 정답 ③

❱ **휴스턴과 레빙거가 제시한 인간관계 형성 단계**

- **첫인상 형성 단계** : 두 사람이 직접적인 접촉없이 관찰을 통해 서로를 아는 단계
- **피상적 역할 단계** : 두 사람 사이에 직접적인 교류가 일어나는 단계
- **상호의존 단계** : 두 사람 사이에 크고 작은 상호작용이 나타나는 단계로 호혜성의 원칙을 초월하여 상호교류가 개인적 수준까지 발전하는 사적인 관계로 진전되는 단계

20 정답 ①

❱ **인간관계 부적응자의 행동유형**

- **회피형** : 인간관계를 회피하고 고립된 생활을 하는 사람
  - **경시형** : 인간관계가 삶에 있어서 중요하지 않으며, 무의미하다고 생각하는 유형
  - **불안형** : 사람과의 만남이 불안하고 두려워서 인간관계를 피하는 유형
- **피상형** : 깊이 있고 의미 있는 인간관계를 맺지 못하고 겉으로는 넓고 원만한 인간관계를 맺고 있는 것으로 보이는 유형
  - **실리형** : 현실적인 이들을 위한 거래 등 실리적인 목적에만 두는 유형
  - **유희형** : 쾌락과 즐거움을 인간관계에서 최고의 가치로 생각하는 유형
- **미숙형** : 대인관계 기술 또는 사교적 기술이 부족하여 인간관계가 원활하지 못함
  - **소외형** : 부적응 문제의 양상에 따라 미숙한 대인관계 기술로 인해 다른 사람으로부터 따돌림을 당하지만 인간관계에 있어 적극적이고 능동적인 유형

- **반목형** : 인간관계에서 많은 다툼과 대립을 반복적으로 경험하는 사람들
- **탐닉형** : 다른 사람과의 친밀한 관계를 강박적으로 추구
  - **의존형** : 누군가에게 전폭적으로 자신을 맡기고 의지하려는 사람들
  - **지배형** : 다른 사람에게 주도적인 역할을 하려고 하며 자신을 중심으로 세력과 집단을 만들려고 하는 유형

21 정답 ①

② **방사 효과** : 매력적인 짝과 함께 있는 사람의 사회적인 지위나 가치가 높게 평가되어 자존심이 고양되는 현상
③ **초두 효과** : 먼저 제시된 정보가 나중에 제시된 정보보다 대부분 인상 형성에 더욱 강력한 영향을 미치는 현상
④ **후광 효과** : 개인이 가진 지능, 사교성, 용모 등의 특성 중 하나에 기초하여 상대방에 대한 일반적인 인상을 형성화하는 현상
⑤ **대비 효과** : 너무 매력적인 상대와 함께 있으면 그 사람과 비교되어 평가절하가 되는 현상

22 정답 ③

▶ 자아개방 5단계 - 존 포웰(John Powell)
일상적인 회화 수준 → 정보를 주고받는 단계 → 생각을 나누는 단계 → 자신의 감정과 느낌을 표현하는 단계 → 진실의 단계

23 정답 ②

②는 의사소통의 구성요소 중 정보(메시지)에 대한 설명이다.

24 정답 ①

▶ 하버마스(Habermas)가 제시한 이상적인 의사소통 상태를 특정 짓는 준거 기준
이해가능성(Comprehensibility), 타당성(Rightness), 진리성(Truth), 진지성(Sincerity)

25 정답 ③

③은 변화가능성에 대한 설명이다.
▶ 교류분석의 인간관 : 긍정성, 자율성, 변화 가능성

26 정답 ⑤

▶ 접촉경계혼란 장애 원인
- **투사(Projection)** : 자신의 욕구나 감정을 타인의 것으로 지각하는 현상으로 책임소재를 타인에게 돌린다.
- **내사(Introjection)** : 타인의 신념과 기준을 우리 자신이 가지고 있는 것과 융화함이 없이 무비판적으로 수용하는 것

- **융합(Confluence)** : 밀접한 관계에 있는 두 사람이 서로 간에 차이점이 없다고 느끼도록 합의함으로써 발생하는 접촉-경계 혼란
- **반전(Retroflexion)** : 자신의 감정을 타인에게 표현하지 못하고 방향을 바꾸어 자신에게 표현하는 것
- **편향(Deflection)** : 감당하기 힘든 내적 갈등이나 외부 환경적 자극에 노출될 때, 이러한 경험으로부터 압도당하지 않기 위해 자신의 감각을 둔화시킴으로써 자신 및 환경과의 접촉을 약화시키는 것

27 정답 ①

▶ 서비스에 대한 학자들의 정의
- **레티넨(Lehtinen)** : 고객만족을 제공하려는 고객접촉 종업원이나 장비의 상호작용 결과로 일어나는 활동 혹은 일련의 활동
- **레빗** : 서비스를 주종관계에서와 같이 인간의 인간에 대한 봉사라고 보는 것이 기존의 통설이라고 전제하고, 현대 서비스는 이런 전통적인 방식에서 탈피해야 한다고 주장

28 정답 ②

(가) : 보험, 은행, 전화가입, 대학등록
(나) : 방송국, 경찰보호, 라디오, 고속도로
(다) : 장거리 전화, 지하철 회수권
(라) : 렌터카, 우편 서비스, 유료도로

29 정답 ④

▶ 피들러(Fiedler) 상황 이론의 상황 변수
- **리더와 구성원의 관계** : 응집력, 리더에 대한 신뢰 및 존경의 정도 등
- **과업 구조화 정도** : 의사결정 구조, 보상체계, 업무영역의 명확성, 규정과 절차 등의 구조화 정도 등
- **지위 영향력** : 리더의 권력, 공시적 권한 및 영향력의 정도

30 정답 ④

①, ②, ③, ⑤는 저지 전략에 해당한다.
- **보복 전략(Retaliation)** : 경쟁사의 수익확보를 저지할 목적으로 신규 서비스 시도를 줄이고 시장점유율을 유지하기 위해 공격적으로 경쟁하는 것
  예 장기간의 계약기간, 장기고객에 대한 요금할인·가격 인하, 판매촉진 등
- **저지 전략(Blocking)** : 경쟁사의 진입 비용 증가 및 예상 수입량 희석을 목적으로 하며 최상의 저지 전략은 고객이 원하고 기대하는 서비스를 제공하는 것
  예 서비스 보증, 집중적 광고, 입지·유통 통제, 높은 전환 비용 등

제2과목 CS전략론

정답

31	①	32	⑤	33	⑤	34	③	35	①
36	④	37	②	38	⑤	39	①	40	①
41	③	42	⑤	43	③	44	④	45	③
46	③	47	④	48	⑤	49	④	50	②
51	①	52	⑤	53	②	54	①	55	②
56	④	57	③	58	④	59	③	60	②

31 정답 ①

(가) 고객의 행동, (나) 일선 종업원의 행동, (다) 후방 종업원의 행동, (라) 지원 프로세스, (마) 상호작용선, (바) 가시선, (사) 내부 상호작용선

32 정답 ⑤

⑤ VOC는 가공되어 정제된 상태의 데이터가 될 수 없다.

❯ **VOC의 장점**
• 고객의 실질적 요구사항을 예측하고 객관적인 데이터화가 가능하다.
• 고객 만족도와 충성도를 향상시킬 수 있다.
• 고객의 실질 요구사항을 알 수 있어 향후 예상되는 기업의 대응 체제 마련이 가능하다.
• 객관적인 데이터를 이용해 내부 직원들에게 공유하며 기업 활동의 활성화가 가능하다.

33 정답 ⑤

① 블루슈머(Bluesumer) : 경쟁자가 없는 새로운 시장인 블루오션과 컨슈머의 합성어
② 모디슈머(Modisumer) : 제품을 제조사에서 제시하는 표준방법대로 따르지 않고 자신만의 방식으로 재창조해 내는 소비자
③ 헤드헌터(Head Hunter) : 고급 인력을 전문적으로 스카우트하는 사람 또는 회사
④ 퍼플오션(Purple Ocean) : 레드오션 시장에서 사용되는 전략과 블루오션 시장에서 사용되는 전략을 섞어서 쓰는 것

34 정답 ③

① 마케팅, ②와 ④는 내부 마케팅, ⑤는 외부 마케팅에 대한 설명이다.

• **외부 마케팅** : 기업 – 고객 간에 이루어지는 마케팅. 서비스를 제공하기 이전에 고객과의 커뮤니케이션하는 모든 것
• **상호작용 마케팅** : 종업원 – 고객 간에 이루어지는 마케팅(고객접점 마케팅), 리얼 타임 마케팅으로 사람이 가장 중요한 역할을 한다.
• **내부 마케팅** : 기업 – 종업원 간에 이루어지는 마케팅. 종업원 – 고객기업이 서비스 제공자를 지원하는 활동

35 정답 ①

① 이익 가능성이 높은 몇 개의 세분화 시장에 대해서만 판매 촉진비를 설정할 수 있도록 범위를 정할 수 있다.

36 정답 ④

❯ **시장 세분화 방법**
• **소비재 시장에서의 세분화** : 지리적 변수, 인구통계적 변수, 심리분석적 변수, 행동분석적 변수
• **산업재 시장에서의 세분화** : 인구통계적 변수, 구매습관적 변수, 상황적 변수, 개인적 특성, 운영적 변수

37 정답 ②

② 소수의 시장에서 높은 시장점유율을 달성하려는 전략으로, 기업의 자원이 제한되어 있을 때 사용한다.

38 정답 ⑤

⑤ 온라인과 오프라인에서 모두 관찰된다.

39 정답 ①

❯ **학자별 서비스 실패의 개념**
• **존스턴(Johnston)** : 책임소재와는 무관하게 서비스 과정이나 결과에 있어서 무엇인가 잘못된 것
• **헤스켓(Heskette), 새서(Sasser), 하트(Hart)** : 서비스 과정이나 결과에 대하여 서비스를 경험한 고객이 좋지 못한 감정을 갖게 되는 것
• **벨(Bell), 젬케(Zemke)** : 서비스 경험이 기대 이하로 심각하게 떨어지는 서비스 결과를 초래하는 것

40 정답 ①

• **비용 발생하는 방안** : 제품 수리, 서비스 수정, 전액 또는 일부 환불
• **비용 발생 없는 방안** : 고객 불만을 기업에 표현할 수 있는 기회 제공, 고객과의 신속한 타협, 발생한 사건에 대한 기업의 설명, 기업의 사과, 동일한 문제가 재발되지 않을 것이라는 확신

41 정답 ③

▶ 브래디(Brady)와 크로닌(Cronin) A/S의 품질 차원 모형
- **상호작용 품질** : 직원의 고객을 돕는 적극성과 친절도에 의한 말과 행동, 태도, 처리시간, 편의성
- **결과 품질** : 기술력과 전문성
- **물리적 환경 품질** : 편의성과 정책

42 정답 ⑤

⑤ 종업원의 충성도는 종업원 생산성을 유발한다.

43 정답 ③

① 기대하는 제품, ② 핵심 이점, ④ 기본적 제품, ⑤ 확장 제품에 대한 설명이다.

▶ 5가지 제품 품질 차원(필립 코틀러, Philip Kotler)
- **핵심 이점(Core Benefit)** : 고객이 제품을 구매할 때 추구하는 이점(Benefit)이나 서비스로 고객의 욕구(Needs)를 충족시키는 본질적 요소
- **기본적 제품(Basic Product)** : 핵심 이점을 유형 제품으로 형상화시킨 것으로 제품의 기본형태
- **기대하는 제품(Expected Product)** : 제품을 구입할 때 구매자들이 정상적으로 기대하고 합의하는 일체의 속성과 조건
- **확장 제품(Augmented Product)** : 기업이 경쟁업체가 제공하는 것과 구별되게 제공하는 추가적인 서비스 혹은 이점 제품
- **잠재적 제품(Potential Product)** : 미래에 경험할 수 있는 변환과 확장 일체

44 정답 ④

▶ 서비스/제품 차별화 원리와 방법
- **유형적 제품 차별화** : 유형재의 효용 가치를 증가시키기 위해 추가적인 서비스를 강화하고, 서비스는 유형재를 추가적 제공
- **기능 요소 차별화** : 고객 문제에 대한 새로운 해결 방법 제시
- **감성 요소 차별화** : 따뜻한 감성이나 독특한 취향, 개성, 이미지 브랜드를 이용하여 차별화하는 방법
- **상징 요소 차별화** : 다른 사람과의 관계 속에서 보다 높은 의미와 가치를 갖는 요소로 차별화
- **서비스 제공방법 차별화** : 서비스 또는 부가 서비스의 내용을 차별화하기 어려운 경우에는 서비스 제공방법과 고객접점에서 차별화

45 정답 ③

▶ 의료 서비스의 특징
- 무형성을 가지고 있다.
- 수요 예측이 불가능하다.
- 의사결정자가 다양하다.
- 기대와 실제 성과의 불일치가 크다.
- 의료 서비스 비용은 간접 지불 형태를 갖는다.
- 노동집약적이며 소멸성을 가지고 있다.

46 정답 ③

③은 확신성(직원의 예의, 능력, 안정, 정직)과 관련된 사항이다.

47 정답 ④

① 인지된 품질, ② 성과, ③ 특징, ⑤ 지속성에 대한 내용이다.

▶ 가빈(Garvin)의 8가지 품질 모형
- **신뢰성** : 실패 및 잘못될 가능성의 정도
- **적합성** : 고객의 세분화된 요구사항을 충족시키는 능력
- **지속성** : 고객에게 가치를 지속적으로 제공할 수 있는 기간
- **심미성** : 사용자의 감각을 흥미롭게 하는 컨텐츠와 외관의 미적 기능
- **성과** : 제품의 운영적인 작동 특성
- **특징** : 제품의 경쟁적 차별화
- **인지된 품질** : 기업 및 브랜드 자체로 가지는 명성
- **서비스 제공 능력** : 고객을 통한 기업의 경쟁력으로, 친절, 신속, 문제해결 능력 내포

48 정답 ⑤

▶ e-서비스 품질의 4가지 핵심 차원 : 보안성, 신뢰성, 효율성, 성취이행성

49 정답 ④

▶ 권한위임에 잘 맞는 조직
- 사업 환경을 예측하기 어려운 조직이다.
- 기술이 복잡한 조직이다.
- 고객과 장기적인 계약 관계를 갖는다.
- 사업 전략이 고객화되고 차별화된 조직이다.
- 임직원의 성장 욕구나 사회적 욕구가 높다.

50 정답 ②

▶ 서비스 종사원의 역할 모호성 발생 원인
- 서비스 표준이 없을 경우
- 서비스 표준이 우선순위 없이 너무 많이 존재할 때
- 서비스 표준이 제대로 커뮤니케이션 되지 않을 때

- 개인이 역할과 관련된 충분한 정보를 가지고 있지 못할 때
- 서비스 표준이 성과 측정, 평가, 보상 시스템과 연결이 되어 있지 않을 경우

51 정답 ①

◎ 간접측정법
- 여러 가지 서비스의 하위요소 또는 품질에 대한 차원 만족도의 합을 복합점수로 간주하는 방식이다.
- 중복측정 문제를 방지할 수 있으나, 가중치 부여 등 조사 모델이 복잡해질 수도 있다.
- 모든 요소가 만족도 치수 구성에 포함되지 않아 측정 오차 문제가 발생할 수 있다.

52 정답 ⑤

◎ 표적집단면접(FGI)의 장점
- 새로운 아이디어 도출과 다양한 주제의 자료 수집 가능
- 내면적 행동의 원인 도출 가능
- 전문적 정보 획득 가능

53 정답 ②

◎ 질문의 순서 결정 시 유의해야 할 사항
- 단순하고 흥미로운 질문부터 시작하며 어렵거나 민감한 질문은 뒤에 위치시킨다.
- 중요한 질문은 설문지 내용이 많을 경우 앞쪽에 위치시킨다.
- 포괄적인 질문에서 구체적 질문 순서로 배치한다.
- 논리적이고 자연스러운 흐름에 따라 질문을 위치시킨다.

54 정답 ①

◎ 고객충성도 분류 – 라파엘과 레피(Raphael and Raphe)
- **예비고객** : 서비스의 구매에 관심을 보일 수 있는 계층
- **단순고객** : 제품이나 서비스에 대하여 관심을 가지고 적어도 한 번 정도 가게를 방문하는 계층
- **고객** : 제품이나 서비스를 빈번하게 구매하는 계층
- **단골고객** : 제품이나 서비스를 정기적으로 구매하는 계층
- **충성고객** : 주변 사람들 누구에게나 특정 제품이나 서비스에 대한 긍정적 구전과 추천을 하는 계층

55 정답 ②

①, ④는 GAP 1, ③은 GAP 3, ⑤는 GAP 4의 해결 방안이다.
◎ GAP 2가 발생 시 해결 방안
- 서비스 품질 목표의 개발
- 업무의 표준화
- 고객 기대의 실행 가능성 인식
- 체계적 서비스 설계

56 정답 ④

◎ 아시아의 소비자 태도 변화 7가지 추세(IBM CX Forum에서 발표)
- 소비자의 가치 변화
- 도시와 농촌 환경의 변화
- 정보에 대한 거부감 증가
- 정보 활용도의 변화
- 대형 유통업체의 진출 및 생성
- 산업의 변화에 따른 기업의 포커싱 변화
- 시장의 구조조정

57 정답 ③

- **경쟁 벤치마킹** : 경쟁사의 강점과 약점을 파악하고 성공적인 대응 전략을 수립함으로써 업무 개선의 우선순위를 정할 수 있도록 지원
- **포괄 벤치마킹** : 관계가 없는 다른 업종 기업들에 대한 벤치마킹
- **내부적 벤치마킹** : 같은 기업 내 다른 지역, 부서, 사업부, 국가 간의 유사한 활동을 하는 과정

58 정답 ④

① 버즈(Buzz) 마케팅 : 꿀벌이 윙윙거리는 것과 같이 소비자들이 상품에 대해 말이 계속 퍼진다는 의미
② 니치(Niche) 마케팅 : 빈 틈 혹은 틈새라는 뜻으로 니치 마케팅은 소비자의 기호와 개성에 따라 시장을 세분화하여 소규모의 소비자를 대상으로 판매목표를 설정하는 것
③ 바이럴(Viral) 마케팅 : 잠정적인 소비자들 사이에 소문이나 여론을 조장하여 상품에 대한 정보가 끊임없이 전파되도록 유도하는 마케팅 전략의 일종
⑤ 플래그십(Flagship) 마케팅 : 시장에서 이미 성공을 거둔 특정 상품에 초점을 맞춰 판촉 활동을 하는 마케팅

59 정답 ③

③ 소비자의 목표 지향적이고 능동적인 판단은 소비자가 최적의 정보를 가지고 최고의 대안을 선택한다는 의미로 해석되기는 어렵다.

60 정답 ②

◎ 고객 경험 제공 수단
- **커뮤니케이션** : 기업의 내·외부 커뮤니케이션 수단
- **시각적·언어적 아이덴티티** : 감각, 감성, 인지, 행동, 관계 브랜드를 창조하기 위해 사용

- **제품의 외형** : 제품 디자인, 포장 및 제품 진열, 판매 시점 광고물에 사용되는 브랜드 캐릭터
- **공동브랜딩** : 이벤트 마케팅과 스폰서, 제휴, 공동 경영, 라이선싱, 영화의 제품 삽입(PPL), 생활협동조합 캠페인
- **웹사이트의 상호작용 능력** : 소비자들을 위한 경험을 제공할 수 있는 이상적인 장소
- **인적요소** : 가장 강력한 경험 수단(영업사원, 판매사원, AS담당자, 기업과 브랜드와 관련된 그 외의 모든 사람)
- **공간적 환경** : 경험 제공 수단 중 가장 포괄적인 형태

제3과목 고객관리 실무론

정답

61	⑤	62	⑤	63	⑤	64	②	65	①
66	②	67	④	68	⑤	69	④	70	④
71	③	72	⑤	73	①	74	④	75	⑤
76	⑤	77	②	78	②	79	②	80	④
81	②	82	③	83	③	84	⑤	85	④
86	①	87	④	88	⑤	89	①	90	④

61 정답 ⑤

① 소비자 개인의 용도에 맞게 쓰기 위해 상품 또는 서비스를 제공받는 사람이다.
② 개인의 소비생활을 위해 타인이 공급하는 물자나 용역을 구입 또는 이용하는 사람으로 공급자와 상대된다.
③ 시민 생활에서 반영된 개념으로 국민 일반을 소비생활이라 한다.

62 정답 ⑤

⑤ 사적 행동자(= 화내는 불평자), 격노자의 유형이라고도 하며, 그 외에도 기업에게 두 번의 기회를 주지 않고, 주변 지인에게 부정적인 구전커뮤니케이션을 하는 특징이 있다.

63 정답 ⑤

① Silent Monitoring : 모니터링이나 평가자(QAA)를 담당하는 사람은 다른 장소에서도 실시간으로 상담자의 통화를 듣고 상담의 질과 시스템 상태 확인 가능
② Mystery Call : 지정된 미스터리 쇼퍼가 고객처럼 콜센터에 전화를 걸어 상담자를 모니터링하는 자연스러운 방법
③ Peer Monitoring : 상담원이 직접 참여하는 권한으로, 동료의 콜을 교차 모니터링 후 성과에 직무충실도가 좋은 환경지원 기대 가능한 방법
④ Appraiser : 코칭의 역할 중 평가자

64 정답 ②

① 제1의 법칙 : 불만 고객 중 문제를 제기하며 제기한 문제 해결에 만족한 고객은 같은 브랜드를 재구매할 거래율이 문제를 제기하지 않는 고객보다 높다.
③ 제3의 법칙 : 소비자 교육을 받은 고객들은 회사에 대한 신뢰가 높아 호의적인 소문 파급 효과를 기대할 뿐만 아니라 제품 구매 의도를 높여 시장 확대에 기여한다.

65 정답 ①

② 학습자 간의 경험과 지식을 바탕으로 해결책의 적합성을 찾는다.

③ 다수의 대상을 짧은 시간에 동시에 가르치는 경제적인 교수법이다.

④ 자신과 타인 간의 관계를 이해하고 행동과 태도를 자발적으로 변화시키는 방법이다.

⑤ 학습자와 교수자뿐만 아니라, 학습자와 학습자 간의 자유로운 상호작용으로 정보 및 의견을 나누고 결론까지 도출해내는 쌍방향의 참여 학습 형태이다.

66 정답 ②

① 기업에서 원하는 기준에 자신의 감정을 맞추도록 스스로 변화시켜 나가는 적극적인 행위를 의미한다.

67 정답 ④

④ 상담 진행 시, RQ(Relationship Question)를 활용하여 고객정보 수집 후, 고객 맞춤 상품 제안 및 정보 제공을 하는 것이 전화상담의 주요 핵심이다.

68 정답 ⑤

⑤ 콜센터 핵심성과지표(KPI; Key Performance Indicator)를 확보해야 한다. 이탈고객 재유치, 잠재고객 활성화로 기존고객을 확보하는 것은 기업경영 측면의 내용에 해당한다.

69 정답 ④

① 멘토의 역할은 장기적 또는 단기적일 수 있다.

② 일반적으로 같은 조직 구성원의 사람 또는 외부 전문가가 수행한다.

③ 팀원이 원하거나 프로세스상 꼭 필요한 경우 지원도 가능하다.

⑤ 업무뿐만 아니라, 사고 등 의미 있는 동기부여 및 변화를 주는 조언자다.

그 외에도 멘토는 전문적이며 구체적인 지식 및 지혜의 도움을 주는 내용 전문가이며, 직원의 자기계발에 도움이 될 조언을 해 주는 존경의 대상자가 한다.

70 정답 ④

④ 용량이 큰 파일은 압축하여 보내고, 업무에 대한 메일이라면 확인 회신 안에 자신의 작업 마무리 시기를 알리는 것도 좋다.

71 정답 ③

③ 직속 상사 외의 명령도 직속 상사에게 보고하고 지시를 따르도록 한다.

72 정답 ⑤

① **인지적 구두쇠 효과** : 상대를 판단할 때 가능한 노력을 덜 들이며 결론에 도달하려는 현상

② **맥락 효과** : 처음 제시된 정보는 나중에 들어오는 정보처리 시 영향을 미치는 효과

③ **후광 효과** : 어떤 대상에 대한 또렷한 특징이 다른 세부적인 특징의 평가에도 영향을 미치는 현상

④ **부정성 효과** : 인상 형성에 있어서 긍정적 정보보다 부정적 정보가 더 강력하게 작용하는 현상

73 정답 ①

④ 교육 훈련 프로그램이 효과적으로 전달되도록 매체 선정과 방법을 찾는 일로서, 각종 학습 보조 도구와 시청각 자료를 제작하고 활용하여 학습효과를 상승시킬 방안을 모색한다.

⑤ 조직의 문제를 확인하고 학습요구를 분석하여 이를 충족할 학습 내용을 확정 및 확정된 내용이 효과적으로 학습되고 실제 사항에 적용되도록 성인학습이론을 바탕으로 교수학습계획을 수립한다.

74 정답 ④

④ 고인(故人)에게는 여성과 남성 모두 각 최소 기본횟수의 배를 한다.

75 정답 ⑤

⑤ 사례 연구법에 대한 내용으로 그 외 현실적인 문제로 학습이 되어, 실제 사례의 문제를 찾고 다양한 관점을 통해 문제를 바라보고 서로의 차이를 인지하며 안목을 높일 수 있는 장점이 있다.

76 정답 ⑤

'대면' 커뮤니케이션 구성요소는, 시각적 요소 55%, 청각적 요소 38%, 언어적 요소 7%이며, '비대면' 커뮤니케이션 구성요소는 청각적 요소 86%, 언어적 요소 14%이다.

77 정답 ②

② 신입사원의 양과 질이 모두 표준에 달하며, 임금 증가 도모도 가능하다.

78 정답 ②

② 강조하거나 쉬어야 할 부분은 구별하여 또박또박 말한다.

79 정답 ②

② 정관에 개인정보 보호를 단체의 목적으로 명시한 후 최근 3년 이상 이를 위한 활동실적이 있어야 한다.

80 정답 ④

① 나와 상관없다는 식의 태도
② 고객을 귀찮아하는 적대감으로, 무뚝뚝하고 퉁명스럽게 대하는 태도
③ 고객을 무지하게 대하고, 어리숙하게 보며 건방진 태도
⑤ 기계적인 응대로 인간미가 없는 응대 태도

81 정답 ②

② 일본은 짝으로 된 것이 행운을 준다고 믿기 때문에 선물은 짝으로 된 세트로 준비한다. 또한 일본인은 자신의 밥그릇이나 국그릇을 들어서 음식을 먹는 습관이 있다.

82 정답 ③

③ 상대방의 잘못된 행위에 대한 불만사항을 통보하는 것은 컴플레인(Complain)의 내용에 해당된다.

83 정답 ③

① 명료성, ② 원근법, ④ 조화성, ⑤ 통일성에 대한 설명이다. 그 외에도, 단순성, 균형성, 강조성이 있다.

84 정답 ⑤

⑤ 친구 또는 동료와 같이 대등한 위치라면 사적인 자리에 한해서 이름을 불러도 크게 문제가 되지는 않는다.

85 정답 ④

④ 고객 불평을 통해 알게 된 내용을 다른 조직 내부와 공유하며 체계적으로 관리해야 한다.

86 정답 ①

개인정보 보호법 제25조 제5항에 의해 다음 각 호의 어느 하나에 해당하는 자는 3년 이하의 징역 또는 3천만원 이하의 벌금에 처한다.
• 영상정보처리기기의 설치, 운영 제한 규정을 위반하여 영상정보처리기기의 설치목적과 다른 목적으로 영상정보처리기기를 임의로 조작하거나 다른 것을 비추는 자 또는 녹음 기능을 사용한 자

• 금지행위 규정을 위반하여 거짓이나 그 밖의 부정한 수단이나 방법으로 개인정보를 취득하거나 개인정보 처리에 관한 동의를 받는 행위를 한 자 및 그 사정을 알면서도 영리 또는 부정한 목적으로 개인정보를 제공받은 자
• 비밀유지 규정을 위반하여 직무상 알게 된 비밀을 누설하거나 직무상 목적 외에 이용한 자

87 정답 ④

① **신용 정보** : 대부, 잔액 및 지불상황, 저당, 신용카드미납수 등
② **기타수익 정보** : 보험가입현황, 회사차, 퇴직프로그램, 휴가, 병가, 수익자 등
③ **동산 정보** : 보유현금, 저축현황, 주식, 채권 등
④ **법적 정보** : 전과기록, 교통위반기록, 이혼기록, 납세기록 등

88 정답 ⑤

▶ **피해구제의 신청**(소비자기본법 제55조)
① 소비자는 물품 등의 사용으로 인한 피해구제를 한국소비자원에 신청할 수 있다.
② 국가, 지방자체단체 또는 소비자단체는 소비자로부터 피해구제의 신청을 받은 때에는 한국소비자원에 그 처리를 의뢰할 수 있다.
③ 사업자도 소비자로부터 피해구제의 신청을 받은 다음의 어느 하나에 해당하는 경우에 한해 처리를 의뢰할 수 있다.
　㉠ 소비자로부터 피해구제의 신청을 받은 날부터 30일이 경과하여도 합의에 이르지 못하는 경우
　㉡ 한국소비자원에 피해구제의 처리를 의뢰하기로 소비자와 합의한 경우
　㉢ 그 밖에 한국소비자원의 피해구제의 처리가 필요한 경우로서 대통령령이 정하는 사유에 해당하는 경우

89 정답 ①

② **제9조, 계량 및 규격의 적정화** : 소비자와 사업자의 거래에서 계량으로 인한 손해를 입지 않도록 물품 등의 계량에 관해 필요한 시책을 강구하여야 한다. 계량 및 규격에 관한 규정은 '계량에 관한 법률', '국가표준기본법', '산업표준화법'에서 규정하고 있다.
③ **제13조, 소비자에의 정보제공** : 소비자가 물품을 합리적으로 선택할 수 있도록 물품 등의 거래조건, 방법, 품질, 안전성, 환경성 등에 관련되는 사업자의 정보가 소비자에게 제공될 수 있도록 필요한 시책을 강구해야 한다.
④ **제10조, 표시의 기준** : 상품명, 용도, 성분, 재질, 성능, 규격, 가격, 용량, 허가번호, 용역의 내용을 표시하여 소

비자가 물품 등을 잘못 선택하지 않도록 한다.

⑤ **제11조, 광고의 기준** : 국가는 물품 등 잘못된 소비 및 과다소비로 인해 발생할 수 있는 소비자의 생명, 신체, 재산의 위해방지를 위한 광고내용 및 방법에 관한 기준을 정해야 한다. 소비자가 오인할 수 있는 특정 용어나 표현의 사용을 제한한다.

90 정답 ④

④ **부메랑 화법** : 고객이 제품에 대해 변명 및 트집을 잡는 경우, 트집 잡은 내용이 오려 장점이라고 설득하며 제품을 구입하게 하는 화법을 말한다.

① **샌드위치 화법** : 칭찬 후 충고하고 격려로 이어지는 화법이다.

② **레이어드 화법** : 명령어 또는 지시어를 요청하는 청유의 형태로 바꾸어 전하는 화법

③ **쿠션 화법** : 상대를 배려하는 차원에서 강하고 단호한 표현보다, 먼저 미안함을 표현한다.

⑤ **후광 화법** : 고객에게 전문가나 연예인의 매출을 먼저 보여드린 후, 고객 저항을 감소시켜 나가는 화법이다.

COMPLETE-PASS

CAS 리더스 관리사

한권으로 끝내기

제1절 CS관리 개론

01 CS 관리의 개념

(1) 고객만족(CS; Customer Satisfaction)의 정의

① 학자별 정의

ㄱ 굿맨(Goodman) : 고객의 욕구와 기대에 부응하여 그 결과로써 상품과 서비스의 재구입이 이루어지며 고객의 신뢰감이 연속되는 상태

ㄴ 밀러(Miller) : 소비자 만족・불만족은 제품에 대한 기대수준과 지각된 성과수준과의 상호작용에서 생김

ㄷ 코틀러(Kotler) : 사람들의 기대치와 그 제품에 대해 자각하고 있는 성능과 비교해 나타나는 즐거움 또는 실망감

ㄹ 올리버(Oliver) : 불일치된 기대와 고객의 소비경험에 대해 사전적으로 가지고 있던 감정이 복합적으로 결합하여 발생된 종합적인 심리상태, **만족은 소비자의 성취반응으로 판단**, 제품이나 서비스의 특성과 그 자체가 제공하는 소비자의 욕구 충족 이행수준에 관한 소비자의 판단

ㅁ 앤더슨(Anderson) : 기대와 지각된 제품 성과에 일치・불일치 과정(만족・불만족)이라고 정의. 고객의 포괄적인 감정을 프로세스로 하여 고객만족을 설명

ㅂ 웨스트브룩과 뉴먼(Westbrook and Newman) : 고객이 상품 및 서비스를 구매・비교・평가・선택하는 과정에서 고객이 경험하는 호의적인 감정을 고객만족, 비호의적인 감정을 불만족으로 구별하여 설명

(2) 고객만족관리의 등장배경

① 제품뿐 아니라 매장 분위기와 판매원이 고객에게 전달하는 서비스 비중이 증가되었다.

② 제품의 품질이나 가격, 기능 등과 같은 제품 자체의 가치보다는 사용 용이성, 디자인 등 서비스 부분의 비중이 증대되었다.

③ 기업 이미지는 간접적 환경보호활동이나 사회공헌활동 등을 통해 사회적으로 고객에 의해 형성되며 고객 만족에 큰 영향을 미친다.

④ 제품의 품질이나 가격 등에서 차별화가 없어졌다.

02 고객만족의 이론

(1) 애덤스의 공정성 이론(Equality Theory)

① 의의

ㄱ 개인의 투입산출비율을 관련자들과 비교하게 하여 자신의 투입산출비율을 기업이 얻은 투입산출비율과

비교하여 자신의 순익이 더 클 경우 만족하고, 반대로 기업의 순익이 크다고 생각될 경우에는 불만족한다는 것이다.

    ⓛ 공정성 이론은 페스팅거(Leon Festinger)의 인지부조화(cognitive dissonance)와 호만스(G. Homans)의 교환이론(exchange theory)을 기초로 하여 정립하였다.

② 공정성의 유형

    ㉠ 도출결과의 공정성(분배적 공정성, distributive fairness) : 투입과 산출 사이의 상호관계 원칙과 같이 투입과 산출에 대한 평가가 우선시 되는 기준. 구성요소에는 기여(Contribution), 요구(Needs) 및 평등성(Equality)이 있다.

    ㉡ 절차 공정성(procedural justice) : 보상의 결과보다는 보상을 결정하는 절차가 공정한가 하는 개념. 도출결과에 영향을 미치는 영향력과 정보의 공유 정도를 의미한다. 정보의 수집, 의사결정자의 정보 사용, 사람들의 의사결정에 영향력을 가지고 있다고 믿는 신념의 정도

    ㉢ 상호작용의 공정성(linteractional justice) : 의사결정시스템과 같은 절차뿐만 아니라 의사결정자가 구성원을 공정하게 대하는 것이 중요하다는 의미. 의사소통방식, 존경, 정직, 예의로 구성되어 있다.

(2) 기대-불일치(EDT; Expectation-Discontinuation) 이론

① 올리버(Oliver)에 의해 주장된 이론으로 고객의 서비스에 대한 기대와 성과 간의 불일치에 의해 만족 또는 불만족이 발생한다는 것이다.

② 성과가 기대보다 높으면 긍정적 불일치에 의해 만족이 발생하고, 낮으면 부정적 불일치에 의해 불만족이 발생한다고 보는 이론이다.

(3) 인지부조화 이론(Theory of cognitive dissonance)

① 레온 페스팅거(Leon Festinger)는 인지부조화 이론(theory of cognitive dissonance)을 통해 2개의 요소 중 하나가 다른 하나의 반대를 나타낼 때, 두 요소는 부조화 상태에 있다고 주장했다.

② 사람은 부조화 상태에 직면하게 되면, 이를 해소하기 위해 노력한다는 것이다.

(4) 귀인이론(Attribution Theory)

① 개념

    ㉠ 프리츠 하이더, 해롤드 켈리, 에드워드 E. 존스, 리 로스에 의해 만들어진 사회심리학 이론으로 사람들이 자신이나 타인 행동의 원인을 설명하는 방식에 대한 이론이다.

    ㉡ 어떤 사람의 행동이 내부적 원인에 의한 것인지 외부적 원인에 의한 것인지 그 판단 기준을 제공해 준다.

        ⓐ 외적 귀인 : '외적 요인' 또는 '환경적 요인'으로 원인을 돌리는 것(날씨, 일의 성격, 난이도 등)

        ⓑ 내적 귀인 : '내적 요인' 또는 '기질적 요인'으로 원인을 돌리는 것(지능 수준, 발생한 사건에 대한 책임 등)

② 귀인의 결정 요인

    ㉠ 합의성 : 유사한 상황에 직면한 모든 사람이 같은 방식으로 반응하는지에 대한 여부를 말한다.

    ㉡ 일관성 : 개인이 동일한 상황에서 같은 방식으로 오랜 시간 같은 반응을 보이는지의 여부를 말한다.

    ㉢ 차별성 : 개인의 행동이 다양한 상황에서 나타나는지 아니면 특정한 상황에서 나타나는 것인지에 대한 여부를 말한다.

③ **귀인이론의 3가지 차원(워너)**

　　㉠ **인과성의 위치(원인의 소재)** : 서비스 실패원인이 자신에게 있는지 상대에게 있는지 추론하는 것

　　　→ 외부적인 요인으로 판단할 경우 사과와 보상 요구

　　㉡ **안정성** : 실수가 일시적인지 영구적인지 또는 반복적인 것인지 원인을 추론하는 것

　　㉢ **통제성** : 의도적(통제할 수 있는 것)인지 비의도적(통제할 수 없는 것)인지 추론하는 것

03 CS 관리의 역사

1980년대의 CS	1990년대의 CS	2000년대의 CS
기업 중심 경영	고객 중심 경영	고객 감동 경영
스칸디나비아 항공사의 진실의 순간(MOT) 도입 일본 SONY의 고객만족경영 도입	LG그룹 고객만족 도입 삼성그룹의 신 경영 도입 민간·공기업의 CS 도입	업종 불문한 CS의 도입

04 CS 관리의 프로세스 구조

(1) 서비스 프로세스

① **서비스 프로세스의 개념**

　　㉠ 프로세스란 기업 내의 원재료, 정보, 사람 등과 같은 Input을 제품과 서비스 등의 Output으로 변환시키는 작업이나 활동의 집합을 말한다.

　　㉡ **마이클 해머(Michael Hammer)** 교수는 고객을 위한 결과물 또는 고객을 위해 가치를 창출하는 모든 관련 활동들의 집합이라고 정의하였다.

② **서비스 프로세스 설계의 기본원칙**

　　㉠ 평가는 고객이 한다.

　　㉡ 고객 개별 니즈에 적응해야 한다.

　　㉢ 고객은 기대 대비 성과를 평가한다.

　　㉣ 평가는 절대적이 아니라 상대적이다.

　　㉤ 고객의 기대를 관리하는 것이 중요하다.

　　㉥ 모든 의사결정 시 고객을 고려해야 한다.

③ **서비스 프로세스의 중요성**

　　㉠ 고객이 체험하는 서비스 전달 시스템은 고객이 서비스를 판단하는 중요한 증거가 된다.

　　㉡ 서비스 프로세스의 단계와 서비스 전달자의 처리 능력은 고객에게 가시적으로 보여지는 데 기인한다.

　　㉢ 서비스 프로세스는 상품 자체임과 동시에 서비스 전달 시스템 유통의 성격을 지닌다.

　　㉣ 서비스의 제공 절차가 복잡하여 고객에게 복잡하고 포괄적인 행동이 요구되기도 한다.

　　㉤ 직원과 상호작용 과정에서 적절한 전달 프로세스가 고객의 태도에 영향을 주고 향후 거래 여부를 결정하는 중요한 변수로 작용한다.

　　㉥ 프로세스 단계와 전달자의 처리 능력은 고객에게 가시적으로 나타난다.

④ 프로세스의 유형
　　㉠ 변혁 프로세스 : 급변하는 환경 속에서 미래의 산업 전략이 성공할 수 있도록 사람, 기술, 프로세스를 결합해 조직의 역량을 구축해 나가는 과정이다. 예 신제품 개발 프로세스, 학습조직 구축 등
　　㉡ 경쟁 프로세스 : 경쟁자보다 우수한 고객가치를 제공하는 프로세스로 초점이 고객만족에 있으며 고객의 기대 수준과 대비하여 판단이 가능하다. **가격경쟁의 경우 경쟁자보다 낮은 가격으로 생산하는 프로세스를 말한다.** 예 제품의 다양화, 서비스의 개별화
　　㉢ 기반 프로세스 : **핵심 프로세스는 아니지만** 경쟁자보다 뛰어나지는 않더라도 고객에게 최소한의 가치를 제공한다.
　　㉣ 지원 프로세스 : 조직 내부 프로세스로 고객에게 직접적으로 가치를 전달하는 프로세스는 아니지만, 다른 프로세스가 잘 진행되도록 지원한다. 예 재무회계, 교육훈련, 인적자원관리 등
　　㉤ 핵심 프로세스 : 외부고객에게 전달되는 최종 제품과 서비스이다.
⑤ 서비스 프로세스의 표준화 및 개별화(서비스 프로세스의 핵심 과제) : 서비스는 구체적인 규칙과 기준에 따라 표준화될 수 있으며, 서비스 프로세스는 각 고객층의 성격에 따라 표준화 또는 개별화된 프로세스로 나눌 수 있다.
　　㉠ 표준화
　　　　ⓐ 대량의 고객을 상대하고 고객의 참여 수준이 낮은 서비스 업종에 적합하다.
　　　　ⓑ 미국 사우스 웨스트 항공사는 타 항공사와 연계 운영하여 중심기지 시스템보다는 공항기점 간 시스템, 소규모 공항, 저렴한 요금으로 단거리 운행, 음료 및 식사제공 프로세스 생략, 지정좌석제 폐지 등으로 프로세스의 표준화 전략에 성공하였다.
　　㉡ 개별화
　　　　ⓐ 고객의 다양한 욕구에 상응하는 맞춤 서비스에 적합하다.
　　　　ⓑ 싱가포르 항공사는 고객의 취향에 맞는 서비스, 직원에게 권한부여, 다소 높은 가격으로 고품위 서비스 제공 등의 개별화 전략을 적용하여 성공하였다.
⑥ 서비스 프로세스의 분류 – 슈메너(Schmenner)의 서비스 프로세스 매트릭스
　　㉠ 슈메너의 서비스 과정 매트릭스는 고객과의 상호작용과 개별화, 노동집중도의 관계에 따라 서비스를 제공하는 것을 구분한다.
　　㉡ 고객과의 상호작용(interaction)은 고객이 서비스 프로세스와 상호작용하는 정도를 말하고 개별화(customization)는 서비스가 고객에 의하여 맞춤식으로 제공하는 정도를 말한다.
　　㉢ 노동집중도(degree of labor intensity)는 서비스 전달에 필요한 장치나 설비 등 자본에 대한 의존도와 사람에 의존하는 정도인 노동에 대한 의존도의 상대적인 비율을 의미한다.

		고객과의 상호작용/개별화	
		낮음	높음
노동 집중도	낮음	서비스 공장 항공사, 화물트럭 회사, 운송, 호텔, 리조트	서비스 숍 병원, 자동차정비소, 백화점
	높음	대중 서비스 소매점, 도매점, 학교, 금융업, 행정	전문 서비스 의사, 변호사, 회계사, 건축사, IT, 광고기획

[자료] R. W. Schmenner(1986), "How can service business survive and prosper?"
Sloan Management Review, Vol. 27, Spring, p.25.

ⓐ 서비스 공장(service factory) : 낮은 노동집중도와 낮은 상호작용을 특징으로 라인흐름의 생산 공장처럼 표준화된 서비스를 대량으로 공급한다.

ⓑ 서비스 숍(service shop) : 낮은 노동집중도와 높은 상호작용을 특징으로 높은 고객화 서비스를 제공하지만 높은 자본투자가 소요된다.

ⓒ 대량 서비스(mass service) : 높은 노동집중도와 낮은 상호작용을 특징으로, 노동집약적인 환경에서 차별화되지 않은 서비스를 제공한다.

ⓓ 전문 서비스(professional service) : 시설이나 장비에 의존하는 것과 대비하여 노동에 의존하는 정도가 상대적으로 높고 고객과의 상호작용이나 개별화의 정도도 높은 프로세스는 전문 서비스라 한다.

⑦ 서비스 프로세스 설계 시 고려사항 – 린 쇼스택(Lynn Shostack)

㉠ 서비스 프로세스의 모든 과정은 고객에게 초점을 맞추어 고객의 입장에서 계획되어야 한다.

㉡ **목적론**이며 실제적인 과업 성과를 중시해야 한다.

㉢ **전체론**이며 개별 활동들은 하나의 시각에서 인식되어야 하며 성과와 효율성을 제고할 수 있는 자율적인 성격을 가져야 한다.

㉣ 설계 과정에 종업원과 고객을 모두 고려하여야 한다.

(2) 프로세스 개선기법

① 구매과정에 따른 관리

㉠ 구매 전(Before Service) 프로세스 – 대기열 관리

ⓐ 대기관리의 8가지 기본원칙 – 데이비드 마이스터(David H. Maister, 1985) ★

㉮ 아무 일도 하지 않고 있는 시간(unoccupied time)이 뭔가를 하고 있을 때(occupied time)보다 더 길게 느껴진다.

ⓝ 구매 전 대기가 구매 중 대기보다 더 길게 느껴진다.

ⓓ 근심(anxiety)은 대기시간을 더 길게 느껴지게 한다.

ⓡ 언제 서비스를 받을지 모른 채 무턱대고 기다리는 것이 얼마나 기다려야 하는지를 알고 기다리는 것보다 그 대기시간이 더 길게 느껴진다.

ⓜ 원인이 설명되지 않은 대기시간이 더 길게 느껴진다.

ⓑ 불공정한 대기시간이 더 길게 느껴진다.

ⓢ 서비스가 더 가치 있을수록 사람들은 더 오랫동안 기다릴 것이다.

ⓞ 혼자 기다리는 대기시간이 더 길게 느껴진다.

[출처] 이유재(2007), 서비스마케팅[제3판], 학현사, p.256

ⓑ 대기시간에 영향을 주는 통제요인 – 데이비드 마이스터(David Maister) ★
　　㉮ **기업의 완전통제요인** : 공정성, 편안함, 확실성, 대기단계(서비스단계)
　　㉯ **기업의 부분통제요인 : 점유, 불만**
　　㉰ **소비자(고객) 통제요인** : 대기단위, 대기목적가치, 소비자태도

ⓒ 대기관리의 방법
　　㉮ 생산관리방법 : 기업의 서비스방법을 변화시켜 고객의 대기시간을 감소
　　　• 예약활용 : 병원, 레스토랑 등에서 활용
　　　• 커뮤니케이션 활용 : 사전에 혼잡한 시간 미리 안내, 업무 프로세스의 메일 전송
　　　• 공정한 대기 시스템 구축 : 공평한 대기선, 번호표 활용
　　　• 대안 제시 : ARS, ATM, 자동이체 등의 시스템
　　㉯ 고객인식관리방법(Perception Management) : 서비스방법의 변화는 없지만 고객이 느끼는 체감 대기시간을 감소
　　　• 서비스가 시작되었다는 느낌을 제시 : 도우미 안내, 병원 내 초기상담 진행 및 책자 비치
　　　• 예상 대기시간 안내
　　　• 고객 유형별 안내 : 업무별로 처리(우체국의 금융과 우편 코너 분리)
　　　• 이용되고 있지 않은 자원의 비가시화 : 일하지 않는 직원 안보이기

ⓓ 대기열의 유형
　　㉮ 단일 대기열
　　　• 고객이 오는 순서대로 대기하기 때문에 대기시간의 공정성이 보장된다.
　　　• 어느 줄에서 대기해야 할지 고민할 필요가 없다.
　　　• 줄이 길어지는 경우 고객이탈 문제가 발생할 수 있다.
　　　• 단일 입구로 되어 있어 끼어들기 문제를 해소할 수 있다.
　　㉯ 다중 대기열 : 고객이 서비스 장소에 도착하여 어느 대기열에서 기다려야 하는지 다른 대기열이 짧아질 경우 옮겨야 하는지 여부를 결정해야 한다.

ⓔ 대기행렬 모형

㉮ 단일경로 단일단계 대기 시스템

㉯ 단일경로 복수단계 대기 시스템

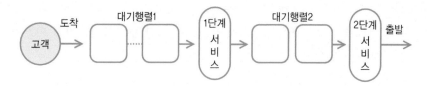

㉰ 복수경로 단일단계 대기 시스템

㉱ 복수경로 복수단계 대기 시스템

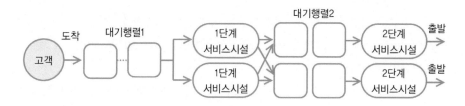

ⓛ 구매 중(On Service) 프로세스 – MOT

ⓐ **MOT(Moments Of Truth ; 진실의 순간)의 개념**

㉮ 스웨덴 학자 **리처드 노먼(Richard Norman)이 정립한 이론**이다.

㉯ '고객이 기업의 종업원 또는 특정 자원과 접촉하는 순간으로 그 서비스의 품질에 대한 고객의 인식에 결정적인 영향을 미치는 상황'으로 정의할 수 있다.

㉰ MOT 사이클은 고객이 처음으로 접촉해서 서비스가 마무리될 때까지의 서비스 행동의 전체과정을 고객의 입장에서 그려보는 것이다.

㉱ 고객은 서비스 과정에서 경험하는 직·간접의 순간순간들로 서비스 전체에 대해 평가하기 때문에 기업에서 MOT 관리는 중요하다.

– 곱셈의 법칙 적용 : 처음에 우수한 성적을 받아도, 마지막에 0이면 결과는 제로일 뿐이다.

ⓜ SAS(스칸디나비아 항공사)의 **얀 칼슨(Jan Carlson)** 사장은 1980년대 이후 '진실의 순간(MOT)' 개념을 **CS경영에 도입**하여 적자에서 흑자로의 성과를 창출해 냈으며 이후 고객만족의 개념을 세계적으로 확산시켰다.

ⓑ **서비스 접점의 특징 – 솔로몬(Solomon), 구트만(Gutman)**

㉮ 서비스 제공자와 고객이 모두 참여하는 양자관계여야 한다.

㉯ **인간적인 상호작용**이 이루어진다.

㉰ 서비스 접점은 제공자와 고객 간의 정보교환의 과정이다.

㉱ 제공되는 서비스에 따라 **제한을 받는다.**

㉲ 서비스 제공을 위해 제공자는 상황에 맞는 직무 훈련 등을 통해 목표를 이룰 수 있도록 한다.

ⓒ 서비스 접점의 유형 ★

㉮ 원격 접점 유형

- 고객이 어떠한 인적 접촉 없이 서비스 기업과 접촉하는 것을 의미한다(예 **은행의 ATM, 자동티켓 발매기**).
- 직접적인 인적 접촉이 발생되지 않더라도 서비스의 유형적 증거와 기술적 프로세스 및 시스템을 통해 서비스 품질 판단의 근본을 제공할 수 있다.
- 물리적 단서가 중요한 요소가 되므로 허용오차가 적고 통제가 가능하다.

㉯ 전화 접점 유형 : 직원의 목소리, 친절한 응대, 직원의 지식, 문제 처리능력 등이 품질의 기준이 된다.

㉰ 대면 접점 유형 : 서비스 제공자와 고객이 직접 만남에서 상호작용이 발생한다. 고객 자신의 행동, 서비스의 유형적인 단서, 다른 유형에 비해 서비스 품질을 파악하고 판단하기가 가장 복잡하다.

ⓒ **구매 후(After Service) 프로세스 – 특성요인분석기법/인과관계도표(피시본 다이어그램 : Fishbone Diagram)**

ⓐ **특성요인 분석기법**

㉮ **특성요인 분석기법은 통계학자 카오루 이시카와에 의해 개발되었으며 물고기 뼈 모양으로 어떤 결과가 나오기 위하여 원인이 어떻게 작용하고, 어떤 영향을 미치고 있는가를 체계적으로 분석 · 종합한 것이다.** 인과관계도표라고도 한다.

㉯ 생각을 방사형으로 정리하는 마인드맵핑과 자유로운 아이디어를 핵심만 기록하는 브레인 라이팅의 장점을 혼합하였다.

- 브레인 라이팅 기법 : 많은 구성원들로 이루어진 기업에서 흔히 사용되는 아이디어 창출 기법으로 자기 주장을 내세우기 꺼려하는 사람들의 아이디어도 취합할 수 있다. ★
- 마인드맵핑 기법 : 아이디어와 그 상호 연결상태를 시각적으로 보여 주는 브레인스토밍 도구로 복잡한 아이디어와 정보, 자료를 이해하기 쉽고 쌍방향적인 시각자료로 만들고 구성하며 의사소통할 수 있게 해 준다. ★

㉰ 근본원인을 도출하기 위해서 분석대상이 되는 문제점을 물고기의 머리 부분에 기재한다.

㉱ 원인은 문제를 야기시키는 근본 원인을 나타내며, 물고기의 뼈의 사선으로 표시하고 기재한다.

ⓑ 피쉬본 다이어그램의 사용 목적 : 문제와 관련된 데이터를 수집 · 분석하여 근본 원인을 파악하여 해결 방안을 결정하고, 프로세스의 변화나 해결방안을 계획하고 실행한다.

ⓒ 피쉬본 다이어그램의 단계별 흐름(FLOW)

    ㉮ 1단계 : 문제의 명확화

    ㉯ 2단계 : 문제의 주요원인 범주화

    ㉰ 3단계 : 잠재원인 브레인스토밍 실시

    ㉱ 4단계 : 주요원인 범주의 세부사항 검토

    ㉲ 5단계 : 근본원인 확인

ⓓ 피쉬본 다이어그램으로 불만도의 원인을 파악하는 요소(Branch) : 사람(People), 과정(Process), 운영(Management), 장비(Equipment), 환경(Environment), 자원(Materials)

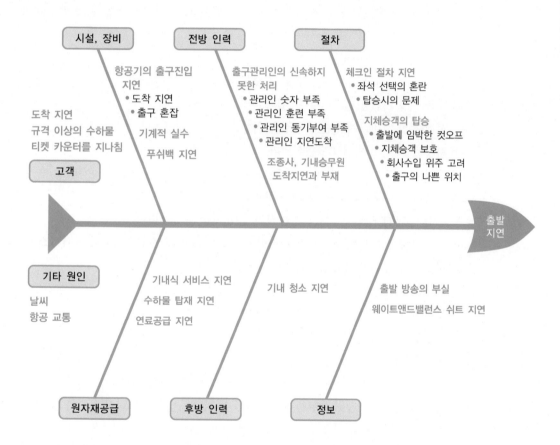

◉ 미드웨이 항공사의 항공기 출발지연 분석을 위한 인과관계 도표

[출처] 이유재(2007), 서비스마케팅[제3판], 학현사, p.265.

② **품질기능전개(Quality Function Deployment; QFD)**

  ㉠ 품질기능전개의 의의

    ⓐ QFD는 고객의 니즈와 디자인 요소들 사이의 연결점을 발견하는 것을 돕기 위해서 개발된 기법이다.

    ⓑ QFD는 고객의 모호한 생각을 구체적이고 실행 가능한 디자인으로 해석하여 제품 개발 및 생산 각 단계에서 고객의 요구사항을 파악하여 전달하는 것이다.

ⓒ QFD는 개발 기간의 단축, 설계 변경의 감소, 품질비용 감소, 설정과정의 문서화, 기능 부서 간의 팀워크 향상, 판매 후 하자 감소, 시장 품질 정보 축적, 마켓 셰어 확대, 설계 품질 및 기획품질 설정, 설계의도를 제조에 전달 등의 목적이 있다.

ⓛ **품질기능전개의 발전과정**

　　ⓐ 1960년대 일본의 '아카오 요지'에 의해 연구

　　ⓑ 1972년 미쓰비시 중공업의 고베조선소에서 사용

　　ⓒ 1980년대 초반 자동차회사인 GM Ford사와 IT제조 회사인 3M, HP에 의해 개발

　　ⓓ 1983년 미국품질학회지에 소개된 후 시카도 세미나를 통해 미국 내 널리 보급

　　ⓔ 우리나라는 1995년 삼성전자, 삼성SDI, 현대엘리베이터, 현대자동차, 쌍방울 등에 보급·확산됨

ⓒ **품질기능전개의 장점**

　　ⓐ 제품 및 서비스에 대한 품질목표와 사업목표 결정에 도움을 준다.

　　ⓑ **고객의 요구사항**에 대한 이해를 돕는다.

　　ⓒ 제품 개발 기간을 단축시킬 수 있다.

　　ⓓ 신제품 및 서비스 우선순위 결정을 위한 체계적인 도구이다.

　　ⓔ 기능 부서 간의 팀워크가 향상된다.

　　ⓕ 품질의 집(HOQ)을 사용하여 프로젝트의 모든 과정 및 결정사항을 문서화할 수 있다.

　　ⓖ 고객의 요구와 기술적 속성 간의 상관관계를 도출할 수 있다.

ⓔ **품질기능전개(QFD)의 분석도구 : 품질의 집(house of quality)**

　　ⓐ **고객의 요구와 서비스 계획과 관리방법, 계획 목표, 경쟁사의 제품이나 서비스 평가자들이 서로 얽히도록 구성된 품질기능전개의 전 과정을 말한다.**

　　ⓑ QFD를 분석할 때 핵심 도구로 시장 조사에서 밝혀진 고객의 요구를 생산기술자들에게 효율적으로 전달하기 위하여 매트릭스 형태로 배치한 것이다.

　　ⓒ **구성요소**는 고객의 요구, 상호작용, 품질의 특성, 상관관계, 설계의 품질, 경쟁사 비교 등이다.

ⓜ **품질기능전개의 한계** ★

　　ⓐ **기술 특성의 선택에 따라** 고객요구 중요도가 왜곡될 수 있다.

　　ⓑ QFD가 단순히 현재의 상황을 정리하는 것에 지나지 않을 것이라고 우려하는 상황이 발생될 수 있다.

　　ⓒ 고객의 요구사항과 기술특성의 연관관계를 제대로 파악하는 데 어려움이 있을 수 있다.

　　ⓓ 고객의 소리는 고객이 사용하는 언어로 표현되므로 정성적이면 모호한 경우가 많다.

01 CS경영 기본 개념

(1) 고객만족경영(CSM)의 개념

고객만족경영(customer satisfaction management)은 고객지향적 사고로 경영의 목적을 고객 최우선으로 정하여 고객의 시선에서 제품과 서비스를 창출하는 것이다.

(2) 고객만족경영의 도입 배경 - 마이네트 ★

① **수요의 감소** : 공급과잉으로 생산자보다 소비자가 더 중요한 요소로 부각되었다.

② **소비자 중심의 경제** : 시장 내의 힘이 생산자 중심에서 소비자 중심의 경제 활동으로 변화하였다.

③ **소비자의 기대상승** : 소득수준의 증가로 고객의 기대가 높아지고 있다.

④ **소비자 주권의식의 확산** : 소비자가 직접 소비자 문제에 적극적으로 참여하여 대응하려는 소비자 주권의식이 확산되었다.

⑤ **소프트웨어적 요소의 중요성** : 소비 행위의 변화로 인해 하드웨어적인 요소보다 소프트웨어적인 요소를 중요시하게 되었다.

⑥ **글로벌 경쟁의 시대** : 소수의 과점시장으로부터 다원적 경쟁시장으로 시장 구조가 변화되었다.

(3) 고객만족경영 패러다임의 변화

① 국제화, 개방화, 인터넷의 발달, 시장의 성숙화, 무한경쟁시대의 도래로 인해 기업 환경이 변화되었다.

② 생산자 위주의 공급시장에서 소비자 위주의 소비시장으로 변화되었다.

③ 기업이 목표시장의 니즈를 파악하고 고객의 니즈와 기대를 만족시키려는 고객 지향성 기업경영이 요구되고 있다.

(4) 고객만족경영의 흐름

① 1980년대(도입기) - **타율적/소극적/보조적**

  ㉠ 제품과 서비스형 상품 중심의 판매증진을 위해 고객만족이라는 의미를 보조적으로 활용하기 시작하였다.

  ㉡ 제품 하자나 제품 설명, 성능의 특장점 중심의 기초적인 고객만족 친절 서비스를 중심으로 접근하기 시작하였다.

② 1990년대(성장기) - **자율적/적극적**

  ㉠ 기업이나 공공기관들이 고객만족경영을 도입하기 시작하였다.

  ㉡ 전사적 고객만족경영체제를 도입하였다.

  ㉢ 데이터베이스마케팅 기법이 도입되었다.

  ㉣ 고객관계관리(CRM) 기법을 도입하였다.

  ㉤ 사이버고객의 만족도에 대한 관심이 고조되었다.

③ 2000년대(고객만족 완성기) - **생활화/선도역할**

  ㉠ 고객관계관리(CRM) 경영기법의 활용이 보편화되었다.

  ㉡ 기업의 사회적 책무를 중요시하였다.

ⓒ **고객생애가치(Life Time Value)의 창출**을 통한 고객기여도를 극대화하였다.

ⓔ 내·외부고객을 동시에 중시하고, 글로벌 기업의 경우에는 국내·외 고객의 만족까지 고려하였다.

02 CS경영 발전가능성

(1) 고객만족 3요소

① **하드웨어** : 고객이 물리적으로 체험하는 요소(기업의 이미지, 브랜드 파워, 주차시설, 매장분위기, 인테리어, 건물의 청결도, 고객센터 등)

② **소프트웨어** : 고객이 접하는 시스템(기업의 상품, 서비스 프로그램, 서비스 절차, 예약, 업무처리, 해피콜, A/S와 고객관리시스템, 부가 서비스 체계 등)

③ **휴먼웨어** : 종업원의 응대 태도에 대한 만족도(친절도, 용모, 태도, 의사소통, 신뢰성, 이미지, 접객 서비스 행동, 매너, 조직문화 등)

(2) 고객만족의 3대 핵심요소

① **제품 요소(직접요소)** : 이전에는 상품의 하드적인 가치로서의 품질이 좋고 가격이 저렴하면 만족하였으나 지금은 상품의 소프트적 가치로서 디자인, 사용용도, 사용의 용이성 중시(제품의 품질, 기능, 성능, 가격 등의 하드웨어적 가치와 디자인, 편리성, 향기 등의 소프트웨어적 가치로 구성)

② **서비스 요소(직접요소)** : 구매 시점의 점포 분위기, 판매원의 접객의 영향(점포 호감성, 구매 편리성 등의 점포 내 분위기와 종업원의 복장, 언어, 용모 등의 판매·접객원의 서비스와 A/S 및 정보제공 서비스 등을 포함)

③ **기업이미지 요소(간접요소)** : 사회공헌의 활동 및 환경보호 활동(문화·시설개방 등의 사회공헌 활동이나 환경보호 활동 등)

(3) 고객만족 결정의 5가지 요소

① **제품 또는 서비스의 특징** : 가격수준, 품질, 개인적 친분, 고객화 수준

② **고객 감정** : 고객의 소비 전·후의 감정

③ **서비스 귀인(서비스의 성공 및 실패의 원인에 대한 귀인)** : 불만족하였을 경우 그 이유를 분석하려는 것

④ **공평성 지각** : 다른 고객과 비교하여 직원에게 '공평한 서비스를 받았는가'의 정도

⑤ **구전** : 다른 고객, 가족, 동료에 의한 구전

(4) 고객만족경영의 5가지 원리 – 일본능률협회

① 기업의 최종상품은 고객만족이라고 정의하는 것

② 고객만족을 조직적으로 창조할 수 있는 경영의 실현이 필요하다는 것을 인식하는 것

③ 고객만족도를 정기적, 정량적으로 측정해서 경영의 지표로 삼는 시스템을 구축하는 것

④ 만족의 측정 결과를 경영자가 직접 선두에 서서 검토하고 제품과 서비스, 그리고 사내풍토와 기업 활동 전체를 조직적, 계속적으로 쇄신하고 개혁하는 것

⑤ 고객만족의 향상을 새로운 시대에 어울리는 경영구심점으로 삼는 것

(5) 총체적 고객만족경영(TCS; Total Customer Satisfaction)

한차원 높은 고객만족경영 추진으로 경영효율성을 제고하고 차별화된 경쟁우위를 창출하자는 총체적 혁신방법의 요소로 내부 핵심역량 강화를 통해 시장경쟁력을 강화한다.

① **내부 핵심역량 강화 요소** : 비전전략 공유, 임직원 역량 극대화, 지식, 정보기술, 프로세스 혁신, 인사조직, 변화관리, 전략적 성과관리 등

② **시장경쟁력 강화 요소** : 상품력, 이미지, 브랜드 관리, 가격 경쟁력, 고객관리, 영업력 향상, 신상품 개발, 서비스 품질 혁신, 고객관계관리(CRM) 등

03 CS경영의 패러다임

(1) 고객만족경영의 패러다임 변화

① 과거에는 내부 외부에서 외부로 행해지는 Push 마케팅의 경영전략에서 마케팅 중심이 고객으로 넘어가면서 고객이 기업의 마케팅에 참여하는 Pull 마케팅이 각광받고 있다.

② 기업 환경의 변화 : 시장의 성숙화, 국제화, 개방화, 인터넷의 발달, 무한 경쟁시대에서 세계는 하나의 큰 시장이 되고, 생산자 위주에서 소비자 위주로 변화되었다.

③ 소비자 행태의 변화 : 소득 증대, 시간 가치 중시, 소비자 욕구와 가치변화, 주권의식과 환경의식의 확산으로 소비자의 파워가 기업과 대등한 위치까지 도달하였다.

④ 마케팅 패러다임의 확산 : 고객의 니즈와 기대를 만족시키려는 시장 지향성 기업경영이 요구되고 있다.

(2) 고객만족경영의 3C

현대의 변화가 심한 시장을 마이클 해머 교수는 『리엔지니어링 기업혁명』에서 3C로 이행되었다고 한다.

① **고객만족(Customer)** : 고객이 시장을 주도하는 이 시대에는 고객확보가 어려워졌다.

② **끊임없는 혁신(Change)** : 지금의 기업은 유연하게 방향성을 갖고 신속하게 변화해야 한다. 기업중심에서 인간, 고객, 고객가치 창조 중심으로 변화해야 한다.

③ **글로벌 무한경쟁(Competition)** : 현대 글로벌 경쟁체제에서 경쟁의 심화로 인해 주권이 고객에게로 옮겨지면서 고객은 막강한 힘을 갖게 되었다.

(3) 시어도어 베일의 3S

① 3S는 생산향상 운동의 하나이며, 다양화에 대한 관리방법이다.

② 대량생산의 일반원칙으로 제품 가격을 낮추어 시장을 확대하면서 직원들에게는 임금 단가를 높여주는 것이다.

③ '포드주의'에서 경영합리화를 위해 Standardization(제품의 표준화), Specialization(부품의 전문화), Simplification(작업의 단순화)의 3S운동을 경영의 기본원리로 도입하였다.

(4) 고객만족경영(CSM) 혁신을 위한 성공 요인

① **리더십** : 최고경영자의 혁신에 대한 적극적 태도와 긍정적인 마인드

② **조직문화** : 의사소통의 활성화, 조직 구조의 유연성, 공감대 형성, 창의적 사고 등

③ **자원 지원** : 물질적·심리적 보상(칭찬, 격려 등)

04 CS경영 사례연구 - 노드스트롬 백화점 ★

(1) 경영이념

고객에게 최고의 **품질**, 최고의 **구색**, 최고의 **서비스**, 최고의 **가치**를 제공하라는 것이다.

(2) **노드스트롬 백화점의 경영 방식**

① **가족 경영 기업문화**

㉠ 노드스트롬의 사람들은 다른 직원들처럼 맨 밑바닥에서부터 시작하여 경영권을 물려받은 뒤에도 앞서서 겸손함을 실천하고 직원들과 서로 화목함을 유지할 수 있었다.

㉡ 노드스트롬의 사규는 오직 하나, "모든 상황에서의 결정은 오직 스스로의 판단에 따라 내려라. 그 외에 다른 규칙은 없다!"이다. 고객 서비스를 일선직원 및 창구직원에게 일임하고 모든 권한을 위임하며, 업무에 필요한 모든 것들을 제공하라는 의미이다.

② **현장배회 경영**(MBWA; Management By Wandering Around) - 톰 피터스

㉠ 경영자가 직접 작업현장을 돌아다니면서 현장에서 종업원들이나 고객, 기타 조직과 관련된 사람들과 직접적인 의사소통을 통해 정보를 수집하고 의사를 주고받는 것이다.

㉡ 경영자는 현장을 방문하여 업무수행의 진척도, Neck 과제해결을 위한 의사결정을 현장에서 직접보고, 현상을 파악하여 신속하게 처리하는 경영기법이다.

㉢ 노드스트롬은 종업원에게 대폭 권한을 주면서도 현장에서 그 권한에 따른 역할 등이 제대로 사용되고 있는지 확인하기 위해 현장배회 경영을 실시하였다.

㉣ 3현주의 : 현장에서, 현물을 관찰하고, 현실을 인식한 이후에 문제해결 방안을 찾아야 한다는 경영원칙

③ **역 피라미드 구조**

㉠ 매장 관리자부터 공동 회장에 이르기까지 역삼각형의 각 단계를 차지하고 있는 모든 부분이 한결같이 판매사원을 지원하고 있다.

㉡ 현장에서 고객 서비스 제일주의를 달성할 수 있는 모든 조치를 강구하는 것이다.

㉢ 고객이 맨 상단 〉 판매사원 〉 판매지원사원 〉 매장 지배인 〉 상점 지배인 〉 구매 담당 〉 머천다이징 매니저 〉 지역지배인 〉 총 지배인 〉 이사회

④ **종업원 지주 제도** : 은퇴연금을 운영하면서 장기근속 직원에게 연금을 지급하고 있다.

(3) **외부고객 만족 경영**

㉠ **특별한 가격 정책** : 고급 서비스와 고품질의 상품을 취급하면서 고객이 신뢰할 수 있는 가격을 책정하고, 가격경쟁보다는 서비스경쟁을 우선시 한다.

㉡ **개인별 고객수첩의 활용** : 개인별 고객수첩을 활용하여 고객과의 신속한 연락을 판매로 연결시키는 중요한 역할을 한다.

㉢ **무조건적 반품 수용 정책** : 100% 반품으로 100% 고객만족을 추구한다.

㉣ **매력적인 쇼핑 환경의 제공** : 노드스트롬만의 고객을 위한 매력적인 휴식공간을 제공한다.

㉤ **다양한 제품 구색** : 다양한 치수를 구비하여 고객이 원하는 상품을 구매할 수 있도록 준비한다.

(4) 내부고객 만족경영

① 인사관리

    ㉠ 학력과 경력 같은 피상적인 조건을 내세우지 않고 진정으로 사람을 좋아하는 사람, 남을 기쁘게 해주는 데서 기쁨을 느끼는 사람을 채용한다.

    ㉡ 관리자를 외부에서 영입하지 않는다는 원칙을 고수한다(내부승진 원칙).

② 권한 위임

    ㉠ 사원들에게 의사결정의 자유와 권한을 주며 기꺼이 그들의 결정을 존중한다.

      – 모든 상황에서 오직 스스로의 판단에 따라 결정을 내리시오.

    ㉡ 현장에서 고객과 접점에 있는 직원들이 진심 어린 고객 서비스를 실천할 수 있도록 하기 위해 직원의 인격을 먼저 존중해 준다.

    ㉢ 사원들이 주도성을 가지고 창조적으로 생각하기를 기대하고 격려하며 설득하고 요구한다.

③ 동기부여와 인센티브

    ㉠ 미국 소매업계 최초로 판매 수수료 제도를 도입하였다.

    ㉡ 매장별로 1년간 순 매출액 목표를 달성하거나 초과하는 판매 사원을 'Pace Setter'로 선정하고 자사 매장 제품에 대한 연간 33%가 할인되는 신용카드를 발급해 주고 있다.

제3절 CS 의식

01 고객의 이해

(1) 고객의 정의

① 습관적으로 자사의 물품을 구매하거나 서비스를 이용하는 사람이다.

② 여러 번의 구매와 상호작용을 통해 형성된다.

③ 접촉이나 반복구매를 한 적이 없는 사람은 고객이 아닌 구매자이다.

④ 일정 기간 동안 상호 접촉과 커뮤니케이션을 통해 반복 구매를 하고 기업이나 조직에 고객생애가치의 실현으로 수익을 창출해 줄 수 있는 사람을 일컫는다.

02 고객의 범주

(1) 프로세스적 관점에 따른 고객의 분류

① 외부고객 : 자사의 최종 제품을 구매한 고객으로 구매자, 소비자 등

② 중간고객 : 도매상, 소매상 등

③ 내부고객 : 회사내부의 종업원, 조직과의 관계에서의 고객으로 동료, 부하, 주주 등

(2) 참여 관점에 따른 고객 분류

① **직접고객(1차 고객)** : 제공자로부터 제품 또는 서비스를 구입하는 사람

② **간접고객(개인 또는 집단)** : 최종 소비자 또는 2차 소비자로 자동차를 살 경우 최종 소비자는 일반인이 되지만 자동차 영업사원이 공급하여 판매할 때에는 자동차 구매자는 간접고객이 됨

③ **공급자** : 제품과 서비스를 제공하면서 반대급부로 돈을 지급받는 행위가 수반되므로 고객이 됨

④ **내부고객** : 회사 내부의 종업원. 가치 생산에 직접 참여하는 고객

⑤ **의사결정고객** : 직접고객의 선택에 커다란 영향을 미치는 개인 또는 집단으로, 직접적으로 구입을 하거나 돈을 지불하지 않는 고객

⑥ **의견선도고객** : 구매보다는 제품의 평판, 심사, 모니터링에 영향을 미치는 집단(기자, 블로거 등)

⑦ **법률규제자** : 소비자 보호나 관련 조직의 운영에 적용되는 법률을 만드는 의회나 정부

⑧ **경쟁자** : 전략이나 고객관리 등에 중요한 인식을 심어주는 고객

⑨ **단골고객** : 반복, 지속적으로 애용하지만 고객을 추천할 정도의 로열티는 없는 고객

⑩ **옹호고객** : 단골고객이며, 다른 사람에게 추천하는 적극성을 띤 고객

⑪ **한계고객** : 자사의 이익실현에 마이너스를 초래하는 고객으로 고객명단에서 제외하거나 해약을 유도. 기업의 이익 실현에 해가 되므로 디마케팅의 대상이 됨

⑫ **얼리 어답터** : 새로운 제품 정보를 다른 사람보다 먼저 접하고 구매하는 소비자군으로 이들이 작성한 제품평가 및 후기는 다른 소비자들의 구매 결정에 많은 영향을 미친다.

⑬ **체리피커(Cherry Picker)** : 기업의 상품 구매, 서비스 이용 실적은 좋지 않으면서 자신의 실속 챙기기에만 관심이 있는 소비자(홈쇼핑에서 전체 물량의 10~25% 가량이 반품되는데, 그중 경품을 노리고 무더기로 주문을 한 뒤, 당첨되지 않은 상품은 반품하는 고객을 말하기도 한다.)

⑭ **메타슈머** : 기존의 제품을 변형하여 사용하는 소비자들을 가리키는 말이다.

⑮ **리뷰슈머** : 인터넷 블로그나 게시판에 전문적으로 글을 올리는 사람, 후기(review)와 소비자(consumer)의 합성어

⑯ **가이드슈머** : 기업의 장단점에 대해 칭찬 및 지적은 물론 스스로 적극적인 구전 마케팅(홍보)까지 하는 소비자를 말한다.

⑰ **스토리슈머** : 스토리와 컨슈머의 합성어로 이야기를 찾는 소비자. 제품뿐 아니라 제품과 관련된 자신의 이야기와 사연을 적극적으로 알리는 특성이 있다.

⑱ **트윈슈머** : 인터넷 등의 구매 후기를 참고하여 상품이나 서비스를 구매하는 소비자. 쌍둥이라는 뜻의 트윈과 컨슈머의 합성어로 생각, 취미, 소비성향이 쌍둥이처럼 유사한 소비자를 의미한다.

⑲ **알파 컨슈머** : 어떤 제품을 가장 먼저 사용해 본 후 제품 정보나 사용 후기 등을 다른 사람들에게 제공하는 소비자

(3) 그레고리 스톤의 고객 분류

① **경제적 고객(절약형 고객)**

㉠ 고객 가치를 극대화하려는 고객을 말한다.

ⓛ 투자한 시간, 비용, 노력에 대하여 최대한의 효용을 얻으려는 고객이다.

ⓒ 여러 서비스기업의 경제적 강점을 검증하고 가치를 면밀히 조사하며, 요구가 많고 때로는 변덕스러운 고객이다.

ⓔ 이러한 고객의 상실은 잠재적 경쟁위험에 대한 초기경보신호라 할 수 있다.

② 윤리적 고객(도덕적 고객)

ⓐ 윤리적인 기업의 고객이 되는 것을 고객의 책무라고 생각한다.

ⓑ 기업의 사회적 이미지가 깨끗하고 윤리적이어야 고객을 유지할 수 있다.

ⓒ 기업의 사회적 이미지를 위한 마케팅이 필요하다.

③ 개인적 고객(개별화 추구 고객)

ⓐ 개인 간의 교류를 선호하는 고객을 말한다.

ⓑ 형식적인 서비스보다 자기를 인정하는 서비스를 원하는 고객이다.

ⓒ 최근 개인화되어가는 경향으로 고객정보를 잘 활용할 경우 가능한 마케팅이다.

ⓔ CRM을 통한 개별화 마케팅, 개인적 인식을 통한 차별화된 마케팅이 필요하다.

④ 편의적 고객

ⓐ 자신이 서비스를 받는 데 있어서 편의성을 중요시하는 고객이다.

ⓑ 편의를 위해서라면 추가비용을 지불할 수 있는 고객이다.

ⓒ 차별화된 편의를 제공하는 마케팅이 필요하다.

03 고객의 구매의사결정

문제인식 → 정보의 탐색 → 대안의 평가 → 구매의사결정 → 구매 후 행동

(1) 문제 인식(욕구의 인식)

현재의 상태와 자신이 바라는 이상적 상태의 불일치를 의미한다. 이 불일치를 제거 또는 감소하기 위해 어떤 제품이나 서비스에 대한 욕구를 갖게 된다.

> **Tip   매슬로우 인간욕구 위계이론 5단계**
>
> • 인간의 욕구는 동시에 나타나서 상호 경쟁하는 것이 아니라 계층에 따라 질서를 가질 수 있다.
> • 매슬로우는 하위 단계의 욕구가 충족되어야 상위 단계의 욕구를 충족할 수 있다고 했다.
> • 생리적 욕구 - 안전과 안정 욕구 - 사랑과 소속감에 대한 욕구 - 존경욕구 - 자아실현의 욕구

(2) 정보의 탐색

① 문제인식에 대한 최적의 대안을 찾기 위해 정보를 수집하는 과정이다.

② 정보 원천의 영향력은 고객의 특성에 따라 다르게 나타난다.

③ 관여도가 높을수록 많은 정보를 탐색한다.

④ 정보 탐색은 위험을 줄이는 방법으로 구매의사결정에 영향을 미친다.

⑤ 제품이나 서비스 구입 시 인적 정보원(가족, 친구, 전문가 등)과 비인적 정보원(대중매체, 인터넷, 광고 등)에 대한 의존성이 생긴다.

⑥ 정보의 원천

    ㉠ **기업 정보 원천** : 기업이 제공(광고, 기업 홈페이지, 서비스직원, 포장)

    ㉡ **개인적 원천** : 가족, 친지, 직장동료 등 구전의 영향력 발생

    ㉢ **경험적 원천** : 고객이 직접 서비스를 경험, 가장 확실하고 신뢰할 수 있는 정보

    ㉣ **공공적 원천** : 신문, 방송, 인터넷 등 언론매체를 통한 보도자료, 소비자원이나 정부기관의 발행물 등을 통한 정보

(3) 대안의 평가

① 고객은 평가기준과 평가방식을 결정하여 고려 상표들을 비교·평가한다.

② **신념** : 어떤 것에 대해 개인이 가지고 있는 지식으로 제품 또는 서비스에 대한 속성과 장점 및 단점

③ **태도** : 호의적이거나 비호의적인지 인지적 평가, 감정적 느낌, 행동 경향

(4) 구매의사결정

평가 단계 후 고객은 가장 선호하는 제품 또는 서비스를 선택하거나 구매할 의사결정을 내린다.

(5) 구매 후 행동

① 구매 후 만족과 불만족은 재구매 의도와 재거래 여부에 영향을 미치게 된다.

② **고객의 불만행동 – 데이와 랜던(Day and Landon, 1977)**

    ㉠ **공적 행동** : 회사에 직접 보상을 추구, 법적 행동을 취함, 회사·정부기관·사적 기관에 불평

    ㉡ **사적 행동** : 그 제품의 재구매 금지를 결정, 가족·친구·다른 사람에게 경고

    ㉢ **비행동** : 아무런 행동이나 의견을 취하지 않음

04 고객행동의 영향요인

(1) 문화적 요인

① **문화의 특성**

    ㉠ **동태성** : 문화는 지속적인 동시에 점진적으로 변화하는 동태성을 갖는다.

    ㉡ **공유성** : 사회구성원들에 의하여 공유된 관습은 유지되기를 바라고 다음 세대로 계승되기를 바란다.

    ㉢ **학습성** : 문화는 태어날 때부터 타고나거나 본능적인 것이 아니라 삶의 초기에 학습을 통해 형성되는 것이다.

    ㉣ **규범성(연대성)** : 사람의 일상적인 생활은 규범에 의해 생리적, 사회적, 개인적 욕구해결의 방향 및 지침이 되고 아울러 외부 사회 집단의 압력에 의해 연대성을 갖게 된다.

(2) 사회적 요인

① **준거집단** : 개인행동에 직접적 혹은 간접적인 영향을 미치는 집단

② 준거집단에 영향을 주는 유형

    ⊙ **실용적(규범적) 영향** : 고객이 보상을 기대하거나 처벌을 회피하기 위해 다른 사람의 기대에 순응하고자 할 때 발생된다.

    ⓛ 가치 표현적 영향 : 사람들이 특정 집단에 소속되길 원할 때 발생하는 영향력으로, 그 집단의 행동이나 규범을 따른다.

    ⓒ **정보적 영향** : 준거집단 구성원의 의견을 신뢰성 있는 정보로 받아들인다.

(3) 개인적 요인

개인의 상황적 요인에 따라 소비 유형이 변화된다.

(4) 구전

① 구전의 개념

    ⊙ 구전은 단지 언어적 커뮤니케이션에 제한된 것이 아니라, 영향력의 특성과 관련된 개인 혹은 집단 간의 영향력이 구전이다.

    ⓛ 구전은 개인들의 경험에 기초한 대면 커뮤니케이션이다.

    ⓒ 고객이 이해관계를 떠나서 자신의 직, 간접 경험을 비공식적으로 교환하는 활동이다.

② 구전의 특징

    ⊙ 소비자 간의 구전은 일반적으로 매우 신뢰성이 높은 정보의 원천이며 일방적이 아니라 쌍방적 의사소통이 이루어진다.

    ⓛ 긍정적 구전보다 부정적 구전이 상대적으로 수신자에게 더 큰 영향을 준다.

    ⓒ 기업에 의해 창출된 것이 아니기 때문에 고객은 더욱더 신뢰할 수 있는 정보로 이해된다.

    ⓔ 생생한 경험적인 요소에 기초를 두고 있어 확실한 정보를 얻게 해준다.

③ 구전의 중요성과 효과

    ⊙ 구전은 1 : 1 커뮤니케이션으로 문서 자료나 타 매체에 비해 더욱더 큰 효과를 가지고 있다.

    ⓛ 구전의 효과는 라디오 광고의 2배, 판매원의 4배, 신문잡지의 7배 이상 효과적이다.

    ⓒ 불평 행동이 구매자에 대해서만 이루어지는 데 반해 구전은 많은 사람에게 빠른 속도로 전파되는 특성을 가지고 있어 잠재 고객을 상실하게 되어 기업 입장에서 매출 감소를 일으키는 요소로 작용한다.

    ⓔ 고객 준거집단에서의 추천 의도는 고객의 재방문으로 확산되는 과정에서 구전 커뮤니케이션으로 작용하면서 매우 중요한 의미를 지닌다.

④ **구전과 구매행동과의 관계**

    ⊙ 매우 신뢰성이 높은 정보의 원천

    ⓛ 일방적이 아닌 쌍방적 의사소통

    ⓒ 구매와 관련한 위험을 줄이고 제품 구매, 가격 등에 대한 정보를 얻기 위해 구전 활동

05 고객의 특성 파악

(1) 인구통계적 정보

　① 고객 프로필 정보 : 이름, 주소, 전화번호, 직장명, 부서명, 직위, 기념일, 출신학교

　② 관계정보 : 가족관계, 가입 커뮤니티, 친한 친구, 고객소개정보, 기타관계정보

(2) 고객가치정보

　① 고객분류등급

　② 계약정보 : 구입상품명, 시기, 금액, 고객지갑 점유율, 구입빈도 및 횟수, 고객평생가치, 매출채권 관련

　③ 구매력정보 : 소득수준, 소득원천, 재산상태, 소득변화추이

(3) 고객니즈, 성향정보

　① 고객선호, 성향정보 : 취미, 성격, 기호, 커뮤니케이션 스타일, 문화예술적 소양, 의사결정 스타일, 특기

　② 고객니즈정보 : 상품에 대한 니즈

06 소비자가 지각하는 위험 요인

(1) 기업 및 제품 선택에 영향을 미치는 위험의 유형

　① 성능 위험(perfomance risk) : 구매 상품이 기대한 만큼 성능을 발휘하지 못하는 경우

　② 재무적 위험(financial risk) : 의사결정 잘못으로 입게 되는 금전적 손실

　③ 신체적 위험(physical risk) : 그 상품의 사용 결과 소비자가 해를 입을 가능성에 대한 불안감

　④ 심리적 위험(psychological risk) : 구매한 상품이 자아 이미지에 부정적 영향을 미칠 수 있는 위험

　⑤ 사회적 위험(social risk) : 구매한 상품이나 준거집단으로부터 부정적으로 평가를 받을 위험

　⑥ 시간상실 위험(time loss risk) : 시간이나 노력의 상실없이 구매 상품의 반품 및 수리를 받을 수 없는 정도

(2) 기업 및 제품 선택에 있어 위험을 줄이기 위한 소비자 행동

　① 강한 상품 보증이나 보증기간이 긴 브랜드를 구매해야 한다.

　② 더 많은 정보탐색을 한다.

　③ 소량 구매 후 대량구매를 한다.

　④ 유명한 브랜드를 찾거나 자신이 신뢰할 수 있는 사람에게 정보를 구한다.

　⑤ 과거에 만족했거나 수용할 만한 것으로 기억하고 있는 브랜드를 구매한다.

07 고객의 성격유형(MBTI)

(1) MBTI의 개념 및 목적

　① MBTI(Myers-Briggs Type Indicator)의 개념

　　㉠ 마이어스-브릭스 유형지표로 캐서린 쿡 브릭스와 그의 딸 이사벨 브릭스 마이어스(Isabel Briggs Myers)가 칼 융(Carl G. Jung)의 성격유형이론을 근거로 개발한 성격유형 선호지표이다.

　　㉡ 성격이 좋고 나쁜 것이 아니라 우리가 서로 다름을 인정하고 각자의 성격 특성을 이해함으로써 인간관계, 일 처리 방식에 대한 이해에 도움이 된다.

© 4가지 선호성향을 기준으로 16가지 성격유형으로 구성된다.

② 교육이나 환경의 영향을 받기 이전에 이미 인간에게 잠재되어 있는 선천적 심리 경향을 말한다.

② MBTI의 목적

　㉠ 성격이 좋고 나쁜 것이 아니라 우리가 서로 다르다는 것을 인정한다.

　㉡ 변명이나 합리화를 위한 것이 아니라 성장하기 위함이다.

　㉢ 창조의 공평성에 의해 누구에게나 장점이나 단점이 있음을 인정한다.

　㉣ 비판과 판가름이 아니라 이해하고 받아들이기 위함이다.

　㉤ 자신의 성격특성을 이해하고 자신의 선호하는 특성을 통해 인간관계, 일 처리방식에 대한 이해를 갖고자
　　하는 것이다.

(2) 4가지 선호지표 특성

01 고객관계관리의 개념

(1) CRM의 기본개념

① 기업이 고객관계를 관리해 나가기 위해 필요한 방법론이나 소프트웨어 등을 가리키는 용어로 현재의 고객과 잠재고객에 대한 정보자료를 정리, 분석해서 마케팅 정보로 변환함으로써 고객의 구매 관련 행동을 지수화하고 이를 바탕으로 마케팅 프로그램을 개발, 실현, 수정하는 고객 가치 중심 경영을 말한다.

② Meta Group은 "고객에 관한 지식을 지속적으로 듣고, 추출하고, 대응하는 일련의 프로세스로써 CRM은 기업이 고객의 Needs, 기대치 및 행동을 더 잘 이해하게 하고, 이를 통해 Dynamically 사업 기회나 변화에 기민하게 대처할 수 있도록 도와주는 것이다."라고 하였다.

③ **고객획득보다는 고객유지에 더 비중을 둔다.**

④ 고객과 친밀해질 수 있는 관계 향상을 강조한다.

⑤ 고객의 생활패턴을 관리한다.

(2) CRM의 등장 배경

① **경영환경의 변화** : 산업화 사회에서 정보화 사회로의 변화, 시장의 중심이 생산자에서 소비자로의 변화, 규모의 경제에 따른 경쟁에서 부가가치로의 변화, 소비자의 욕구가 소유 개념에서 개성 개념으로 변화

② **시장의 변화** : 고객획득보다 고객유지가 수익성이 높음. 시장의 세분화 현상, 대중 마케팅(Mass Marketing)의 비효율성 증대, 고객 협상력 증가, 고객확보 경쟁의 증가, 시장의 규제 완화, 마케팅 활동 및 고객에 대한 중요성 부각

③ **고객의 변화** : 고객만족이 아닌 고객충성이 구매결정력을 가짐. 개인생활 방식의 변화, 고객의 요구 변화

④ **정보기술의 변화** : 전사적 차원으로 확대된 데이터베이스, 컴퓨터와 정보통신 기술의 발전, 인터넷의 등장으로 인한 유통채널의 다양화

(3) CRM의 특징

① 고객중심적인 경영방식이다.

② 고객의 생애 전체에 걸쳐 관계를 구축하고 강화시켜 장기적인 이윤을 추구한다.

③ 개별 고객의 생애에 걸쳐 거래를 유지하거나 늘려나가고자 한다.

④ 정보 기술에 기초를 둔 과학적인 제반 환경의 효율적 활용을 요구한다.

⑤ 고객과의 직접적인 접촉을 통해 고객과 기업 간의 쌍방향 커뮤니케이션을 지속한다.

⑥ 마케팅뿐만 아니라 기업의 모든 내부 프로세스의 통합을 요구한다.

(4) CRM의 장점

① 특정 캠페인의 효과 측정이 용이하다.

② 특정 고객의 요구에 초점을 맞춤으로써 표적화가 용이하다.

③ 고객이 채널의 이용률을 개선함으로써 개별 고객과의 접촉을 최대한 활용할 수 있다.

④ 제품 개발과 출시 과정에 소요되는 시간을 절약할 수 있다.

⑤ 광고비를 절감하는 데 도움이 된다.

⑥ 고객이 창출하는 부가가치에 따라 마케팅 비용을 사용하는 것이 가능하다.

⑦ **가격이 아닌 서비스를 통해 기업 경쟁력을 확보할 수 있다.**

02 메타 그룹(Meta Group)에서 제시한 CRM 분류

(1) 분석 CRM

① 고객정보를 확보하기 위해 고객자료를 추출·분석하여 고객의 행동을 예측하기 위한 시스템이다.

② 고객/시장 세분화, 고객 프로파일링, 고객 분석 및 분류를 통한 가치고객의 발견, 상품 컨셉의 발견, 고객 캠페인을 통한 타깃(Target) 마케팅 수행, 이벤트 기획, 프로모션 계획 등의 기획 및 방법에 대한 아이디어가 도출될 수 있다.

(2) 운영 CRM

① 대고객 활동 중심으로 고객정보의 획득과 활용을 목적으로 고객과의 접점을 자동화하여 고객관리를 효율화하는 것을 목적으로 하는 활동이다.

② 프론트 오피스 고객접점을 연계한 업무 지원, 백 오피스와 CRM 통합, 자동화된 비즈니스 프로세스를 의미한다.

(3) 협업 CRM

① 고객과 기업 간의 커뮤니케이션을 포괄적인 관점에서 통제·운영해 주는 시스템이다.

② 고객접점 채널과 고객상호작용센터 등 채널 다양화로 일관된 서비스를 제공한다.

03 CRM 전략 수립

(1) CRM System 구축 수립 5단계

① 1단계 : 기업의 특성에 맞는 고객전략 수립

고객 개개인이 어떤 채널을 통해 제품 및 서비스를 구매하는지 파악하여 전략을 수립한다.

② 2단계 : 인프라 구축

데이터웨어하우스(Data Warehouse)와 백 오피스(Back Office), 프론트 오피스(Front Office) 시스템, 전자상거래 등 새로운 커뮤니케이션 채널을 확립한다. 정보 지원 분석 및 개별고객 분석 등의 활동을 수행한다.

③ 3단계 : 데이터마이닝(Data Mining)을 통한 고객 분석과 마케팅 실시

고객의 성향을 분석하여 구매를 창출하고 잠재고객층과 충성고객층 등 다양한 고객층의 차별화 마케팅을 시도한다.

④ 4단계 : 고객 분석 결과를 실질적으로 판매하는 과정에서 활용

교차판매, 추가판매, 재구매 등을 통해 평생고객 가치를 극대화한다.

⑤ 5단계 : 고객 유지를 위한 서비스와 피드백 관리

고객과의 유대 강화, 이탈 고객 감소, 차별화·개별화된 서비스의 제공, 기존 고객을 우수고객으로 전환한다.

(2) CRM 전략 수립 6단계

환경분석 – 고객분석 – CRM 전략 방향 설정 – 고객에 대한 오퍼(Offer)결정 – 개인화 설계 – 대화 설계

① 1단계 : 환경분석

    ㉠ 고객과 시장 환경을 바탕으로 분석한다.

    ㉡ 외부환경과 내부환경을 분석한다.

        ⓐ 외부환경 분석 : 기업이 목표로 하는 대상인 고객 파악과 고객 대응을 위한 시장 분석

        ⓑ 내부환경 분석 : 전사적 사업 전략, 고객관리 활동, 정보시스템(IT 시스템 현황), 기업의 문화, 내부 프로세스 개선, 조직 개선, CRM을 통해 얻고자 하는 정확한 목표 설계

    ㉢ 시장의 매력도 분석

② 2단계 : 고객 분석

    ㉠ 상품개발과 마케팅 전개 및 기업이 목표로 하는 다양한 자사 고객을 대상으로 심층적인 분석이 이루어진다.

    ㉡ **고객평가 및 고객 세분화**

        ⓐ 고객평가 : 수익성 전환을 위한 차별화된 고객 서비스를 제공하기 위함이다.

        ⓑ 고객평가 방법

            ㉮ 수익성 점수(Profitability Score) : 특정 고객의 매출액, 순이익, 거래 기간 등을 고려하여 기업에 얼마나 수익을 주는지 점수를 매겨 보는 것

            ㉯ 위험성 점수(Risk Score) : 특정 고객이 기업에 얼마나 나쁜 영향을 주는지 나타내는 점수

            ㉰ RFM 점수 : 최근성(Recency), 구매의 빈도(Frequency), 구매액(Monetary) 등의 세 가지 지표들을 통해 얼마나 최근에, 얼마나 자주, 그리고 얼마나 많은 구매를 했는가에 대한 정보들을 기반으로 고객의 수익 기여도를 나타내고자 하는 점수

            ㉱ 커버리지 점수 : 얼마나 많은 상품을 구매하는지(충성도의 지표, 교차판매 가능성 추정) 측정

        ⓒ 고객 세분화 : 구매행동 변수, 마케팅 접근방법, 인적 특성, 심리적 변수에 따라 세분화한다.

③ 3단계 : CRM 전략 방향 설정

    ㉠ 달성하고자 하는 목적 또는 기대효과를 확실히 규명하고 목표 달성을 위해 필요한 활동이 무엇인지를 찾아보는 단계이다.

    ㉡ **목적 달성을 위한 활동** ★

        ⓐ **고객 단가 증대** : 추가판매, 교차판매, 재판매

        ⓑ **고객 수 증대** : 이벤트, 외부업체와의 제휴, 기존고객 유지 활동, 기존고객의 추천을 통한 신규고객 창출

        ⓒ **구매 빈도 증대** : 사용방법의 다양화

④ 4단계 : 고객에 대한 오퍼(offer) 결정

    ㉠ 고객에게 **무엇을** 줄 것인지를 결정하는 것이다.

    ㉡ 고객 회원정보, 거래 이력을 바탕으로 상품이나 관심 분야, 소득 수준, 거래 빈도, 평균 구매 단가 등 고객의 특성에 맞게 제공한다.

⑤ 5단계 : 개인화 설계

 ㉠ 마케팅 제안이 결정되면 어떻게 고객에게 적합한 형태로 전달할 것인가를 결정한다.

 ㉡ 고객의 인적 특성과 '적합한' 심리적 특성을 총체적으로 분석하여 개인화 설계되어야 한다.

  ⓐ 인적 특성 : 성별, 연령, 직업, 거주지, 취미

  ⓑ 심리적 특성 : 구매 제품의 유형, 구매 주기, 웹 페이지 관심 정도 등

 ㉢ 기업과 고객과의 지속적인 관계개선을 위하여 일방적이 아닌, 쌍방향 커뮤니케이션을 유지할 수 있도록 개인화 설계되어야 한다.

⑥ 6단계 : 커뮤니케이션 설계

 고객과의 관계를 유지하고 강화하기 위해서 고객이 필요한 것을 고객에게 전달하는 방법을 설계하는 것이다.

 Tip

 ＊ **교차판매, 크로스셀링**(Cross-Selling or X-Selling)
  • 연속적으로 물건을 끼워 파는 것
  • 같은 상품을 한 사람에게 연속적으로 판매하는 것
  • 맥주를 사는 고객에게 땅콩을 끼워 팔거나, 신발을 사는 고객에게 양말을 끼워 파는 것
 ＊ **상향판매, 업셀링**(UP-Selling)
  • 같은 카테고리 내에서 상품의 구매액을 늘리도록 유도하는 활동
  • 등급을 업그레이드시킨 상위 품목을 판매하는 것

04 CRM 성공 및 실패 요인

(1) 개요

① CRM을 도입하는 명확한 비전을 확립해야 한다.

② 최고 경영자의 CRM을 도입하는데 대한 확신, 관심이 있어야 한다.

③ 전사적 고객 중심 문화가 이루어져야 한다.

④ 장기적인 관점에서 CRM을 체계적으로 수립해야 한다.

(2) 스탠리 브라운(Stanley Brown)이 제시한 성공적인 CRM 구현 단계

① 관련된 모든 부서를 참여시킨다.

② 목표를 분명하게 설정한다.

③ 인터페이스, 데이터 전환, 데이터 전송에 유의한다.

④ 위기의식 조성으로 프로젝트 진행을 가속화 시킨다.

⑤ 기업에서 가장 유능한 직원을 참여시킨다.

⑥ 지나치게 전문화된 솔루션을 피한다.

⑦ 비판적인 자세로 방법론을 선택한다.

⑧ 가시적 성과에 초점을 맞춘다.

⑨ 기업의 다른 전략 과제들과 조율한다.

⑩ 프로젝트의 진척 현황을 주의 깊게 살핀다.

(3) CRM 실패 요인

① 명확한 전략 부재 및 무계획

② 방대한 양의 고객정보 데이터 무시

③ 고객 중심이 아닌 기업 중심의 CRM

④ 기술 숙련도에 대한 충분한 고려 미흡

⑤ 정보시스템 조직과 업무부서 간의 협조 부족

⑥ 데이터베이스 중 의미 없는 데이터

　　㉠ 평생 단 한번 구입하는 제품

　　㉡ 상표에 대한 충성심을 거의 보이지 않는 제품

　　㉢ 단위당 판매가 작은 경우

　　㉣ 장기적으로 타산이 맞지 않는 경우

　　㉤ 정보 수집에 비용이 많이 드는 경우

05 e-CRM

(1) e-CRM의 의의

① 2000년 초반부터 도입되어 고객정보의 수집과 활용 측면에서 인터넷을 기반으로 하는 e-비즈니스의 한 형태이다.

② 웹 사이트 상에서 적용되는 CRM을 의미한다.

③ e-CRM은 기존의 CRM과 달리 인터넷을 통해 고객 데이터를 수집하고 고객과 커뮤니케이션을 할 수 있다.

(2) e-CRM의 특징

① e-CRM 모델 구축 시 초기의 대규모 투자가 요구된다.

② e-mail, 음성서비스, 동영상 등의 단일 통합 채널 구축이 가능하다.

③ 채널 간 잡음으로 인한 고객정보 관리의 오류 발생 가능성이 감소되었다.

④ 신규 고객의 진입과 관리에 비용이 거의 발생되지 않는다.

⑤ 복수 채널의 운영으로 인한 불필요한 관리 비용이 절감되었다.

⑥ 구매이력 이외에 방문횟수, 관심횟수, 광고관심횟수, 게시판 사용횟수 등 고객의 행위를 표현하는 다양한 정보를 사용할 수 있다.

⑦ 커뮤니케이션, 마케팅의 다양성을 중시하여 적극적인 고객화를 통한 장기적인 수익 실현을 목적으로 한다.

⑧ 고객 요청 시 언제든지 온라인에 접속하여 처리할 수 있기 때문에 단순한 절차와 실시간 처리가 가능하다.

(3) e-CRM의 도입으로 인한 효과 ★

① 고객 만족 수준의 증가

② 기업 운영비용의 감소

③ 기업 영업수익의 증가

- 빠른 기간에 업무 적용이 가능하다.
- 프로젝트 실패 확률이 감소된다.
- 추가적인 기능에 문제가 발생될 가능성이 있다.
- 공급 업체 간 경쟁심화로 인해 구매자 비용이 절감된다.
- 솔루션을 구현하기 위해 필요한 개발기간이 비교적 짧다.

(4) e-CRM의 구성요소

① e-Sales : 인터넷상에서 상품이나 서비스 판매와 같이 온라인 판매를 지원하기 위한 활동 또는 필요한 수단

② e-Service : 인터넷에서 고객 서비스 및 지원서비스 관리를 위한 활동

③ e-Marketing : 고객의 정보를 수집하고 분석하여 잠재고객을 확보하는 마케팅 전략

④ e-Community : 개인 간의 정보 교환, 개인과 기업 간의 정보교환의 매개체 역할로 인터넷상의 가상 소통 공간

⑤ e-Security : 개인정보유출로 인한 사생활 침해 등의 피해로부터 고객을 보호하기 위한 장치

(5) e-CRM의 전략

① **고객 접근 전략** : 강요당하는 느낌이 들지 않도록 고객에게 기업이 접근하는 것을 허락하는 퍼미션 마케팅을 지향한다(퍼미션 마케팅, 옵트 인 메일 서비스).

② **고객 유지 전략** : 저렴한 비용의 일대일 마케팅을 실현하고 지속적인 방문을 실현하기 위한 개인화 서비스, 원스톱 쇼핑 서비스 등을 활용한다(인센티브 서비스, 개인화 서비스, 원스톱 쇼핑 서비스, 맞춤 서비스, 레커멘데이션 서비스).

③ **고객 만족 전략** : 고객을 만족시키기 위한 전략으로 고객이 상품 구입을 망설이고 있을 때 사람이 직접 질문에 답해주거나 안내해 주는 어드바이스 서비스가 있다(어드바이스, 서스펜션, 매스 커스터마이즈 서비스, 저스트 인 타임 서비스, 리마인드 서비스).

④ **고객 창출 전략** : 게시판 기능 등을 활용하여 이용자 상호 간의 정보 교환을 위한 커뮤니티 서비스가 있다(커뮤니티 서비스, 인비테이션 서비스).

06 인간관계 관리

(1) 인간관계 개선

① 1920년대 후반 엘튼 메이요가 호손실험을 토대로 산업현장에서의 인간관계 개선의 필요성을 이론적으로 주장하였다.

② **호손실험** : (주)웨스턴 일레트로닉의 호손 공장에서 실시된 노무관리에 관한 실험의 총칭으로, 조명, 조립작업, 면접 등을 진행한 결과, 생산성을 좌우하는 것은 작업시간, 조명, 임금과 같은 과학적 관리법이 중요한 것이 아니고, 근로자가 자신이 속하는 집단에 대해서 갖는 감정, 태도 등의 심리조건, 사람과 사람과의 관계 등의 인포멀 작용의 관리가 중요하므로, 노동 생산성을 향상시키기 위해서는 근로자를 에워싸고 있는 인적 환경을 개선하는 것이 필요하다는 결론을 얻었다.

(2) 인간관계의 형성

① 인간관계 형성 단계 – **휴스턴(Huston)과 레빙거(Levinger)**

첫인상 형성 단계 (면식 단계)	• 두 사람의 직접적인 접촉 없이 관찰을 통해 서로 아는 단계 • 직접적인 교류가 일어나기 전의 단계로 타인의 표정, 복장, 언어, 동작 등으로부터 인상이 형성되고 상대방에 대한 관심과 호기심을 지니고 있는 상태
피상적 역할 단계 (접촉 단계)	• 두 사람 사이에 직접적인 교류가 일어나는 단계 • 상황이나 제도가 부여한 역할을 수행하는 역할수행자로서 상호작용 • 상호의존성이나 친밀감이 증진되기 어렵다. • 교류의 공정성과 호혜성이 관계를 유지하는 주요한 요인이 된다.
친밀한 사적 단계 (상호의존 단계)	• 두 사람 사이에 크고 작은 상호의존이 나타나는 단계 • 교류가 증진되고 심화되어 공유된 경험의 영역이 확대 • 개인적인 측면의 수준까지 발전하는 사적인 관계로 진전된다. • 호혜성의 원칙을 초월하여 상호교류가 개인적 수준까지 발전하는 사적인 관계로 진전된다.

② 사회적 침투 이론 – 알트만(Irwin Altman) & 테일러(Dalmas Taylor)

㉠ 1단계 – 첫인상의 단계

㉡ 2단계 – 지향단계 : 피상적인 정보를 교환하고 상대방을 탐색

㉢ 3단계 – 탐색적 애정 교환 : 가장 예민하고 불안정한 단계

㉣ 4단계 – 애정 교환단계 : 마음 놓고 상대방을 칭찬하고 비판

㉤ 5단계 – 안정적 교환단계 : 속마음을 터놓고 이야기하고 서로의 소유물에도 마음 놓고 접근

(3) 인간관계의 유형

① **공유적 관계** : 상대방과 자신이 하나라고 지각하는 관계로 호혜성의 원칙이 무시된다.

② **교환적 관계** : 서로 필요한 것을 주고받는 거래적이고 교환적인 성격으로 이득과 손실의 균형이 중요하다.

③ **수직적 관계** : 종적 관계, 불평등관계. 사회적 지위나 위치가 서로 다른 사람끼리의 상호작용이다. 상급자의 통솔력, 지도력, 책임감, 보살핌이 필요하며, 동시에 하급자의 순종, 존경이 요구된다.

　　　예 부모자녀관계, 사제관계, 선후배관계, 직장상사와 부하의 관계 등

④ **수평적 관계** : 사회적 지위나 위치가 서로 유사한 사람들 사이의 상호작용이며 자발적인 속성을 가진다.

(4) 인간관계 부적응 유형 – 머튼(Merton) ★

① **동조형** : 문화적 목표와 제도적 수단을 모두 수용하는 유형(부적응자에서 제외)

② **혁신형** : 문화적 목표는 수용하지만 제도적 수단은 포기하는 유형

③ **의례주의형** : 머튼(Merton)이 주장한 아노미 이론(Anomie Theory)에서 문화적 목표를 거부하고 제도화된 수단만을 수용하는 부적응 유형

④ **패배형** : 문화적 목표와 제도적 수단을 모두 거부하는 유형(약물중독, 은둔자, 부랑자)

⑤ **반역형** : 문화적 목표와 수단을 모두 거부하지만 기존의 것을 새로운 것으로 대치하려는 유형

(5) 인간관계 부적응자의 행동유형 ★

① **회피형** : 인간관계를 회피하고 고립된 생활을 하는 사람

　㉠ 경시형 : 인간관계가 삶에 있어서 중요하지 않으며, 무의미하다고 생각하는 유형

　　→ 이유 없는 권태감이나 무력감에 빠지는 경우가 많음

ⓒ **불안형** : 사람과의 만남이 불안하고 두려워서 인간관계를 피하는 유형

　　→ 자기가치감이 저하되고 타인에 대한 두려움이 있음

② **피상형** : 깊이 있고 의미 있는 인간관계를 맺지 못하고 겉으로는 넓고 원만한 인간관계를 맺고 있는 것

　ⓐ **실리형** : 현실적인 이들을 위한 거래 등 실리적인 목적에만 두는 유형

　　→ 타인과의 교류, 타인의 생각이나 감정을 이해 및 공감하는 데 어려움

　ⓑ **유희형** : 쾌락과 즐거움을 인간관계에서 최고의 가치로 생각하는 유형

　　→ 피상적인 관계로 인하여 더욱 깊은 공허감을 경험

③ **미숙형** : 대인관계 기술 또는 사교적 기술이 부족하여 인간관계가 원활하지 못함

　ⓐ **소외형** : 부적응 문제의 양상에 따라 미숙한 대인관계 기술로 인해 다른 사람으로부터 따돌림을 당하지만 인간관계에 있어 적극적이고 능동적인 유형

　ⓑ **반목형** : 인간관계에서 많은 다툼과 대립을 반복적으로 경험하는 사람들

　　→ 자기중심적이기 때문에 타인의 입장을 고려하거나 배려하지 못함

④ **탐닉형** : 다른 사람과의 친밀한 관계를 강박적으로 추구

　ⓐ **의존형** : 누군가에게 전폭적으로 자신을 맡기고 의지하려는 사람들

　　→ 유능하고 강한 사람을 의지의 대상으로 택하는 경향

　ⓑ **지배형** : 다른 사람에게 주도적인 역할을 하려고 하며 자신을 중심으로 세력과 집단을 만들려고 하는 유형

(6) 인간관계 심화 요인 – 넬슨 존스(Nelson Jones)

① **규칙** : 서로의 역할과 행동에 대해 명료하게 설정된 기대나 지침

② **상호성** : 인간관계에서 보상이 서로 균형 있게 교류됨을 의미

③ **보상성** : 긍정적인 보상의 효과(정서적 지지와 공감, 즐거운 체험 등)

　🍴 **Tip**　쇼펜하우어의 고슴도치 딜레마의 교훈

> 직장에서의 인간관계 교훈은 '적당한 거리'를 유지하여야 한다.

(7) 대인지각

주관적 판단에 근거하여 다른 사람에 대한 인상을 형성하는 것

① **특징**

　ⓐ 첫인상 등 최초에 얻은 정보에 의하여 강하게 규정되는 초출효과가 현저하다.

　ⓑ 어떤 측면에 대한 평가가 다른 측면에까지 확대되는 후광효과가 강하다.

　ⓒ 자기 자신의 심리적 상태를 인지하는 상대에 투사하는 경향이 있다.

　ⓓ 상대를 정확하게 인지하는 능력은 개인차가 있다.

　ⓔ 한번 형성된 상대방의 인상은 상대방과 교류 시 다각적인 영향을 미친다.

② **대인지각의 왜곡 유형**

　ⓐ **최근효과** : 시간적으로 나중에 제시된 정보에 의해서 영향을 받는 효과

　ⓑ **초두효과(초출효과)** : 최초의 인상이 중심이 되어 전체인상에 형성되는 효과

　ⓒ **대조효과** : 최근에 주어진 정보와 비교하여 판단하는 효과

ⓔ 후광효과 : 어떤 사람을 좋게 보면, 그 사람이 행한 모든 것을 호의적으로 보는 경향. 외모나 지명도 또는 학력과 같이 그 사람이 갖고 있는 장점이나 매력 때문에 관찰하기 어려운 성격적인 특성도 좋게 평가되는 효과

ⓜ 악마효과 : 싫은 사람이라는 인상이 형성되면 그 사람의 다른 측면까지 부정적으로 평가되는 효과

ⓗ 방사효과 : 매력 있는 사람과 함께 있을 때 사회적 지위나 자존심이 고양되는 효과

ⓢ 대비효과 : 너무 매력적인 상대와 함께 있으면 그 사람과 비교되어 평가 절하되는 효과

ⓞ 관대화 경향 : 인간의 행복추구본능 때문에 타인을 다소 긍정적으로 평가하는 경향

ⓩ 중심화 경향 : 타인을 평가할 때 어느 극단에 치우쳐 오류를 발생시키는 대신 적당히 평가하여 오류를 줄이려는 경향

ⓒ 투영효과 : 판단을 함에 있어서 자신과 비교하여 남을 평가하는 효과

ⓚ **스테레오 타입** : 고정관념을 형성하는 여러 가지 선입견 중에서 특별한 경우를 일컬을 때 사용되는 용어로 한두 가지 사례를 보고 대상 **집단 전체를 평가해버리는 경우**를 말한다.

ⓣ **최소량의 법칙** : 그 사람에 대한 평가는 그 사람이 가진 장점보다는 그 사람이 가진 단점에 의해 제어된다는 법칙

ⓟ **현저성 효과** : 타인이 제시하는 모든 면들에 공평하게 주의를 기울이지 않고 현저하게 부각되는 면에 의지해서 인상을 형성하는 것. 전경-배경의 원리가 대표적

(8) 자아의식 모델 - 조하리(Johari)의 마음의 창(Joseph luft + Harry ingham)

자아 개방 모형으로 인간의 내면을 자아 개방과 피드백을 기준으로 분석한 것으로 자신의 감성, 욕구에 대하여 다른 사람들이 알도록 한다.

구분		피드백(타인의 자기노출)	
		내가 아는 부분	내가 모르는 부분
자기 노출	타인이 아는 부분	공공 영역 • 나와 타인이 서로에 대해 잘 알고 있는 영역으로 대인관계에 있어서 갈등의 소지가 없는 영역이다. • 의존형 • 개방형이며 인간관계가 넓다. • 개방영역이 지나치게 넓으면 주책없고 경박한 사람으로 보일 수 있다.	맹목 영역 • 나는 정보를 개방했지만 타인은 반응을 보이지 않는 경우로 갈등의 소지가 크다. • 자기주장형이며 거침없이 이야기를 한다. • 타인의 말에 귀를 기울일 줄 알아야 한다.
	타인이 모르는 부분	숨겨진 영역 • 나는 타인에 대해 많이 알지만 타인은 나에 대해 모르는 경우로서 대인관계에 있어서 갈등이 야기될 잠재성이 있는 영역이다. • 현대인에게 가장 많은 유형이다. • 신중하고 실리적인 인간관계를 선호한다. • 자신의 이야기를 잘하지 않는 유형이다. • 타인과 좀 더 넓고 깊이 있는 교류가 필요하다.	미지 영역 • 나와 타인 모두가 모르는 영역이므로 대인관계에 있어서 갈등의 소지가 가장 큰 영역이다. • 소극적이고 고민이 많다. • 고립형이고 음성증상이 있다. • 적극적이고 긍정적인 태도를 가질 필요가 있다.

① 공개된 영역(Open Area, 개방형)

　　㉠ 인간관계가 원만한 사람들

　　㉡ 적절하게 자기표현을 잘할 뿐만 아니라 다른 사람의 말도 잘 경청할 줄 아는 사람

　　㉢ 지나칠 경우, 말이 많고 주책스런 경박한 사람으로 보일 수도 있다.

② 맹목의 영역(Blind Area, 자기주장형)

　　㉠ 자신의 기분이나 의견을 잘 표현하며 나름대로의 자신감을 지닌 솔직하고 시원시원한 성격이다.

　　㉡ 다른 사람의 반응에 무관심하거나 둔감하여 때로는 독단적이며 독선적인 모습으로 보일 수 있다.

　　㉢ 다른 사람의 말에 좀 더 진지하게 귀를 기울이는 노력이 필요하다.

③ 숨겨진 영역(Hidden Area, 신중형)

　　㉠ 다른 사람의 이야기는 잘 경청하지만 자신의 이야기는 잘 하지 않는 사람

　　㉡ 수용적이며 속이 깊고 신중한 사람

　　㉢ 자신의 속마음을 잘 드러내지 않는 크레믈린형의 사람이 많으며 계산적이며 실리적인 경향을 가진다.

　　㉣ 내면적으로 고독감을 느끼며 현대인에게 가장 많은 유형이다.

　　㉤ 자기 개방을 통해 다른 사람과 좀 더 넓고 깊이 있는 교류가 필요하다.

④ 미지의 영역(Unknown Area, 고립형)

　　㉠ 인간관계에 있어서 소극적이며 혼자 있는 것을 좋아하는 사람

　　㉡ 대체로 심리적인 고민이 많으며 부적응적인 삶을 살아가는 사람

　　㉢ 다른 사람과 접촉하는 것을 불편해 하고 무관심하여 고립된 생활을 하는 경우가 많다.

　　㉣ 인간관계에서 좀 더 적극적이고 긍정적인 태도를 가질 필요가 있다.

(9) 자아개방 5단계 – 존 포웰

① 1단계의 인간관계 : 상투적인 표현의 단계(지나가는 인사말, 의미 없이 하는 말)

② 2단계의 인간관계 : 사실과 보고의 단계(정보를 주고받는 단계)

③ 3단계의 인간관계 : 의견과 판단의 단계(생각을 나누는 단계)

④ 4단계의 인간관계 : 감정과 직관의 단계(감정과 마음을 나누는 단계)

⑤ 5단계의 인간관계 : 최상의 진실의 단계(진실의 단계)

07 의사소통

(1) 의사소통의 개념

① 둘 이상의 사람이 상호간 이해를 도모하기 위해 메시지, 생각, 감정들을 공유하는 과정이다.

② 의사소통과정 : 발신자 → 부호화 → 채널 → 해독 → 수신자

(2) 의사소통의 유형

① 공식적 의사소통 : 조직의 위계상 상하 간에 이루어지는 의사소통

　㉠ 상향적 의사소통 : 계층의 하부에서 상부로 정보와 의사가 전달되는 것

　　ⓐ 종류 : **서면보고, 제안서, 건의함 제도, 전문가 집단 회의, 공개토론, 옴부즈맨 제도, 태도조사, 고충 상담 등**

ⓑ 장점 : 직원을 동기화하고 구성원의 성취감을 높이는 좋은 방법, 현장의 문제를 정확하게 파악하고 더 나은 해결책을 제시한다.

ⓛ **하향적 의사소통** : 조직의 계층 또는 명령 계통에 따라 상급자가 하급자에게 그의 의사와 정보를 전달하는 것

　　ⓐ 종류 : **지시**, 직원의 행동강령, 교육, **각종 지침 지시**, 매뉴얼, **편람, 공문, 각종 간행물 등**

　　ⓑ 장점 : 조직 구성원을 하나의 명령체계로 움직일 수 있다.

　　ⓒ 단점 : 지나치게 사용하면 구성원의 소속감과 사기가 저하된다.

ⓒ **수평적 의사소통** : 조직의 위계상, 동등한 지위에 있는 개인이나 부서 사이에서 이루어지는 의사소통

　　ⓐ 필요성 : 업무의 조정과 협조, 갈등해결, 조직업무에서 상호의존성이 높을 때 필요성이 증대된다.

　　ⓑ 종류 : 공식·비공식 미팅, 위원회, 회람, 통보, 사전심사제도 등

② **비공식적 의사소통**

ⓛ **포도넝쿨(그레이프바인) 유형** : 비공식적 의사소통 유형으로 친화관계, 학연, 지연 등 조직 내부에 인간적 접촉에 의해 자생적으로 형성되는 의사소통 체계이다.

ⓛ **장점과 단점**

　　ⓐ 전달 속도가 빠르다.

　　ⓑ 공식적인 의사소통이 전달되지 못하는 유익한 정보를 제공한다.

　　ⓒ 하급자의 태도나 성과, 아이디어 등 가치 있는 정보를 제공한다.

　　ⓓ 하급자들 스스로의 스트레스를 해소해 준다.

　　ⓔ 조직변화의 필요성에 대하여 경고를 해준다.

　　ⓕ 조직문화 창조에 매개역할을 한다.

　　ⓖ 집단 응집력을 높이는 역할을 한다.

　　ⓗ 정보전달 과정에서 왜곡되어 전달될 가능성이 있다.

　　ⓘ 무책임한 정보 전달일 경우 통제하기 어렵다.

③ **의사소통 유형(이상적인 의사소통 상태를 특정 짓는 준거) – 하버마스(Habermas)** : 이해가능성(Comprehensibility), 타당성(Rightness), 진리성(Truth), 진지성(Sincerity)

ⓛ **이해 가능성** : 전문용어 사용으로 대중을 소외시키지 말아야 한다.

ⓛ **타당성** : 발언의 맥락이 맞아야 한다.

ⓒ **진리성** : 사실을 있는 그대로 이야기하는 것, 교환되는 메시지가 진실이어야 한다.

ⓒ **진지성(진실성)** : 말을 하는 사람이 상대방을 속이려고 거짓말을 하면 안 된다.

(3) 의사소통의 장애 요인

① **가치판단** : 수신자들이 전체 메시지를 수신하기 전에 미리 형성하고 있는 고정관념을 근거로 판단하는 경향

② **준거의 틀 차이** : 전달자와 수신자는 각자 다른 입장에서의 기준을 적용한다.

③ **선택적 지각** : 자신의 신념을 위협할 것 같은 정보를 거부한다든지 왜곡하는 경향

④ **조직 내 위신 관계** : 권력, 계급 등은 자유로운 의사소통을 방해한다.

⑤ 감정 상태 : 감정이 격양된 경우 의사소통에 장애가 될 수 있다.

⑥ 지나치게 많은 정보

　　㉠ 집단 응집력 : 집단 응집력이 강할수록 집단 밖 사람들과의 의사소통 시 장애가 된다.

　　㉡ 투사 : 개인이 용납할 수 없는 사고, 감정, 행동 등을 다른 사람이나 환경에 귀인 시키는 과정으로 타인도 자신과 동일한 사고·감정·특성을 갖고 있다고 생각하는 경향

(4) 공간 행동학 – 에드워드 홀

① **친밀한 거리 : 45cm 이하**

　　㉠ 가족이나 연인처럼 친밀한 유대관계를 형성하는 거리이다.

　　㉡ 가족 이외의 사람이 이 거리 안으로 들어오게 되면 매우 불쾌감을 느끼게 된다.

② **개인적 거리 : 45~120cm**

　　㉠ 어느 정도의 친밀감이 전제되어야 하는 거리로 마주보고 대화를 할 수 있는 가까운 친구 사이에 형성되는 거리이다.

　　㉡ 일상적인 대화에서 가장 무난하게 사용할 수 있는 거리라는 점에서 볼 때 격식과 비격식의 경계지점으로 볼 수 있다.

③ **사회적 거리 : 120~360cm**

　　㉠ 사무실에서 업무를 수행하면서 혹은 제3자와 대화하면서 유지하는 거리로 대화 내용 및 행동에 보다 정중한 격식과 예의가 요구된다.

　　㉡ 이 거리의 대화는 별다른 제약없이 제3자의 개입이 허용되며, 대화 도중 개입과 이탈이 자유롭다.

④ **대중적 거리 : 360cm 이상**

　　㉠ 전혀 모르는 타인들과의 거리 혹은 연설이나 강의와 같은 특수한 경우에 한정된다.

　　㉡ 대중적 거리에서는 누군가와 대화하거나 설득하는 것은 거의 불가능하다.

(5) 의사소통의 충실성 : 면대면 회의가 가장 높다.

면대면 회의 > 전화/화상 회의 > 이메일/음성메일 > 메모/편지 > 게시판/공지

08 교류분석(TA)

(1) 교류분석의 개념

① 미국의 정신의학자 에릭 번(Eric Berne)에 의해 창안되었다.

② 성격이론인 동시에 개인적 성장과 변화를 위한 체계적 심리치료기법이다.

③ 정신분석과 행동주의에 기반을 두고 있으며 개인의 성장과 변화를 위한 체계적인 심리 치료법이며 성격이론이다.

④ 초기에는 집단 치료에 이용되었으나 점차 개인 상담이나 개인 치료로 확대되었다.

⑤ 상호 반응하고 있는 인간 사이에서 이루어지고 있는 교류를 분석하는 방법을 의미한다.

(2) 목적

① **자각성** : 자기 자신에 대해 깊이 자각함으로써 자기 통제능력을 극대화시킨다.

② **자율성** : 자기의 느낌, 생각, 행동에 대한 책임이 자기 자신에게 있다는 자각을 통해 자신의 삶을 자율적으로 운영하도록 한다.

③ **친밀성** : 인간관계에 있어서 비현실적인 상상의 관계가 아니라 현실성에 입각한 투명하고 친밀한 관계를 맺도록 하는 궁극적인 목적이 있다.

(3) 교류분석의 인간관 ★

① **자율성** : 모든 인간은 사고능력을 가지고 있다.

　㉠ 자율성은 생리적이고 생득적인 특성을 지닌다.

　㉡ 인간의 내부에는 자율성을 회복할 수 있는 상당한 잠재력을 가지고 있다.

　㉢ 인간은 자신의 정서를 표현할 수 있는 자발성 및 다른 사람과 사랑을 나누고 친교를 나눌 수 있는 친밀성을 가지고 있다.

　㉣ 어린 시절 부모의 일방적 명령과 금지에 복종하면서 유보된 자율성을 스스로 되찾게 하여 포기된 자율성을 증대시키는 것이다.

② **긍정성**

　㉠ 에릭 번은 "인간은 모두 왕자 또는 공주로 태어났다"는 표현을 통해서 인간성에 대한 본질적인 긍정성을 얘기하였다.

　㉡ 인간 본질 자체에 대한 절대적 긍정성을 인정한다는 것이며 인간의 기본적인 가치와 존엄성을 시인한다는 것이다.

　㉢ 나이, 종교, 인종, 성별, 직업 등 모든 것이 다를지라도, 어떠한 경우라도 존중받아야 한다.

③ **변화가능성** : 인간은 자신의 운명을 결단하며, 그 결단은 변화 가능하다.

　㉠ 인간은 재결단의 선택을 통해 생애 초기의 잘못을 새롭게 변화할 수 있다.

　㉡ 긍정적으로 과거의 결정에 대해 재검토하고 새로운 결단을 내려 운명을 개척할 수 있다.

(4) 교류분석의 자아모형

① **부모 자아(P)**

　㉠ 부모나 부모 대리자의 내사로 '부모 자아' 상태에서는 특정 상황에 대해 부모가 느낄 것이라 상상했던 감정을 재경험한다.

　㉡ 우리 부모들이 우리에게 느꼈거나 행동했던 것과 같이 지금 우리가 타인에게 느끼고 행동한다.

② **성인 자아(A)**

　㉠ 이 상태는 자료를 처리한다. 진행되고 있는 정보를 수집하는 인간의 객관적인 부분이다.

　㉡ 이러한 객관적인 부분은 정서적인 것도 아니고 판단적인 것도 아니며 사실이나 외적 현실들을 다룬다.

③ **어린이 자아(C)**

　㉠ 이 상태는 감정, 충동, 자발적 행동으로 이루어진다.

ⓛ '자연스런 어린이 자아'는 충동적이며 미숙하고, 자발적이고 표현적인 유아와 같은 측면이며, '적응된 어린이 자아'는 자연스러운 어린이 자아의 수정으로 수정은 외상 경험, 욕구, 훈련, 주의를 끌기 위한 결정들의 결과라 할 수 있다.

(5) 교류분석 이론

① 대화분석

㉠ 상보교류(complementary transaction; 평행교류)

ⓐ 교류적 방향이 평행하고 기대되는 자아상태로 반응하는 교류로 상호보완적이고 상호만족을 주는 평등한 교류방식이다.

ⓑ 자극과 반응의 주고받음이 평행적인 교류로 무갈등교류라고 하며 대화가 중단되지 않고 계속 유지될 수 있다.

㉡ 교차교류(crossed transaction) : 기대되는 자아상태로 반응하지 않는 교류로 서로 기분이 상하거나 침묵, 대화단절, 갈등유발과 싸움으로 이어지기도 하는 교류방식이다.

㉢ 이면교류(ulterior or covert transaction; 이중교류)

ⓐ 분명히 드러난 메시지와 드러나지 않은 메시지가 동시에 전달되는 교류로 표면적으로 드러난 메시지 외에 실제 욕구나 의도가 담긴 심리적 메시지가 이면에 숨겨져 있으므로 교류방식으로 인간관계 갈등을 유발하는 원인이 되기도 한다.

ⓑ 상대방의 하나 이상의 자아 상태를 향해서 현재적 교류와 잠재적 교류의 양쪽이 동시에 작용하는 복잡한 교류이다.

② 스트로크(Stroke) : 교류반응 또는 접촉이라고 하는 유형으로 타인으로부터 얻어지는 언어적·비언어적 자극에 대하여 다양하게 반응하는 것을 의미한다.

㉠ 긍정적 스트로크 : 신체적 접촉, 수용적 어휘, 친근한 태도를 나타낸다.

㉡ 부정적 스트로크 : '나는 너를 싫어해'라는 의미를 담은 신체적 표현들

㉢ 조건적 스트로크 : 타인이 내게 준 만큼 돌려주는 스트로크

→ 긍정적 스트로크가 없으면 부정적 스트로크라도 받는 게 낫다고 본다.

③ 시간의 구조화 : Berne(1964)에 의하면 시간의 구조화는 사회적 상호작용에서 무엇을 하며 시간을 어떻게 구조화할 것인가에 대한 실존적 문제를 위한 목적적 용어이다.

㉠ 폐쇄(withdrawal) : 타인을 멀리하고 대부분의 시간을 공상이나 상상으로 보내며 자기 스스로의 방법으로 스트로크를 주려고 하는 자기애적인 교류 형태에 해당하는 유형이다.

㉡ 의식(ritual) : 전통이나 관습적인 행사에 참여함으로써 최소한의 스트로크를 유지하는 것으로 결과의 예측이 가능하고 안전한 시간 구조의 유형이다.

㉢ 잡담(pastime) : 무난한 화제를 대상으로 특별히 깊이 들어가지 않고 즐거운 스트로크를 교환하는 것이다.

㉣ 활동(activity)

ⓐ 지금 여기서 행하고 있는 일을 통해 서로 스트로크를 주고받는 실용적인 시간 구조화 형태를 의미한다.

ⓑ 생산적이고 창의적인 경우 만족감이 높은 긍정적 스트로크를 획득할 수 있다.

ⓒ 적극적이고 친밀한 인간관계를 요구하지 않는 부정적인 경향이 있을 수 있다.

ⓜ **게임**(game) : 인생에 불가결한 역할을 연출하고 있으며 부정적 스트로크를 경험하게 되는 경향을 띤다.

ⓑ **친교**(intimacy) : 서로에게 진솔한 감정과 배려를 표현하는 방식이다. 스트로크를 교환하는 가장 이상적이고 진실한 '자타긍정(I'm OK-You're OK)'의 건설적인 결과를 낳는다.

④ 게임분석(심리게임)

㉠ 반복해서 일어나는 일련의 상보 및 이면교류이며 표면적으로 합리적이라 하더라도 내부에서는 동기를 수반하고 있는 계략을 가진 일련의 교류이다.

㉡ 스트로크나 인생태도를 활용해 왜곡된 인간관계의 문제를 깨달아 비생산적인 게임을 단절하는 데 목표가 있다.

⑤ **인생각본** : 어려서 배운 부모의 가르침과 아동이었을 때 만든 초기결정들로서 성인이 될 때까지 계속해서 남아 있는 것을 가리킨다. 무의식의 인생계획이라 정의하기도 한다.

⑥ **인생태도 - 헤리스**(Herris)

자타부정 (I'm not ok - You're not ok)	• 성장하면서 스트로크가 심각하게 결핍되었거나 극도로 부정적일 때 나타난다. • 포기와 희망을 잃으며 심각한 정신적 문제를 야기한다.
자기부정-타인긍정 (I'm not ok - You're ok)	• 자신을 무가치하게 여기며 무능하여 타인의 도움 없이는 살아갈 수 없다는 좌절감, 공포를 경험한다. • 퇴행, 의기소침, 자살충동에 빠질 수 있다.
자기긍정-타인부정 (I'm ok - You're not ok)	• 타인을 부족하고 가치 없다고 생각하는 입장이다. • 타인에 대해 불안해하며 불신과 경계를 가지고 있다.
자타긍정 (I'm ok - You're ok)	• 자신이나 타인에게 만족하며 모든 느낌을 인식하고 표현한다. • 세상에 대한 합리적이고 객관적인 태도를 가진다.

알아두기 **접촉경계혼란** ★

• 환경과 개체 간의 경계가 매우 단단하거나 불분명할 때, 혹은 경계가 상실될 때 환경과의 유기적인 교류접촉이 차단되고 심리적·생리적 혼란이 생기는 것을 말한다.

• 접촉경계혼란을 일으키는 원인으로는 내사(introjection), 투사(projection), 반전(retroflection), 편향(deflection), 융합(confluence), 탈감각화(desensitization), 자기중심성(egotism)이 있다.

✳ 접촉경계혼란 장애 원인

• **내사**(Introjection) : 타인의 신념과 기준을 우리 자신이 가지고 있는 것과 융화함이 없이 무비판적으로 수용하는 것

• **투사**(Projection) : 자신의 욕구나 감정을 타인의 것으로 지각하는 현상으로 책임소재를 타인에게 돌린다.

• **반전**(Retroflexion) : 자신의 감정을 타인에게 표현하지 못하고 방향을 바꾸어 자신에게 표현하는 것

• **편향**(Deflection) : 감당하기 힘든 내적 갈등이나 외부 환경적 자극에 노출될 때, 이러한 경험으로부터 압도당하지 않기 위해 자신의 감각을 둔화시킴으로써 자신 및 환경과의 접촉을 약화시키는 것

• **융합**(Confluence) : 밀접한 관계에 있는 두 사람이 서로 간에 차이점이 없다고 느끼도록 합의함으로써 발생하는 접촉-경계 혼란

적중 예상문제

01 다음 중 고객만족의 개념을 '비지니스와 기대에 부응한 결과로서 상품, 서비스의 재구입이 이루어지고 아울러 신뢰감이 연속되는 상태'로 정의한 학자는?

① 올리버(Oliver)
② 뉴먼(Newman)
③ 굿맨(Goodman)
④ 라일리(Reilly)
⑤ 앤더슨(Anderson)

해설
• 올리버(Oliver) : '불일치된 기대와 고객의 소비경험에 대해 사전적으로 가지고 있던 감정이 복합적으로 결합하여 발생된 종합적인 심리상태', '만족은 소비자의 성취반응으로 판단', '제품이나 서비스의 특성과 그 자체가 제공하는 소비자의 욕구 충족 이행수준에 관한 소비자의 판단'
• 앤더슨(Anderson) : 기대와 지각된 제품 성과에 일치·불일치 과정(만족·불만족)이라고 정의. 고객의 포괄적인 감정을 프로세스로 하여 고객만족을 설명

02 워너가 제시한 귀인이론의 범주화 체계로, 아래 설명에 해당하는 것은?

> 서비스 실패의 원인이 행위자 자신에게 있는지 상대방이나 상황에 있는지를 추론하는 것이다.

① 통제성
② 안정성
③ 수용가능성
④ 통제가능성
⑤ 인과성의 위치

해설
▶ 귀인이론의 3가지 차원(워너)
• 인과성의 위치(원인의 소재) : 서비스 실패원인이 자신에게 있는지 상대에게 있는지 추론하는 것
  → 외부적인 요인으로 판단할 경우 사과와 보상 요구
• 안정성 : 실수가 일시적인 것인지 영구적인 것인지 또는 반복적인 것인지 원인을 추론하는 것
• 통제성 : 의도적(통제할 수 있는 것)인지 비의도적(통제할 수 없는 것)인지 추론하는 것

03 서비스 프로세스 설계 시 고려해야 할 사항으로 다음 ( ) 안에 들어갈 내용은?

> 서비스 프로세스는 ( )이며, 각각의 개별 활동은 하나의 시각에서 인식되어야 한다. 이때 작용하는 프로세스의 규율은 창의성을 억제하기 보다는 성과와 효율성을 제고할 수 있는 자율적인 성격을 가져야 한다.

① 가치론
② 목적론
③ 특성론
④ 전체론
⑤ 결정론

해설
▶ 서비스 프로세스 설계 시 고려사항(Lynn Shostack)
• 고객에게 초점을 맞추어 고객의 입장에서 계획되어야 한다.
• 목적론이며 실제적인 과업 성과를 중시해야 한다.
• 전체론이며 개별 활동들은 하나의 시각에서 인식되어야 하며 성과와 효율성을 제고할 수 있는 자율적인 성격을 가져야 한다.

04 슈메너의 서비스 프로세스 매트릭스 중 낮은 노동집중도와 높은 상호작용을 특징으로 높은 개별화 서비스를 제공하지만 높은 자본 투자를 필요로 하는 업종으로 병원, 수리센터, 정비회사 등에 해당하는 것은?

① 서비스 숍
② 대중 서비스
③ 전문 서비스
④ 서비스 팩토리
⑤ 서비스 프로토콜

해설
▶ 서비스 숍 : 낮은 노동집중도와 높은 상호작용을 특징

정답 (01 ③   02 ⑤   03 ④   04 ①)

05 슈메너의 서비스 프로세스 매트릭스의 내용 중 '노동집중도가 높고, 상호작용이 높은 영역'에 해당하는 업종은?

① 학교　　　　② 변호사
③ 호텔　　　　④ 항공
⑤ 병원

> **해설**
> ▶ 전문서비스 : 노동집중도가 높고, 상호작용이 높은 영역(의사, 변호사, 회계사, 광고기획, 건축사)

06 슈메너의 서비스 프로세스 매트릭스의 내용 중 '대중 서비스'의 내용으로 보기 어려운 것은?

① 낮은 상호작용
② 낮은 노동집중도
③ 낮은 개별화 서비스
④ 도, 소매 등의 업종
⑤ 금융업 등의 업종

> **해설**
> ▶ 대중서비스 : 상호작용·개별화는 낮고, 노동집중도는 높은 업종(학교, 소매점, 금융업, 도매점, 행정)

07 다음 중 데이비드 마이스터가 분류한 대기시간에 영향을 미치는 통제요인 중 '기업의 부분통제요인'에 해당하는 것은?

① 불만　　　　② 편안함
③ 대기단계　　④ 대기단위
⑤ 대기목적가치

> **해설**
> ▶ 대기시간에 영향을 주는 통제요인
> • 기업의 완전통제요인 : 공정성, 편안함, 확실성, 대기단계(서비스단계)

• 기업의 부분통제요인 : 점유, 불만
• 소비자(고객) 통제요인 : 대기단위, 대기목적가치, 소비자태도

08 피쉬본 다이어그램 작성의 단계별 흐름(Flow)에서 가장 마지막 단계에 해당하는 것은?

① 근본원인 확인
② 문제의 명확한 정의
③ 잠재원인 브레인스토밍
④ 문제의 주요원인 범주화
⑤ 주요원인 범주의 세부사항 검토

> **해설**
> ▶ 피쉬본 다이어그램의 단계별 흐름(FLOW)
> • 1단계 : 문제의 명확화
> • 2단계 : 문제의 주요원인 범주화
> • 3단계 : 잠재원인 브레인스토밍 실시
> • 4단계 : 주요원인 범주의 세부사항 검토
> • 5단계 : 근본원인 확인

09 서비스접점 유형 중 '원격 접점(Remote Encounter)'에 대한 설명으로 적합하지 않은 것은?

① 직접적인 인적 접촉이 발생되지 않더라도 고객의 품질지각을 긍정적으로 구축할 수 있다.
② 현금자동인출기를 통한 출금, 자동발매기를 통한 티켓 발급 등이 해당된다.
③ 고객이 어떠한 인적 접촉 없이 서비스기업과 접촉하는 것을 의미한다.
④ 서비스의 유형적 증거와 기술적 프로세스 및 시스템을 통해 서비스 품질 판단의 근본을 제공할 수 있다.
⑤ 인적 접촉이 없는 물리적 단서가 중요한 요소가 되므로 허용오차가 많고 통제가 어렵다.

> **해설**
> ⑤ 인적 접촉 없이 서비스 기업과 접촉하는 것으로 허용오차가 적고 통제가 가능하다.

정답 　05 ②　06 ②　07 ①　08 ①　09 ⑤

10 다음 중 품질기능전개(QFD)의 장점에 대한 설명으로 보기 어려운 것은?

① 제품 및 서비스에 대한 품질 목표와 사업 목표 결정에 도움을 준다.

② 기업의 요구사항에 대한 이해를 돕는다.

③ 신제품 및 신서비스의 우선순위 결정을 위한 체계적인 도구이다.

④ 제품 및 서비스에 대한 팀의 공통된 의견을 도출할 수 있는 체계적인 시스템을 제공한다.

⑤ 제품 개발 시간을 단축시킨다.

해설
② 고객의 요구사항에 대한 이해를 돕는다.

11 기업에서 고객만족경영을 도입해야 하는 중요한 이유에 해당하지 않는 것은?

① 소수의 과점시장으로부터 다원적 경쟁시장으로 시장구조가 변화하면서 글로벌 경쟁시대가 되었다.

② 시장 내의 힘이 공급의 과잉상태에 이르게 되면서 생산자보다 소비자가 더 중요한 요소로 부각되었다.

③ 소비행위의 변화로 소프트웨어적인 요소보다 하드웨어적인 요소가 중요한 요인으로 작용하고 있다.

④ 소비자의 욕구가 다양해지고 빠르게 변화하고 있다.

⑤ 소비자가 소비자 문제에 적극적으로 참여하고 소비자 문제에 대응하려는 소비자의 주권의식이 확산되었다.

해설
③ 소비행위의 변화로 인해 하드웨어적인 요소보다 소프트웨어적인 요소를 중요시하게 되었다.

12 우리나라 고객만족경영(CSM)의 시기별 흐름 중 1990년대의 내용과 가장 거리가 먼 것은?

① CS경영팀 신설

② 데이터베이스 마케팅 도입

③ 전사적 고객만족경영 체제 도입

④ 사이버고객 만족에 대한 관심 고조

⑤ 고객관계관리(CRM) 경영기법의 보편화

해설
▶ 1990년대(성장기) - 자율적/적극적
• 기업이나 공공기관들이 고객만족경영을 도입하기 시작하였다.
• 전사적 고객만족경영체제를 도입하였다.
• 데이터베이스 마케팅 기법이 도입되었다.
• 고객관계관리(CRM) 기법을 도입하였다.
• 사이버고객의 만족도에 대한 관심이 고조되었다.

13 고객만족(CS)의 3요소 중 휴먼웨어에 해당하는 내용을 다음 〈보기〉에서 찾아 모두 고르시오.

| 보기 |

가. 제품의 기능이 아주 훌륭하다.
나. 고객이 매장에 들어올 때 친절하게 인사한다.
다. 업무처리 서류(고객 소리함 등)가 비치되어 있다.
라. 직원이 상품에 관한 질문에 친절하게 설명을 해준다.

① 가, 나 　　② 가, 나, 다
③ 나, 라 　　④ 나, 다, 라
⑤ 다, 라

해설
▶ 휴먼웨어 : 종업원의 응대 태도에 대한 만족도(친절도, 용모, 태도, 의사소통, 신뢰성, 이미지, 접객 서비스 행동, 매너, 조직문화 등)

14 다음 〈보기〉에서 고객만족경영 발전 초기단계에 주장했던 3S를 모두 고르시오.

| 보기 |

가. 단순화	나. 표준화
다. 전문화	라. 지식화
마. 고객화	바. 전략화

① 가, 다, 바
② 가, 나, 마
③ 가, 나, 다
④ 나, 다, 라
⑤ 나, 다, 바

해설

▶ 3S운동 : Standardization(제품의 표준화), Specialization (부품의 전문화), Simplification(작업의 단순화)

15 마이클 해머 교수가 제시한 '3C'의 내용 중 다음 〈보기〉의 설명에 해당하는 것은?

| 보기 |

글로벌 경쟁체제의 경쟁 심화와 더불어 공급자 중심에서 수요자 중심으로 시장 주도권이 이양 되면서 고객은 과거에 비해 막강한 힘을 갖게 되 었다.

① Change
② Conduct
③ Comprise
④ Confidence
⑤ Competition

해설

▶ 고객만족경영의 3C
• 고객만족(Customer) : 고객이 시장을 주도하는 이 시대에는 고객확보가 어려워졌다.
• 끊임없는 혁신(Change) : 지금의 기업은 유연하게 방향성을 갖고 신속하게 변화해야 한다. 기업중심에서 인간, 고객, 고객가치 창조 중심으로 변화해야 한다.
• 글로벌 무한경쟁(Competition) : 현대 글로벌 경쟁체제에서 경쟁의 심화로 인해 주권이 고객에게로 옮겨지면서 고객은 막강한 힘을 갖게 되었다.

16 다음 '총체적 고객만족경영(TCS)'의 혁신 요소 중 시장경쟁력 요소에 해당하는 것은?

① 지식
② 브랜드 관리
③ 정보기술
④ 프로세스
⑤ 인사조직

해설

▶ 시장경쟁력 강화 요소 : 상품력, 이미지, 브랜드 관리, 가격 경쟁력, 고객관리, 영업력 향상, 신상품 개발, 서비스 품질 혁신, 고객관계관리(CRM) 등

17 다음 중 프로세스적 관점에서 본 고객의 분류에서 '외부고객'에 해당하는 것은?

① 기업과 협력업체
② 제품의 구매자 및 소비자
③ 동료와 동료
④ 상사와 부하직원
⑤ 도매상과 소매상

해설

▶ 프로세스적 관점에 따른 고객의 분류
• 외부고객 : 자사의 최종 제품을 구매한 고객으로 구매자, 소비자 등
• 중간고객 : 도매상, 소매상 등
• 내부고객 : 회사내부의 종업원, 조직과의 관계에서의 고객으로 동료, 부하, 주주 등

18 고객 특성 파악을 위한 고객가치 정보 중 계약정보에 해당하는 것은?

① 친한 친구
② 재산상태
③ 가족관계
④ 고객소개정보
⑤ 고객지갑 점유율

해설

▶ 계약정보 : 구입상품명, 시기, 금액, 고객지갑 점유율, 구입 빈도 및 횟수, 고객평생가치, 매출채권 관련

정답 14 ③ 15 ⑤ 16 ② 17 ② 18 ⑤

19 고객 특성 파악을 위한 고객 가치 정보 중 구매력 정보에 해당하는 것은?

① 소득 수준
② 매출채권관련
③ 고객평생가치
④ 구입 빈도 및 횟수
⑤ 구입 상품명

해설
▶ 구매력정보 : 소득수준, 소득원천, 재산상태, 소득변화추이

20 제품 구매나 사용 시 소비자가 지각하는 위험 요인 중 상품의 사용 결과로 인해 소비자가 해를 입을 가능성에 대한 불안감으로 볼 수 있는 것은?

① 성능 위험
② 재무적 위험
③ 심리적 위험
④ 신체적 위험
⑤ 사회적 위험

해설
① 성능 위험(performance risk) : 구매 상품이 기대한 만큼 성능을 발휘하지 못하는 경우
② 재무적 위험(financial risk) : 의사결정 잘못으로 입게 되는 금전적 손실
③ 심리적 위험(psychological risk) : 구매한 상품이 자아 이미지에 부정적 영향을 미칠 수 있는 위험
⑤ 사회적 위험(social risk) : 구매한 상품이나 준거집단으로부터 부정적으로 평가를 받을 위험

21 고객 의사결정을 위해 필요한 정보원천의 분류 중 개인적 원천에 해당하는 것은?

① 포장
② 평론
③ 가족, 친지
④ 제품사용
⑤ 소비자 단체

해설
▶ 개인적 원천 : 가족, 친지, 직장동료 등 구전의 영향력 발생

22 다음 〈보기〉에서 메타 그룹에서 제시한 고객관계관리 분류 유형을 모두 고르시오.

| 보기 |

가. 운영 CRM
나. 협업 CRM
다. 성과 CRM
라. 행동 CRM
마. 분석 CRM

① 가, 나, 다
② 나, 다, 라
③ 가, 나, 라
④ 나, 라, 마
⑤ 가, 나, 마

해설 ⑤
▶ 메타 그룹(Meta Group)에서 제시한 CRM 분류 : 운영 CRM, 협업 CRM, 분석 CRM

23 메타(Meta) 그룹에서 제시한 '고객관계관리(CRM)'의 분류 중 다음 〈보기〉의 설명에 가장 부합하는 것은?

| 보기 |

• 프론트 오피스 고객접점을 연계한 업무 지원
• 백오피스와 CRM 통합
• 자동화된 비즈니스 프로세스를 의미

① 협업 CRM
② 혁신 CRM
③ 운영 CRM
④ 집단 CRM
⑤ 분석 CRM

해설
▶ 운영 CRM
• 대고객 활동 중심으로 고객정보의 획득과 활용을 목적으로 고객과의 접점을 자동화하여 고객관리를 효율화하는 것을 목적으로 하는 활동
• 프론트 오피스 고객접점을 연계한 업무 지원, 백 오피스와 CRM 통합, 자동화된 비즈니스 프로세스를 의미

정답 **19** ① **20** ④ **21** ③ **22** ⑤ **23** ③

24 고객관계관리(CRM) 전략 수립 단계로 ( ) 안에 해당하는 것은?

> 1. 환경분석 → 2. 고객분석 → 3. CRM 전략 방향 설정 → 4. 마케팅 제안 → 5. ( ) 설계 → 6. 대화 설계

① 개인화   ② 차별화
③ 집중화   ④ 제품
⑤ 마케팅

➡ e-CRM의 구성요소
• e-Sales : 인터넷상에서 상품이나 서비스 판매와 같이 온라인 판매를 지원하기 위한 활동 또는 필요한 수단
• e-Service : 인터넷에서 고객 서비스 및 지원서비스 관리를 위한 활동
• e-Marketing : 고객의 정보를 수집하고 분석하여 잠재고객을 확보하는 마케팅 전략
• e-Community : 개인 간의 정보 교환, 개인과 기업 간의 정보 교환의 매개체 역할로 인터넷상의 가상 소통 공간
• e-Security : 개인정보유출로 인한 사생활 침해 등의 피해로부터 고객을 보고하기 위한 장치

25 CRM 전략 수립 단계 중 결정된 제안에 대하여 무엇을 고객에게 적합한 형태로 전달할 것인가를 결정하는 방법은?

① 고객 분석
② 환경 분석
③ 개인화 설계
④ CRM 전략 방향 설정
⑤ 고객에 대한 오퍼 결정

➡ 개인화 설계
• 마케팅 제안이 결정되면 어떻게 고객에게 적합한 형태로 전달할 것인가를 결정한다.
• 고객의 인적 특성과 '적합한' 심리적 특성을 총체적으로 분석하여 개인화 설계되어야 한다.

26 'e-CRM'의 5가지 구성 요인 중 〈보기〉에 해당하는 것은?

| 보기 |

인터넷상에서 상품이나 서비스 판매와 같이 온라인 판매를 지원하기 위한 활동 또는 여기에 필요한 수단을 의미

① e-Sales   ② e-Security
③ e-Service   ④ e-Community
⑤ e-Marketing

27 다음 중 인간관계 유형으로 볼 수 없는 것은?

① 종적 관계   ② 상호보완적 관계
③ 교환적 관계   ④ 공유적 관계
⑤ 횡적 관계

➡ 인간관계 유형 : 종적 관계, 교환적 관계, 공유적 관계, 횡적 관계

28 다음 〈보기〉의 내용 중 넬슨 존스가 제시한 인간관계 심화 요인을 찾아 모두 선택한 것은?

| 보기 |

가. 규칙   나. 지배   다. 의존
라. 상호성   마. 보상성

① 가, 나, 다   ② 가, 나, 라
③ 가, 나, 마   ④ 가, 다, 마
⑤ 가, 라, 마

➡ 인간관계 심화 요인 – 넬슨 존스(Nelson Jones)
• 규칙 : 서로의 역할과 행동에 대해 명료하게 설정된 기대나 지침
• 상호성 : 인간관계에서 보상이 서로 균형 있게 교류됨을 의미
• 보상성 : 긍정적인 보상의 효과(정서적 지지와 공감, 즐거운 체험 등)

정답   24 ①   25 ③   26 ①   27 ②   28 ⑤

29 다음 중 대인지각 왜곡 유형에 대한 설명으로 틀린 것은?

① 중심화 경향 – 판단을 함에 있어 아주 나쁘다거나 아주 좋다거나 하는 판단을 기피하고 중간 정도인 것으로 판단하려는 경향

② 대조 효과 – 판단을 함에 있어 자신과 비교하여 남을 평가하는 경향

③ 초기 효과 – 판단을 함에 있어 처음 주어진 정보에 보다 큰 비중을 두는 경향

④ 후광 효과 – 개인이 지닌 지능, 사교성 용모 등과 같은 특성들 중 하나에 기초하여 인상을 형성하는 것

⑤ 스테레오 타입 – 집단 특성에 근거하여 판단하려는 경향

> 해설
> ◆ 대조효과 : 최근에 주어진 정보와 비교하여 판단하는 효과

30 의사소통 유형으로 수평적 의사소통에 해당하는 것은?

① 지시
② 사전심사제도
③ 공문
④ 메뉴얼
⑤ 간행물

> 해설
> ◆ 수평적 의사소통 : 조직의 위계상, 동등한 지위에 있는 개인이나 부서 사이에서 이루어지는 의사소통(공식·비공식 미팅, 위원회, 회람, 통보, 사전심사제도 등)

정답 29 ② 30 ②

제1절 서비스의 이해

01 서비스의 정의

(1) 경제학적 정의 – 아담 스미스 & 세이

① 서비스를 용역으로 간주하여 부를 창출할 수 없기 때문에 비생산적 노동, 비물질적 재화로 간주한다.

② 기업 측면과 서비스 제공자 측면에서 서비스는 육체적인 차원이 아닌 대단히 정신적이고 심리적인 것으로 기업에 많은 이익을 가져다주는 경영의 대상으로 인식해야 한다.

(2) 서비스의 경영학적 정의

① **활동론적 정의**

㉠ 서비스를 인식하는 것은 서비스를 서비스 제공자가 고객에게 제공하는 하나의 행위로 보는 것이다.

㉡ 판매를 목적으로 제공되거나 또는 상품판매와 연계해 제공되는 모든 활동, 편익 및 만족이다.

- 미국마케팅학회(AMA : American Marketing Association, 1960)

② **속성론적 정의**

㉠ 서비스를 정의하는 것은 서비스를 유형의 재화와 다른 서비스만의 독특한 속성, 즉 무형성 등을 중심으로 이해하는 것이다.

㉡ 무형과 유형의 기준을 손으로 만질 수 있느냐의 여부에 따라 구분한 후, 서비스를 '시장에서 판매되는 무형의 상품'으로 정의한다.

③ **봉사론적 정의**

㉠ 서비스 제공자가 수혜자에게 제공하는 봉사적 혜택을 강조하는 것이다.

㉡ 현대서비스는 인간이 제공하는 봉사적 서비스를 인간으로부터 분리하여 인간노동을 기계로 대체하는 방법이다.

④ **인간 상호관계론적 정의** : '무형의 성격을 띤 일련의 활동으로서 고객과 종업원의 상호관계에서 발생해 고객의 문제를 해결해 주는 것'으로 정의한다.

(3) 학자들의 정의

① **코틀러(Kotler)** : 서비스는 어떤 사람이 상대방에게 제공할 수 있는 활동이나 혜택으로 무형적이며 소유될 수 없는 것으로 물리적 생산물과 결부될 수도 있고, 그렇지 않을 수도 있다.

② **레티넨(Lehtinen)** : 서비스란 고객만족을 제공하려는 고객접촉 인력이나 장비의 상호작용 결과 일어나는 활동, 또는 일련의 활동으로 소비자에게 만족을 제공하는 것을 말한다.

③ 베솜(Bessom) : 서비스란 자신이 수행할 수 없거나 하지 않는 활동, 만족 그리고 혜택으로서 판매될 수 있는 것을 말한다.

④ 베리(Berry) : 제품은 유형적이고 객관적인 반면, 서비스는 무형적이고 주관적이므로 구매하는 것의 본질 유무의 여부로 판단해야 한다.

⑤ 라스멜(Rathmell) : 서비스란 시장에서 판매되는 무형의 제품으로 정의할 수 있으며, 손으로 만질 수 있는지 없는지에 따라 유형의 상품과 무형의 상품으로 구분할 수 있다.

⑥ 이유재 : 고객과 기업과의 상호작용을 통해 고객의 문제를 해결해 주는 일련의 활동

02 서비스의 3단계 – 크리스토퍼 ★

(1) 거래 전 서비스(Before Service)

① 기업이 고객을 맞이하기 위해 사전에 고객을 위해 준비를 하는 것을 말한다.

② 제품 및 서비스가 제공되기 전 판매가능성을 타진하고 촉진하는 서비스로 고객을 맞이하려고 사전에 고객을 위한 준비를 하는 것이다.

③ 명시된 회사의 정책, 회사에 대한 고객의 평가, 회사 조직, 시스템의 유연성, 기술적 서비스 등에 대한 정보

④ **주차유도원, 서비스 상품 게시판, 예약서비스** 등이 해당된다.

(2) 거래 시 서비스(On Service)

① 고객과 서비스 제공자 사이에 직접적으로 상호 거래가 이루어지는 서비스의 본질에 해당된다.

② 고객이 입장하는 순간부터 현장서비스가 본격적으로 진행된다.

③ **인도시간, 주문의 편리성, 상품 대체성, 재고품질 수준, 수송수단 선택, 백오더(back order) 이용 가능성** 등이 해당된다.

(3) 거래 후 서비스(After Service)

① 현장 서비스가 종료된 시점 이후의 고객유지 서비스로 사후 서비스도 중요하다.

② 결함이 있는 제품으로부터 소비자를 보호하고 재활용이 가능한 용기를 회수하거나 반품, 소비자 불만과 클레임 등이 해당된다.

③ **수리 중 일시적 제품 대체, 제품 포장, 제품 추적, 고객 클레임, 불만 사용가능성, 설치 보증, 변경, 수리** 등이 해당된다.

03 서비스의 분류

(1) 유형성 스펙트럼 – 쇼스택(Shostack) ★

① **연속선의 개념을 반영하여 서비스의 개념을 완전한 순수 서비스나 순수 재화는 거의 없다고 주장하였다.**

② **쇼스택은 시장실체가 여러 유·무형의 재화로 결합되어 있으며 양 요소 중 어느 요소가 핵을 형성하여 지배성을 발휘하느냐에 따라 재화와 서비스로 구분된다고 하였다.**

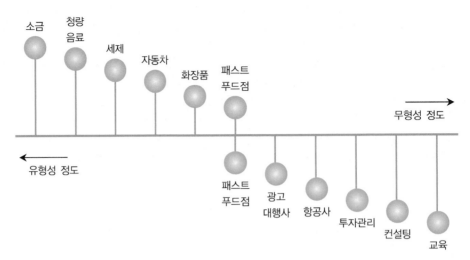

[출처] G. Lynn Shostack, Breaking Free from Product Marketing, Journal of Marketing.

(2) 다차원적 서비스 분류 – 러브록(Lovelock)

① 서비스 행위(활동)의 성격에 따른 분류

서비스를 제공받는 대상이 사람인가? 사물인가? 그리고 제공되는 서비스는 유형의 것인가? 무형의 것인가?로 분류한다.

서비스 행위의 성격에 따른 분류		서비스의 직접적인 대상	
		사람	사물
서비스 행위의 성격	유형적	의료·호텔, 여객운송	화물운송, 장비수리
	무형적	광고, 경영자문, 교육	은행, 법률서비스

② 수요와 공급의 관계에 따른 분류

서비스에 대한 수요와 공급의 성격, 시간에 따른 수요의 변동성 정도가 많고 적음으로 구분한다.

수요와 공급의 관계에 따른 분류		시간에 따른 수요의 변동성 정도	
		많음	적음
공급이 제한된 정도	피크수요를 충족시킬 수 있음	전기, 전화, 소방, 경찰	보험, 법률서비스, 은행, 세탁
	피크수요에 비해 공급 능력이 작음	회계, 여객운송, 호텔, 식당, 극장	위와 비슷하나 기본적으로 불충분한 설비능력 지님

③ 고객과의 관계유형에 따른 분류

서비스 기업과 고객 간의 관계가 회원 관계인가? 비공식적 관계인가?로 분류한다.

고객과의 관계유형에 따른 분류		서비스의 조직과 고객과의 관계유형	
		회원관계	공식적 관계 없음
서비스 제공의 성격	계속적 제공	은행, 전화가입, 보험	라디오 방송, 경찰, 무료 고속도로
	단속적 제공	국제전화, 정기승차권, 연극회원	렌트카, 우편 서비스, 유료 고속도로

④ 서비스 제공(전달) 방식에 따른 분류

제공 방법과 관련하여 고객과 서비스 조직 간의 상호작용방식과 서비스 조직의 이용 가능성에 따른 분류이다.

서비스 제공 방식에 따른 분류		서비스 지점	
		단일 입지	복수 입지
고객과 서비스 기업과의 관계	고객이 서비스 기업으로 감	극장, 이발소	버스, 패스트푸드, 레스토랑
	서비스 기업이 고객으로 감	잔디관리, 택시, 방역	우편배달, 긴급자동차 수리
	떨어져서 거래함	신용카드, 지역 TV방송	방송 네트워크, 전화 회사

⑤ 서비스 상품의 특성(서비스 제공자의 개별화)에 따른 분류

고객의 요구에 응대하는 종업원과의 상호작용 정도에 따라 표준화와 개별화하는 전략이다.

서비스 상품의 특성에 따른 분류		서비스가 설비 또는 시설에 근거한 정도	
		높음	낮음
서비스가 사람에 근거한 정도	높다	일류호텔, 병원	경영컨설팅, 회계
	낮다	지하철, 렌트카	전화

04 서비스의 특징

(1) 무형성

① 의미

ⓐ 무형성은 형태가 없다는 의미로서 서비스를 경험하기 전에 만지거나 볼 수 없다.

ⓑ 서비스는 보거나 만질 수 없기 때문에 주관적 의미를 가진다.

ⓒ 유형의 재화보다 인식이 어려우며 모방이 쉽다.

ⓓ 서비스는 가격 책정이 어렵다.

② 극복방안

ⓐ 물질적 증거와 심상을 제시한다.

ⓑ 구전 커뮤니케이션을 이용한다.

ⓒ 실체적 단서를 강조한다.

ⓓ 구매 후 커뮤니케이션을 강화한다.

ⓔ 기업 이미지를 관리한다.

(2) 비분리성(동시성)

① 의미

ⓐ 서비스는 생산과 소비가 동시에 일어난다.

ⓑ 생산 및 전달 과정에서 고객이 참여하게 된다.

ⓒ 서비스는 대량생산이 어렵다.

② 극복방안

ⓐ 고객을 관리하라.

ⓑ 서비스 제공자의 선발 및 교육에 투자해야 한다.

ⓒ 다양한 입지시설을 제공한다.

(3) 소멸성

① 의미

ⓐ 서비스는 즉시 사용되지 않으면 사라지고 원래의 상태로 환원될 수 없다.

ⓑ 서비스는 재고의 형태로 보관하거나 재판매할 수 없다.

② 극복방안 : 공급과 수요 간의 조화를 이룬다.

(4) 이질성

① 의미

ⓐ 서비스를 제공하는 사람, 장소, 시간에 따라 다르다.

ⓑ 서비스는 종업원에 따라서 제공되는 서비스의 내용이나 질이 달라질 수 있다.

ⓒ 서비스는 규격화, 표준화하기 어렵다.

② 극복방안

ⓐ 서비스의 개별화 전략과 표준화 전략을 구축한다.

ⓑ 고객 불평 처리 시스템을 구축한다.

05 서비스 경영 패러다임에 따른 경쟁전략

(1) 5 Force model – 마이클 포터

다섯 가지 경쟁요인을 통해 특정 산업분야의 현황과 미래를 분석하는 기법으로, 기업의 경영전략을 수립하는 데 활용된다. 파이브 포스(5 forces)란 다섯 가지 경쟁요인을 의미하며 ① 기존기업 간의 경쟁 정도, ② 신규기업의 진입 위협, ③ 대체재의 위협, ④ 구매자의 협상력, ⑤ 공급자의 협상력이다.

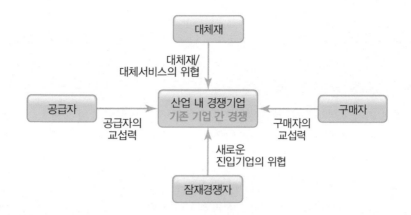

① **기존 사업자 간 경쟁(산업 내 경쟁자)**

  ⊙ 해당 기업과 직접적으로 경쟁관계에 있는 기업들과의 경쟁 정도에 따른 수익률, 치열한 가격경쟁, 경기
   순환에 더욱 영향을 받는다.

  ⓒ **제품차별성/생산능력/브랜드력/시장성장성/산업의 경기변동/철수 장벽**

② **잠재적 진입자(신규 진입자)**

  ⊙ 현재 산업 밖에 있는 기업이 해당 산업으로 진입할 위협이 존재하므로 규모의 경제를 이루거나 절대적인
   우위확보를 통해 진입장벽을 구축해야 한다.

  ⓒ **초기투자, 대체비용, 정부의 규제, 기술 장벽 등에 대하여 검토한다.**

③ **대체재 위협**

  ⊙ 고객들이 가격에 품질, 서비스, 디자인 등을 비교해서 비가격경쟁을 유발하고, 제품가격의 상한선, 수익
   률에 영향을 미친다.

  ⓒ **대체품 가격 및 효능, 교체비용 등**

④ **구매자 협상력**

  ⊙ 가격에 대한 민감도가 높을수록 구매자의 교섭력은 강화되며 교섭능력이 높을수록 교섭력은 강화된다.

  ⓒ **구매자의 정보력, 구매비중, 구매량, 제품 차별화 정도 등**

⑤ **공급자 협상력**

  ⊙ 공급자들이 공급품의 가격을 올리거나 내림으로써 기업에 위협을 가할 수 있다.

  ⓒ **공급 비중의 양, 부품차별화 정도, 교체 비용 등**

(2) 마이클 포터의 본원적 경쟁전략 3가지

 ① **원가우위 전략** : 경쟁사보다 낮은 원가를 유지하여 제품과 서비스를 가장 저렴하게 제공하고 시장점유율을
  높이는 전략(생산성 지향적, 셀프서비스 이용, 자동화와 전산화, 업무이양)

 ② **집중화(개별화) 전략** : 고객들의 특정한 요구를 위해 서비스를 설계하는 접근방식으로 고객 개개인의 취향과
  특성에 맞게 맞춤화하는 전략(컨설팅, 의료서비스 등)

 ③ **차별화 전략** : 경쟁사에 비해 차별화된 독특한 가치를 고객에게 제시하는 전략(고객지향적, 고객과의 커뮤
  니케이션이 중요)

(3) 지속적인 경쟁 우위(SCA; Sustainable Competitive Advantage) 전략

서비스 기업이 제공하는 것이 경쟁자들과는 독특하고 차별화된 우수한 서비스를 제공하여 경쟁 우위를 지속하는 것이다.

① 서비스의 지속적 경쟁우위 확보 요소

  ㉠ 독특한 가치(고객에 의해 가치 있다는 평가) : 고객이 어떤 기업의 서비스를 경쟁사의 서비스에 비해 더 가치 있다고 평가하고 원가 이상의 가격으로 그 서비스를 구매하려 할 때 그 기업은 경쟁우위를 갖고 있는 것이다.

  ㉡ 대체불가능성 : 경쟁자가 자사와 유사한 이점을 활용할 수 없을 때에 발생한다(고객별 개별화 전략).

  ㉢ 탁월한 자원과 능력(희소성-브랜드 전환 방지) : 서비스 기업이 우선적으로 갖추어야 할 능력이 부족하다면 지속적 경쟁우위를 가질 수 없다.

  ㉣ 지속가능성(모방불가) : 경쟁자들에 의해 쉽게 모방될 수 없다는 것을 뜻한다. 규모의 경제, 자본비용, 서비스차별화, 전환비용, 유통채널 또는 경험효과 등이 이에 속한다.

② **경쟁우위 전략의 원천**

  ㉠ 경쟁전략의 변화 : 특정분야에 집중하거나 특화된 분야를 개척한다.

  ㉡ 규모와 범위의 경제 : 경쟁전략을 경쟁사보다 높은 수준으로 실행하는 것으로 공업화, 표준화로 원가 우위, 교차판매 유도(항공사 간 제휴) 등이 있다.

  ㉢ 브랜드 자산 : 고객이 어떤 브랜드에 호감을 가짐으로써 그 브랜드를 사용하는 다른 상품들에 대한 가치가 높아지는 것으로, 브랜드 자산에는 브랜드 충성도, 브랜드 인지도, 지각된 브랜드의 품질, 브랜드 이미지가 있다.

  ㉣ 고객관계관리 : 기능적 서비스 품질이나 개별화 전략을 선택한 서비스는 고객관계라는 경쟁 우위를 구축할 기회를 가진다.

  ㉤ 공간적 선점 : 고객에게 가장 편리한 최적 입지를 확보하는 것이다.

  ㉥ 정보기술 : 고객 DB 구축, 업무 프로세스 단축, 고객지식 축적, 시장변화에 대한 즉각적인 대응 등이 있다.

(4) 시장방어전략

기존의 경쟁자나 신규 진입자로부터 현재 시장점유율을 방어하는 전략

① **저지 전략(Blocking Strategy)**

  ㉠ 새로운 진입자의 시장진출을 막는 것이다.

  ㉡ 경쟁사들이 시장에 진입할 때 들어가는 진입 비용을 증가시키거나, 진입 시의 예상 수익을 감소시킴으로써 저지될 수 있다.

  ㉢ 서비스 보증, 집중 광고, 입지 및 유통 통제, 높은 전환 비용 등

② **보복 전략(Retaliation Strategy)**

  ㉠ 새로운 시장 진입 경쟁사가 예상하거나 원하는 수준의 수익 확보 기회를 막는 것이다.

  ㉡ **장기고객 요금할인**, 장기계약 시 혜택 제공, 고객과의 계약기간 연장 등

③ 적응 전략(Adaptation Strategy)

　　㉠ 새로운 경쟁사가 시장에 이미 진입했을 경우, 진입자의 시장 잠식을 막는 전략이다.

　　㉡ 새로운 진입자의 서비스보다 우위의 서비스를 제공하기 위해 서비스를 추가하거나 서비스를 수정한다.

　　㉢ 서비스 추가, 지속 가능한 경쟁우위 확보, 서비스 패키지 강화 등

06 관광서비스

(1) 관광서비스의 개념

① **기능적 정의** : 관광기업의 수입증대에 이바지하기 위한 종사원의 헌신과 봉사. '세심한 봉사정신'을 뜻함

② **비즈니스적 정의** : 관광기업 활동을 통하여 고객인 관광객이 호감과 만족을 느끼게 함으로써 가치를 낳는 지식과 행위의 총체를 의미한다.

③ **구조적 정의** : 관광기업이 기업 활동을 하면서 관광객의 요구에 맞추어 소유권의 이전 없이 제공하는 상품적 의미인 무형의 행위 또는 편익의 일체를 말한다.

(2) 관광서비스의 특성

① 고급 지향적 물리적 서비스 특성을 지닌다.

② 인적 서비스에 대한 높은 의존성을 가지고 있다.

③ 고객의 직접 참여에 의해서만 서비스를 창출한다.

④ 고객인 관광객이 호감과 만족감을 느끼게 만드는 지식과 행위이다.

⑤ 비용 산출의 난이성, 서비스 선택 시 지각의 위험도 등의 특성을 갖는다.

⑥ 관광 수요의 계절성으로 수요가 불규칙적이다.

⑦ 인적 · 물적 서비스가 혼합되어 존재하는 개념이다.

제2절 서비스 리더십

01 서비스 리더십의 핵심요소

(1) 리더십의 학자별 정의

① **라이츠(Reitz)** : 목표를 달성하기 위해 집단에게 영향을 끼치는 과정

② **카츠와 칸(Katz & Kahn)** : 기계적으로 조직의 일상적 명령을 수행하는 것 이상의 결과를 가져올 수 있게 하는 영향력

③ **주란(Juran)** : 총체적 품질경영(TQM)의 성공에 가장 결정적인 장애물은 최고경영자의 리더십 부재

④ **캠벨(Campbell)** : 새로운 기회를 창출하기 위해 자원의 역량을 집중시키는 활동

(2) 리더십 이론의 흐름

리더십 이론은 전통적 리더십 이론으로 특성이론, 행동이론, 상황이론의 순서로 연구되어 왔으며 그 이후로는 새로운 리더십, 즉 신 리더십 패러다임(Bryman, 1992)이 등장하기 시작했다.

리더십 이론	중심 이론
특성이론(1940년 이전)	리더는 타고난다는 관점으로 후천적으로 육성되기 어렵다 (신장, 체중, 지구력, 건강 외모, 자신감, 사교성, 의지력, 외향성, 분석력 등).
행동이론(1940년대~1960년)	리더는 리더십을 어떤 행위로 발휘하는가, 후천적 훈련과 개발을 통해 육성될 수 있다.
상황이론(1950년대 후반~1980년대 초반)	상황은 하나가 다른 하나에 의존하는 것으로 리더의 행동과 스타일이 상황에 따라 바뀌는 것이다.
새로운 리더십들(1980년대 이후)	변혁론, 상황론, 비전론, 특성론(카리스마 리더십) 관점으로 변화

(3) 서비스 리더십의 구성요소

서비스 리더십의 구성요소는 신념·태도·능력으로 이를 'C-M-S'라 한다.

① **서비스 신념(Service Concept) : 철학, 비전, 혁신**

서비스 리더십의 기초를 세워주는 철학과 전체가 공유해 나가고자 하는 비전, 그리고 이를 위해 현재를 어떻게 고쳐나갈 것인가 하는 변화 혁신으로 설명할 수 있다.

② **서비스 태도(Service Mind) : 열정, 애정, 신뢰**

파트너십을 형성하고 만족을 주고 싶은 마음 상태나 자세를 말한다.

③ **서비스 능력(Service Skill) : 창조능력, 운영능력, 관계능력**

고객의 욕구를 파악하고, 이를 충족시키는 데 필요한 서비스 창조 능력, 관리 운영 능력, 인간관계 형성 및 개선 능력을 말한다.

(4) 서비스 리더십의 특성 – 커트 라이만(Curt Reimann)

① **고객에 대한 접근성** : 리더가 고객을 염두에 두고 리더십을 발휘한다.

② **솔선수범과 정확한 지식의 결합** : 리더가 무엇을 어떻게 해야 하는지 잘 알고, 솔선수범한다.

③ **일에 대한 열정** : 리더는 업무에 누구보다도 열정을 가지고 있어야 한다.

④ **도전적 목표** : 리더는 다소 달성하기 어려운 도전적 목표를 세운다.

⑤ **강력한 추진력** : 리더는 강력하게 일을 추진하는 능력을 가지고 있다.

⑥ **기업문화의 변화** : 리더는 조직원들에게 기업에서 추구할 가치가 무엇인지 알려주어 궁극적으로 원하는 방향대로 기업문화를 바꾸어 간다.

⑦ **조직화** : 리더는 위의 모든 요소들을 잘 조직화하여 조직적으로 실천한다.

02 리더십 이론

(1) 매슬로우의 욕구단계론

　① 개념 : 인간의 욕구는 동시에 나타나서 상호 경쟁하는 것이 아니라 계층에 따라 질서를 가질 수 있으며 하위
　　단계의 욕구가 충족되어야 상위 단계의 욕구를 충족할 수 있다.

　② 5단계 욕구

　　㉠ 1단계 : 생리적 욕구

　　　의식주 생활에 관한 욕구, 즉 본능적 욕구를 말한다.

　　㉡ 2단계 : 안전의 욕구

　　　사람들이 신체적 그리고 정서적으로 안전을 추구하는 것을 말한다.

　　㉢ 3단계 : 소속감과 애정의 욕구

　　　어떤 단체에 소속되어 소속감을 느끼고 주위 사람들에게 사랑받고 있음을 느끼고자 하는 욕구이다.

　　㉣ 4단계 : 존경의 욕구

　　　타인에게 인정받고자 하는 욕구이다.

　　㉤ 5단계 : 자아실현의 욕구

　　　가장 마지막 단계로 자기 발전을 이루고 자신의 잠재력을 끌어내 극대화하려는 단계이다.

(2) 허츠버그의 2요인 이론

　① 개념

　　㉠ 인간의 욕구 가운데는 동기요인과 위생요인의 두 가지가 있으며, 이 두 요인은 상호 독립되어 있다는 욕
　　　구 이론이다.

　　㉡ 인간이 자신의 일에 만족감을 느끼지 못하게 되면 위생요인에 관심을 기울이게 되고, 이들에 대해 만족하
　　　지 못할 경우 일의 능률이 크게 저하된다고 주장했다.

　② 동기요인(Motivator) – 직무만족요인 : 직무만족에 긍정적인 영향을 미쳐 개인의 생산능력 증대를 가져오는
　　요인으로 충족되지 않아도 불만이 일어나지는 않는다.

　　㉠ 작업자체에서 도출 : 성취, 인정, 책임, 발전(승진), 일 자체 등

　　㉡ 심리적 성장에 대한 욕구 충족(매슬로우의 존경 및 자아실현 욕구에 해당됨)

　③ 위생요인(Hygiene Factor) – 직무불만족요인 : 단지 작업 수행상의 손실을 예방하게 해주는 요인으로 불만
　　족을 감소 또는 제거시킬 뿐이며 만족을 가져다주지는 않는다.

　　㉠ 작업 외적 환경에서 도출 : 회사정책, 감독, 임금, 신분유지, 대인관계, 작업조건 등

　　㉡ 작업이 붕괴되지 않도록 현 상태 유지(매슬로우의 생리적, 안전, 사회적 관계 욕구에 해당됨)

(3) 알더퍼(Alderfer)의 ERG 이론

　① 의의 ★

　　㉠ 알더퍼가 매슬로우와 허츠버그의 이론을 확장한 것이다.

　　㉡ 매슬로우의 욕구단계설에 대한 설명력과 경험적 타당성을 개선하기 위해 제안되었다.

　　㉢ 알더퍼는 인간의 욕구를 생존욕구, 대인관계욕구, 성장욕구의 3가지로 단순화하여 제시하였다.

② 매슬로우는 하위 단계의 욕구가 만족되어야 다음 단계의 욕구가 발생한다고 본 반면, 알더퍼는 **여러 가지 욕구를 동시에 경험할 수 있다**고 주장하였다.

⑩ 매슬로우는 충족된 욕구는 더 이상 동기 요인이 될 수 없다고 보았지만, 알더퍼는 상위 욕구와 계속적인 좌절은 낮은 수준의 욕구로 귀환토록 한다고 주장하였다.

⑭ 욕구는 체계적으로 정돈될 수 있으며 낮은 수준의 욕구와 높은 수준의 욕구 간의 근본적인 차이가 있다고 주장하였다.

② 3가지 욕구

㉠ 존재욕구(Existence needs) : 생리적, 물리적 욕구, 배고픔, 갈증, 안식처와 같은 생리적 욕구와, 봉급, 쾌적한 물리적 작업 조건과 같은 물질적 욕구가 이 범주에 속한다.

㉡ 대인관계욕구(Relatedness needs) : 사회생활에 관련된 욕구, 직장에서 타인과의 대인관계, 가족, 친구 등과의 관계와 관련되는 모든 욕구를 포괄한다.

㉢ 성장욕구(Growth needs) : 개인의 자아실현, 개인의 창조적 성장, 잠재력의 극대화 등이 속한다.

(4) 허시와 블랜차드(Hersey & Blanchard)의 상황적 리더십

① 개념

㉠ 하급자의 성숙 정도에 따라서 리더십 스타일을 다르게 해야 한다고 주장한 이론이다.

㉡ 리더십 형태가 단 한 가지 상황요인, 즉 하급자의 성숙도 수준에 의해 결정된다.

㉢ 리더십의 두 차원(사람 중심 – 일 중심)이 연속 선상에 있지 않고 둘은 서로 별개의 것으로 상호영향을 주지 않고 두 요소가 동시에 공존할 수도 있다고 주장한다.

② 리더십 유형

㉠ **지시형 리더십** : 성숙도가 낮은 부하에 적합, 리더가 주도적으로 지도, 설득, 밀착 감독

㉡ **지원형 리더십** : 직원의 복지, 지위, 근로조건 및 근무환경 개선 등의 기대나 관심을 가져주는 리더십

㉢ **참여형 리더십** : 직원과 상의하고 그들의 제안과 의견을 고려하며 정보와 권한을 공유하고 합리적인 의사 결정을 구하는 리더십

㉣ **위임형 리더십** : 직원과 충분한 신뢰관계가 형성되어 있으며 자발적인 활동을 허용하고 임파워먼트를 바탕으로 한 책임과 결정을 위임하는 리더십

03 서비스 리더십의 유형

(1) 감성리더십

① 조직원들의 감성에 집중하고 이를 기반으로 감정적인 공감대를 형성하여 이를 시스템으로 체계화하는 리더십을 의미한다.

② 다니엘 골먼(Daniel Golemon)이 저서 『감성지능』에 제시하면서 대중화되었다.

③ **감성지능(Emotional Intelligence; EI)의 5대 구성요소**

㉠ **자기인식능력** : 자신의 기분, 감정, 취향 등이 타인에게 미치는 영향을 인식하고 이해하는 능력(자신의 감정인식, 자기 평가력, 자신감 등)

㉡ **자기관리능력** : 자신의 부정적 기분이나 행동 등을 통제할 수 있는 능력(자기통제)

    © 동기부여능력 : 돈, 지위를 초월해 직무를 자기 스스로 동기부여되어 성공적으로 수행하려는 능력

    ② 감정이입능력 : 다른 사람의 감정을 이해하고 헤아리는 능력(타인 이해, 문화적 감수성, 고객의 욕구에 부응하는 서비스)

    ⑭ 대인관계능력 : 인간관계를 형성하고 관리하며, 공통의 입장을 발견하고 친밀한 관계를 형성하려는 능력(타인에 대한 영향력 행사, 커뮤니케이션, 이해조정력, 리더십, 변혁추진력, 관계구축력, 협조력, 팀 구축능력 등)

(2) 참여적 리더십

① 특징

    ㉠ 조직 구성원들과의 정보를 요구하고 그들의 아이디어를 공유하며, 의사결정과정에서 직원과 정보자료 등을 활용하여 직원들의 의견을 의사결정에 반영시킨다.

    ㉡ 주요 의사결정에 하급자들의 생각, 정보, 선호도를 반영한다.

    ㉢ 하급자들이 책임질 수 있는 분야에는 의사결정 권한을 위임한다.

② 참여 서비스 리더십의 장점

    ㉠ 조직 활동에 더욱 헌신하게 만든다.

    ㉡ 조직의 목표에 대한 참여 동기가 증대된다.

    ㉢ 개인적 가치와 신념 등을 고취시킨다.

    ㉣ 집단의 지식과 기술 활용이 용이하다.

    ㉤ 참여를 통해 경영에 대한 사고와 기술들을 익힐 수 있다.

③ 참여 서비스 리더십의 단점

    ㉠ 책임 분산으로 인해 무기력하게 된다.

    ㉡ 타협에 의한 어중간한 결정에 도달한다.

    ㉢ 참여에 따르는 시간 소모가 된다.

    ㉣ 헌신적이고 선견지명을 가진 지도자를 갖기가 힘들다.

    ㉤ 참여적 스타일을 배우기가 쉽지 않다.

    ㉥ 구성원들의 자격이 서로 비슷한 상황에서만 제한적으로 효과성을 발휘한다.

(3) 변혁적 리더십

① 추종자들에게 장기적 비전을 제시하고 그 비전 달성을 위해 함께 매진할 것을 호소하며, 비전성취에 대한 자신감을 고취시킴으로써 조직에 대한 몰입을 강조하며 부하를 성장시키는 리더십이다.

② 관리자가 조직의 목표를 달성하기 위해 종사원들에게 최대한 자율권을 부여하여 종사원 스스로가 열심히 근무하게 하는 리더십이다.

(4) 서번트 리더십

① 그린리프(Robert Greenleaf)에 의해 처음 제기된 이론으로 부하를 가장 중요한 재원으로 여기며 부하에게 리더의 모든 경험과 전문지식을 제공하면서 극진하게 섬기는 리더십이다.

② 통제, 상벌보다는 **경청, 감정이입, 칭찬과 격려, 설득**에 의하여 리더십을 발휘한다.

04 서비스 리더의 역할

(1) **패런과 케이(Caela Farren & Beverly Kaye)의 5가지 리더의 역할**

끊임없이 변화하는 현대 조직에서 필요한 리더의 역할을 5가지로 분류하였다.

① **지원자(Facilitator)**

ㄱ 직원들이 직업의 가치와 일에 대한 관심 그리고 경쟁력 있는 기술을 개발할 수 있도록 도와준다.

ㄴ 직원들이 장기적인 경력개발계획의 중요성을 깨달을 수 있도록 도와주며 개방적이고 수용적인 분위기를 만든다.

② **평가자(Evaluator)**

ㄱ 팀원들에게 작업수행평가 기준과 기대치를 명확히 하며 솔직한 피드백을 제공한다.

ㄴ 직원들의 말을 경청하며 그들의 작업수행과 그에 대한 평가를 개선하기 위해 할 수 있는 구체적인 행동을 제시해준다.

③ **예측자(Predictor)**

ㄱ 기업의 전략적 방향을 충분히 설명해 주며 기업, 직업 그리고 해당 산업에 대한 정보를 제공한다.

ㄴ 직원들이 부가적인 정보의 원천을 찾아서 이용할 수 있도록 도와준다.

ㄷ 직원들의 경력개발과 전망을 위한 새로운 추세와 발전 내용을 지적해준다.

④ **조언자(Advisor)** : 직원들이 잠재의식 속에 가지고 있는 커리어 목표를 찾도록 도와주며 현실적인 목표를 택할 수 있도록 도움을 준다.

⑤ **격려자(Encourager)**

ㄱ 직원들이 경력개발을 위한 행동계획을 이행하는 데 필요한 자원을 연계시켜 준다.

ㄴ 직원들을 키워줄 수 있는 지위와 능력이 있는 사람들에게 직원들의 재능과 경력개발 목표를 알려준다.

적중 예상문제

01 서비스의 정의 중 코틀러(Kotler)가 제시한 정의는?

① 서비스는 거래 전(Before Service), 거래(On Service), 거래 후(After Service)로 구분된다.

② 서비스는 행위(Deeds), 과정(Process) 그리고 그 결과인 성과를 의미한다.

③ 서비스는 판매를 위해 제공되거나 연계되어 제공되는 제 활동, 효익 혹은 만족을 의미한다.

④ 어떤 사람이 상대방에게 제공할 수 있는 활동이나 혜택으로 무형적이며 소유될 수 없는 것으로 물리적 생산물과 결부될 수 있고 그렇지 않을 수 있다.

⑤ 서비스는 한 재화의 형태에서 물리적 변화가 없이 편익과 만족을 낳는 판매에 제공되는 활동이다.

해설
③ **마케팅적 정의** : 서비스란 판매를 목적으로 제공되거나 또는 상품과 연계해서 제공되는 제 활동, 편익, 만족
⑤ **블로이스**(K. J. Blois) : 제품의 형태를 물리적으로 바꾸지 않고 판매에 제공되는 활동

02 서비스의 경영학적 정의에 관한 설명이다. 다음 중 활동론적 정의는?

① 판매를 목적으로 제공되거나 또는 상품 판매와 연계해 제공되는 모든 활동, 편익, 만족

② 시장에서 판매되는 무형의 상품

③ 인간의 인간에 대한 봉사

④ 서비스는 무형적 성격을 띠는 일련의 활동으로서 고객과 서비스 종업원의 상호관계에서부터 발생해 고객의 문제를 해결해 주는 것

⑤ 서비스는 무형재가 아니며 무형재로 판매되지도 않는다.

해설
▶ 활동론적 정의
• 서비스를 인식하는 것은 서비스를 서비스 제공자가 고객에게 제공하는 하나의 행위로 보는 것이다.
• 판매를 목적으로 제공되거나 또는 상품판매와 연계해 제공되는 모든 활동, 편익 및 만족이다.

03 서비스의 정의에 대하여 아래와 같이 주장한 학자는 누구인가?

> 제품은 유형적이고 객관적인 반면, 서비스는 무형적이고 주관적이므로 구매하는 것의 본질 유무의 여부로 판단해야 한다.

① 베리　　　　　② 코틀러
③ 베솜　　　　　④ 라스멜
⑤ 이유재

해설
② **코틀러**(Kotler) : 어떤 사람이 상대방에게 제공할 수 있는 활동이나 혜택으로 무형적이며 소유될 수 없는 것으로 물리적 생산물과 결부될 수 있고 그렇지 않을 수 있다.
③ **베솜**(Bessom) : 서비스란 자신이 수행할 수 없거나 하지 않는 활동, 만족 그리고 혜택으로서 판매될 수 있는 것을 말한다.
④ **라스멜**(Rathmell) : 서비스란 시장에서 판매되는 무형의 제품으로 정의할 수 있으며, 손으로 만질 수 있는지 없는지에 따라 유형의 상품과 무형의 상품으로 구분할 수 있다.
⑤ **이유재** : 고객과 기업과의 상호작용을 통해 고객의 문제를 해결해 주는 일련의 활동

정답 　01 ④　　02 ①　　03 ①

04 크리스토퍼가 제시한 고객 서비스의 3단계 중 '거래 후 서비스'에 해당하는 것은?

① 제품 추적
② 제품 대체성
③ 기술적 서비스
④ 시스템 유연성
⑤ 주문의 편리성

해설
▶ 거래 후 서비스(After Service) : 수리 중 일시적 제품 대체, 제품 포장, 제품 추적, 고객 클레임, 불만 사용가능성, 설치 보증, 변경, 수리 등

05 러브록의 분류로 다음 도표의 (가)에 해당하는 업종은 무엇인가?

		서비스가 설비 또는 시설에 근거한 정도	
		높음	낮음
서비스가 사람에 근거한 정도	높다	(가)	(나)
	낮다	(다)	(라)

① 병원
② 전화
③ 버스
④ 회계
⑤ 렌트카

해설
▶ 러브록의 서비스의 속성에 따른 분류

서비스 상품의 특성에 따른 분류		서비스가 설비 또는 시설에 근거한 정도	
		높음	낮음
서비스가 사람에 근거한 정도	높다	일류호텔, 병원	경영컨설팅, 회계
	낮다	지하철, 렌트카	전화

06 서비스의 비분리성 특징에 대한 설명으로 맞는 것은?

① 서비스는 재고의 형태로 보관할 수 없다.
② 상품의 물리적 형태가 존재하는 한 몇 회라도 사용할 수 있다.
③ 고객이 참여하기 때문에 집중화된 대량생산체계를 구축하기 어렵다.
④ 비분리성은 주로 경제적, 문화적, 사회적 요인에 의해 발생된다.
⑤ 그 가치를 파악하거나 평가하기가 매우 어렵다.

해설
▶ 비분리성(동시성)의 의미
• 서비스는 생산과 소비가 동시에 일어난다.
• 생산 및 전달 과정에서 고객이 참여하게 된다.
• 서비스는 대량생산이 어렵다.

07 서비스의 4대 특징 중 '이질성'에 대한 내용으로 가장 올바른 것은?

① 서비스는 대량생산이 어렵다.
② 서비스는 가격 책정이 어렵다.
③ 서비스는 재고의 형태로 보관할 수 없다.
④ 규격화, 표준화하기 어렵다.
⑤ 서비스는 즉시 사용되지 않으면 사라지고 원래의 상태로 환원될 수 없다.

해설
▶ 이질성의 의미
• 서비스를 제공하는 사람, 장소, 시간에 따라 다르다.
• 서비스는 종업원에 따라서 제공되는 서비스의 내용이나 질이 달라질 수 있다.
• 서비스는 규격화, 표준화하기 어렵다.

08 서비스의 4대 특징이 아닌 것은?

① 서비스는 저장할 수 없다.
② 서비스는 가격정책이 용이하다.
③ 서비스 품질은 많은 통제 불가능한 요인에 달렸다.
④ 서비스는 수요와 공급을 맞추기 어렵다.
⑤ 서비스는 고객이 거래에 참여하거나 영향을 미친다.

정답 04 ① 05 ① 06 ③ 07 ④ 08 ②

해설

➡ 서비스의 4대 특징
무형성, 비분리성, 소멸성, 이질성

09 마이클 포터 교수가 제시한 5대 세력 중 다음 내용에 해당하는 것은?

> 시장의 성장성이나 제품의 차별성, 생산능력, 브랜드력 등을 비교한다.

① 대체제   ② 공급자
③ 신규진입자   ④ 경쟁자
⑤ 구매자

해설

➡ 기존 사업자 간 경쟁(산업 내 경쟁자)
• 해당 기업과 직접적으로 경쟁관계에 있는 기업들과의 경쟁 정도에 따른 수익률, 치열한 가격경쟁, 경기순환에 더욱 영향을 받는다.
• 제품차별성, 생산능력, 브랜드력, 시장성장성, 산업의 경기변동, 철수 장벽

10 다음 중 서비스의 지속적 경쟁우위(SCA)를 확보하기 위한 조건 중 '고객별 개별화 전략'에 가장 부합하는 것은?

① 독특한 가치   ② 모방 불가
③ 희소성   ④ 대체불가능성
⑤ 정보기술의 개발

해설

➡ 대체불가능성
경쟁자가 자사와 유사한 이점을 활용할 수 없을 때에 발생한다(고객별 개별화 전략).

11 관광 서비스의 정의와 관련해 다음 〈보기〉의 설명에 해당하는 것은?

| 보기 |

> 관광기업이 기업 활동을 하면서 관광객의 요구에 맞추어 소유권의 이전 없이 제공하는 상품적 의미인 무형의 행위 또는 편익의 일체를 말한다.

① 경제적 정의   ② 구조적 정의
③ 기능적 정의   ④ 경험적 정의
⑤ 비즈니스적 정의

해설

• **기능적 정의** : 관광기업의 수입증대에 이바지하기 위한 종사원의 헌신과 봉사. '세심한 봉사정신'을 뜻함
• **비즈니스적 정의** : 관광객의 호감과 만족감을 느끼게 함으로써 가치를 낳는 지식과 행위의 총체
• **구조적 정의** : 소유권의 이전 없이 제공하는 상품적 의미인 무형의 행위 또는 편익의 일체

12 다음 〈보기〉와 같이 서비스에 대하여 정의한 학자는?

| 보기 |

> 자본과 교환되는 노동이나 상품으로 실현되는 노동을 생산적 노동으로 생각하였으며 서비스는 부를 창출할 수 없기 때문에 비생산적 노동으로 간주하였다.

① 베리   ② 베솜
③ 스탠턴   ④ 아담 스미스
⑤ 레티넨

해설

④ **아담 스미스** : 서비스를 용역으로 간주하여 부를 창출할 수 없기 때문에 비생산적 노동, 비물질적 재화로 간주
① **베리(Berry)** : 제품은 유형적이고 객관적인 반면, 서비스는 무형적이고 주관적이므로 구매하는 것의 본질 유무의 여부로 판단
② **베솜(Bessom)** : 서비스란 자신이 수행할 수 없거나 하지 않는 활동, 만족 그리고 혜택으로서 판매될 수 있는 것
⑤ **레티넨(Lehtinen)** : 서비스란 고객만족을 제공하려는 고객접촉 인력이나 장비의 상호작용 결과 일어나는 활동, 또는 일련의 활동으로 소비자에게 만족을 제공하는 것

정답   09 ④   10 ④   11 ②   12 ④

13 다음 중 커트 라이만(Curt Reimann)이 제시한 서비스 리더십의 특성에 대한 내용으로 가장 올바르지 않은 것은?

① 리더는 항상 고객을 염두에 두고 리더십을 발휘한다.

② 리더는 무엇을 어떻게 해야 하는지 정확히 알고 동시에 솔선수범하는 모습을 보인다.

③ 리더는 업무에 누구보다도 열정을 가지고 있다.

④ 리더는 강력하게 일을 추진하는 능력을 가지고 있다.

⑤ 리더는 반드시 달성 가능한 합리적 목표를 세운다.

> **해설**
> ❯ **도전적 목표** : 리더는 다소 달성하기 어려운 도전적 목표를 세운다.

14 리더십 이론 중 '새로운 기회를 창출하기 위해 자원의 역량을 집중시키는 활동'이라고 정의한 학자는?

① 라이츠(Reitz) ② 카츠(Katz)

③ 칸(Kahn) ④ 주란(Juran)

⑤ 캠벨(Campbell)

> **해설**
> ① **라이츠(Reitz)** : 목표를 달성하기 위해 집단에게 영향을 끼치는 과정
> ②, ③ **카츠와 칸(Katz & Kahn)** : 기계적으로 조직의 일상적 명령을 수행하는 것 이상의 결과를 가져올 수 있게 하는 영향력
> ④ **주란(Juran)** : 총체적 품질경영(TQM)의 성공에 가장 결정적인 장애물은 최고경영자의 리더십 부재

15 다음 중 커트 라이만(Curt Reimann)이 제시한 7가지 우수 리더십의 특성에 해당하지 않는 것은?

① 고객에 대한 접근성 ② 장기적 목표

③ 강력한 추진력 ④ 일에 대한 열정

⑤ 조직화

> **해설**
> ❯ **7가지 우수 리더십의 특성 – 커트 라이만(Curt Reimann)**
> • 고객에 대한 접근성
> • 솔선수범과 정확한 지식의 결합
> • 일에 대한 열정
> • 도전적 목표
> • 강력한 추진력
> • 기업문화의 변화
> • 조직화

16 다음 중 감성 리더십을 구성하는 요소 중 문화적 감수성, 타인의 이해, 고객의 욕구에 부응하는 서비스 등과 관련성이 높은 요소는?

① 자기인식 ② 감정이입

③ 자기관리 ④ 동기부여

⑤ 대인관계능력

> **해설**
> ❯ **감정이입능력** : 다른 사람의 감정을 이해하고 헤아리는 능력 (타인 이해, 문화적 감수성, 고객의 욕구에 부응하는 서비스)

17 다음 〈보기〉에서 패런과 케이가 분류한 현대 조직에서 필요한 리더의 역할을 모두 고른 것은?

| 보기 |

가. 조언자 나. 멘토
다. 지원자 라. 격려자
마. 코치 바. 평가자
사. 지도자

① 가, 나 ② 가, 나, 다

③ 나, 다 ④ 나, 다, 라

⑤ 가, 다, 라, 바

> **해설**
> ❯ **현대 조직에서 필요한 리더의 역할을 5가지** : 조언자, 지원자, 평가자, 예측자, 격려자

18 다음 중 서번트 리더십과 관계 없는 것은?

① 통제　　　　　② 경청
③ 감정이입　　　④ 칭찬과 격려
⑤ 설득

해설
통제, 상벌보다는 경청, 감정이입, 칭찬과 격려, 설득에 의하여
리더십을 발휘

19 감성 리더십을 구성하는 요소 중 자신의 기분, 감정, 본능적 욕구 등이 타인에게 미치는 영향을 인식하고 이해하는 것을 의미하는 요소는?

① 동기부여　　　② 감정이입
③ 자기인식　　　④ 대인관계 기술
⑤ 자기통제

해설
▶ 자기인식능력 : 자신의 기분, 감정, 취향 등이 타인에게 미치
는 영향을 인식하고 이해하는 능력(자신의 감정인식, 자기
평가력, 자신감 등)

20 다음 〈보기〉의 내용 중 허시와 블랜차드가 제시한 '상황적 리더십'과 관계된 것을 모두 고른 것은?

| 보기 |

가. 감성 리더십　　　나. 참여형 리더십
다. 위임형 리더십　　라. 서번트 리더십

① 가, 나　　　　② 가, 나, 다
③ 나, 다　　　　④ 나, 다, 라
⑤ 가, 나, 다, 라

해설
▶ 허시와 블랜차드(Hersey & Blanchard)의 상황적 리더십의
유형
• 지시형 리더십
• 지원형 리더십
• 참여형 리더십
• 위임형 리더십

21 다음 중 알더퍼가 제시한 ERG 이론과 관계된 것을 모두 고른 것은?

가. 자극 욕구　　　나. 존재 욕구
다. 관계 욕구　　　라. 동기 욕구
마. 성장 욕구

① 가, 나, 다　　　② 나, 다
③ 나, 라, 마　　　④ 가, 라
⑤ 나, 다, 마

해설
▶ 알더퍼(Alderfer)의 ERG 이론 3가지 욕구 : 존재욕구
(Existence needs), 대인관계욕구(Relatedness needs),
성장욕구(Growth needs)

22 다음 중 알더퍼가 제시한 ERG 이론 중 개인의 자아실현과 관련된 욕구로 매슬로우의 욕구 5단계의 존경 욕구와 자아실현 욕구에 해당하는 것은?

① 완성욕구　　　② 태도욕구
③ 관계욕구　　　④ 존재욕구
⑤ 성장욕구

해설
▶ 성장욕구(Growth needs) : 개인의 자아실현, 개인의 창조
적 성장, 잠재력의 극대화 등이 속한다.

23 다음 설명 중 (　　) 안에 들어갈 말로 옳은 것은?

매슬로우의 인간욕구 5단계 중 3단계에 속하는
(　　　)는 사회적인 존재인 인간이 조직에 소속
되거나 동료와 친교를 나누고 싶어 하고 또 이성
간의 교제나 결혼을 갈구하게 되는 욕구이다.

① 생리적 욕구　　　② 안전에 대한 욕구
③ 소속감에 대한 욕구　④ 존엄성에 대한 욕구
⑤ 자아실현 욕구

정답　18 ①　19 ③　20 ③　21 ⑤　22 ⑤　23 ③

● 5단계 욕구
- **1단계 : 생리적 욕구**
  의식주 생활에 관한 욕구, 즉 본능적 욕구를 말한다.
- **2단계 : 안전의 욕구**
  사람들이 신체적 그리고 정서적으로 안전을 추구하는 것을
  말한다.
- **3단계 : 소속감과 애정의 욕구**
  어떤 단체에 소속되어 소속감을 느끼고 주위 사람들에게 사
  랑받고 있음을 느끼고자 하는 욕구이다.
- **4단계 : 존경의 욕구**
  타인에게 인정받고자 하는 욕구이다.
- **5단계 : 자아실현의 욕구**
  가장 마지막 단계로 자기 발전을 이루고 자신의 잠재력을 끌
  어내 극대화하려는 단계이다.

② 결함이 있는 제품으로부터 소비자를 보호하는
서비스 유형이다.

③ 회수 또는 반품, 소비자 불만과 클레임 등을 해
결할 수 있어야 한다.

④ 현장 서비스가 종료된 시점 이후의 고객유지서
비스로 충성고객 확보를 위해 중요하다.

⑤ 소비자와 판매자 사이에 직접적으로 상호거래가
이루어지는 서비스의 본질에 해당되며 고객의
입장에 들어오는 순간 등을 사례로 들 수 있다.

⑤ 거래 시 서비스(On Service)에 대한 설명이다.

---

24 다음 중 마이클 포터 교수가 제시한 산업경쟁을
촉진하는 '5대 세력(Five Force)' 중 다음 〈보기〉
의 내용에 가장 부합하는 것은?

| 보기 |

초기투자, 대체비용, 정부의 규제, 기술 장벽 등
에 대하여 검토한다.

① 공급자   ② 대체자
③ 신규 진입자   ④ 경쟁자
⑤ 구매자

● 잠재적 진입자(신규 진입자)
- 현재 산업 밖에 있는 기업이 해당 산업으로 진입할 위협이 존
  재하므로 규모의 경제를 이루거나 절대적인 우위확보를 통해
  진입장벽을 구축해야 한다.
- 초기투자, 대체비용, 정부의 규제, 기술 장벽 등에 대하여 검
  토한다.

26 크리스토퍼(Christopher)의 서비스 3단계 중 거
래 전 서비스에 해당하는 것으로만 모두 올바르게
연결된 것은?

가. 서비스 상품 게시판
나. 예약서비스
다. 제품 대체성
라. 주문의 편리성
마. 백오더 이용가능성

① 가, 나
② 가, 나, 라
③ 가, 나, 마
④ 나, 다, 라
⑤ 가, 나, 다, 라

- 거래 전 서비스(Before Service) : 주차유도원, 서비스 상품
  게시판, 예약서비스
- 거래 시 서비스(On Service) : 인도시간, 주문의 편리성, 상품
  대체성, 재고품질 수준, 수송수단 선택, 백오더(back order)
  이용 가능성
- 거래 후 서비스(After Service) : 수리 중 일시적 제품 대체,
  제품 포장, 제품 추적, (고객 클레임, 불만 사용가능성), (설치
  보증, 변경, 수리)

25 다음 중 거래 후 서비스(A/S)에 대한 설명으로 옳
지 않은 것은?

① 제품 판매를 지원할 필요가 있는 서비스 항목을
나타낸다.

24 ③ **25** ⑤ **26** ①

27 쇼스택이 제시한 서비스의 유형성 스펙트럼 중 무형성의 지배를 가장 많이 받는 업종은?

① 화장품　　　　② 자동차
③ 소금　　　　　④ 교육
⑤ 패스트푸드점

> 해설

(유형성)소금 → 자동차 → 화장품 → 패스트푸드점 → 교육(무형성)

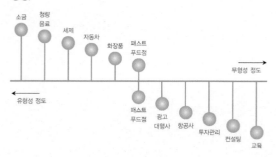

[출처] G. Lynn Shostack, Breaking Free from Product Marketing, Journal of Marketing.

28 다음 중 서비스의 지속적 경쟁우위(SCA)의 원천에 해당하지 않는 것은?

① 공간적 선점　　② 규모와 범위의 경제
③ 브랜드 자산　　④ 대체불가능성
⑤ 정보기술

> 해설

④는 서비스의 지속적 경쟁우위(SCA)의 조건에 해당한다.
▶ **경쟁우위 전략의 원천**
경쟁전략의 변화, 규모와 범위의 경제, 브랜드 자산, 고객관계관리, 공간적 선점, 정보기술

Chapter 01 서비스 분야

제1절 서비스 기법

01 서비스 청사진

(1) 서비스 청사진(Service Blue Print)의 개념

① 종업원, 고객, 기업 측의 각자의 역할과 서비스 프로세스와 관련된 단계와 흐름 등 서비스 프로세스의 특성이 나타나도록 전체 프로세스를 시각화한 것이다.

② 1984년 린 쇼스택(Lynn Shostack)이 처음 제안하였다.

③ 무형의 서비스를 역할 또는 관점이 서로 다른 사람들이 객관적이고 쉽게 이해할 수 있도록 서비스 시스템을 명확하게 나타내는 그림 또는 지도이다.

(2) 서비스 청사진의 작성 목적

① 전반적인 효율성과 생산성을 평가

② 서비스의 복잡한 이해관계를 재인식

③ 기업에서 직원의 역할과 책임을 규정

④ 공유된 서비스 비전의 개발

⑤ 개발하려는 프로세스에서 서비스 청사진의 개념을 명확하게 하기 위해

(3) 서비스 청사진의 특징

① 최초에는 상품기획을 위해 개발되었으며 이후 상품변경, 마켓 포지셔닝을 위한 도구로 발전되었다.

② 고객이 경험하게 되는 서비스 과정이고 업무수행의 지침이 된다.

③ 서비스 전달자의 경험과 서비스 전달자의 관점으로 이루어진다.

④ 역할 또는 관점이 서로 다른 사람들도 객관적이고 쉽게 이해가 가능하다.

⑤ 종목을 불문하고 고객과의 상호작용을 확인하고 관리할 수 있다.

⑥ 서비스 마케터들에게 필수적인 계획, 실행, 통제의 도구이다.

⑦ 새로운 서비스 상품 설계와 재설계의 단계에서 유용하다.

⑧ 서비스의 가장 큰 문제점인 무형성, 이질성, 동시성 등의 한계 극복을 가능하게 한다.

⑨ 전체 운영시스템 중 고객에게 노출된 부분과 가려진 부분의 파악이 가능하다.

⑩ 페일 세이프의 설계를 도입하여 실패 가능점을 미리 식별하여 미연에 방지책이나 복구 대안을 강구하여 전체 운영시스템 중 어떤 부분이 고객에게 노출되어 있고 어느 부분이 가려져 있는지 파악이 가능하다.

(4) 서비스 청사진의 이점

① **서비스가 유형화**되어 서비스 제공시 부족한 점을 포착할 수 있게 해주며 고객접점의 직원에게 적절한 서비스 교육이 가능하다.

② 서비스 흐름에서 취약한 부분**(실패점)을 확인**하여 점진적 품질개선의 주요 목표로 삼을 수 있다.

③ 직원들로 하여금 자신이 하는 일과 전체 서비스와의 관계를 파악할 수 있도록 하여 직원들의 **고객지향적 사고**를 강화시킬 수 있다.

④ 외부고객과 종업원 사이의 상호작용선을 통해 고객이 자신의 역할을 깨닫게 되며 고객이 경험하는 서비스 품질을 알게 하여 서비스 설계에 공헌할 수 있도록 한다.

⑤ 각 서비스 구성요소와 상호 연계를 명확히 보여줌으로써 전략적 토의가 가능하다.

⑥ 내부 상호작용선은 부서 간의 역할을 명확하게 나타내 줌으로써 품질향상 활동의 지속 보강이 가능하다.

⑦ 품질 개선을 위한 상의하달과 하의상달을 촉진한다.

⑧ 서비스 각 요소에서 투입되는 원가, 이익, 자본 등을 파악하고 평가하기 위한 기반을 제공한다.

⑨ 내부 및 외부 마케팅을 위한 합리적인 기반을 제공하며 가시선은 합리적 서비스 설계를 가능하게 한다.

(5) 서비스 청사진의 위험 요소 - 린 쇼스택

① **지나친 단순화** : 서비스를 도식화하여 모든 것을 묘사하는 것은 지나치게 단순화하는 것이다.

② **불완전성** : 서비스를 표현할 때, 직원, 관리자, 고객은 자신에게 익숙하지 않은 서비스의 세부항목이나 요소를 빠뜨리는 경향이 있다.

③ **주관성** : 어떤 사람이 말로 서비스를 표현하는 것은 그 서비스에 대한 노출정도와 개인적인 체험에 의해 왜곡될 가능성이 있다.

④ **편향된 해석** : 한 단어를 정확히 같은 뜻으로 해석하지 않는다.

(6) 서비스 청사진 구성요소

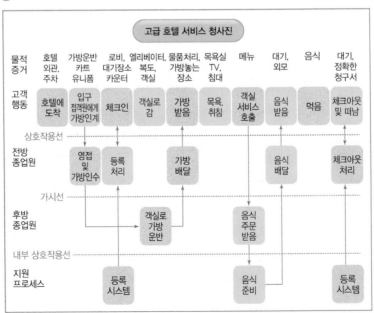

4개의 주요행동 영역으로 고객의 행동, 일선 종업원의 행동, 후방 종업원의 활동, 지원 프로세스로 구성된다. 3개의 수평선은 상호작용선, 가시선, 내부 상호작용선으로 구성된다.

① **고객의 행동** : 서비스를 구매하여 소비, 평가하는 프로세스에서 고객이 행하는 단계, 선택, 활동 상호작용 등을 포함한다.

② **전방 종업원의 행동** : 고객의 눈에 가시적으로 보이는 현장에 있는 접점 종업원의 행위를 나타내며, 고객 행위와 일선 종업원의 행동은 상호작용선으로 분리된다.

③ **후방 종업원의 행동** : 고객의 눈에 직접적으로 보이진 않지만, 접점 종업원을 지원하는 후방에 있는 종업원의 행위를 나타낸다. 일선 종업원의 행동과 후방 종업원의 행동은 가시선으로 분리된다.

④ **지원 프로세스** : 접점 종업원들을 지원하기 위한 내부적 서비스로 지원 프로세스와 후방 종업원의 행동 가운데 내부 상호작용선으로 분리된다(POS 시스템, 교육센터 운영 등).

⑤ **상호작용선** : 고객과 일선 종업원 간의 상호작용이 발생되는 기준을 구분하는 선으로 이들 사이에 직접적인 상호작용이 있다.

⑥ **가시선** : 고객에게 보이는 활동과 그렇지 않은 활동으로 구분된다. 고객이 볼 수 있는 영역과 어떤 종업원이 고객과 접촉하는지를 알려주어 합리적인 서비스 설계를 도와준다.

⑦ **내부 상호작용선** : 접점 일선 종업원을 지원하는 후방 종업원과 서비스 지원 프로세스를 구분하는 선이다. 부서 고유의 상호의존성 및 부서 간 경계 영역을 명확히 해주어 품질개선 작업을 강화할 수 있다.

(7) 서비스 청사진의 작성 5단계

① 1단계(과정의 도식화) : 서비스가 고객에게 전달되는 과정을 염두에 두고 이를 도식화된 그림 형태로 나타낸다.

② 2단계(실패 가능점의 확인) : 전체 단계 중에서 서비스 실패가 일어날 확률이 큰 지점을 짚어내어 표시해 둔다.

③ 3단계(경과시간의 명확화) : 각 단계별 표준 작업 시간과 허용 작업 시간을 명확히 적는다.

④ 4단계(수익성 분석) : 실수가 발생하거나 작업이 지연될 경우를 상정한 시뮬레이션을 통해 수익성을 분석하고 그 결과를 토대로 표준 서비스 청사진을 확정한다.

⑤ 5단계(청사진 수정) : 사용 목적별로 서비스 청사진을 해석하고 대안을 도출한 후 청사진을 새로 수정하여 서비스 실패의 가능성을 줄일 수 있다.

02 서비스 모니터링

(1) 서비스 모니터링(Service Monitering)의 개념

서비스적 요소를 포함한 기업에서 구축한 표준화된 매뉴얼을 선정된 전문가에 의해 그 접점에서 이루어지고 있는지를 과학적으로 평가하는 활동을 말한다.

(2) 서비스 모니터링(Service Monitering)의 목적

① 서비스 제공 변경의 효과 측정

② 종업원별 능력 및 서비스 평가

③ 평가, 인정, 보상을 위한 개인이나 팀의 서비스 성과 평가

④ 서비스 제공자의 능력평가를 통한 보상과 인정

⑤ 고객만족과 로열티, 수익성 향상을 위한 관리 수단

⑥ 서비스 성과 모니터 및 성과 추적

⑦ 서비스 품질수준 진단 및 개선

⑧ 고객접점의 서비스 품질을 향상 시키고 유지

(3) 서비스 모니터링 구성요소

① **대표성** : 표본추출 테크닉으로 모니터링 대상 접점의 서비스 행동의 추출을 통해 전체적인 접점 서비스의 특성과 수준을 측정할 수 있어야 한다.

② **객관성** : 객관적인 잣대와 기준으로 편견없는 평가로 타인 모두가 인정해야 하며, 표본으로 해당 접점을 통해 전반적인 서비스 특성 및 수준을 측정할 수 있어야 한다.

③ **차별성** : 다양한 분야의 전문성을 인정하고 적용되어야 하며, 업무에서의 효과적인 대응행동과 비효과적인 대응행동의 차이를 발견하고 적용되어야 한다.

④ **신뢰성** : 평가자는 한 명 외에 여러 명이 참여해도 무관하나, 모든 평가자는 동일한 방식으로 모니터링하며, 다른 평가자가 모니터링할 때 결과에 차이가 없어야 한다.

⑤ **타당성** : 고객 평가와 고객이 실무적으로 어떻게 대우받았는지에 대한 모니터링 점수가 일치하고 반영되어야 한다.

⑥ **유용성** ★ : 가치 있는 정보를 확보하고 활용하기 위한 전 단계라고 할 수 있으며, 궁극적으로 조직과 고객에게 영향을 줄 수 있어야만 가치를 발휘하게 된다.

(4) 모니터링 기법

① 미스터리 쇼퍼(Mystery Shopper)

ㄱ 미스터리 쇼퍼의 개념 : 여러 매장 또는 전체 접점을 점검하는 암행감사로 숙련된 전문가가 고객을 가장해 서비스를 체험 후에 조사하는 것으로 서비스 현장의 품질을 측정하는 방법이다.

ㄴ 미스터리 쇼핑의 목적

ⓐ 고객 응대 서비스 개선을 통해 만족도를 향상

ⓑ 전체 고객 서비스의 현황 분석 및 환경에 대한 전반적인 평가와 진단

ⓒ 고객사는 평가 후 개선사항을 제안받고 이를 기반으로 다양한 마케팅 전략을 수립하며 수익향상을 도모

ㄷ 미스터리 쇼퍼의 자격요건

ⓐ 신뢰성 : 미스터리 쇼핑을 의뢰한 회사는 미스터리 쇼퍼의 활동과 보고에 의존하므로 신뢰성은 미스터리 쇼퍼의 기본 자격이다.

ⓑ 정직성 : 보고서나 대답을 왜곡하지 말아야 한다. 듣고, 정확한 사항만 기록한다. 가장 중요한 요건으로 모든 요건의 기본 바탕이 된다.

ⓒ 꼼꼼함 : 철저한 준비와 기대하는 바를 정확히 알고 있어야 한다. 보고서를 제출할 때 정확히 기록하고 마지막까지 꼼꼼히 체크한다.

ⓓ 관찰력 : 짧은 쇼핑 기간 동안에 매장을 돌면서 이름 받기, 설명 듣기, 기타 자세한 사항들을 주시, 기억해야 한다.

ⓔ 계획성 : 매장의 마감 시간을 엄수해 활동할 수 있는 계획적인 활동이 요구된다.

ⓕ 작문능력 : 현장감 있고 생동감 있게 작성해야 한다.

ⓖ 객관성 : 사실을 있는 그대로 적어야 한다.

ⓗ 융통성 : 짧은 시간 내에 많은 정보를 얻기 위해서는 사전에 기본적인 지식을 알아둔다.

② 고객패널 ★

　㉠ 서비스나 상품을 제공하는 회사와 계약을 맺고 지속적으로 모니터링 자료를 제공하는 고객 집단이다.

　㉡ 일정 기간 동안 서비스나 제품에 대한 고객의 태도와 지각을 기업에 알려주기 위해 모집된 지속적인 고객 집단이다.

(5) 고객의 소리(VOC; Voice Of Customer)

① VOC의 개념

　㉠ 제품이나 서비스에 대한 고객의 경험과 기대에 대한 고객의 피드백이다.

　㉡ 고객이 비즈니스, 제품 또는 서비스에 대해 이야기하는 내용을 파악하는 것으로, 고객이 제안한 요구 또는 욕구 또는 고객 선호도 등에 대한 의견이다.

② VOC의 효과

　㉠ 시장의 욕구와 기대의 변화를 파악할 수 있으며 다양한 아이디어를 얻을 수 있다.

　㉡ CRM의 한계를 극복하여 데이터를 통한 분석이 아닌 고객의 실제 성향 파악을 가능하게 한다.

　㉢ 고객의 입장에서 바라봄으로써 서비스 프로세스의 문제점을 알 수 있다.

　㉣ 기업의 업무성과를 높이는 전략적 역할 수행이 가능하다.

③ VOC의 장·단점

　㉠ 고객의 실질적 요구사항을 예측하고 객관적인 데이터화가 가능하다.

　㉡ 고객 만족도와 충성도를 향상시킬 수 있다.

　㉢ 고객의 실질 요구사항을 알 수 있어 향후 예상되는 기업의 대응 체제 마련이 가능하다.

　㉣ 객관적인 데이터를 이용해 내부 직원들에게 공유하며 기업 활동의 활성화가 가능하다.

　㉤ 다양한 문제점에 대한 정보 분석과 피드백이 부족하다.

　㉥ 고객의 소리가 다양하여 기업에 영향을 주는 적합한 정보 분석의 어렵다.

　㉦ 고객접점 종업원의 처리부서의 불명확과 신속한 처리가 이루어지지 않는다.

④ VOC 성공을 위한 방안

　㉠ 코딩을 이용한 자료 분류로 신뢰성을 제고한다.

　㉡ 자료에 대한 통계 보고서를 작성하여 추세를 파악하고 점검한다.

　㉢ 서비스 혁신에 도움을 주는 VOC에 대하여 보상 제도를 구축한다.

　㉣ 제품 및 서비스의 전 수명과 주기에 걸쳐 VOC를 적극적으로 추구한다.

　㉤ 고객의 VOC를 접수하는 즉시 기록하여야 하고, VOC가 발생한 조직의 변화를 평가한다.

　㉥ 신속히 반영할 수 있는 제도를 도입하며 모든 임원들이 VOC를 이용한다.

⑤ 고객 피드백의 가치를 훼손하는 요소 – 굿맨(Goodman)

　　㉠ 일관성 없는 자료 분류

　　㉡ 행동을 수반하지 않는 분석

　　㉢ 우선순위를 명시하지 않는 분석

　　㉣ 비능률적이고 중복된 자료 수집

　　㉤ 즉시 사용되지 않음으로써 오래된 자료

　　㉥ 결론이 서로 다르게 보고되는 다양한 분석

　　㉦ VOC로 인해 실행한 개선 효과에 대한 점검 미비

03 MOT 사이클 차트

(1) MOT(Moment of Truth) 사이클의 개요

① MOT는 Moments of Truth의 약자로 Calson(1992)가 서비스 품질 향상으로 고객 만족을 이끌어내는 핵심 서비스 이론으로 제시하였다.

② MOT는 스페인의 투우 용어인 'Momento De La Verdad'를 그대로 영어로 번역되며 '진실의 순간'이라고 쓰이기도 한다.

③ Richard Norman(1994)의 마케팅 학자에 의해 서비스 품질 관리를 위해 처음 사용되었다.

④ 서비스 프로세스상에 나타나는 시계모양의 도표로서 '서비스 사이클 차트'라고도 한다.

⑤ 서비스 전달 시스템을 고객의 입장에서 이해하기 위한 방법으로 사용한다.

⑥ 서비스 프로세스상에 나타나는 일련의 MOT들을 보여주는 시계모양의 도표이다.

⑦ 고객이 경험하는 MOT들을 원형차트의 1시 방향에서 시작하여 순서대로 기입한다.

(2) MOT 사이클 차트의 분석 5단계

① 1단계 : 서비스 접점 진단에서 고객의 입장에서 생각하기

고객의 입장에서, 처음 접점에서의 직원과의 접촉한 순간부터 서비스 마무리 접점의 전 과정을 세분화하여 생각해 보는 것으로, 이를 통해 고객이 경험한 각각의 서비스 접점에서의 요구, 욕구를 알 수 있다.

② 2단계 : 서비스 접점 설계

기업 내 각 부서의 고객접점 특성을 파악하고 고객접점 단위를 분류하여 고객만족에 영향을 미치는 부분으로 정의한다.

③ 3단계 : 고객접점 사이클 세분화

고객이 처음으로 서비스 접점에 접촉해서 본 서비스가 마무리될 때까지의 서비스 행동의 전체과정을 고객 입장에서 그려보는 방법이다.

④ 4단계 : 고객접점 시나리오 제작

고객접점 사이클이 구성되면 각 고객접점마다 문제점과 개선점을 찾아 시나리오 차트를 구성한다. 접점별 문제점과 개선안, 더불어 알맞은 응대멘트를 기입하여 맞춤 표준안을 만든다.

⑤ 5단계 : 구체적인 서비스 표준안에 맞게 행동하기

　　㉠ 각 접점별로 세분화한 표준안을 기준으로, 교육받고 행동한다.

ⓛ 표준안은 추가 수정 보완이 가능하며 트랜드 및 이슈에 맞게 변형될 수 있다.

(3) 서비스 표준안 작성 시 유의사항

① **고객의 요구를 바탕으로 작성**되어야 한다.

② 업무 명세와 수행 개요를 명문화한다.

③ 누가, 언제, 무엇을 해야 하는지 간단하고 정확하게 제시되어야 한다.

④ 경영진과 직원, 고객의 요구에 대한 상호이해가 바탕이 되어야 한다.

⑤ **구체적**으로 작성되어야 하며 서비스 표준은 관찰 가능하고 **객관적으로 측정**가능해야 한다.

⑥ 전반적인 표준으로 경영진을 포함해 조직 내 모든 구성원들이 받아들여야 한다.

(4) MOT 이론

① **통나무 물통의 법칙**

㉠ 통나무로 만든 물병이 있다고 가정하고 생각해 보자. 여러 개의 나무를 묶어서 만든 통나무 물병은, 어느 한 조각이 부러지거나 높이가 낮으면 가득 차지 못하고, 일정 부분만 담기게 된다.

㉡ 고객 서비스 역시 고객이 전 접점에서 경험한 다양한 서비스 중 어느 접점에서의 최악의 서비스를 기억하고 그 부분으로 인해, 기업을 평가하는 중요한 기준이 될 수 있다.

② **100 − 1 = 0의 법칙** : 100가지 서비스 접점 중 어느 한 접점에서 불만족을 느끼면 그 서비스의 전체에 대한 불만족을 느낀다.

③ **곱셈의 법칙**

㉠ 고객이 경험하는 서비스 품질이나 만족도는 곱셈의 법칙에 지배받게 된다.

㉡ 전체 만족도는 MOT 각각의 만족도의 합이 아니라 곱에 의해 결정된다는 것으로 열 가지 서비스 가운데 아홉 가지 서비스에서 100점을 받았다 해도 한 가지 서비스에서 마이너스를 받게 되면 전체 만족도는 마이너스가 된다는 의미이다. 처음부터 끝까지 각 단계마다 잘해야 한다는 의미이다.

④ **깨진 유리창의 법칙(Broken Windows Theory)**

㉠ 1982년 범죄학자 제임스 윌슨과 조지 켈링에 의해 제시된 이론이다.

㉡ 매일 가던 지하철역에 "깨진 유리창 앞에 공사중"을 보았다. 다음 날도, 보름이 지나도 "공사중"이란 팻말에 먼지만 가득하고 그대로 방치되어 있는 것을 보았다고 가정해 보자. 이곳에 나뿐만 아니라 다른 누군가 유리를 더 깨도 아무런 문제가 되지 않을 것이라는 도덕적 해이가 생길 수 있다.

㉢ 이 법칙은 고객 접점에서 사소한 실수 하나가 전체를 파괴할 수 있다는 이론이다.

01 서비스 마케팅 전략

(1) 서비스 마케팅(Services marketing)의 흐름

① 생산 개념 : 가장 오래된 마케팅 개념으로 판매자 관점에서 제품 및 서비스의 생산과 유통을 강조하여 기업의 역량을 대량생산체제와 유통 효율성 제고에 집중시키는 마케팅 개념

② 제품 개념 : 소비자의 선택 기준이 품질, 성능 및 혁신적인 특성 면에 있다고 가정하고 마케팅적 근시안을 초래할 가능성이 높은 마케팅 개념

③ 판매 개념 : 과잉생산 능력에 처할 때 수행하는 개념으로 목적시장이 원하는 것을 제공하기보다 기업에서 만든 것을 판매하는 것이 목적인 마케팅 개념

④ 고객 지향적 마케팅 : 기업의 목표 달성을 고객의 욕구 파악 및 만족을 위한 활동으로 정립하고 경쟁사보다 효율성을 추구하는 마케팅 개념

⑤ 복합적 마케팅 개념(IMC; Integrated Marketing Communication)

   ㉠ 관계 마케팅 : 기업이 고객과의 장기적인 관계를 구축하는 것을 목표로 함

   ㉡ 통합적 마케팅 : 고객을 위한 가치 창조와 커뮤니케이션 및 전달을 위해 모든 형태를 취하는 마케팅 활동

   ㉢ 내적 마케팅 : 고객 관점을 갖는 능력 있는 조직원을 고용, 훈련, 동기부여하는 마케팅

   ㉣ 사회적 마케팅 : 기업의 관심사와 마케팅을 윤리적·환경적·사회적·법적 맥락에서 이해하는 것으로 현재 기업 및 소비자의 차원을 넘어 사회 전체로 확대되고 있는 마케팅 개념

(2) 서비스 마케팅 믹스

① 확장된 마케팅 믹스 7P

   ㉠ Product(제품) : 물리적 제품특성, 상품, 브랜드, 품질수준

   ㉡ Price(가격) : 차별화, 할인, 가격수준, 유연성, 할부

   ㉢ Promotion(홍보) : 광고, 판매원, 촉진믹스, 공중관계

   ㉣ Place(장소) : 접근성, 수송, 보관, 경로유형, 점포 입지, 중간상

   ㉤ Process(과정) : 서비스 활동의 흐름, 고객 참여 정도, 단계의 수

   ㉥ People(사람) : 직원, 고객, 고객관계 관리, 교육으로 인한 동기부여

   ㉦ Physical Evidence(물리적 증거자료) : 시설, 환경, 계산서, 명함, 직원복장, 외적 환경요인

② 고객지향적 마케팅 : 4C – 로버트 로터본(Robert Lauterborn), 피터 드러커(Peter Drucker)

   ㉠ Customer : 고객의 필요와 욕구, 고객과의 관계

   ㉡ Cost : 고객이 느끼는 가치 비용, 기회비용, 교환비용

   ㉢ Convenience : 가치교환의 편리성, 무이자 할부서비스의 편익, 상품설명서 제공

   ㉣ Communication : 마케팅의 시작과 끝, 시장조사, 고객평가

(3) 서비스 삼각형

칼 알브레히트(Karl Albrecht)가 '서비스 아메리카'에서 제시하였다.

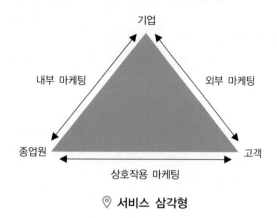

📍 **서비스 삼각형**

① **외부 마케팅** : 기업과 고객 간에 이루어지는 마케팅으로 서비스를 제공하기 이전에 고객과 커뮤니케이션하는 모든 것이다. 고객과의 약속을 의미한다.

② **상호작용 마케팅** : 종업원과 고객 간에 이루어지는 마케팅(고객접점 마케팅)으로 사람이 가장 중요한 역할을 한다.

③ **내부 마케팅** : 기업과 종업원 간에 이루어지는 마케팅으로 종업원과 고객기업이 서비스 제공자를 지원하는 활동이다.

(4) 틈새시장(= niche marketing)

① **의의**

㉠ 경쟁이 치열한 산업지역에서 시장 세분화를 통해 틈새시장을 공략하는 것이다.

㉡ 다른 사람들이 잘 모르는 시장, 또는 다른 사람들이 잘 아는 시장이 아직 제대로 공략되지 않은 시장에서 각 재조명하여 틈새를 공략하는 것을 뜻한다.

㉢ 틈새마케팅은 데이터베이스마케팅으로 변화하고 있다.

② **틈새시장의 특징**

㉠ 끊임없이 변화하며 없어지거나 새로 생성되기도 한다.

㉡ 틈새시장이 대형시장이 되기도 한다.

㉢ 여러 기업이 똑같은 틈새시장에 공존하기도 한다.

㉣ 영업이익 면에서 수지타산이 맞지 않아 중소기업에게 유리하다.

③ **틈새시장의 존재 조건**

㉠ 틈새시장은 장기적인 시장 잠재력이 있어야 한다.

㉡ 이상적인 틈새시장은 중요 경쟁자들의 관심 밖에 있어야 한다.

㉢ 기업은 시장의 욕구를 충족시켜 줄 수 있는 능력과 차분한 자원을 보유하고 있어야 한다.

㉣ 기업은 자신들이 소비자로부터 확립해 놓은 신뢰 관계를 통해 주요 경쟁자들의 공격을 방어할 수 있어야 한다.

ⓜ 대기업에 비해 중소기업이 높은 매출액을 실현할 수는 없지만 수익성을 보장할 수 있는 충분한 시장규모와 구매력이 있어야 한다.

(5) SWOT 전략

① SWOT 분석의 개념

　㉠ 기업의 미래전략 대응에 앞서 내부뿐만 아니라 외부 환경요인을 기반으로 4가지로 구분하는 경영기법이다.

　㉡ 외부환경 분석은 기회(Opportunity)와 위협(Threat) 요인이 있고, 내부 환경 분석으로는 강점(Strength)과 약점(Weakness) 요인이 있다.

　㉢ 외부 및 내부 환경 분석을 바탕으로 개발, 기술, 관리, 계획 등 주어진 상황을 전략적 관점에서 분석하여 기회와 위협을 도출하고, 분석된 강점과 기회는 활용하여 극대화하고, 약점이나 회피할 수 있는 위협요인은 전략적 계획을 통해 대응할 수 있다.

　㉣ SWOT 4요인

　　ⓐ 내부 강점(Strength) : 독보적 제조기술력, 자금의 원활함, 높은 시장점유율 등

　　ⓑ **내부 약점(Weakness) : 낮은 연구개발비, 높아지는 이직률, 취약한 복지, 조직 부조화 등**

　　ⓒ 외부 기회(Opportunity) : 경제호황, 신규시장 발굴, 경쟁력이 감소하는 경쟁사 등

　　ⓓ 외부 위협(Threat) : 정부의 간섭, 규제, 소비자 기호 변화, 강력한 대체재 출현 등

② SWOT 마케팅 전략 : 각 4가지 요인을 바탕으로 경영전략을 도출한 사례를 SWOT 매트릭스 전략이라고도 한다.

SO 전략	자신의 강점과 외부환경적 시장의 기회를 적극 융합하여 활용하는 전략
ST 전략	자신이 내부 강점을 이용할 수 있으나, 시장의 상황이 좋지 않으므로 시장의 위협을 회피하기 위해 자신의 강점을 극대화하는 전략
WO 전략	전체적인 시장 환경이 좋으므로, 자신의 약점을 극복하여 시장의 기회를 이용하는 전략
WT 전략	4가지 전략 중 가장 좋지 않은 상태이지만, 자신이 가진 내부요인도 불리하기 때문에 최대한 약점을 강점으로 전환시키거나, 약점을 최소화하여 시장의 위협을 회피하는 전략

(6) STP 전략

시장 세분화를 통하여, 표적시장을 선정하고, 시장위치 선정을 통해 효율적으로 표적시장에 도달하는 것이다.

① **시장 세분화(Marketing Segmentation)** : 고객을 비슷한 욕구를 가진 집단으로 구분하여 각 집단별로 마케팅 전략을 수립하는 기법이다.

　㉠ 시장 세분화의 방법

　　ⓐ **소비재 시장에서의 세분화**

　　　㉮ 지리적 변수 : 도시의 크기, 인구밀도, 기후 등

　　　㉯ 인구통계적 변수 : 가족 규모, 연령, 성별, 소득, 직업, 종교, 교육 수준 등

　　　㉰ 심리분석적 변수 : 라이프 스타일, 사회계층, 관심사 등

　　　㉱ **행동분석적 변수** : 사용량, 상품에 대한 충성도, 상표 충성도, 사용상황, 가격민감도 ★, 추구편익 등

ⓑ 산업재 시장에서의 세분화

㉮ 인구통계적 변수 : 산업 종류, 산업 규모, 기업 규모, 기술, 입지 등

㉯ 구매 습관적 변수 : 구매 기준, 구매 기능 조직, 권한 구조

㉰ 상황적 변수 : 구매 규모, 특수 용도성, 구매의 긴급도

㉱ 개인적 충성 : 충성심, 구매자와 판매자의 유사성, 위험에 대한 태도

㉲ 운영적 변수 : 고객 능력, 사용자와 비사용자의 지위, 사용 기술

ⓒ 시장 세분화의 요건 - 필립 코틀러

ⓐ 동질성 : 세분시장 내 소비자 욕구가 동질적이고, 비슷한 성향을 가지고 있어야 한다.

ⓑ 접근 가능성 : 기업의 입장에서 유통경로나 매체를 통해 접근이 쉬워야 한다.

ⓒ 측정 가능성 : 각 세분시장의 규모와 구매력 등이 측정 가능해야 한다.

ⓓ 실질성(규모) : 세분시장의 규모가 충분히 크고 시장진입시 특정한 마케팅 실행이 가능해야 한다.

ⓔ 차별 가능성 : 각각의 세분시장이 하나의 마케팅 믹스 전략에 서로 반응이 다르게 나타나야 한다.

ⓕ 행동(실행) 가능성 : 세분시장을 유인하고 그 세분시장에 제공할 수 있는 실질적이고 효과적인 마케팅 프로그램을 수립할 수 있어야 한다.

ⓒ 세분시장의 유형

ⓐ 전체시장 도달 전략

- 단일제품 전체시장 전략 : 시장을 하나의 통합체로 보고 단일 제품으로 단일 마케팅 프로그램을 펼치는 전략
- 다수제품 전체시장 전략 : 모든 세분시장을 표적으로 하여 각 부문에 적합한 제품과 마케팅 프로그램을 펼치는 전략

ⓑ **부분시장 도달 전략**

- 단일시장 집중 전략 : 단일 제품으로 단일 세분시장에 집중하는 전략
- 제품 전문화 전략 : 다양한 세분시장에 단일 제품으로만 마케팅하는 전략
- 시장 전문화 전략 : 특정 집단 고객층의 욕구를 만족시키기 위해 다양한 제품을 판매하는 전략, 특정 고객층의 구매가 급격히 감소하는 경우 위험분산이 되지 않는 단점 ★
- 선택적 전문화 전략 : 기업의 목표에 적합한 몇 개의 세분시장에 적합한 제품을 판매하는 전략

ⓓ 시장 세분화의 장점 - 얀켈로비치(Yankelovich) ★

ⓐ **이익가능성이 높은 몇 개의 세분화시장**에 대해서만 판매촉진비를 설정할 수 있도록 범위 설정이 가능하다.

ⓑ 미래의 시장변동에 대비해 계획을 수립하고 대책 마련이 가능하다.

ⓒ 광고매체를 합리적으로 선택할 수 있고 각 매체별로 효과에 따라 예산을 할당할 수 있다.

ⓓ 세분화된 시장의 요구에 적합하게 제품계열을 결정할 수 있다.

ⓔ 판매 저항이 최소화되고 판매 호응이 최대화될 것으로 예측되는 기간에 판촉 활동을 집중할 수 있다.

② **표적시장 선정** : 세분시장 분석 후 기업은 가장 가치 있는 세분시장을 표적시장으로 정하여 각 표적시장에 적합한 마케팅 활동을 계획한다.

○ 무차별화 전략

ⓐ 하나의 제품으로 전체 시장을 대상으로 대량유통, 광고 등에 의존하여 가장 많은 수의 구매자에게 제품과 마케팅을 전개한다.

ⓑ 규모의 경제 실현이 가능하고, 시장조사나 시장 세분화 과정에서 소요되는 비용이 절감된다.

○ 시장 차별화 전략

ⓐ 세분시장을 분석 평가한 뒤에 각각의 세분시장에 대해 다른 프로그램을 설계한다.

ⓑ 높은 매출과 이익을 낼 수 있는 다수의 기업들이 구사하는 전략이다.

○ 집중화 전략 ★

ⓐ 설정된 목표에 적합한 표적시장을 하나 또는 소수 선정하여 집중적으로 마케팅한다.

ⓑ 소수의 시장에서 높은 시장점유율을 달성하려는 전략으로, **기업의 자원이 제한되어 있을 때** 사용한다.

ⓒ 자사보다 큰 경쟁자가 동일시장에 진입할 경우 시장성을 잃을 수도 있다.

ⓓ 소비자의 기호나 구매행동 변화에 따른 위험을 감수해야 할 수도 있다.

③ 포지셔닝(positioning) : 시장 내의 고객들의 마음에 자사의 상표 등이 자리매김하는 것을 의미한다.

○ **포지셔닝 전략 수행절차 6단계 – 아커와 샨비(Aaker and Shanby)**

ⓐ 1단계 : 경쟁자 확인

ⓑ 2단계 : 경쟁자 인식 및 평가 분석

ⓒ 3단계 : 경쟁 기업과 제품 시장에서의 포지셔닝 결정

ⓓ 4단계 : 소비자 분석 수행

ⓔ 5단계 : 포지셔닝 의사결정

ⓕ 6단계 : 모니터링

○ 포지셔닝의 역할

ⓐ 제품과 시장 간의 관계를 정의하고 이해하는 데 필요한 진단적 도구를 제공한다.

ⓑ 경쟁사에 대응할 수 있는 다른 마케팅 믹스를 결정하게 된다.

ⓒ 경쟁사의 시장 진입과 모방으로부터 보호한다.

ⓓ 시장 기회를 확인해 준다.

▸◁ 알아두기 \ **파레토 법칙(Pareto's Law)** ★

• 소비자행동론에 기초한 이론인 파레토 최적의 개념이다.
• 대부분의 현상이 중요한 소수에 의해 결정된다는 법칙이다.
• 총 매출의 80%는 20%의 고액구매 고객으로부터 나온다는 법칙이다.
• 선택과 집중이라는 키워드와 결합되어 기업 전략의 중요한 축을 형성하는 데 영향을 주었다.

(7) **서비스 가격관리 전략** ★

① **가격차별화 전략**

○ **시간** : 서비스의 이용시간대나 구매시간대에 따라 수요가 다를 때 가격을 차별화하는 방법

ⓛ **고객** : 고객의 연령이나 직업, 소속집단, 회원 여부 등에 따라 가격을 차별화하는 경우

ⓒ **장소** : 서비스 제공(소비) 장소에 따라 가격을 달리 부과하는 방법

ⓔ **구매량** : 고객이 서비스를 구매하는 양에 따라 가격을 달리 부과하는 방법

② **묶음 가격 전략**

ⓐ **순수묶음가격** : 두 개 이상의 서비스를 개별적으로 구매할 수 없고 패키지로만 구매할 수 있도록 하여 가격을 책정하는 방법

ⓑ **혼합묶음가격** : 두 개 이상의 서비스를 패키지로 할인된 가격에 구매할 수 있도록 하면서 개별적으로 구매할 수 있도록 하는 방법

> **📋 Tip 팽창가격 전략 ★**
>
> 세일 등에서 가격의 범위만 정하는 마케팅. 팽창가격할인은 할인 범위의 최소 할인율과 최대 할인율을 제시하는 순서에 따라 오름차순(예 20-50% 할인)이나 내림차순(예 50-20% 할인)으로 표기할 수 있다.

02 서비스 패러독스(Service Paradox)

과거에 비해 경제적으로 풍요롭고 다양한 서비스 혜택을 받고 있으나, 서비스에 대한 소비자의 만족도는 저하되는 아이러니한 현상을 뜻한다.

(1) 서비스 패러독스의 원인

대다수의 기업들이 표준화된 서비스 기준을 획일적으로 적용하며 기업 중심의 서비스 공업화(Service Industri-Alization)가 되었기에, 이는 고객 이탈률이 발생할 수 있다.

① **서비스의 표준화** : 일률적으로 서비스를 표준화할 경우 서비스의 근간인 직원의 재량권이나 인적 서비스가 부족하여 풍부한 서비스 경제에서 서비스 빈곤에 대한 인식이 발생

② **서비스의 동질화** : 과도한 서비스 균형 추구는 서비스의 핵심인 개성을 상실하게 하고, 결국 획일적이고 유연하지 못한 경직된 서비스를 제공하게 된다.

③ **서비스의 인간성 상실**

ⓐ 기업이 효율만 강조하면 인간을 기계의 부속품으로 취급하기 때문에 제조업 발전과정에서 나타난 인간성을 무시하는 결과를 초래한다.

ⓑ 인건비 상승, 직원 수 제한 및 서비스 수요 급증으로 직원들이 정신적, 육체적으로 피로해지고, 수많은 고객을 상대함에 따라 기계화가 되어 가는 것을 피할 수 없다.

④ **기술의 복잡화** : 기술의 발전으로 편리성은 높아졌으나 제품이 너무 복잡해져서 소비자나 직원 기술의 발전을 따라가지 못할 수도 있고, 가까운 매장에서 쉽게 수리를 할 수 있는 시대는 지났고, 이제 고객들은 멀리 가서 기다려야 한다.

⑤ **종업원 확보의 악순환**

ⓐ 경쟁이 치열해지면서 저임금 직원들이 비용절감을 꾀하여 직원 확보에 어려움을 겪고 있어 충분한 교육 훈련 없이 직원을 채용하고 있어 문제에 대처할 능력이 부족하다.

ⓑ 이직률 또한 높아 고객들이 신입사원들의 서비스를 계속 받고 있어 서비스의 질은 계속 떨어질 수밖에 없다.

03 서비스 실패와 서비스 회복(Service recovery)

(1) 서비스 실패

① **서비스 실패의 이론적 정의** : 서비스 실패에 대한 다양한 학자들의 정의로 아래와 같다.

ㄱ 서비스 접점에서 발생하는 각종 실수, 고객과의 약속 위반, 서비스 오류 등 고객의 불만족을 유발하는 부실한 서비스 경험이다(Weun, Kelly & Davis).

ㄴ 서비스 품질 측면에서 서비스 성과가 고객이 인식하는 허용 범위, 즉 인지된 인내영역(Perceived zone of tolerance) 아래로 떨어진 상태이다(Parasuraman).

ㄷ 결과 실패는 서비스 품질의 기술적 품질에 해당하고, 과정 실패는 서비스 품질의 기능적 품질에 해당한다고 할 수 있다(Gronroos).

ㄹ 서비스 실패는 고객 만족 또는 고객 관계에 주요한 영향을 미칠 것으로 예상된다(Bendapudi & Berry).

ㅁ 서비스를 경험한 고객은 서비스 과정이나 결과에 대해 좋지 않은 감정을 갖게 된다(Heskette & Sasser & Hart).

ㅂ 책임이란 서비스 과정의 과실이나 명백한 과실로 인하여 발생하는 결과를 말하며, 천재지변 등 불가항력적인 문제는 서비스 제공자의 과실이 아니므로 서비스 실패에 해당하지 않는다(Berry & Leonard & Parasuraman).

② **서비스 실패(전환) 유형/고객 이탈 유형 – 수잔 키비니(Susan Keaveney)**

ㄱ **가격** : 높은 가격, 불공정한 산정, 가격인상

ㄴ **불편** : 서비스를 제공받는 위치나 시간, 대기 시간, 예약 시 대기 불편

ㄷ **핵심 서비스 실패** : 제공자의 업무 실수, 서비스 파멸, 계산상 오류

ㄹ **접점 서비스 실패** : 무례함, 무관심, 전문성 부족

ㅁ **서비스 실패 반응** : 부정적 반응, 무반응, 내키지 않음

ㅂ **경쟁** : 경쟁자의 우수한 서비스

ㅅ **윤리적 문제** : 사기 또는 강매, 안전상의 문제, 속임수, 이해관계 대립 등

ㅇ **비차별적 전환** : 서비스 제공자의 업무 중단, 점포 폐쇄 및 이전, 고객 이동 등

[출처] Keaveny(1995), 'Customer Switching Behavior in Service Industries'. April.

③ 수잔 키비니(Susan Keaveney)의 고객이탈 유형 순위 : 수잔 키비니의 서비스 전환 유형이라고도 불리며, 가장 큰 비율부터 '핵심가치 제공 실패 > 불친절한 고객 응대 > 가격 > 이용불편 > 불만처리 미흡 > 경쟁사의 유인 > 기업의 비윤리적 행위 > 불가피한 상황'으로 정리된다.

(2) 서비스 회복(Service recovery)

① 불만 고객의 부정적인 태도 변화 문제를 해결하고 나아가 충성 고객으로 유지하기 위한 것을 말한다.

② 서비스 회복 패러독스(Service Recovery Paradox) 영향요인

ㄱ **공정성 이론(Equity Theory)**

ⓐ 공정성 이론에 의하면, 개인은 자신의 결과가 다른 사람들의 결과보다 낮다고 여겨질 경우, 부당함을 느낀다. 개인이 투입한 시간과 노력에 비해 얻어진 결과의 투입과 산출의 관계에 따라 파악된다(Adams).

ⓑ 서비스 실패 처리에서 고객이 기대하는 공정성은 세 가지로, 도출 결과 공정성, 절차 공정성, 상호작용 공정성으로 구분된다(Steve Brown & Steve Tacks).

㉮ **도출 결과 공정성** : 고객 서비스 실패에 대한 가시적인 보상을 기대하는 향후 무상 서비스 또는 금전적 보상을 의미하며 교환 및 환불, 가격할인, 무료 또는 할인쿠폰 등이 해당된다.

㉯ **절차 공정성** : 서비스 실패처리 절차에 관한 것으로 회사 규정, 정책, 적시성 및 규칙이 해당된다.

㉰ **상호작용 공정성** : 배려 있는 공손하고 친절한 응대를 기대하는 고객 서비스를 제공하는 종업원의 태도가 해당된다.

ⓛ **귀인이론(Attribution theory)**

ⓐ Kelly의 귀인이론은, 행위의 원인과 의미를 이해하려고 노력하는 것을 뜻하는 과정에 대한 이론이며, 큐빅 이론(Cubic theory)이라고도 한다.

ⓑ Kelly는 원인 귀속의 방향을 아래와 같이 3가지로 결정한다고 정의하였다.

㉮ **일관성(시간적 일관성)** : 시간변화와 무관하게 어떠한 상황에서 동일한 행동을 하는 것

㉯ **합의성(타인과의 유사성)** : 사람에 의한 개념으로, 많은 사람들에게 같은 행동을 보이는 것

㉰ **차별성(특이성)** : 특이성이 높은 원인에 의한 결과는 '외적귀인'으로, 특이성이 낮은 원인에 의한 결과는 '내적귀인', 즉 개인의 특정으로 보는 것

알아두기 | **서비스 회복** ★

✱ **기업이 추구할 수 있는 일반적인 서비스 회복 방안**
- **비용 발생하는 방안** : 제품 수리, 서비스 수정, 전액 또는 일부 환불
- **비용 발생 없는 방안** : 고객 불만을 기업에 표현할 수 있는 기회 제공, 고객과의 신속한 타협, 발생한 사건에 대한 기업의 설명, 기업의 사과, 동일한 문제가 재발되지 않을 것이라는 확신

04 애프터 서비스(After Sales Service)의 중요성

(1) **애프터 서비스(A/S)의 개념**

① 사후 서비스라고도 불리는 A/S는, 제품을 판매한 후에도 제품에 대한 수리, 설치, 검사 등의 서비스를 책임지고 수행하는 것을 의미한다.

② 상품을 효과적으로 판매하기 위해 판매 이후에도 고객케어를 유지하는 서비스를 말한다.

(2) **기업의 애프터 서비스(A/S)의 이점**

① 애프터 서비스의 제공은 고객의 재주문과 재이용으로 이어진다.

② 신제품 개발에 필요한 시간과 비용을 절감해 준다.

③ 사후 서비스 관리를 통해 얻을 수 있는 고객의 정보는 기존 제품의 품질 기능 향상에 도움을 준다.

④ 최적화된 프로세스를 달성할 수 있게 해준다.

⑤ 불편 사항이나 불만을 통해 분석하여 고객의 니즈와 트렌드를 파악할 수 있게 해준다.

⑥ 기업으로 하여금 추가적인 수익 창출에 드는 비용과 시간적인 노력을 절감해 주는 중요한 역할을 한다.

(3) A/S의 품질 차원 모형 - 브래디(Brady)와 크로닌(Cronin)

① **상호작용 품질** : 직원의 고객을 돕는 적극성과 친절도에 의한 말과 행동, 태도, 처리시간, 편의성

② **결과 품질** : 기술력과 전문성

③ **물리적 환경 품질** : 편의성과 정책 ★

제3절 서비스 차별화 사례연구

01 고객인지 프로그램

(1) 고객인지 프로그램의 정의

기업에서 고객의 충성도 프로그램의 형태로 기업에서 고객을 인식하고 그 고객에게 보상을 가능하게 하는 일종의 시스템을 의미한다.

(2) 고객인지 가치 유형 - 세스(Sheth), 뉴먼(Newman), 그로스(Gross)

① **인식적 가치(Epithetic Value)** : 제품 소비를 자극하는 새로움과 호기심 관련 가치

② **기능적 가치(Functional Value)** : 제품 가격, 품질, 서비스 등 실용적이고 물리적인 기능과 관련된 가치

③ **사회적 가치(Social Value)** : 제품을 소비하는 사회적 기득권 집단과 관련된 가치

④ **상황적 가치(Conditional Value)** : 제품 소비의 특정 상황과 관련된 가치

⑤ **정서적 가치(Emotional Value)** : 제품 소비에 의한 긍정적 또는 부정적 감정 유발 등과 관련된 가치

(3) 고객인지 프로그램의 장점과 단점 ★

① 차별화된 서비스를 제공하고 고객 행동의 예측이 가능하다.

② 중요 고객 파악이 가능하여 적절한 제품, 서비스 제공이 가능하다.

③ 고객과의 원활한 의사소통이 가능해진다.

④ **기존 고객 유지 측면에 도움이 된다.**

⑤ 고객의 입장에서는 정보가 노출되는 불쾌함이 있을 수 있다.

(4) 인지부조화 이론(Cognitive dissonance) - 레온 페스팅거(Leon Festinger)

① 개인이 믿는 것과 실제로 보는 것 사이의 차이, 생각이나 행동이 모순되는 상황을 발견했을 때 불편한 것처럼 이를 불편하게 느끼기 때문에 이러한 불일치를 제거하려는 심리를 말한다.

② 인지부조화는 균형이 부족한 요소들을 조화롭게 만들어, 심리적 불안이나 긴장을 감소시키는 동기부여를 필요로 한다. 즉 인지부조화는 행동을 해야 해결할 수 있다.

(5) 리츠칼튼 호텔의 고객인지 프로그램

리츠칼튼 호텔은 모든 고객에게 규격화된 획일적 서비스를 제공하는 것이 아니라, 차별화된 개별적 서비스를 제공한다.

① **고객 코디네이터** : 리츠칼튼의 모든 체인점에는 한두 명의 고객 코디네이터가 근무하고 있으며, 당일에 투숙할 고객에 대해 모든 정보를 입수하고 고객을 위한 서비스를 지원한다.

② **고객 정보 데이터베이스**

　　㉠ 리츠칼튼 호텔에 단 한번이라도 방문한 고객이 전 세계 어느 곳에 있는 지점에 투숙하더라도 이미 데이터베이스에 저장된 정보를 통해 고객의 취향에 맞게 서비스를 제공한다.

　　㉡ 모든 직원은 근무 중에 사소한 사실이라도 고객정보를 얻게 되면 추가로 입력하여 체인 호텔들이 이러한 정보를 공유한다.

③ **개별적 서비스**

　　㉠ 고객 코디네이터는 자기 호텔에 머무르는 고객의 개인적 취향에 대해 조사하고 고객별로 차별화된 서비스의 제공을 위해 데이터베이스를 활용한다(고객기호카드 작성).

　　㉡ 획일적 서비스를 제공하지 않고 고객 각자에게 차별화된, 개별적 서비스를 지원한다.

02 서비스 수익 체인(service-profit chain)

(1) 서비스 수익 체인의 개념

① 헤스켓(Heskett), 사서(Sasser), 슐레징거(Schlesinger)의 연구이론으로 성공한 서비스 기업들은 모두 일정한 형태의 순환 수익연결체인을 가지고 있다.

② 내부고객 만족과 외부고객 만족 그리고 기업성장과의 관계를 명확히 볼 수 있다.

③ 고객 서비스가 수익의 원천이 되는 논리적 구조를 말한다.

④ 수익, 성장, 고객충성도, 고객만족도, 고객에게 제공된 재화와 서비스의 가치, 직원의 역량, 만족도, 충성도, 생산성 간에 직접적이고 강력한 관계를 유지하는 것이다.

(2) 서비스 수익 체인의 중요한 가치

① 기업의 수익성 증가는 고객충성도에서 비롯되며, 고객충성도는 고객이 지각하는 서비스 가치에 영향을 받는 만족의 결과이다.

② 서비스 수익 체인은 논리적인 구조로서 고객 서비스가 수익의 원천이다.

③ 서비스의 가치는 자신의 직무에 만족하는 충성심과 생산성을 가진 직원들에 의해 창출되기 때문에 내부고객인 직원들의 만족도가 높아야 서비스 만족도를 달성할 수 있다.

④ 서비스 수익 체인은 수익성, 고객충성도, 직원 만족도, 직원 유지 및 생산성의 연결관계이다.

(3) 서비스 수익 체인 구조와 순기능

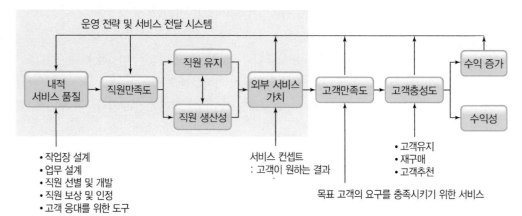

※ 각 연결 고리를 자세히 살펴보면 서비스 수익 체인 전체가 어떤 기능을 하는지 확인할 수 있다.

Heskett, Sasser, and Schlesinger(1997)의 도표 수정

📍 **서비스 수익 체인의 고리**

① 내부 품질은 종업원 만족을 가져온다.

② 종업원 만족은 종업원 충성도를 유발한다.

③ 종업원 생산성은 서비스 가치를 유발한다.

④ 서비스 가치는 고객만족을 유도한다.

⑤ 고객만족은 고객충성도를 높인다.

⑥ 고객충성도는 수익성과 성장을 유발한다.

⑦ **종업원 충성도는 종업원 생산성을 유발한다.**

(4) Heskett의 이론에 의한 기업의 핵심역량 향상과 운영단위 관리를 위해 고려해야 할 사항

① 내부 성공 사례에 대한 정보 공유

② 성과측정을 위한 균형점수 카드 개발

③ 성과 향상을 위한 행동 지침의 설계

④ 측정한 결과에 대한 보상 개발

⑤ 모든 의사 결정 단위에 걸쳐 서비스 수익 체인의 연관성 측정

⑥ 개발 영업 단위에서 결과에 의한 커뮤니케이션

(5) 만족거울(Satisfaction mirror effect) 효과 – 벤자민 슈나이더(Benjamin Schneider)와 데이비드 보웬
(David Bowen)

고객의 만족도는 내부직원의 만족도와도 비례하므로, 내부 만족도가 고객만족도에 기여할 수 있음을 뜻한다.

03 토털서비스(Total Service)

(1) 토털서비스의 개념

    ① 기업이 다른 경쟁사와 차별화된 서비스를 제공하는 토탈서비스를 통해 고객과 사회로부터 긍정적인 평가를 받아 수익을 극대화하는 전략을 말한다.

    ② 서비스운영, 서비스전달, 서비스마케팅 시스템 등을 총체적 관점에서 고객에게 차별화된 서비스를 제공하는 전략이다.

(2) 서비스 전달 시스템의 유형

    ① 기능 위주의 서비스 전달 시스템

        ㉠ 표준화된 서비스를 생산하는 데 적합한 특징을 보인다.

        ㉡ 서비스 담당자의 업무를 전문화하여 고객이 직접 서비스 담당자를 찾아가는 형태로 설계되어야 한다.

        ㉢ 병원 또는 건강검진, 영화관 등의 사례에 해당된다.

        ㉣ 서비스를 신속하게 제공할 수 있다.

    ② 고객화 위주의 서비스 전달 시스템

        ㉠ 다양한 고객의 욕구를 충족시킬 수 있다.

        ㉡ 기능 위주의 전달 시스템보다 폭넓은 업무를 수행할 수 있다.

        ㉢ 미용실, 세탁업, 숙박시설 등이 해당된다.

        ㉣ 고객의 욕구가 서로 다양하다는 점에 착안하여 서비스 전달 시스템을 설계한다.

        ㉤ 일관되고 표준화된 서비스 제공이 어렵다. ★

04 제품 차별화

(1) 제품 차별화의 개념

    ① 제품 차별화는 소비자에게 물리적 또는 비물리적으로 자사의 제품 특성으로 경쟁사 제품과 다르다는 것을 소비자에게 인식시켜 주는 것을 말한다.

    ② 기업 또는 제품 간의 경쟁이 심화될 때 소비자의 욕구충족을 위해 타사 경쟁 제품과 비교했을 때의 특성을 강화하며 경쟁우위를 확보하는 전략으로 차별화에 성공하면 시장의 특정 부분에서 독점을 창출할 것으로 기대하고, 이를 통해 소비자들에게 가격을 상승시킬 수 있는 자원이 된다.

(2) 제품 차별화의 요인

    차별화된 장점은 소비자에게 고유한 가치를 제공하여, 차별화의 대가를 초월하여 높은 가격의 프리미엄을 얻는 것을 정당화할 수 있다.

    ① 유형의 차별화 : 눈으로 식별 가능한 형태가 있는 성능의 품질, 내구성, 특화된 특성과 같은 물리적 요소의 제품 또는 서비스

    ② 무형의 차별화 : 소비자가 제품의 서비스에 대해 느끼는 사회적 또는 심리적 차이

    ③ 사회적, 심리적 요인에 의한 차별화

(3) 제품 차별화의 구체적인 요소

① **형태** : 제품의 크기, 모양 또는 물리적인 구조

② **특성** : 제품의 기본적인 기능을 보완하는 특징

③ **내구성** : 정상적인 조건 또는 긴박한 조건에서 제품에 기대되는 작동수명의 측정치

④ **성능품질** : 제품의 기본적인 특징이 작동하는 수준

⑤ **적합성 품질** : 생산된 모든 제품 단위가 일관되게 만들어졌으며 또한 약속한 목표 규격명세를 충족시키는 정도

(4) 제품의 분류

① **내구성, 유형, 용도별 소비재 분류**

ㄱ **서비스** : 시장에서의 무형의 제품(예 인적 서비스 전반)

ㄴ **내구재** : 재 사용이 가능한 제품(예 가전제품 전반)

ㄷ **비내구재** : 일회성 또는 2회 정도 사용 후의 실용가치가 없어지는 소모성 제품(예 세제, 제과 등)

② **소비자의 쇼핑 습관에 따른 소비재 분류**

ㄱ **전문품** : 소비자가 특별히 가격이나 기간, 매장과의 거리 등에 구애받지 않고, 해당 제품을 구매하기 위해 노력하는 제품으로, 리미티드 제품, 특정 고가 자동차, 미술 예술분야에 속하는 작품 등이 포함된다.

ㄴ **선매품** : 제품을 구매하기 전에 가격, 품질, 형태, 욕구 등에 대한 충분한 적합도를 비교하여 선택적으로 구매하는 제품을 말하며, 동질적 선매품과 이질적 선매품으로 나뉜다.

ㄷ **비탐색품** : 소비자가 알 수 없거나 알더라도 일반적으로 구입하지 않는, 묘지 또는 백과사전, 생명보험 등을 말한다.

ㄹ **편의품** : 값싸고 자주 구입하는 필수품과 갑작스럽게 구입하는 비상용품으로 구분하여 생활이나 업무에 편리한 제품으로 나뉜다.

(5) 서비스/제품 차별화 원리와 방법 ★

① **유형적 제품 차별화** : 유형재의 효용 가치를 증가시키기 위해 추가적인 서비스를 강화하고, 서비스는 유형재를 추가적 제공

② **기능요소 차별화** : 고객 문제에 대한 새로운 해결 방법 제시

③ **감성요소 차별화** : 따뜻한 감성이나 독특한 취향, 개성, 이미지 브랜드를 이용하여 차별화하는 방법. 제품의 기능적 차별화 요소를 발견하기 어렵거나 실현하는 데 어려움이 있는 경우 효과적인 수단으로 차별화가 서서히 구축되며 일단 축적되면 오래 지속되는 고정자산의 성격을 지닌다.

예 오리온 초코파이 – "정", 경동보일러 – "부모님께 보일러 놔드리기"

④ **상징요소 차별화** : 다른 사람과의 관계 속에서 보다 높은 의미와 가치를 갖는 요소로 차별화. 제품 기능 자체보다는 자아이미지와 준거집단의 가치 표출에 의해 차별화를 꾀한다. 일반적으로 고가의 공공적 사치품(겉으로 드러나는 고가 제품)에 적용할 때 효과적이다.

⑤ **서비스 제공방법 차별화** : 서비스 또는 부가 서비스의 내용을 차별화하기 어려운 경우에는 서비스 제공 방법과 고객접점에서 차별화한다.

(6) 5가지 제품 품질 차원 – 필립 코틀러(Philip Kotler)

① **핵심 이점(Core Benefit)** : 고객이 제품을 구매할 때 추구하는 이점(Benefit)이나 서비스로 고객의 욕구(Needs)를 충족시키는 본질적 요소를 말한다.

② **기본적 제품(Basic Product)** : 핵심 이점을 유형 제품으로 형상화시킨 것으로 제품의 기본형태를 의미한다.

③ **기대하는 제품(Expected Product)** : 제품을 구입할 때 구매자들이 정상적으로 기대하고 합의하는 일체의 속성과 조건을 말한다.

④ **확장 제품(Augmented Product)** : 기업이 경쟁업체가 제공하는 것과 구별되게 제공하는 추가적인 서비스 혹은 이점 제품을 말한다.

⑤ **잠재적 제품(Potential Product)** : 미래에 경험할 수 있는 변환과 확장 일체를 의미한다.

(7) 마케팅의 거장 '시어도어 레빗(Theodore levitt)'의 3가지 제품 품질 구분

① **실체 제품(Formal Product)** : 실질적으로 인식되는 상표 등 부착된 형태의 실물적 제품

② **핵심 제품(Core Product)** : 소비자가 제품 사용의 장점, 혜택 등으로 인해 욕구를 충족시키는 제품

③ **확장 제품(Augmented Product)** : 고객의 구매에 결정적인 영향을 미치는 제품 품질 보증, 사후 서비스 등 서비스와 혜택이 추가된 가장 포괄적인 형태의 제품

05 병원안내 맞춤 서비스관리

(1) 의료기관의 특징

① 병원은 고도로 노동집약적 집단인 동시에 자본집약적인 조직체라고 할 수 있다.

② 일반적인 이익 집단에 비해 병원은 기본적으로 비영리적 동기를 가지고 있다.

③ 진료 결과에 따른 신체적, 정신적 효과를 명확하게 판별하기 어렵기 때문에 생산된 서비스의 품질 관리나 업적 평가가 어려운 특성을 보인다.

④ 병원은 다양한 사람과 프로그램을 개발하여 지역 주민과 국가가 원하는 요구를 충족시킬 수 있어야 한다.

⑤ 진료 서비스라는 복합적인 생산품이 형성되기 위해 타 직종 간의 상하 명령 전달체계가 생기게 되고 이로 인해 이중적인 지휘체계가 형성될 수 있다.

(2) 의료기관의 경제적 특징

① 인간이 인간다운 생활을 하기 위해 반드시 필요한 필수적인 재화의 성격을 가지고 있다.

② 보건 의료서비스는 면허 제도를 통해 의료시장에서 법적 독점권을 부여하기 때문에 공급 시장의 진입장벽을 높이는 원인이 된다.

③ 국민의 건강한 삶을 위해 필요한 다양한 요소 중 건강의 증진, 질병 예방 및 치료 등의 보건 의료 분야가 필수적인 요소로 인식되었다.

④ 일반적인 상품에 대한 수요는 소비자의 구매의지에 의해 결정되지만 의료에 대한 수요는 질병이 발생해야 나타나기 때문에 예측이 매우 어렵다.

⑤ 많은 사람들이 같은 장소에서 같은 양을 동시에 소비할 수 있고, 그 가격을 부담하지 않는 개인의 소비행위를 배재하기 어려운 공공재적 성격을 가지고 있다.

⑥ 질병 발생은 매우 불확실하기 때문에 의료서비스에 대한 수요 역시 불확실하다.

⑦ 질병의 원인이나 치료 방법, 의약품 등에 관한 내용은 매우 전문적이기 때문에 의사, 간호사 등 의료인력을 제외한 일반 소비자들은 정확히 알지 못하며 이러한 현상을 정보의 비대칭성이라고 한다.

⑧ 양질의 의료서비스에 대한 국민의 요구는 치료의 불확실성에서 비롯되는 것으로 정부나 민간 의료기관으로 하여금 규제나 통제 혹은 의료기관 간의 규제적 경쟁을 통한 대응을 유도해야 한다.

(3) 의료서비스의 특징

① 무형성을 가지고 있다.

② 수요 예측이 불가능하다.

③ 의사결정자가 다양하다.

④ 기대와 실제 성과의 불일치가 크다.

⑤ 의료서비스 비용은 간접 지불 형태를 갖는다.

⑥ 노동집약적이며 소멸성을 가지고 있다.

(4) 의료서비스의 품질 요소

① '마이어'가 제시한 양질의 의료서비스 조건

㉠ 효율성(Efficiency) : 의료의 목적을 달성하는 데 투입되는 자원의 양을 최소화하거나 일정한 자원의 투입으로 최대의 목적을 달성할 수 있어야 한다.

㉡ 접근성(Accessibility) : 지리적, 재정적, 사회문화적 이유로 이용자들에게 필요한 의료서비스를 제공하는 데 있어 장애를 받아서는 안 되며, 모두가 양질의 의료서비스를 편리하게 이용할 수 있도록 해야 한다.

㉢ 적정성(Quality) : 가능한 범위 안에서의 최신의 과학지식과 기술을 보건의료에 적용하는 것으로 의료인의 전문적인 능력이 가장 중요한 요소이다.

㉣ 지속성(Continuity) : 단편적인 진료가 아닌 예방, 치료, 사회로의 복귀가 연결되어야 하며 육체적 치료와 정신적 안녕까지도 성취되어야 한다.

② **도나베디언(Donabedian)이 제시한 의료서비스 품질요소**

㉠ 효율(Efficiency) : 사용한 비용 측정

㉡ 합법성(Legitimacy) : 사회적 선호도와 개인 수용성의 일치 정도

㉢ 형평성(Equity) : 얼마나 공평하게 제공되는가

㉣ 적정성(Optimality) : 비용에 대한 효과와 편익

㉤ 효능(Efficacy) : 가장 바람직한 환경하에 사용할 때

㉥ 효과(Effectiveness) : 일상적인 환경에서 성취

㉦ 수용성(Acceptability) : 환자와 가족의 기대

③ 부오리(Vuori)가 제시한 의료서비스 품질 요소

㉠ 효과(Effectiveness) : 이상적인 상황에서 서비스 또는 프로그램이 달성할 수 있는 최대한의 효과와 비교해 보았을 때 통상적인 상황에서 실제적으로 나타나는 영향의 정도

㉡ 적합성(Adequacy) : 제공된 서비스 또는 프로그램이 집단의 필요에 부합한 정도

ⓒ 효율성(Efficiency) : 서비스 또는 프로그램 단위 생산비용당 실제적으로 나타난 영향의 정도

ⓓ 의학적·기술적 수준(Medical/Technical Competence) : 현재 이용가능한 의학적인 지식과 기술을 환자에게 적용하는 것

제4절 서비스 품질

01 서비스 품질(Service Quality)의 의의

(1) 서비스 품질 선행 연구의 정의

① Grönroos(1984) : "기대되는 서비스에 대한 고객의 인지된 서비스"로, 비교평가 결과로 정의하였으며, 기술적 품질, 기능적 품질, 이미지 등의 변수들과 기능적 관계가 있다.

② 레비스와 붐(1983) : 제공되는 서비스 수준이 고객의 기대에 얼마나 부합하는지를 측정하는 것으로 정의되며, 고객의 기대에 부합하도록 일관된 서비스를 제공하는 것을 의미한다고 주장하였다.

③ 파라수라만(A. Parasuraman) : 서비스 우수성에 대한 전반적인 판단 또는 태도이다.

④ 자이다믈(V. A. Zeithaml) : 서비스의 '전모' 또는 '우수성'에 대한 소비자의 평가이다.

(2) Garvin(1988)의 5가지 서비스 품질의 개념

품질(Quality)은 제품 또는 서비스를 사전에 정해진 요구사항 및 설계에 일치시키는 것으로 정의하였으며, 서비스 품질의 개념을 5가지로 정의한다.

① **선험적 품질(Transcendant)** : 예술품과 같은 개념으로 고유한 절대적 탁월성의 성질로 변질없이 높은 성취를 달성하는 것으로 분석하기 어려운 개념이다.

② **제품 기준의 품질(Product-based)** : 경제학에서 사용 또는 소비 등을 통칭하여 소비자의 효용을 증대시키는 재화적 특성으로, 품질을 이해하고 객관적으로 평가하여 절대적인 양질의 높은 원가의 제품이 품질의 차이라는 개념이다.

③ **생산자 기준의 품질(Manufacturing-based)** : 공급자의 견해로 요구조건의 일치에 따라 품질의 수준이 결정된다는 개념이다.

④ **사용자 기준 품질(User-based)** : 제품사용의 주가 되는 고객 요구 및 기대욕구를 잘 충족시켜 주는 품질이 우수하다고 주관적으로 이해하는 개념이다.

⑤ **가치 기준 품질(Value-based)** : '성능, 원가가 즉 가치다.'라는 차원으로, 원가에 기반하여 성능이 상대적으로 좋으면 수준높은 품질이라는 개념이다.

(3) 서비스 품질의 성격 - 자이다믈(Zeithaml)

① 서비스 품질은 객관적 또는 실체적 품질과 다르다.

② 서비스 품질은 서비스의 구체적 속성이라기보다는 매우 추상적인 개념이다.

③ 서비스 품질은 태도와 유사한 개념으로써 전반적인 평가이다.

④ 서비스 품질의 평가는 대개 비교 개념으로 이루어진다.

⑤ 서비스 품질은 고객이 여러 서비스들 간의 상대적 우월성 또는 우수성을 비교함에 따라 고-저로 평가된다.

(4) 서비스 품질 측정이 어려운 이유

① 고객을 서비스 프로세스의 일부로 변화를 가져올 수 있는 중요한 요인 등이 있다.

② 고객과 함께 자원이 이동하는 경우, 고객은 자원의 흐름을 관찰할 수 있으므로 서비스 품질 측정의 객관성을 방해한다.

③ 서비스 품질의 개념이 주관적이기 때문에 객관화된 측정이 어렵고, 모든 경우에 적용되는 일반화된 서비스 품질을 정의하기에 어려움이 있다.

④ 서비스는 서비스 제공이 완료되기 전에 서비스 품질을 확인하기가 어렵다.

⑤ 고객으로부터 데이터를 수집해야 서비스 품질 측정이 가능하지만 시간과 비용이 많이 소요될 뿐만 아니라, 고객이 측정한 데이터 회수도 쉽지 않다.

02 서비스 품질(Service Quality)의 측정모형

(1) SERVQUAL

① **개념**

㉠ 서비스 품질 측정도구인 SERVQUAL은 1985년 미국의 파라수라만(A. Parasuramam), 자이다믈(V. A. Zeithaml), 베리(Leonard L. Berry) 등 세 사람의 학자에 의해 개발된 서비스 품질 측정도구로, 세 사람의 약자를 따서, PZB 측정도구라고 한다.

㉡ PZB는, 서비스 기업이 고객의 기대와 평가를 파악하는 데 사용할 수 있는 다양한 질문 척도(Multiple item scale)이다.

㉢ 서비스 품질을 측정하기 위해 응답성, 신뢰성, 능력, 접근성, 매너, 의사소통성, 신용도, 안전성, 고객이해도, 전형성 등 10개 차원을 제시하여 서비스 품질의 구성차원을 측정하였고, 그 후 Parasuraman et al.의 연구에서 최종적으로 22개 항목으로 5차원으로 정립되었다.

② **SERVQUAL 모델의 품질차원**

㉠ 유형성(외형적 물적 요소) : 외적인 단서

→ 서비스 제공자의 용모 복장, 시설의 분위기, 전반 환경

㉡ 신뢰성(믿음직한 정확한 업무이행) : 약속된 서비스를 정확하게 수행할 수 있는 능력

→ 약속준수, 정확도, 빈틈없는 기록

㉢ 반응성(신속히 고객을 돕고 서비스를 제공) : 고객을 적극적으로 돕고 신속한 서비스 제공할 수 있는 능력

→ 진행상황 공유, 서비스 즉각성, 즉시 응답, 신속한 서비스, 자발적인 직원태도

㉣ 확신성(직원의 예의, 능력, 안정, 정직) : 서비스 수행의 지식기술, 친절함 및 배려, 진실된 정직성, 위험 및 의심 없는 응대력

→ 전문지식, 기술, 대응정도, 직원의 정중함, 배려, 친근함, 정직함, 비밀보장, 물리적 금전적 안정, 안도, 기업평판

ⓑ 공감성(기업이 고객에게 제공되는 관심과 배려) : 고객에게 귀 기울이는 쉬운 설명, 편안한 접근성과 접촉, 고객 욕구를 이해하고자 하는 노력

→ 서비스 품질 결정요인에서 상대적으로 중요한 것은 신뢰성 > 대응성 > 확신성 > 공감성 > 유형성이다.

(2) 가빈(Garvin)의 8가지 품질 모형

생산자 관점과 사용자 관점을 동시에 고려한 품질로 구성된 8가지 차원으로 나뉜다.

① **신뢰성** : 실패 및 잘못될 가능성의 정도
② **적합성** : 고객의 세분화된 요구사항을 충족시키는 능력
③ **지속성** : 고객에게 가치를 지속적으로 제공할 수 있는 기간
④ **심미성** : 사용자의 감각을 흥미롭게 하는 컨텐츠와 외관의 미적 기능
⑤ **성과** : 제품의 운영적인 작동 특성
⑥ **특징** : 제품의 경쟁적 차별화
⑦ **인지된 품질** : 기업 및 브랜드 자체로 가지는 명성
⑧ **서비스 제공 능력** : 고객을 통한 기업의 경쟁력으로, 친절, 신속, 문제해결 능력 내포

(3) 주란(J. M. Juran)의 서비스 품질 분류

서비스 품질을 수요자에 대한 효과 및 영향 측면에서 다섯 가지로 구분하였다.

① **사용자의 눈에 보이는 하드웨어 품질**
ⓐ 매장에서 고객에게 판매하기 위한 상품의 진열 상태나 고객의 동선 등을 의미한다.
ⓑ 레스토랑 음식의 맛, 호텔의 실내 장식, 철도, 항공기 등의 좌석 크기와 안락함, 조명의 밝기 등에 해당된다.

② **사용자의 눈에 보이는 소프트웨어적 품질** : 적정한 광고, 청구금액의 착오, 은행의 기장 착오, 컴퓨터의 실수, 배달 사고, 항공기・철도 등의 사고, 전화 고장, 상품의 매진・품절 등에 관련된 품질이다.

③ **사용자의 눈에 보이지 않는 내부적 품질**
ⓐ 항공, 철도, 전화, 호텔, 백화점, 유원지 등 설비나 시설 등의 기능을 발휘할 수 있도록 보수가 잘 되고 있는지를 나타내는 품질이다.
ⓑ 보전이나 정비가 잘 이행되지 않은 경우 사용자에 대한 서비스 품질 저하로 나타날 수 있다.

④ **서비스 시간성과 신속성** : 열을 지어 기다리는 시간, 매장에서 판매원이 올 때까지의 시간, 고충이나 수리 신청에 대한 회답 시간, 수리에 요하는 시간 등이다.

⑤ **심리적 품질** : 예의 바른 응대, 환대, 친절 등의 기본적 품질로서 불특정 다수의 고객과 직접적으로 접촉할 경우 종업원에게 매우 중요한 요소이다.

(4) 카노(Kano)의 5가지 품질 모형

고객지향적으로 소비자의 목소리를 반영한 제품 및 서비스 연구의 가능성을 제시하고, 고객만족 및 만족도와 관련하여 제품 또는 서비스의 품질요소를 분류하고, 소비자가 원하는 제품 또는 서비스를 제공하는 모델로 5가지 품질로 나뉜다.

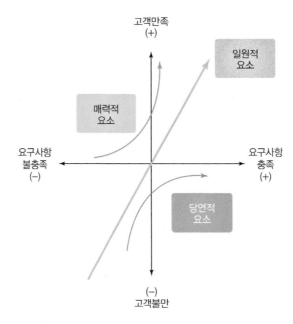

① **매력적 품질** : 고객이 기대하지 않았거나 고객이 기대한 것보다 더 많은 만족을 얻는 품질요소이다.

② **일원적 품질** : 고객의 명시적인 요구사항을 충족하면 만족도가 높아지고, 충족하지 못하면 불만족이 증가되는 만족요인(Satisfier)으로 불린다. 요구되는 품질의 만족도를 높이면 제품의 만족도가 높아지며, 소비자의 수요수준이 높아지면서 당연적 품질요소로 변환될 수 있다.

③ **당연적 품질** : 당연히 주어져야 한다고 생각되는 기본적인 품질요소로서, 만족하면 당연하다고 생각되어 큰 만족감을 주지 않으나, 이에 만족하지 않으면 불만을 유발하는 품질요소로서 불만요소(Disatisfier)라고도 불린다.

④ **무관심 품질** : 만족을 느끼든 불만족을 느끼든 만족이나 불만족이 없는 품질요소이다.

⑤ **역 품질** : 만족하면 불만을, 만족하지 않으면 만족을 초래하는 품질요소를 말한다. 생산자는 소비자를 만족시키기 위한 노력을 하였지만 결과적으로 소비자는 만족하지 못한 것으로 평가될 때의 품질요소이다.

(5) 그렌루스(Grönroos)의 6가지 품질 모형

전반적인 서비스 품질은 예상하는 기대 서비스와 인지된 서비스 간의 비교를 통해 고객이 인지하는 것으로 정의한다.

① **신뢰성과 믿음** : 고객은 서비스 제공자와 직원 간의 운영체제 등이 어떠한 경우에도 고객과의 약속을 준수하고 서비스를 최우선적으로 제공할 것임을 인식하는 것

② **평판과 신용** : 서비스 제공자의 운영을 신뢰할 수 있고, 서비스 요금에 대한 가치를 평가할 수 있으며, 고객과 서비스 제공자가 서비스 운영이 성과의 가치를 나타낸다는 데 동의한다는 것을 믿는 것

③ **접근성과 융통성** : 고객으로 하여금 서비스 제공자 및 기관의 위치, 종업원, 운영 체제 등이 서비스를 제공받기 쉬운 위치에 있으며 설계 및 운영되고, 고객의 기대와 수요에 따라 유연하게 조정할 수 있음을 고객이 감지하는 것

④ **서비스 회복** : 고객이 서비스 공급자가 예상치 못한 일이 발생하더라도 즉각적이고 사전 예방적으로 개선하고 수용 가능한 새로운 솔루션을 찾기 위해 노력할 것임을 감지하는 것

⑤ **전문성과 기술** : 전문성을 갖춘 서비스 공급자, 직원, 운영 체제, 물리적 리소스가 문제 해결에 필요한 지식과 기술을 갖추고 있음을 고객이 인식하는 것

⑥ **태도와 행동** : 고객과 접촉하는 종업원들이 매우 친절하고 자발적으로 고객에게 주의를 기울이고 소통을 하며 문제해결한다고 인지하는 것

(6) 이유재, 이준엽의 KS-SQI 모델

우리나라 서비스 산업과 고객 특성을 반영하여 서비스 산업 전반의 품질에 대한 소비자의 만족 정도를 나타내는 종합지표이다. SERVQUAL이 우리나라에 적합하지 않다고 보고 우리나라 서비스 산업과 고객 특성을 반영하여 만든 지표이다.

① **성과측면(결과) : 본원적 욕구충족, 예상 외 혜택, 약속이행, 창의적 서비스**

② **과정측면(과정)**

　㉠ **고객응대** : 고객의 요구에 신속하게 서비스를 제공하고자 하는 의지

　㉡ **신뢰감** : 고객이 서비스 제공자에게 느끼는 신뢰감

　㉢ **접근 용이** : 서비스 제공 시간 및 장소의 편리성

　㉣ **물리적 환경** : 서비스 평가를 위한 외형적 단서

(7) e-서비스 품질(Service Quality)

웹사이트가 효율적이고 효과적으로 쇼핑, 구매, 및 배송을 원활하게 수행하는 정도이다.

① **핵심 e-서비스 4가지 품질 차원**

　㉠ **효율성(Efficiency)** : 고객이 최소한의 노력으로 사이트에 접근하고, 원하는 제품과 정보를 탐색하여, 구매과정을 완료할 수 있도록 지원하는 정도

　㉡ **성취이행성/주문이행성(Fulfillment)** : 약속된 서비스를 정확하게 수행하고, 재고를 보유하고 있으며, 약속된 배송시간 내에 제품을 배송하는 정도

　㉢ **신뢰성/시스템 이용 가능성(System Availability)** : 사이트의 기술적 기능들이 유용하고, 정확히 작용하는 정도

　㉣ **보안성/프라이버시(Privacy)** : 고객의 구매 기록과 신용카드 정보에 대한 보증 정도

② **회복 e-서비스 품질 3가지 차원**

　㉠ **응답성(Responsiveness)** : 문제가 발생 시 적절한 정보를 제공하는 능력과 반품 처리를 위한 절차, 그리고 온라인 보증 정도

    ⓛ **보상(Compensation)** : 환불, 교환, 손실에 대한 보상 정도

    ⓒ **접촉(Contact)** : 고객이 원할 때, 상담원과 이야기할 수 있는 정도

03 SERVQUAL의 5가지 GAP 모델

서비스 품질의 수준은 고객이 기대하는 서비스(expected service) 수준과 지각하는 서비스(perceived service) 수준의 차이(Gap 5)에 의해 결정된다. 이러한 차이는 서비스를 창출하고 배달하는 과정에서 발생하게 되는 4가지 차이(Gap 1, Gap 2, Gap 3, Gap 4)의 크기와 방향(+ 혹은 −)에 의해서 결정된다는 것이다.

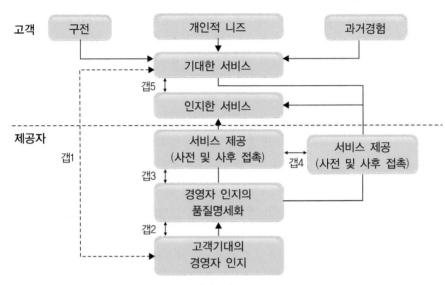

📍 서비스 품질 Gap 모델

[자료] Parasuraman, Zeithaml and Berry(1998), p.36.

(1) GAP 1 : 고객의 기대와 경영자의 인식 차이

① 발생원인 해결방안

    ㉠ 고객이 기대하는 바를 경영자가 알지 못할 때 발생

    ㉡ 지나치게 많은 관리 단계

    ㉢ 상향 커뮤니케이션의 결여

    ㉣ 마케팅 조사의 중요성에 대한 이해 부족

    ㉤ 조직의 관리단계 축소

    ㉥ 고객의 기대 조사(시장조사의 시행)

    ㉦ 상향적 커뮤니케이션 활성화

    ㉧ 고객과의 커뮤니케이션 노력

(2) GAP 2 : 경영자의 지각과 서비스 품질명세서의 차이

① 발생원인 해결방안

    ㉠ 기업자원의 제약

ⓛ 시장 상황

ⓒ 경영층의 무관심

ⓔ 최고경영자의 헌신

ⓜ 서비스 품질 목표의 개발

ⓗ 업무의 표준화

ⓢ 고객 기대의 실행 가능성 인식

ⓞ 체계적 서비스 설계 ★

(3) GAP 3 : 서비스 품질명세서와 실제 제공 서비스의 차이

① 발생원인 해결방안

ⓠ 종업원이 품질명세를 숙지하지 못함

ⓛ 종업원의 품질명세 수행 능력 부족

ⓒ 종업원이 품질명세 수행을 꺼림

ⓔ 인사정책의 결함

ⓜ 수요와 공급의 일치 실패

ⓗ 팀워크의 형성

ⓢ 종업원의 직무적합성 보장

ⓞ 종업원에게 인식된 통제권한 제공

ⓩ 경영통제시스템 개발

ⓒ 역할 갈등 및 모호성 해소

ⓚ 수요와 공급의 연결(일치)

(4) GAP 4 : 제공된 서비스와 고객의 인지

① 발생원인 해결방안

ⓠ 커뮤니케이션의 부족 또는 부적합

ⓛ 기업의 과잉 약속

ⓒ 광고와 인적 판매의 정확한 약속 수행

ⓔ 수평적 커뮤니케이션 증대

ⓜ 과대약속의 유혹 거절

(5) GAP 5

① 발생원인 해결방안

ⓠ 'GAP 1~4'의 4가지 갭의 크기와 방향에 의해 결정

ⓛ 'GAP 1~4'를 줄여야 함

04 서비스 품질(Service Quality)의 향상방안

(1) 서비스 품질 관리

① **서비스 품질 문제의 근원**

    ㉠ 커뮤니케이션의 서로 다른 차이

    ㉡ 기업의 단기적인 견해

    ㉢ 고객을 수치로 보는 견해

    ㉣ 서비스 종업원에 대한 부적절한 서비스

    ㉤ 생산과 소비의 노동 집약성 및 불가분(不可分)성

② **서비스 산업의 품질이 낮은 이유**

    ㉠ **서비스업에 대한 인식** : 주인의식적 책임감을 키우는 동기유발이 힘들고, 비전공자 및 숙련되지 않은 사람도 할 수 있는 직종으로 생각하며, 이직률이 높다.

    ㉡ **비용 절감** : 인건비의 상승으로 자동화 시스템의 발전에 맞춰 셀프기기가 확대되며, 인건비 절감으로 종업원의 수가 적을수록 1인 다수 응대로 양질의 서비스 품질이 어렵다.

    ㉢ **생산성과 효율성과의 괴리** : 서비스의 생산적 효율성을 강조하는 매뉴얼로 인해 품질이 저하된다.

    ㉣ **표준화의 어려움** : 제품 생산과 다르게 다수의 다양한 고객에게, 다양한 직원이 서비스 전달하는 것으로 서비스 전에 품질 검사하기가 쉽지 않다.

    ㉤ **서비스의 무형적 특성** : 생산과 서비스는 동시성의 특성으로 품질관리 방법이 미비하며, 무형적 특성으로 인해 정량화하기 어렵고, 그에 의해 통제가 어려워, 무형 서비스 품질은 그에 따른 생각 또는 기댓값으로만 측정 가능하다.

    ㉥ **고객 만족도에 대한 무지함** : 서비스를 제공하는 사람은 고객만족에 기여한다는 착각을 갖고, 서비스를 받는 사람은 서비스 수준에 대한 높은 기대가 없어 큰 요구가 없다.

③ **서비스 품질 개선방안**

    ㉠ **고객의 서비스에 기대관리를 이해하고 확인한다.** : 고객의 기대는 고객의 지식에 중요한 역할을 하므로, 과유망의 유혹에서 벗어나 적절한 서비스 정보를 제공하는 것이 기업이 좋은 품질의 이미지를 얻을 수 있도록 도와준다.

    ㉡ **고객에게 서비스 내용을 제공한다.** : 서비스에 대한 지식이 있는 고객이 더 나은 의사결정을 하고, 이를 중심으로 고객 만족도가 높아진다.

    ㉢ **서비스 품질의 중요 결정요소를 파악한다.** : 서비스 품질 향상은 고객을 위한 서비스 품질의 중요한 결정요인을 파악하는 것에서 시작된다.

    ㉣ **변화하는 고객 기대치에 대응한다.** : 고객의 기대는 두 가지 차원으로, 하나는 기대수준의 증가, 다른 하나는 관점의 변화, 이것을 예측하고 변화에 대응할 필요가 있다.

    ㉤ **기업 내 품질 문화 정착** : 지속성장의 높은 서비스 품질유지를 위해서 품질 기준 확립 후 사내 훈련을 통해 공정한 보상이 이루어져야 한다.

    ㉥ **기업 이미지 향상** : 신용과 이미지가 중요하다. ★

ⓢ **유형적 요소를 관리** : 눈에 보이는 평가기준 제공, 기업 스스로 평가기준 제공이 중요하다.

ⓞ **자동화 실천** : 인적 서비스 제공에서 나타나는 그릇된 일을 감소시킬 수 있다.

ⓩ **품질 기준을 설계하고 실행한다.** : 서비스 표준 매뉴얼 작성은 종사원이 직무를 수행하는 목표나 지침이 되는 하드 표준과 소프트 표준으로 구분된다.

(2) 서비스 종업원의 역할 모호성

① 서비스 종사원의 역할 모호성 발생 원인 ★

ㄱ 서비스 표준이 없을 경우

ㄴ 서비스 표준이 우선순위 없이 너무 많이 존재할 때

ㄷ 서비스 표준이 제대로 커뮤니케이션 되지 않을 때

ㄹ 개인이 역할과 관련된 충분한 정보를 가지고 있지 못할 때

ㅁ 서비스 표준이 성과 측정, 평가, 보상 시스템과 연결이 되어 있지 않을 경우

② 칸(Khan)의 역할 모호성 발생 원인

ㄱ 잦은 인사이동으로 익숙한 상호관계가 저하됨

ㄴ 사회적·구조적 요구로 인한 잦은 기술 변화

ㄷ 이미 한번 조직된 조직의 급속한 성장 또는 조직이 재편됨[재(再)조직화]

ㄹ 새로운 요구사항으로 조직 환경 변화

ㅁ 조직의 투입을 제한하는 관리 관행

ㅂ 개인의 이익을 초과하는 조직의 규모와 복잡성

(3) 내부 마케팅

① 내부 마케팅의 개념

ㄱ 기업과 종업원 사이의 마케팅으로 기업은 종업원 고용 후 기준에 맞는 훈련으로 내부 직원을 교육하고 동기를 부여하는 마케팅 활동이다.

ㄴ 직원이 고객에게 최상의 서비스를 제공할 수 있도록 지원하고 교육하는 활동을 의미한다.

ㄷ 내부 마케팅을 최우선으로 시행하고 이후 순차적으로 외부 마케팅을 시행하여야 한다.

ㄹ 종업원들의 욕구를 만족시키는 직무상품을 통하여 자격을 갖춘 종업원을 선발, 개발, 동기부여 시키고 유지하는 과정이다(**베리와 파라수라만**, 1991).

② **내부 마케팅의 영향 요인**

ㄱ **투입통제** : 종사원 선발, 교육 훈련, 전략 계획, 자원 할당

ㄴ **과정통제** : 관리 절차, 보상, 조직 구조

ㄷ **결과통제** : 불평, 서비스 품질, 고객만족

③ **내부 마케팅의 요소 – 그렌루스(Grönroos)**

그렌루스(Grönroos)는 고객만족을 위해 선행되어야 하는 대표적인 영향 요인으로 교육훈련, 내부 커뮤니케이션, 권한 위임, 보상시스템, 고용안정성(복리후생제도), 경영층 지원 등을 제시하였다.

ⓘ 교육훈련의 효과

    ⓐ 친밀감과 안정감 충족 역할

    ⓑ 임금상승 도모

    ⓒ 종사원의 승진에 대비한 능력향상 도모

    ⓓ 재해발생과 기계설비의 소모율 감소

    ⓔ 새로운 기술습득 및 신속성과 정확성 기대

    ⓕ 종사원의 불평불만과 결근 및 이직 감소

    ⓖ 내부 고객의 사기가 제고

    ⓗ 상호 커뮤니케이션 개선

ⓛ 내부 커뮤니케이션의 기능 - 스콧(Scott)과 미쉘(Michell)

    ⓐ 종업원들의 감정을 표현할 수 있고 동기유발을 촉진시킨다.

    ⓑ 의사결정을 하는 데 중요한 정보 기능을 담당한다.

    ⓒ 조직 구성원의 행동을 통제하는 기능을 발휘한다.

    ⓓ 종업원들의 사회적 욕구를 충족시킬 수 있다.

    ⓔ 종업원들이 자신의 감정을 표출하고 다른 사람과의 교류를 넓혀나갈 수 있다.

ⓒ 권한 위임 : 내부 마케팅의 권한 위임이란, 직접 서비스를 제공하는 직원에게 최대한의 의사결정 권한을 부여하고 특정 문제에 대해 자신 있게 대응하고 최선을 다할 수 있도록 하는 것을 말한다.

    ⓐ 장점

        ㉮ 고객의 요구와 문제에 유연하고 신속하게 대응할 수 있다.

        ㉯ 직무만족을 증대시키고 역할 분담과 역할 모호성을 감소시킬 수 있다.

        ㉰ 열정적이고 우호적인 분위기에서 혁신적인 아이디어를 개발할 수 있다.

        ㉱ 종사원의 태도와 행위 변화를 유도하여 직무 만족을 증대시킨다.

        ㉲ 종사원의 동기부여를 통해 생산성 증진과 서비스를 개선시키는 고객지향 서비스 활동을 수행하게 해준다.

    ⓑ 단점

        ㉮ 종업원 선발과 교육훈련에 비용손실이 발생할 수 있다.

        ㉯ 정규 종업원의 비중이 높아져 인건비 상승을 초래할 수 있다.

        ㉰ 공정한 대우를 받지 못했다고 생각하거나 서비스의 일관성이 떨어질 수 있다.

        ㉱ 종업원의 잘못된 의사결정의 가능성이 있다.

        ㉲ 회사가 감당하기 힘든 무리한 결정을 내릴 우려가 있다.

    ⓒ **권한 위임에 잘 맞는 조직** - 데이비드 보웬(David Bowen)과 에드워드 로울러(Edward Lawler) ★

        ㉮ 사업 환경을 예측하기 어려운 조직이다.

        ㉯ 기술이 복잡한 조직이다.

        ㉰ 고객과 장기적인 계약 관계를 갖는다.

ⓐ 사업 전략이 고객화되고 차별화된 조직이다.

ⓜ 임직원의 성장 욕구나 사회적 욕구가 높다.

ⓔ 보상시스템

ⓐ 종업원을 유인하고 동기를 부여하여 경쟁을 유발시킬 수 있는 효과적인 임금구조체계에 있다.

ⓑ 보상관리는 직무평가의 결과를 기초로 하며 종사원이 고용관계의 일부로 받는 재무적 손익과 유형적 서비스 및 부가 급부가 포함된다.

ⓜ 복리후생제도(고용안정성)

ⓐ 임금 이외의 수단을 통해 종업원의 노동력을 유지, 발전시켜 종업원의 능력을 최대로 발휘하게 함으로써 생산성 향상을 도모하고 종업원의 신체적, 정신적, 경제적, 문화적 생활 향상을 목적으로 하는 제도의 총칭을 의미한다.

ⓑ 종업원의 복지향상을 위하여 시행되는 임금 이외의 간접적인 모든 급부를 의미한다(**고용안정성**).

ⓢ 경영층 지원

ⓐ 최고경영층의 지원은 고객지향성과 외부고객지향성을 고취시킨다.

ⓑ 경영자가 일선 종사원을 조직 활동에 참여시키고 이들의 제안을 적극 수용해주는 등의 노력은 종사원의 내부고객 만족을 통해 외부고객 만족과 연계되어 기업의 수익증대를 가져온다.

적중 예상문제

01 다음 중 서비스 청사진을 통해서 얻을 수 있는 이점을 모두 선택한 것은?

| 보기 |

가. 서비스의 유형화
나. 직접 고객을 대하는 직원에게 적절한 서비스 교육 제공
다. 서비스 제공시 취약한 부분을 포착할 수 있음
라. 각 서비스 기능 간의 상호 연계로 기업 지향성 강화
마. 서비스 성공점을 파악하여 더 나은 서비스를 위한 노력 가능

① 가
② 가, 나
③ 가, 나, 다
④ 가, 나, 다, 라
⑤ 가, 나, 다, 라, 마

해설
▶ 서비스 청사진의 이점
• 각 서비스 기능 간의 상호 연계로 고객지향적 사고 강화
• 서비스 취약점을 파악하여 더 나은 서비스를 위한 노력 가능

02 서비스 청사진의 구성요소 중 서비스 구매, 소비 평가의 프로세스에서 고객이 수행하는 단계, 선택, 활동 상호작용 등에 해당하는 요소는 무엇인가?

① 가시선
② 상호작용선
③ 고객의 행동
④ 후방종업원
⑤ 내부적 상호작용선

해설
▶ **고객의 행동** : 서비스를 구매하여 소비, 평가하는 프로세스에서 고객이 행하는 단계, 선택, 활동 상호작용 등을 포함한다.

03 다음 〈보기〉의 설명에 해당하는 서비스 모니터링 요소는?

| 보기 |

모니터링은 표본추출 테크닉이기 때문에 모니터링 대상 접점을 통하여 전체 접점 서비스의 특성과 수준을 추정할 수 있어야 한다.

① 타당성
② 대표성
③ 차별성
④ 유용성
⑤ 신뢰성

해설
▶ 서비스 모니터링 구성요소 : 대표성, 객관성, 차별성, 신뢰성, 유용성

04 MOT 사이클 차트 분석 5단계 중 '서비스 접점 설계' 이후 진행되어야 할 다음 단계에 해당하는 것은?

① 서비스 접점 진단
② 주요 불만요인 분석
③ 고객접점 사이클 세분화
④ 고객접점 시나리오 만들기
⑤ 서비스 표준안으로 행동하기

해설
▶ MOT 사이클 차트 분석 5단계
• 1단계 : 서비스 접점 진단하기
• 2단계 : 서비스 접점 설계하기
• 3단계 : 고객접점 사이클 세분화
• 4단계 : 고객접점 시나리오 만들기
• 5단계 : 구체적 서비스 표준안으로 행동하기

정답 01 ② 02 ③ 03 ② 04 ③

05 다음 중 서비스 표준안을 작성할 때 고려해야 할 기준으로 틀린 것은?

① 구체적으로 작성되어야 한다.
② 고객의 요구를 바탕으로 주관적 기준을 가지고 작성되어야 한다.
③ 업무 명세와 수행 개요로 명문화한다.
④ 경영진과 직원들이 고객의 요구에 대해 상호이해를 바탕으로 함께 만들어져야 한다.
⑤ 조직의 전반적인 표준으로 최상층을 포함해 조직 내 모든 구성원들이 받아들여야 한다.

> **해설**
> ② 객관적으로 측정가능해야 한다.

06 진실의 순간(MOT; Moment of Truth) 개념을 맨 처음 도입한 기업은?

① 노드스트롬 백화점
② 스칸디나비아 항공
③ 포드 자동차
④ 도요타 자동차
⑤ 윌도프 아스토리아 호텔

> **해설**
> 스칸디나비아 항공에서 '진실의 순간'의 개념을 처음 도입하였다.

07 가장 오래된 마케팅 개념으로 판매자 관점에서 제품 및 서비스의 생산과 유통을 강조하여 기업의 역량을 대량생산체제와 유통 효율성 제고에 집중시키는 마케팅 개념은?

① 판매 개념 ② 생산 개념
③ 기술 개념 ④ 제품 개념
⑤ 고객지향적 개념

> **해설**
> ② 생산 개념 : 가장 오래된 마케팅 개념으로 판매자 관점에서 제품 및 서비스의 생산과 유통을 강조하여 기업의 역량을 대량생산체제와 유통 효율성 제고에 집중시키는 마케팅 개념
> ① 판매 개념 : 과잉생산 능력에 처할 때 수행하는 개념으로 목적시장이 원하는 것을 제공하기보다 기업에서 만든 것을 판매하는 것이 목적인 마케팅 개념
> ④ 제품 개념 : 소비자의 선택 기준이 품질, 성능 및 혁신적인 특성 면에 있다고 가정하고 마케팅적 근시안을 초래할 가능성이 높은 마케팅 개념
> ⑤ 고객지향적 마케팅 : 기업의 목표 달성을 고객의 욕구 파악 및 만족을 위한 활동으로 정립하고 경쟁사보다 효율성을 추구하는 마케팅 개념

08 복합적 마케팅의 개념 중 다음 〈보기〉의 설명에 해당하는 마케팅 유형은?

> **| 보기 |**
> 고객을 위한 가치 창조와 커뮤니케이션 및 전달을 위해 모든 형태를 취하는 마케팅 활동

① 통합적 마케팅
② 사회 마케팅
③ 관계 마케팅
④ 내적 마케팅
⑤ 외적 마케팅

> **해설**
> ▶ **복합적 마케팅 개념(IMC; Integrated Marketing Communication)**
> • 관계 마케팅 : 기업이 고객과의 장기적인 관계를 구축하는 것을 목표로 함
> • 통합적 마케팅 : 고객을 위한 가치 창조와 커뮤니케이션 및 전달을 위해 모든 형태를 취하는 마케팅 활동
> • 내적 마케팅 : 고객 관점을 갖는 능력 있는 조직원을 고용, 훈련, 동기부여하는 마케팅
> • 사회적 마케팅 : 기업의 관심사와 마케팅을 윤리적·환경적·사회적·법적 맥락에서 이해하는 것으로 현재 기업 및 소비자의 차원을 넘어 사회 전체로 확대되고 있는 마케팅 개념

정답 05 ② 06 ② 07 ② 08 ①

09 다음 중 틈새시장(니치 마케팅)의 특징에 대한 설명으로 가장 올바르지 않은 것은?

① 끊임없이 변화한다.
② 없어지거나 새로 생성되기도 한다.
③ 틈새시장이 대형시장이 되기도 한다.
④ 여러 기업이 똑같은 틈새시장에 공존하기도 한다.
⑤ 대형기업에게 유리하다.

해설
⑤ 영업이익 면에서 수지타산이 맞지 않아 중소기업에게 유리하다.

10 SWOT 분석 단계 중 내적 환경 분석과 관련해 내부 약점 요인이라 판단할 수 있는 근거에 해당되는 것은?

① 높은 이직률
② 독보적 제조기술력
③ 원활한 자금조달
④ 높은 시장 점유율
⑤ 강력한 대체재 출현

해설
▶ 내부 약점(Weakness) : 낮은 연구개발비, 높아지는 이직률, 취약한 복지, 조직 부조화 등

11 다음 중 SWOT 분석과 관련해 외부 위협요인에 해당하는 것은 무엇인가?

① 정부의 간섭
② 낮은 연구 개발비
③ 경제 호황
④ 자사의 높은 이직률
⑤ 신규 시장의 발견

해설
▶ 외부 위협(Threat) : 정부의 간섭, 규제, 소비자 기호 변화, 강력한 대체재 출현 등

12 SWOT 분석에 의한 마케팅 전략 중 외부의 새로운 기회를 활용하여 조직 내부의 강점을 최대화 하는 전략 유형은?

① W-T 전략
② W-O 전략
③ S-T 전략
④ S-O 전략
⑤ S-W 전략

해설

S-O 전략	자신의 강점과 외부환경적 시장의 기회를 적극 융합하여 활용하는 전략
S-T 전략	자신이 내부 강점을 이용할 수 있으나, 시장의 상황이 좋지 않으므로 시장의 위협을 회피하기 위해 자신의 강점을 극대화하는 전략
W-O 전략	전체적인 시장 환경이 좋으므로, 자신의 약점을 극복하여 시장의 기회를 이용하는 전략
W-T 전략	4가지 전략 중 가장 좋지 않은 상태이지만, 자신의 가진 내부요인도 불리하기 때문에 최대한 약점을 강점으로 전환시키거나, 약점을 최소화하여 시장의 위협을 회피하는 전략

13 소비재 시장에서 가능한 세분화 방법으로 옳지 않은 것은?

| 보기 |

• 지리적 변수 : (가)
• 인구통계적 변수 : (나)
• 구매행동 변수 : (다)
• 심리분석적 변수 : (라)
• 행동분석적 변수 : (마)

① (가) : 농촌/도시
② (나) : 직업
③ (다) : 관심사
④ (라) : 라이프 스타일
⑤ (마) : 상표충성도

해설
▶ 소비재 시장에서의 세분화
• 지리적 변수 : 도시의 크기, 인구밀도, 기후 등
• 인구통계적 변수 : 가족 규모, 연령, 성별, 소득, 직업, 종교, 교육 수준 등
• 심리분석적 변수 : 라이프 스타일, 사회계층, 관심사 등
• 행동분석적 변수 : 사용량, 상품에 대한 충성도, 상표 충성도, 사용상황, **가격민감도**, 추구편익 등

정답 09 ⑤ 10 ① 11 ① 12 ④ 13 ③

14 다음 산업재 시장에서 가능한 시장 세분화 방법 중 채용한 기술, 고객의 능력, 사용자와 비사용자의 지위 등에 해당하는 것은?

① 개인적 특성
② 운영적 변수
③ 상황적 변수
④ 구매습관적 변수
⑤ 인구통계적 변수

해설
❯ **운영적 변수** : 고객 능력, 사용자와 비사용자의 지위, 사용 기술

15 코틀러가 제시한 시장 세분화 요건 중 세분시장을 유인하고 그 세분시장에 제공할 수 있도록 효과적인 마케팅 프로그램을 수립할 수 있는 정도를 의미하는 것은?

① 실질성
② 행동 가능성
③ 측정 가능성
④ 접근 가능성
⑤ 차별화 가능성

해설
❯ **시장 세분화 요건 – 필립 코틀러**
• **동질성** : 세분시장 내 소비자 욕구가 동질적이고, 비슷한 성향을 가지고 있어야 한다.
• **접근 가능성** : 기업의 입장에서 유통경로나 매체를 통해 접근이 쉬워야 한다.
• **측정 가능성** : 각 세분시장의 규모와 구매력 등이 측정 가능해야 한다.
• **실질성(규모)** : 세분시장의 규모가 충분히 크고 시장진입 시 특정한 마케팅 실행이 가능해야 한다.
• **차별 가능성** : 각각의 세분시장이 하나의 마케팅 믹스 전략에 서로 반응이 다르게 나타나야 한다.
• **행동(실행) 가능성** : 세분시장을 유인하고 그 세분시장에 제공할 수 있도록 효과적인 마케팅 프로그램을 수립할 수 있어야 한다.

16 세분시장 유형과 관련하여 다음 중 부분시장 도달 전략에 해당하지 않는 것은?

① 시장 전문화 전략
② 선택적 전문화 전략
③ 단일시장 집중 전략
④ 제품 전문화 전략
⑤ 단일제품 전체시장 전략

해설
❯ **부분시장 도달 전략**
• 단일시장 집중 전략
• 제품 전문화 전략
• 시장 전문화 전략
• 선택적 전문화 전략

17 세분시장 유형과 관련해 다음 〈보기〉의 설명에 해당하는 부분시장 도달 전략 유형은?

| 보기 |

• 기업의 자원이나 능력에 제한되어 있을 경우 적합
• 단일 제품으로 단일시장에 집중하는 전략
• 소비자가 욕구가 변화하거나 새로운 경쟁자가 진입할 경우 위험이 수반됨

① 제품 전문화 전략   ② 시장 전문화 전략
③ 생산 전문화 전략   ④ 단일시장 집중 전략
⑤ 선택적 전문화 전략

해설
❯ **부분시장 도달 전략**
• **단일시장 집중 전략** : 단일 제품으로 단일 세분시장에 집중하는 전략
• **제품 전문화 전략** : 다양한 세분시장에 단일 제품으로만 마케팅하는 전략
• **시장 전문화 전략** : 특정 집단 고객층의 욕구를 만족시키기 위해 다양한 제품을 판매하는 전략, 특정 고객층의 구매가 급격히 감소하는 경우 위험분산이 되지 않는 단점
• **선택적 전문화 전략** : 기업의 목표에 적합한 몇 개의 세분시장에 적합한 제품을 판매하는 전략

정답 (14 ②   15 ②   16 ⑤   17 ④)

18 세분시장 유형과 관련해 다음 〈보기〉의 설명에 해당하는 전체시장 도달 전략 유형은?

| 보기 |

시장을 세분화한 후 모든 세분시장을 표적으로 선정하여 각 부분에 적합한 제품과 마케팅 프로그램을 투입하는 전략이다.

① 단일제품 전체시장 도달 전략
② 다수제품 전체시장 도달 전략
③ 시장 전문화 전략
④ 제품 전문화 전략
⑤ 선택적 전문화 전략

◈ 전체시장 도달 전략
• 단일제품 전체시장 전략 : 시장을 하나의 통합체로 보고 단일 제품으로 단일 마케팅 프로그램을 펼치는 전략
• 다수제품 전체시장 전략 : 모든 세분시장을 표적으로 하여 각 부문에 적합한 제품과 마케팅 프로그램을 펼치는 전략

19 표적시장 선정과 관련해 다음 〈보기〉의 내용에 해당하는 마케팅 전략은?

| 보기 |

• 하나의 제품으로 전체시장을 추구하며 대량 유통경로와 대량 광고에 의존하여 가장 많은 수의 소비자에게 제품과 마케팅을 전개하는 전략이다.
• 제조에 있어 표준화와 대량 생산에 해당하는 마케팅 유형으로 광고비용과 마케팅 조사비용의 절감 효과를 얻을 수 있다.

① 집중화 전략   ② 차별화 전략
③ 공급화 전략   ④ 접근화 전략
⑤ 무차별화 전략

◈ 무차별화 전략
• 하나의 제품으로 전체 시장을 대상으로 대량유통, 광고 등에 의존하여 가장 많은 수의 구매자에게 제품과 마케팅을 전개한다.
• 규모의 경제 실현이 가능하고, 시장조사나 시장 세분화 과정에서 소요되는 비용이 절감된다.

20 서비스 전환유형으로 수잔 키비니(Susan Keaveney)의 연구에서 고객이 서비스 상황에서 이탈 및 전환 행동 유형으로 가장 높은 영향을 미치는 요인은?

① 이용불편
② 불친절한 고객응대
③ 가격
④ 경쟁사 유인
⑤ 핵심가치 제공 실패

◈ 수잔 키비니의 서비스 전환 유형
핵심가치 제공 실패 > 불친절한 고객 응대 > 가격 > 이용 불편 > 불만처리 미흡 > 경쟁사의 유인 > 기업의 비윤리적 행위 > 불가피한 상황

21 수잔 키비니 교수가 제시한 서비스 전환 유형 중 서비스 제공자의 업무 중단, 점포 폐쇄 및 이전 등에 해당되는 것은?

① 가격   ② 비차별적 전환
③ 불편   ④ 서비스 접점 실패
⑤ 경쟁

◈ 비차별적 전환 : 서비스 제공자의 업무 중단, 점포 폐쇄 및 이전, 고객 이동 등

정답   18 ②   19 ⑤   20 ⑤   21 ②

22 서비스 실패 처리에서 고객이 기대하는 공정성 유형 중 다음의 설명에 해당하는 것은?

> 서비스 실패와 관련된 문제를 해결하는 과정에서 적용될 수 있는 기준으로 회사의 정책, 규칙, 적시성 등에 해당된다.

① 절차 공정성
② 도출 결과 공정성
③ 표준 공정성
④ 상호작용 공정성
⑤ 분배 공정성

서비스 실패 처리에서 고객이 기대하는 공정성은 세 가지로, 도출 결과 공정성, 절차 공정성, 상호작용 공정성으로 구분된다.

23 브래디(Brady)와 크로닌(Cronin)이 제시한 애프터서비스(A/S)의 품질 차원 중 결과품질에 해당하는 것은?

① 전문성
② 처리시간
③ 태도 및 행동
④ 편의성
⑤ 정책

❯ 결과품질 : 기술력과 전문성

24 고객인지 가치로 제품의 품질, 기능, 가격, 서비스 등과 같이 실용성 또는 물리적 기능과 관련된 가치는?

① 기능적 가치
② 사회가치
③ 상황가치
④ 정서적 가치
⑤ 인식가치

❯ 고객인지 가치 유형 – 세스(Sheth), 뉴먼(Newman), 그로스(Gross)
• 인식적 가치(Epithetic Value) : 제품 소비를 자극하는 새로움과 호기심 관련 가치
• 기능적 가치(Functional Value)
• 사회적 가치(Social Value) : 제품을 소비하는 사회적 기득권 집단과 관련된 가치
• 상황적 가치(Conditional Value) : 제품 소비의 특정 상황과 관련된 가치
• 정서적 가치(Emotional Value) : 제품 소비에 의한 긍정적 또는 부정적 감정 유발 등과 관련된 가치

25 다음 중 서비스 수익 체인을 이용하여 기업의 핵심역량 향상과 운영단위 관리를 위해 고려해야 할 사항으로 보기 어려운 것은?

① 측정한 결과에 대한 보상 개발
② 성과 향상을 위한 행동 지침의 설계
③ 성과 측정을 위한 균형점수카드의 개발
④ 자체 평가한 결과에 대한 상호 의견 교환
⑤ 특정 의사 결정 단위를 선별하여 서비스 수익 체인의 각 연관 관계를 측정

⑤ 모든 의사 결정 단위에 걸쳐 서비스 수익 체인의 연관성 측정

26 서비스 수익 체인에 대한 설명으로 옳지 않은 것은?

① 서비스 가치는 고객만족을 유도한다.
② 고객만족은 고객충성도를 높인다.
③ 외부 품질은 종업원의 불만을 감소시킨다.
④ 종업원 충성도는 종업원 생산성을 유발한다.
⑤ 종업원 만족은 종업원 충성도를 유발한다.

③ 내부 품질은 종업원 만족을 가져온다.

정답 22 ① 23 ① 24 ① 25 ⑤ 26 ③

27 제품 차별화 요소 중 정상적인 조건 또는 긴박한 조건에서 제품에 기대되는 작동 수명의 측정치를 의미하는 것은?

① 특성　　　　　② 형태
③ 내구성　　　　④ 성능품질
⑤ 적합성 품질

> **해설**
> ▶ 내구성 : 정상적인 조건 또는 긴박한 조건에서 제품에 기대되는 작동수명의 측정치

28 내구성과 유형성 및 용도에 따른 소비재 분류 중 다음의 내용에 가장 부합하는 것은?

> • 보통 한 번 내지 두세 번 사용으로 소모되는 유형제품을 말한다.
> • 어떤 장소에서든 구입이 가능하며 대량 광고를 통해 구입을 유도하고 선호도를 구축할 수 있는 제품이다.

① 자본재　　　　② 내구재
③ 비내구재　　　③ 공공재
⑤ 서비스

> **해설**
> ▶ 구성, 유형, 용도별 소비재 분류
> • 서비스 : 시장에서의 무형의 제품(예 인적 서비스 전반)
> • 내구재 : 재 사용이 가능한 제품(예 가전제품 전반)
> • 비내구재 : 일회성 또는 2회 정도 사용 후의 실용가치가 없어지는 소모성 제품(예 세제, 제과 등)

29 시어도어 레빗(Theodore levitt)이 제시한 3가지 제품 차원 중 구매자가 실물적 차원에서 인식하는 수준의 제품으로 핵심제품에 포장, 상표, 스타일, 기타 속성 등이 가미된 형태의 제품 차원은?

① 핵심 제품　　　② 실체 제품
③ 확장 제품　　　④ 선택 제품
⑤ 본원 제품

> **해설**
> • 실체 제품(Formal Product) : 실질적으로 인식되는 상표 등 부착된 형태의 실물적 제품
> • 핵심 제품(Core Product) : 소비자가 제품 사용의 장점, 혜택 등으로 인해 욕구를 충족시키는 제품
> • 확장 제품(Augmented Product) : 고객의 구매에 결정적인 영향을 미치는 제품 품질 보증, 사후 서비스 등 서비스와 혜택이 추가된 가장 포괄적인 형태의 제품

30 다음 중 핀란드 출신 의사인 부오리(Vuori)가 제시한 의료의 질(質)과 관련해 다음의 설명에 해당하는 것은?

> 서비스 또는 프로그램의 단위 생산비용당 실제적으로 나타난 영향의 정도를 의미한다.

① 효과　　　　　② 효율
③ 수용성　　　　④ 적합성
⑤ 의학적・기술적 수준

> **해설**
> ▶ 부오리(Vuori)가 제시한 의료서비스 품질 요소
> • 효과(Effectiveness) : 이상적인 상황에서 서비스 또는 프로그램이 달성할 수 있는 최대한의 효과와 비교해 보았을 때 통상적인 상황에서 실제적으로 나타나는 영향의 정도
> • 적합성(Adequacy) : 제공된 서비스 또는 프로그램이 집단의 필요에 부합한 정도
> • 효율성(Efficiency) : 서비스 또는 프로그램 단위 생산비용당 실제적으로 나타난 영향의 정도
> • 의학적・기술적 수준(Medical/Technical Competence) : 현재 이용가능한 의학적인 지식과 기술을 환자에게 적용하는 것

31 이유재, 이준엽의 KS-SQI 모델에서 제시된 품질의 속성 중 성과 측면에 해당하는 품질 특성은?

① 신뢰감　　　　② 고객응대
③ 접근 용이성　　④ 예상 외 혜택
⑤ 물리적 환경

> **해설**
> ▶ 성과 측면(결과) : 본원적 욕구충족, 예상 외 혜택, 약속이행, 창의적 서비스

정답　27 ③　28 ③　29 ②　30 ①　31 ④

---

01 고객만족도 측정 방법

(1) 고객만족도(Customer Satisfaction Index)의 개념

① 고객이 제품 뿐만 아니라 인적서비스 품질에 대해 평가한 만족 수준을 정량화한 것으로, 상품과 서비스에 대한 고객만족도를 종합적으로 나타내는 지표이다.

② 고객의 요구(Needs), 욕구(Wants)를 충족시키는 주관적이고 정서적인 관점으로 평가된다.

(2) 고객만족지수(CSI) 측정의 3가지 원칙

① **정량성의 원칙** : 기존 대비 어느 정도의 개선이 이루어졌는지를 파악하는 것이 목적이므로 항목별로 정량적인 비교가 가능하도록 세분화하여 조사하는 것이 중요하다.

② **정확성의 원칙** : 정확한 조사와 설명을 필요로 한다.

③ **계속성의 원칙** : 주변 환경변화에 따라 고객니즈도 달라질 수 있기에, 고객만족도 파악을 위해 과거, 현재, 미래와 비교할 수 있어야 하며, 이를 통해 미래에 어떤 변화가 있을지를 예측·대응할 수 있어야 한다.

(3) CSI 측정의 필요성

① **자사**의 경쟁 관련 품질성과(Quality Performance) 연구

② 자사 및 경쟁사의 고객충성도 분석

③ 고객기대가 충족되지 않는 영역평가

④ 고객의 제품 및 서비스 가격 인상의 허용 폭 결정

⑤ **경쟁사**의 CS 강·약점 분석

⑥ 잠재적인 시장진입장벽 규명

⑦ 효율성 평가 및 불만 해소의 영향 분석

⑧ 고객유지율의 형태로서 예측된 투자수익률(ROI : Return Of Investment) 예측

(4) 종합만족도 측정 방식

① **직접측정법**

　㉠ 일반적으로 단일 설문 또는 복수의 설문 항목을 통하여 만족도를 측정하는 방법이다.

　㉡ 직접 측정을 바탕으로 종합적인 만족도를 추구하는 대표적인 조사방법으로 ACSI와 NCSI를 들 수 있다.

　㉢ 조사 모델은 단순하며 하위 차원에 대한 만족도 결과를 합산할 때 **중복 측정 문제를 방지**한다.

② 민간부분을 대상으로 하는 만족도 조사나 이론적 연구에 주로 활용된다.

⑩ 단일 문항 측정 방법에서 측정 오차 문제를 해소하기 어렵기 때문에 복수의 설문 항목을 통한 측정으로 한정하여 정의하기도 한다.

② **간접측정법**

㉠ 여러 가지 서비스의 하위요소 또는 품질에 대한 차원 만족도의 합을 복합점수로 간주하는 방식이다.

㉡ **중복측정 문제를 방지할 수 있으나**, 가중치 부여 등 조사모델이 복잡해질 수도 있다.

㉢ 모든 요소가 만족도 치수 구성에 포함되지 않아 **측정 오차 문제가 발생**할 수 있다.

③ **혼합측정법**

㉠ 직접 측정과 간접 측정을 혼합하여 고객만족도를 구하는 방법이다.

㉡ **공공기관을 대상**으로 하는 만족도인 PCSI 조사에 가장 많이 활용되고 있다.

㉢ 종합만족지수를 구할 때 중복측정문제가 발생한다.

02 고객만족 측정모형

(1) 미국고객만족지수(ACSI; American Customer Satisfaction Index)

① 기업, 산업, 경제 부문 및 국가경제에 대한 지각적 만족을 측정하기 위해 개발된 미국의 대표적 고객만족 지수 측정 모델이다.

② 1994년 스웨덴 고객만족지표를 기초로 미국품질연구회와 미시간대학의 국가품질연구소에서 개발하였다.

③ **고객화, 신뢰도, 전반적인 품질 평가**의 세 가지 구성요소를 평가한다.

④ 전반적인 고객만족도를 잠재변수로 측정하여 점수로 나타냄으로써 기업 및 산업, 그리고 국가 간의 비교 가능한 경제 지표로 활용될 수 있다.

⑤ 제품 구매 및 서비스에 대한 경험을 가진 고객의 만족도뿐만 아니라 차후 고객의 충성도를 확인하고 설명할 수 있는 지표이다.

(2) 국가고객만족도지수(NCSI; National Customer Satisfaction Index)

① ACSI를 기반으로 개발되었으며 국내 최종 소비자에게 판매한 소비자가 평가한 만족도를 측정하고 수치화한 지표이다.

② 고객 만족의 결과 변수로는 소비자의 불평과 고객충성도로 설정하였다.

③ **한국생산성본부(KPC)와 미시간대학**(University of Michingan)에서 공동 개발하고 1998년에 한국생산성 본부에서 채택되었다.

④ NCSI 설문지 구성 내용

㉠ **고객 기대수준** : 전반적 품질 기대수준, 개인의 니즈 충족, 신뢰도(구입 전 평가)

㉡ **인지된 서비스 품질수준** : 전반적 품질수준, 개인의 니즈 충족, 신뢰도(구입 후 평가)

㉢ **고객충성도** : 재구매 시 가격인상 허용률, 재구매 가능성 평가, 재구매 유도를 위한 가격인하 허용률

㉣ **고객만족지수** : 기대불일치, 전반적 만족도, 이상적 제품 및 서비스 대비 만족수준

㉤ **고객불만** : 고객의 공식·비공식적 제품과 서비스에 대한 불만

㉥ **인지가치 수준** : 가격대비 품질수준, 품질대비 가격수준

(3) 순 추천고객지수(NPS; Net Promoter Score)

① 컨설팅 회사인 '베인 앤 컴퍼니(Bain & Company)'의 프레드 라이켈트(Fred Reichheld)에 의해 고안된 고객 충성도 측정 기법이다.

② '추천할 의사가 있는가?'라는 질의를 중심으로 고객 로열티를 측정하는 방법이다.

추천고객비율 – 비추천고객비율 = NPS

③ 기업 성장의 장기적 기여로는 '좋은 이익(Good Profit)'을 단기적 기여로는 '나쁜 이익(Bad Profit)'을 제시하였다.

ㄱ 나쁜 이익 : 고객과의 관계를 희생해 가며 얻은 이익(할인행사)

ㄴ 좋은 이익 : 고객과의 관계를 발전시켜 가며 얻는 이익

(4) 공공기관 고객만족도 지수(PCSI; Public-service Customer Satisfaction Index)

① 한국능률협회컨설팅(KMAC)과 서울대학교가 함께 공동 개발한 공공부문 고객만족도 측정의 대표적인 현장 실천형 모델이다.

② 품질지수, 만족지수, 성과지수 등으로 측정 항목이 구성되어 있다.

03 CS 평가시스템 프로세스

(1) CS 평가시스템 프로세스 단계

① 1단계 – 고객의 요구 정의 : 기존 VOC 자료에 대한 수집, 분석과 고객접점, 서비스 현상에 대한 진단을 통해 원시데이터를 수집하고, 고객요구품질을 추출한다.

② 2단계 – 고객조사 : 고객요구를 반영하여 설문지를 개발하고 각 고객별 조사를 통해 고객의 기대와 만족의 정도를 파악한다.

③ 3단계 – CS평가지표 개발 : 주요 고객요구와 핵심관리요소를 도출하고, 대표성 및 전략적 중요성 등을 고려하여 평가지표를 도출한다.

④ 4단계 – CS평가시스템 실행체계 구축 : 지표별 자료 수집 방안 마련, 구체적인 평가 설계 마련, 평가운용체계와 실행전략을 마련하고 사내 공유를 위한 프레젠테이션을 실시한다.

⑤ 5단계 – CS평가시스템 실행 : 전사, 부문, 팀, 개인 단위의 지표별 목표를 설정하고 구체적인 실행계획을 수립하여 활동을 전개한다.

(2) 자료조사의 종류

① 탐험조사(Exploratory Research)

ㄱ 조사자가 문제를 모르는 경우에 실시한다.

ㄴ 표적집단면담(FGI), 전문가의견조사, 심층면담, 문헌조사와 같은 비정형적인 절차 등 **비계량적인 방법**으로 수집하여 분석한다.

② 기술조사

ㄱ 주어진 문제가 명확할 경우에 실시하는 조사 유형이다.

ㄴ 주로 정량조사에 의한 계량적인 방법이 사용된다.

ⓒ 표적집단이나 시장의 특성으로 소비자의 태도, 구매행동, 시장점유율에 관한 자료를 수집, 분석하고 결과를 기술하는 조사 유형이다.
ⓔ 횡단조사(서베이조사), 종단조사(시계열조사), 패널조사가 있다.

③ 인과관계조사

ⓖ 특정 현상을 구체적으로 정확하게 이해·설명·예측하고자 할 경우에 사용한다.

ⓛ 과학적인 문제해결을 위하여 사회현상 간의 원인과 결과를 밝히기 위한 조사 방법이다.

(3) 자료 조사기법

1차 자료 : 조사자가 직접 수집한 자료로 관찰조사, 표적집단조사, 설문조사, 실험조사 등

① **정성조사(Qualitative) 기법**

ⓖ 구체적인 내용을 얻기 위해 사용되며 정량화에서 얻을 수 없는 정보를 얻을 수 있다.

ⓛ 대표적인 정성조사로 표적집단토의(FGD; Focus Group Discussion), 개별심층면접(In_depth Interview)이 장시간 인터뷰를 하여 깊이 있는 정보를 얻는 것으로 활용된다.

ⓒ **적은 표본**을 사용하고 소비자를 인간의 관점에서 있는 그대로 바라보는 조사이다.

ⓔ 수치적으로 명확한 결론 도출이 어려우며 결과가 진행자의 자질에 영향을 받는다.

ⓜ 조사 결과의 **해석이 주관적**이라 누가 해석하느냐에 따라 같은 조사 결과를 두고도 다른 결론에 이를 수 있다.

ⓗ 가이드라인을 활용하여 비구조적이며 상황 변수에 유리하다.

ⓢ 소수의 응답자를 대상으로 비교적 장시간에 걸쳐 인터뷰를 하여 특정 이슈나 대상에 대한 응답자의 생각을 깊이 있게 파악할 수 있다.

ⓞ 유연하고 신속하며 **비용이 적게 든다.**

ⓩ 정성조사(Qualitative) 기법을 적용해야 하는 경우

  ⓖ **양적 조사의 사전 단계**, 가설의 발견, 예비적 정보의 수집

  ⓛ 사전 지식이 부족한 경우

  ⓒ 소비자 언어의 발견 및 확인

  ⓔ 소비자에 대한 신속한 정보 획득

  ⓜ **가설의 질적 검증 및 의미의 확인**

② **정량조사(Quantitative) 기법**

ⓖ 현상이나 사실을 객관적으로 확인할 수 있는 전부가 아닌 일부 표본을 사용하기 때문에 표본의 대표성이 가장 중요하다.

ⓛ 서베이법, 일대일 개별 면접법, 전화 면접법, 우편 면접법 등이 해당된다.

ⓒ **질문 중심적**이며 추정, 감시, 확증 등의 메커니즘을 지닌다.

ⓔ 많은 표본을 사용하고 소비자를 하나의 대량 시장의 일부분으로 해석한다.

ⓜ 구조화된 질문지를 사용하여 구조적이며 한번 확정되면 고정적이다.

ⓗ 통계검증이 가능하므로 조사결과의 객관성 확보가 가능하다.

(4) 자료수집 방법

① 표적집단면접법(FGI; Focus Group Interview)

　㉠ 1명 또는 2명의 사회자의 진행 아래 6~12명 정도의 참여자가 주어진 주제에 대하여 정보를 수집하는 방법이다.

　㉡ 마케팅 문제의 정의를 위한 정보를 제공하며, 신제품 아이디어 및 기존 제품의 기타 용도를 알고 소비자의 요구와 감정, 태도와 행동 등을 쉽게 파악할 수 있다.

　㉢ 장점 ★

　　ⓐ 새로운 아이디어 도출과 다양한 주제의 자료 수집 가능

　　ⓑ 내면적 행동의 원인 도출 가능

　　ⓒ 전문적 정보 획득 가능

　㉣ 한계점 ★

　　ⓐ 높은 비용이 요구된다.

　　ⓑ 자료의 일반화 가능성이 낮다.

　　ⓒ 주관적 해설의 가능성이 높다.

　　ⓓ 자료의 신뢰성에 문제가 발생할 수 있다.

② 서베이법(Survey method)

　㉠ 기술조사에서 가장 많이 활용되는 방법으로 다수의 응답자들을 대상으로 설문조사에 의하여 수집하는 방법이다(대인조사, 전화조사, 우편조사, 인터넷 조사 등).

　㉡ 조사문제가 명확히 정의된 경우에 이용되며 **정형화된 설문지를 이용**하여 자료를 수집하는 기법이다.

　㉢ 장시간 소요, 낮은 응답률, 응답의 정확성 문제, 설문지 개발의 어려움 등의 한계점이 있다.

③ **심층면접법** : 주로 1차 자료를 수집하기 위한 정성조사 방법 중 하나로 잘 훈련된 면접원이 조사 대상자 1명을 상대로 비구조화된 인터뷰를 행하는 기법을 의미한다.

④ **투사법** : 내면에 있는 신념이나 태도 등을 단어연상법, 문장완성법, 그림묘사법, 만화완성법 등과 같이 다양한 심리적인 동기유발 기법을 사용하여 조사하는 유형을 의미한다.

⑤ CLT(Central Location Test)

　㉠ 제품 시음이나 사용, 광고물, 패키지 등의 테스트에 주로 이용되는 방법으로 조사 대상자가 많이 있는 곳으로 직접 나가 간이 조사 장소를 설치하여 여기에 조사 대상자를 불러 모아 조사하는 기법을 의미한다.

ⓛ 표본의 오차가 크고 엄격한 절차나 과정을 시행할 수 없어 정확성은 떨어지지만 짧은 시간에 적은 비용으로 다수의 대상자를 조사할 수 있다.

⑥ 관찰법(Observation Method)

ⓐ 새로운 자료와 관련된 사람과 상황을 관찰하여 수집한다.

ⓛ 조사대상의 행동패턴을 관찰하고 기록함으로써 수집하는 방법이다.

⑦ 실험법

ⓐ 가장 과학적이고 확실한 조사 방법에 해당된다.

ⓛ 일정한 조건을 가하여 실험 집단을 통제 집단과 비교하여 법칙을 찾아내는 방식이다.

ⓒ 효과적인 가설의 검증과 정확한 인과관계의 분석이 가능하다.

(5) 설문지 개발

① **질문의 표현에 주의해야 할 사항**

ⓐ 유도하는 질문을 하지 않는다.

ⓛ 가급적 응답자가 답변하기 쉬운 질문을 사용한다.

ⓒ 애매모호한 질문을 피한다.

ⓔ 한번에 두 개 이상의 질문을 하지 않는다.

ⓜ 뜻이 복잡 미묘하거나 비상식적인 단어사용을 자제한다.

ⓑ 듣는 사람이 오해할 수 있는 단어사용을 하지 않는다.

ⓢ 응답범위를 활용하여 과잉반응이 나오지 않도록 해야 한다.

ⓞ 항목에 제시된 응답 이외에 응답이 가능하도록, '기타' 추가하는 질문을 해야 한다.

② **질문의 순서 결정 시 유의해야 할 사항**

ⓐ 단순하고 흥미로운 질문부터 시작하며 어렵거나 민감한 질문은 뒤에 위치시킨다.

ⓛ 중요한 질문은 설문지 내용이 많을 경우 앞쪽에 위치시킨다.

ⓒ **포괄적인 질문에서 구체적 질문 순서로 배치한다.**

ⓔ 논리적이고 자연스러운 흐름에 따라 질문을 위치시킨다.

04 고객충성도 향상전략

(1) 고객충성도(Customer Loyalty)의 측정 – 보웬과 첸

① **행동적 측정방법** : 일정 기간 동안 지속적이고 반복적인 구매행위를 고려하여 측정. 구매행동, 구매비율, 구매빈도 등으로 측정

② **태도적 측정방법** : 호의적 감정을 가지고 반복적으로 제품을 구매하는 것. 우호적 태도, 제품/서비스에 대한 재구매 의도 및 타인에 대한 추천으로 측정

③ **통합적 측정방법** : 고객의 호의적인 태도와 브랜드 교체 성향, 반복 구매행동, 총 구매량 등을 포괄적으로 측정

(2) 고객충성도 분류

① **고객충성도 분류 – 라파엘과 레이피(Raphael and Raphe)**

⊙ **예비고객** : 서비스의 구매에 관심을 보일 수 있는 계층

ⓛ **단순고객** : 제품이나 서비스에 대하여 관심을 가지고 적어도 한 번 정도 가게를 방문하는 계층

ⓒ **고객** : 제품이나 서비스를 빈번하게 구매하는 계층

ⓔ **단골고객** : 제품이나 서비스를 정기적으로 구매하는 계층

ⓜ **충성고객** : 주변 사람들 누구에게나 특정 제품이나 서비스에 대한 긍정적 구전과 추천을 하는 계층

② **고객충성도 4가지 유형 – 행동적·태도적 충성도 차원의 고객 세분화 유형**

⊙ **낮은 충성도** : 재구매율과 태도적 애착이 둘 다 낮은 성향을 보이며, 경쟁업체의 마케팅 전략에 동요되기 쉬운 고객 집단

ⓛ **타성적 충성도** : 기업의 재정에 지속적으로 도움이 될 가능성이 있으며 경쟁사와 차별화된 서비스를 제공한다는 것을 고객들에게 인지시킴으로써 더 높은 수준의 충성도를 지닌 고객으로 바꿀 수 있는 유형으로 높은 반복구매의 특성이 있으나 애착도가 낮다.

ⓒ **잠복된 충성도** : 기업에 대한 좋은 이미지를 가지고 있으나, 가격·접근성 또는 마케팅 전략이 재구매 욕구를 이끌어 내지 못하기 때문에 행동적 충성도가 낮은 집단

ⓔ **최우량 충성도** : 모든 기업이 선호하는 고객충성도의 유형으로 높은 수준의 애착과 반복 구매가 동시에 존재한다.

③ **브라운(Brown)이 분류한 충성도**

⊙ 소비자의 구매패턴에 따라 완전한 충성도, 분열된 충성도, 변화하기 쉬운 충성도, 무충성도로 제시

ⓛ 반복 구매 수준과 상대적 태도에 따라 진정한 충성도, 잠재적 충성도, 거짓 충성도, 무충성도로 제시

(3) 고객충성도의 발전

① **고객충성도 발전 4단계 – 올리버(Oliver)**

⊙ **인지적 충성** : 하나의 브랜드가 대체안보다 선호될 수 있음을 제시하는 것으로 인지적 충성 또는 브랜드 신념에만 근거한 충성 단계

ⓛ **감정적 충성** : 브랜드에 대한 선호나 태도가 만족스러운 사용 경험이 누적됨에 따라 증가하는 형태

ⓒ **행동 의욕적 충성** : 반복적인 경험에 의해 영향을 받고 행위의도를 가지게 되는 단계

ⓔ **행동적 충성** : 의도가 행동으로 전환되는 것으로 행동 통제의 연속선상에서 이전 충성 상태에서 동기부여된 의도는 행동하기 위한 준비 상태로 전환된다.

② **레이나르츠와 쿠머(Reinartz and Kumar, 2002)의 고객충성도 향상전략**

⊙ Butterflies

ⓐ 회사의 제공 서비스와 소비자 욕구 간 적합도가 높고 높은 잠재이익을 가지고 있다.

ⓑ 태도적인 충성도가 아니라 거래적인 만족을 달성하도록 해야 한다.

ⓛ True Friends

ⓐ 회사의 제공 서비스와 소비자 욕구 간 적합도가 높고 잠재이익을 가지고 있다.

ⓑ 태도적인 충성도 구축과 더불어 지속적인 의사소통과 고객관계 유지가 필요하다.

ⓒ Strangers

ⓐ 회사의 제공 서비스와 소비자 욕구 간의 적합도가 낮다.

ⓑ 관계 유지를 위한 더 이상의 투자는 불필요하다.

ⓒ 매 거래마다 이익을 창출해야 한다.

ⓔ Barnacles

ⓐ 회사의 제공 서비스와 소비자 욕구 간의 적합도가 제한되고 낮은 잠재이익을 가지고 있다.

ⓑ 규모와 지갑 점유율을 측정한다.

ⓒ 지갑 점유율이 낮으면 상향, 교차구매를 유도해야 한다.

제2절 CS 컨설팅

01 CS 트렌드(Trend)

(1) 트렌드의 개념 ★

① 어떤 방향으로 쏠리는 현상, 경향, 동향, 추세, 스타일 등을 의미한다.

② 트렌드는 특성, 행위, 메타포와 같은 개념적 역할을 한다.

③ 제품이 지닌 품격이며 고객이 기억하는 권위와 방향이다.

④ 트렌드는 주체적 동일성으로서의 존재를 증명하는 것이다.

⑤ 트렌드는 기업의 이념이며 제품이 제공하는 또 다른 신 가치가 된다.

(2) 트렌드 유형

① 메타 트렌드(Meta trend) : 문화 전반을 아우르는 광범위하고 보편적인 트렌드

② 메가 트렌드(Mega trend) - John Naisbitt(미래학의 창시자)

㉠ 거대한 변화를 의미하며, 사회문화적 환경의 변화와 함께 형성된 트렌드가 모여 사회의 거대한 조류를 형성하게 되는 현상

㉡ 최소 30~50년간 지속되고, 모든 영역에서 징후를 볼 수 있으며 글로벌하다.

③ 사회문화적 트렌드(Social cultural trend) : 사람들의 삶에 대한 감정과 동경, 문화적 갈증 등으로 표현

④ 소비자 트렌드(Consumer trend)

㉠ 욕구나 강렬한 심리적 동기가 내재되어 있는 광범위한 행동에 의해 형성되며 5~10년간 지속된다.

㉡ 즉, 소비자의 신념, 가치, 욕구가 자리 잡고 있으므로 소비자 트렌드를 이해하기 위해서는 소비자가 소비 욕구에 대한 이해가 선행되어야 한다.

⑤ 주류 트렌드 : 기업, 제품에 영향을 주는 거시적 환경변화로 사회, 소비자들의 행동을 변화시켜 새로운 소비 경향을 일으키는 현상이다.

(3) 아시아의 소비자 태도 변화 7가지 추세 – IBM CX Forum에서 발표

① 소비자의 가치 변화

② 도시와 농촌 환경의 변화

③ 정보에 대한 거부감 증가

④ 정보 활용도의 변화

⑤ 대형 유통업체의 진출 및 생성

⑥ 산업의 변화에 따른 기업의 포커싱 변화

⑦ 시장의 구조조정

02 CS 플래닝

효과적인 커뮤니케이션을 통해 고객의 변화와 요구를 파악하고 제품을 제조하며 고객의 구매를 촉진할 계획을 세움으로써 수익과 영업 성과를 높이는 매우 체계적인 기업 활동이다.

(1) 계획수립 절차 ★

① 1단계 – 기업 목표의 기술 : 조직의 목표 설정

② 2단계 – 기업환경분석(SWOT) : 기업의 외부와 내부 환경 분석(강점, 약점, 위기, 기회)

③ 3단계 – 마케팅 목표 설정 : 구체적이고 측정 가능하게 설정, 기간 명시

④ 4단계 – 목표달성을 위한 전략의 수립 : 마케팅 믹스(4Ps), 판매수단의 결정

⑤ 5단계 – 전략수행을 위한 프로그램 작성 : 업무에서 수행할 보조적인 활동프로그램 작성

⑥ 6단계 – 실행 및 재검토

(2) 계획수립 조건과 장점

① **계획수립 시 성공적인 목표의 조건(SMART 기법)**

㉠ Specific(구체적)

㉡ Measurable(측정 가능한)

㉢ Achievable(달성 가능한)

㉣ Realistic(현실적)

㉤ Time-bound(기한이 있는)

② **계획수립(Planning)의 장점**

㉠ 조정을 도와주는 역할을 한다.

㉡ 시간 관리를 할 수 있게 해준다.

㉢ 조직 구성원의 행동지침이 된다.

㉣ 집중도를 높이고 조직의 유연성을 향상시켜 준다.

(2) 적용범위에 따른 계획수립 유형

① 전략적 계획(Strategic Plans)

㉠ 조직 전반에 걸쳐 장기적인 관점에서 조직이 나아갈 기본 방향을 설정하는 것을 말한다.

ⓛ 주로 이사회나 중간관리층과의 협의를 거쳐 최고경영층에서 개발하는 계획수립 유형이다.

② **전술적 계획**(Tactical Plans)

ⓙ 무엇을, 누가, 어떻게 해야 하는지에 관한 구체적이고 단기적인 의사결정이다.

ⓛ 대부분의 경우 전술적 계획은 중간 관리자 또는 초급 관리자에 의하여 만들어진다.

ⓒ 전술적인 계획은 전략적 계획을 수행하고 전술적인 목적을 달성하기 위한 수단이다.

ⓔ 부서별 연간 예산을 책정, 현재의 운영을 계산하기 위한 일련의 과정을 계획하는 것을 말한다.

③ **운영 계획**(Operational Plans)

ⓙ 전략적 계획을 실천하기 위한 구체적인 활동이 담긴 계획을 말한다.

ⓛ 전략적 계획을 수행하는 데 필요한 활동과 자원에 비중을 두는 계획수립 유형이다.

(3) 기간에 따른 계획수립 구분

① **단기계획** : 1년 이내의 계획

② **중기계획** : 1~2년 정도의 계획

③ **장기계획** : 3년 이상의 계획

(4) 계획수립 기법

① **예측법**

ⓙ **상황대응 계획법** : 환경변화로 인하여 당초 계획이 부적절한 것으로 판단되었을 때 새로운 환경에 적절히 대응할 수 있도록 대안을 찾아 행동을 수정하는 과정이다.

ⓛ **시나리오 계획법** : 미래에 전개될 여러 시나리오를 예측하고 각 시나리오에 대응되는 계획을 수립하는 기법이다.

② **벤치마킹**(Benchmarking)

ⓙ 벤치마킹의 특징

ⓐ 최고 기업의 장점을 배운 후 새로운 방식으로 재창조하는 것이다.

ⓑ 경영학적으로 승화시키는 기법이기 때문에, 단순모방과는 다른 개념이다.

ⓒ 기업은 벤치마킹으로 경쟁력을 높이고 핵심능력을 유지할 목적을 가지게 된다.

ⓓ 벤치마킹 대상에 따라 내부 벤치마킹, 외부 벤치마킹, 선두그룹 벤치마킹으로 분류할 수 있다.

ⓔ 벤치마킹은 시장의 변화를 예측할 수 있게 한다.

ⓛ 벤치마킹의 유형

ⓐ 내부 벤치마킹

㉮ 같은 기업 내 다른 지역, 부서, 사업부, 국가 간의 유사한 활동을 하는 과정이다. ★

㉯ 자료 수집이 비교적 용이하고 선두기업의 경우 큰 효과를 볼 수 있는 장점이 있다.

㉰ 과정이 제한될 수 있고 편협한 시각이 우려되는 단점이 있다.

ⓑ 경쟁 벤치마킹

㉮ 경쟁사의 강점과 약점을 파악하고 성공적인 대응 전략을 수립함으로써 업무 개선의 우선순위를 정할 수 있도록 지원한다.

ⓑ 정보를 수집하기 어렵고 서로 적대적인 관계라면 활동이 사실상 불가능한 단점이 있다.

ⓒ 기능 벤치마킹 : 제품, 서비스, 프로세스에 따라 최고의 실제 기업을 선정하여 참고하며 진행하는 전략이다.

ⓓ 산업 벤치마킹 : 경쟁사가 아닌 산업 전반을 대상으로 하기 때문에 범위가 넓다.

ⓔ 전략적 벤치마킹

㉮ 지속적인 경영진과의 관계에 있는 외부 파트너의 성공적인 전략을 이해하고 이를 활용함으로써 대안을 평가하고 전략을 실행하여 성과를 개선하기 위한 체계적인 과정이다.

㉯ 신기술 및 신제품을 위한 역량 개발 장기경영 계획을 수립할 수 있는 장점이 있다.

ⓕ 선두그룹 벤치마킹 : 가치 창출 과정이 산업이나 제품 생산 방식에 관계없이 공통적인 특성을 가진다는 점에서 새로운 일하는 방식을 추구하는 기업의 타깃으로 단순 경쟁보다는 혁신적인 방식을 찾는 것을 목표로 한다.

ⓖ 포괄 벤치마킹 : 관계가 없는 다른 업종 기업들에 대한 벤치마킹 ★

알아두기 **휴렛팩커드의 고객 마케팅 플래닝 프로세스 10단계**

① 고객 니즈를 읽어라.
② 표적시장을 분명히 하라.
③ 핵심 성공 요소를 찾아라.
④ 비전과 목표를 세워라.
⑤ 솔루션을 만들어라.
⑥ 고객을 사로잡는 마케팅 전략을 세워라.
⑦ 세일즈와 서비스 계획을 세워라.
⑧ 내부자원을 준비하라.
⑨ 실행 계획을 준비하라.
⑩ 내부 고객을 참여시켜라.

---

03 서비스 기대모델

(1) 서비스 기대모델의 구성

① **희망 서비스(Desired Service)** : 고객이 제공받을 서비스에 대한 희망수준으로 바람, 소망이 내포되어 있다. 이상적으로 바람직한 서비스 수준을 뜻한다.

② **적정 서비스(Adequate Service)** : 고객들이 불만없이 받아들일 수 있는 최소한의 기대수준의 서비스로 가장 낮은 수준의 성과를 의미하며, 경험에 기반한 예측서비스 수준에 의해 형성된다.

③ **허용영역(Zone of Tolerance)**

㉠ 원하는 서비스와 적절한 서비스 사이의 영역으로 인해 서비스의 장애가 잘 드러나지 않아 미발각지대(No notice zone)라고도 한다.

㉡ 허용영역의 구간은 고객과 서비스 차원에 따라 다르게 나타난다.

㉢ 허용영역의 변화는 희망 서비스보다 적절 서비스 수준의 변화에 더 큰 영향을 받는다.

(2) 서비스 기대 영향요인

① 내적 요인

- ㉠ **개인적 욕구** : 각 소비자의 개별 요구에 따른 서비스 기대의 차이
- ㉡ **관여도** : 참여도가 높아질수록 이상적인 서비스 수준과 원하는 서비스 수준 간의 격차가 줄어들고, 참여도가 높아질수록 허용 가능 영역이 감소한다.
- ㉢ **과거의 경험** : 과거의 경험은 예측된 기대와 희망된 기대의 형성에 영향을 미치며, 서비스 경험이 많을수록 기대가 높아지는 것을 의미한다.

② 외적 요인

- ㉠ **사회적 상황** : 소비자가 직면하는 사회적 상황은 다른 사람과 함께 있을 때 기대감을 더욱 높인다.
- ㉡ **경쟁적 상황** : 경쟁사가 제공하는 서비스에 대한 기대의 영향으로 인해 특정 서비스 회사에서 기대하는 수준은 소비자가 사용할 수 있는 다른 대안에 영향을 받게 된다.
- ㉢ **구전 커뮤니케이션** : 고객 서비스에 대한 기대를 형성하기 위한 강력한 정보원으로서, 서비스를 이용하고 구매하기 전에 다른 사람에게 조언을 구하게 된다.

③ 상황적 요인

- ㉠ **날씨** : 일기예보가 안 좋을 때는 허용면적이 좁아진다.
- ㉡ **구매동기** : 가족여행과 비즈니스여행에 따라 서비스 기대에 차이가 있을 수 있다.
- ㉢ **소비자의 기분** : 소비자들이 기분이 좋을 때 종업원들에게 관대하게 대하고, 허용영역이 확대된다.
- ㉣ **시간적 제약** : 시간적 압박, 비상시 기대 수준은 낮아지지만 허용면적은 좁혀진다.

④ 기업요인

- ㉠ **촉진** : 기업이 제공하는 고객 약속에 따라 서비스 기대에 영향을 미친다.
- ㉡ **유통** : 가맹점이 늘어나면 서비스 기대 수준도 비례적으로 높아진다.
- ㉢ **가격** : 가격이 높을수록 기대 서비스 수준이 높고 허용 영역은 낮아진다.
- ㉣ **서비스 종업원** : 외모, 말투, 태도와 같은 서비스 요소는 기대수준에 영향을 미친다.
- ㉤ **유형적 단서** : 외관, 내부 구조 및 설비, 실내 장식, 종업원의 용모복장 등이 서비스 기대에 영향을 미친다.
- ㉥ **기업 이미지** : 기업 이미지가 좋으면 서비스 기대 수준도 비례한다.
- ㉦ **고객 대기시간** : 대기시간에 대한 고객의 생각이 서비스 기대에 영향을 미친다.
- ㉧ **다른 고객** : 다른 고객이 받는 서비스와 비교하여, 고객 스스로 기대수준을 조정하기도 한다.

01 고객 분석 및 기획

(1) 고객 분석 기법

① RFM(Recency, Frequency, Monetary) 분석 기법 : 구매 가능성이 높은 고객을 선정하기 위한 데이터 분석 방법으로서, 언제, 얼마나 자주, 제품 구입을 얼마에 했는가를 통해 유용하며 간단한 방법으로 마케팅에서 많이 사용된다.

ⓐ Recency : 거래의 최근성(구매 시점)

ⓑ Frequency : 거래의 빈도(구매 빈도)

ⓒ Monetary : 거래규모(구매 금액)

② AIO 분석 기법

ⓐ 소비자의 라이프 스타일을 일상의 활동, 주변 사물에 대한 관심 및 사회적, 개인적 질문에 대한 의견이라는 세 가지 차원에서 파악한다.

ⓑ 소비자의 활동행위와 관심분야, 응답에 의한 의견 등으로 파악하는 라이프 스타일을 들여다보는 중요한 척도이다.

ⓐ 활동(Activities) : 매체접촉, 쇼핑, 신상품이나 서비스에 대한 이웃과의 대화

ⓑ 관심(Interest) : 어떠한 사물과 사건 또는 화제에 대하여 계속 주의를 가짐

ⓒ 의견(Opinions) : 어떤 질문이 제기되는 상황에 대하여 개인이 제공하는 응답을 조사하는 것으로 자기 자신, 사회적 문제, 정치, 경제, 교육, 미래, 문화 등과 관련된 자신의 견해를 질문한다.

③ 고객평생가치(Customer Lifetime Value; CLV) 분석 기법

ⓐ 한 고객이 평생에 걸쳐 구매할 것이라고 예상되는 이익 흐름에 대한 현재 가치를 말한다.

ⓑ 관계마케팅의 여러 가지 효익을 계량적으로 정리하는 개념이다.

ⓒ **고객이탈률을 낮출수록 고객생애가치는 증가한다.**

ⓓ 고객생애가치는 매출액이 아니라 이익을 나타낸다.

③ **고객가치 파악을 위해 고려해야 할 사항**

ⓐ 활동 고객의 인원은 모두 몇 명인가?

ⓑ 고객 1인당 수익은 얼마인가?

ⓒ 고객 1인당 수익의 증가율은 얼마인가?

ⓓ 신규고객 증가율은 얼마인가?

ⓔ 고객유지 비율은 얼마나 되는가?

02 고객 경험 이해 및 관리

(1) 고객경험관리(Customer Experience Management; CEM)의 개념

기업과 소비자의 전 접점에서 발생하는 현재의 소비자 경험을 측정, 분석, 반영하여 소비자가 보다 나은 경험을 할 수 있도록 지원하는 방법과 전략을 마련하는 과정이다.

(2) 고객경험관리(CEM)의 특징

① 고객 중심적 프로세스이다.

② 고객의 기대와 경험 간의 차이가 있는 곳에 제품이나 서비스를 위치시켜 판매하는 선행적 ★ 성격이 강하다.

③ 고객이 기업에 대해 ★ 생각하고 느끼는 것을 파악한다.

④ 기업에 대한 고객 경험을 향상시키기 위해 시스템과 기술 및 단순화된 프로세스를 활용한다.

⑤ 고객 상호작용의 순간인 접점에서부터 시작된다.

(3) 경험적 마케팅의 5가지 전략적 모듈 – 슈미트(Schmitt)

① **감각적 경험** : 주로 기업과 브랜드 이름, 시각적인 상징, 컬러, 슬로건 등과 같은 형식을 통해 경영자들이 기업이나 브랜드 아이덴티티를 만들어내고 유지하는 데 있어 강력한 도구로 활용되는 유형

② **감성적 경험** : 브랜드와 관련된 다소 긍정적인 감정에서부터 즐거움과 자부심 같은 강한 감정에 이르기까지 영향을 주는 경험을 창출

③ **인지적 경험** : 소비자들에게 창조적 인지력과 문제 해결의 경험을 만들어 주려는 목적으로 지성에 호소

④ **행동적 경험** : 소비자의 육체적인 경험과 라이프 스타일, 상호작용에 영향

⑤ **관계적 경험** : 개인적 경험을 증가시키고 개인으로 하여금 이상적 자아나 타인, 문화 등과 연결시켜 줌으로써 고객의 자기 향상 욕구를 자극

(4) 고객경험 관리 5단계 – 슈미트

① **1단계 – 고객의 경험 분석** : 욕구뿐만 아니라 라이프 스타일 분석도 중요

② **2단계 – 고객의 경험적 기반 확립** : 감각마케팅, 감성마케팅, 인지마케팅, 행동마케팅, 관계마케팅

③ **3단계 – 상표 경험을 디자인** : 제품에 대한 직접적 경험

④ **4단계 – 고객 상호접촉 구축** : 다양한 상황에서의 고객 인터페이스 설계

⑤ **5단계 – 끊임없는 혁신** : 고객의 삶이나 환경 모두를 지속적으로 개선

(5) 고객경험 제공 수단 ★

① **커뮤니케이션** : 기업의 내·외부 커뮤니케이션 수단

② **시각적·언어적 아이덴티티** : 감각, 감성, 인지, 행동, 관계 브랜드를 창조하기 위해 사용

③ **제품의 외형** : 제품 디자인, 포장 및 제품 진열, 판매 시점 광고물에 사용되는 브랜드 캐릭터

④ **공동브랜딩** : 이벤트 마케팅과 스폰서, 제휴, 공동 경영, 라이선싱, 영화의 제품 삽입(PPL), 생활협동조합 캠페인

⑤ **웹사이트의 상호작용 능력** : 소비자들을 위한 경험을 제공할 수 있는 이상적인 장소

⑥ **인적 요소** : 가장 강력한 경험 수단(영업사원, 판매사원, AS담당자, 기업과 브랜드와 관련된 그 외의 모든 사람)

⑦ **공간적 환경** : 경험 제공 수단 중 가장 포괄적인 형태

03 고객가치

(1) 고객가치의 특성

① **동적성** : 시간에 따라 변하는 평가 기준과 소유 과정에서 일어나는 변화

② **주관성** : 고객이 인식하고 느끼는 것으로 기준과 가치가 모두 다름

③ **상황성** : 특정 상황의 영향을 쉽게 받으므로 가치판단에 영향을 미침

④ **다차원** : 고객가치는 제품의 품질과 서비스 품질, 가격요인에서 옴

(2) 고객가치의 구성요소

① 파라수라만과 그루얼(Parasuraman and Grewal)이 제시한 고객가치

    ㉠ **사용가치** : 제품이나 서비스의 효용성에 대한 가치

    ㉡ **상환가치** : 거래 후에도 오랜 시간 지속되는 가치

    ㉢ **획득가치** : 금전적인 비용 투자를 통해 얻게 되는 가치

    ㉣ **거래가치** : 거래를 통한 즐거움 등 감정적 가치

② **세스, 뉴먼, 그로스(Sheth, Newman, Gross, 1991)의 5가지 가치**

    ㉠ **기능가치** : 제품의 품질, 기능, 가격, 서비스 등과 같은 실용성 또는 물리적 기능과 관련

    ㉡ **사회가치** : 제품을 소비하는 사회계층 집단과 관련

    ㉢ **정서가치** : 제품의 소비에 의한 긍정적 또는 부정적 감정 등의 유발과 관련

    ㉣ **상황가치** : 제품 소비의 특정 상황과 관련

    ㉤ **인식가치** : 제품 소비를 자극하는 새로움, 호기심 등과 관련

③ 스위니와 수트르가 제시한 고객가치

    ㉠ **감성가치(감정적 가치)** : 제품에서 제공받는 느낌이나 정서적인 측면에서 파생되는 가치

    ㉡ **기능적 가치** : 제품의 사용에 따른 시간 절약에서 오는 비용 절감에 의한 가치

    ㉢ **사회적 가치** : 사회적인 개념을 증대시키는 제품의 능력에서 파생되는 가치

    ㉣ **품질** : 제품의 지각된 품질과 기대성과의 차이에서 파생되는 가치

(3) 고객가치지수

① **고객가치지수의 개념**

    ㉠ 투입된 요소 대비 획득된 효용의 크기를 측정함으로써 산출이 가능하다.

    ㉡ 고객이 물건을 구입할 때 어떤 요소에 더 가치를 두는지와 물건을 사용하면서 어떤 요소에 더 가치를 두는지 파악할 수 있는 지수로 기업의 전략적 의사 결정에 도움을 준다.

② **고객가치지수(CVI) 측정 단계(한국능률협회컨설팅, KMAC)**

    ㉠ 1단계 : 고객 니즈 수집 및 분석

    ㉡ 2단계 : 고객가치요소 발굴

    ㉢ 3단계 : 리서치 시행

    ㉣ 4단계 : 고객가치측정 모델에 의해 현재의 가치 수준을 측정하고 핵심가치(Core Value) 추출

    ㉤ 5단계 : 고객가치 콘셉트 도출

    ㉥ 6단계 : 고객가치 향상을 위한 전략과제 도출

04 고객 심리의 응용

① **유인 효과(Attraction Effect)** : 기업의 주력 브랜드가 있다면 상대적으로 열세인 새로운 브랜드를 출시함으로써 소비자들에게 주력 브랜드를 선택할 확률을 높이는 효과

② **타협 효과(Compromise Effect)** : 다양한 가격대의 제품을 출시할 때 주력 브랜드를 안전하게 중간에 배치하는 것

③ **부분적 리스트 제안 효과(Part_list Cunning Effect)** : 상위 한두 개로 맞대결을 추진한다는 의미

④ **베블런 효과(Veblen Effect)** : 상류층 소비자들의 소비 행태로, 가격이 오르더라도 수요가 줄어들지 않고 오히려 다른 사람의 소비 성향을 따른다는 의미에서 소비 편향 효과라고도 불림

⑤ **희소성의 법칙** : 공급이 희소할 때 소비가치를 높이는 것으로, 사람들이 원하는 것을 모두 소유할 수 없으므로, 보다 더 큰 만족감을 줄 수 있는 상품과 서비스를 선택하는 것

⑥ **밴드웨건 효과(Bandwagon Effect)** : 타인의 소비성향을 따라가는 소비행동으로 스놉 효과와 대비되는 이론으로, 편승효과라고도 한다. 그 예로 특정 재화가 시장점유율이 높을수록 판매가 증가하는 경향을 보이는 것과 시청률이 높은 연예인의 의류, 악세사리가 대유행을 하는 현상이다.

⑦ **스놉 효과(속물 효과 : Snob Effect)** : 다수의 사람들이 구매하는 제품을 구매하지 않는 희소성 있는 제품을 구매하는 소비행태. 제품이 폭넓게 유행하여 대중화되면 더 이상 그 상품을 구매하지 않는 현상이다. 다른 용어로 명품효과, 백로효과라고도 한다.

05 관여도

대상의 관련성이나 중요성을 인식하는 정도는 대상에 대한 관심의 강도, 관심의 정도, 개인적 중요성에 따라 고관여와 저관여로 구분된다.

(1) 관여도의 결정요인

① **개인적인 요인** : 개인마다 관여도가 다르며 한 제품에 개인이 지속적으로 갖는 관여를 지속적 관여라고 함

② **제품 요인** : 자신의 욕구와 가치를 충족시키는 제품

③ **마케팅 요인** : 광고, 판매 촉진, 이벤트 등의 영향

④ **상황적 요인** : 상황에 따라 달라짐

⑤ **기타요인** : 정치적 요인, 유통 경로, 커뮤니케이션

(2) 관여도 측정에 필요한 5가지 차원 – 로렌트와 캐퍼러(Laurent and Kapferer)

① **부정적 결과의 중요성** : 제품의 중요성과 잘못된 선택에 따른 부정적 결과의 중요성

② **구매가 잘못될 가능성** : 잘못된 선택을 할 가능성

③ **쾌락적 가치** : 제품이 쾌락적 가치와 즐거움을 줄 수 있는 능력

④ **개인적 관심** : 소비자가 제품에 부여하는 상징적 혹은 사인 가치(symbolic or sign value)

적중 예상문제

01 고객만족지수(CSI) 측정의 필요성에 대한 설명으로 바르지 않은 것은?

① 경쟁사의 CS 강·약점 분석
② 경쟁사의 품질성과 연구
③ 잠재적인 시장 진입 장벽 규명
④ 효율성 평가 및 불만 해소의 영향 분석
⑤ 고객의 기대가 충족되지 않은 영역 평가

해설
② 자사의 경쟁 관련 품질성과(Quality Performance) 연구

02 다음 〈보기〉에서 고객만족도 측정 원칙으로 알맞은 것을 모두 고른 것은?

| 보기 |

가. 계속성의 원칙   나. 유용성의 원칙
다. 적시성의 원칙   라. 정량성의 원칙
마. 정확성의 원칙

① 가, 마
② 가, 나, 라
③ 가, 라, 마
④ 나, 다, 라
⑤ 나, 라, 마

해설
▶ 고객만족지수(CSI) 측정의 3가지 원칙
정량성의 원칙, 정확성의 원칙, 계속성의 원칙

03 다음은 고객만족도 측정의 원칙 중 무엇에 대한 설명인가?

보통 만족도 조사는 설문을 통해 이루어지는 경우에 설문조사 시 설문지의 설계와 설문내용의 해석은 설문조사에서 뿐만이 아니라 인터뷰 조사 또는 데이터 조사 등 모든 분석 프로세스에 있어서 매우 중요한 요소이다. 설문조사의 경우 조사 목적에 맞게 답변이 나올 수 있도록 설계해야 하며 해석에 있어서도 주관적인 생각은 배제하여야 한다.

① 계속성의 원칙   ② 정확성의 원칙
③ 공감성의 원칙   ④ 독립성의 원칙
⑤ 정량성의 원칙

해설
정확한 조사와 설명을 필요로 한다.

04 다음의 설명에 해당하는 고객만족 측정 모형의 명칭은?

한국능률협회컨설팅(KMAC)과 서울대학교가 함께 공동 개발한 공공부문 고객만족도 측정의 대표적인 현장 실천형 모델로써 품질지수, 만족지수, 성과지수 등으로 측정 항목이 구성되어 있다.

① ACSI   ② NCSI
③ PCSI   ④ CSI
⑤ KS-SQI

해설
▶ 미국고객만족지수 : ACSI, 국가고객만족도지수 : NCSI, 고객만족도 : CSI

정답 01 ②   02 ③   03 ②   04 ③

05 다음 중 NPS 측정 방법에서 제시한 '나쁜 이익(Bad Profit)'에 대한 설명이 아닌 것은?

① 고객과의 관계를 희생해 가며 얻은 이익을 뜻한다.

② 정상가를 지불한 고객의 신뢰를 잃는 것으로 결국 기업의 성장에 악영향을 미친다.

③ 할인행사를 통해 얻은 이익은 나쁜 이익이다.

④ 기업 성장의 단기적 기여에 그친다.

⑤ 고객과의 관계를 더 발전시켜 가며 얻은 이익이다.

> **해설**
> ● 순 추천고객지수(NPS; Net Promoter Score)
> • 나쁜 이익 : 고객과의 관계를 희생해 가며 얻은 이익(할인행사)
> • 좋은 이익 : 고객과의 관계를 발전시켜 가며 얻는 이익

06 다음 중 1차 자료 수집 방법에 해당하지 않은 것은?

① 관찰조사　　② 표적집단조사

③ 설문조사　　④ 실험조사

⑤ 인터넷 검색 조사

> **해설**
> ● 1차 자료 : 조사자가 직접 수집한 자료로 관찰조사, 표적집단조사, 설문조사, 실험조사 등

07 마케팅 조사 시 정성조사 기법을 적용해야 하는 경우로 가장 거리가 먼 것은?

① 예비적 정보의 수집

② 양적 조사의 사전 단계

③ 사전 지식이 부족한 경우

④ 소비자를 깊이 이해하려는 시도

⑤ 가설 검증을 통한 확정적인 결론 획득

> **해설**
> ● 가설의 질적 검증 및 의미의 확인 : 정성조사(Qualitative) 기법을 적용해야 하는 경우
> • 양적 조사의 사전 단계, 가설의 발견, 예비적 정보의 수집

• 사전 지식이 부족한 경우
• 소비자 언어의 발견 및 확인
• 소비자에 대한 신속한 정보 획득
• 가설의 질적 검증 및 의미의 확인

08 고객만족도 조사방법 중 정량조사 기법의 특징에 해당하는 것은?

① 질문 중심적이다.

② 수치적으로 명확한 결론 도출이 어렵다.

③ 비구조적이며 상황변수에 유리하다.

④ 결과가 진행자의 자질에 영향을 받는다.

⑤ 조사결과의 해석이 주관적이다.

> **해설**
> 질문 중심적이며 추정, 감시, 확증 등의 메커니즘을 지닌다.

09 다음 자료수집 기법 중 투사법의 유형에 해당되지 않는 것은?

① 단어연상법　　② 문장완성법

③ 그림묘사법　　④ 만화완성법

⑤ 심층면접법

> **해설**
> ● 투사법 : 내면에 있는 신념이나 태도 등을 단어연상법, 문장완성법, 그림묘사법, 만화완성법 등과 같이 다양한 심리적인 동기유발 기법을 사용하여 조사하는 유형을 의미한다.

10 다음에 해당하는 자료수집 방법은 무엇인가?

> 주로 1차 자료를 수집하기 위한 정성조사 방법 중 하나로 잘 훈련된 면접원이 조사 대상 1명을 상대로 인터뷰를 행하는 기법이다.

① 투사법　　② 서베이법

③ 심층면접법　　④ 표적집단면접법

⑤ 관찰법

해설

③ **심층면접법** : 주로 1차 자료를 수집하기 위한 정성조사 방법 중 하나로 잘 훈련된 면접원이 조사 대상자 1명을 상대로 비구조화된 인터뷰를 행하는 기법을 의미

① **투사법** : 내면에 있는 신념이나 태도 등을 단어연상법, 문장완성법, 그림묘사법, 만화완성법 등과 같이 다양한 심리적인 동기유발 기법을 사용하여 조사하는 유형을 의미

② **서베이법** : 기술조사에서 가장 많이 활용되는 방법으로 다수의 응답자들을 대상으로 설문조사에 의하여 수집하는 방법

④ **표적집단면접법**(FGI; Focus Group Interview) : 1명 또는 2명의 사회자의 진행 아래 6~12명 정도의 참여자가 주어진 주제에 대하여 정보를 수집하는 방법

⑤ **관찰법** : 조사대상의 행동패턴을 관찰하고 기록함으로써 수집하는 방법

---

11 자료 수집을 위한 방법 중 '서베이법'의 장점으로 보기 어려운 것은?

① 자료 수집의 용이성
② 객관적 해석의 가능성
③ 다양한 측면에서 차이분석 가능
④ 큰 규모의 표본과 일반화 가능성
⑤ 깊이 있는 설문지 개발 가능

해설

⑤ 정형화된 설문지를 이용하여 자료를 수집하는 기법으로 설문지 개발의 어려움 등의 한계가 있다.

---

12 다음 중 브라운(Brown)이 제시한 소비자의 구매 패턴에 따른 고객충성도 분류로 보기 어려운 것은?

① 분열된 충성도
② 변화하기 쉬운 충성도
③ 무충성도
④ 거짓 충성도
⑤ 완전한 충성도

해설

▶ **브라운(Brown)이 분류한 충성도**
• 소비자의 구매패턴에 따라 완전한 충성도, 분열된 충성도, 변화하기 쉬운 충성도, 무충성도로 제시
• 반복 구매 수준과 상대적 태도에 따라 진정한 충성도, 잠재적 충성도, 거짓 충성도, 무충성도로 제시

---

13 라파엘과 레이피가 제시한 고객충성도 유형 중 특정 제품이나 서비스의 구매에 관심을 보일 수 있는 계층은 무엇인가?

① 단순 고객
② 충성 고객
③ 단골 고객
④ 예비 고객
⑤ 고객

해설

▶ **고객충성도 분류** : 라파엘과 레이피(Raphael and Raphe)
• **예비고객** : 서비스의 구매에 관심을 보일 수 있는 계층
• **단순고객** : 제품이나 서비스에 대하여 관심을 가지고 적어도 한 번 정도 가게를 방문하는 계층
• **고객** : 제품이나 서비스를 빈번하게 구매하는 계층
• **단골고객** : 제품이나 서비스를 정기적으로 구매하는 계층
• **충성고객** : 주변 사람들 누구에게나 특정 제품이나 서비스에 대한 긍정적 구전과 추천을 하는 계층

---

14 보웬과 첸이 제시한 고객충성도 측정 방법 중 다음 〈보기〉의 설명에 해당하는 것은?

| 보기 |

특정 제품이나 서비스에 대하여 일정 기간 동안 고객의 지속적이고 반복적인 구매행위를 고려하며 반복구매, 구매비율, 및 구매빈도 등으로 측정 가능하다.

① 전략적 측정 방법
② 태도적 측정 방법
③ 통합적 측정 방법
④ 포괄적 측정 방법
⑤ 행동적 측정 방법

해설

▶ **고객충성도(Customer Loyalty)의 측정 – 보웬과 첸**
• **행동적 측정방법** : 일정 기간 동안 지속적이고 반복적인 구매행위를 고려하여 측정. 구매행동, 구매비율, 구매빈도 등으로 측정
• **태도적 측정방법** : 호의적 감정을 가지고 반복적으로 제품을 구매하는 것. 우호적 태도, 제품/서비스에 대한 재구매 의도 및 타인에 대한 추천으로 측정
• **통합적 측정방법** : 고객의 호의적인 태도와 브랜드 교체 성향, 반복 구매행동, 총 구매량 등을 포괄적으로 측정

정답 **11** ⑤ **12** ④ **13** ④ **14** ⑤

15 행동적, 태도적 충성도 차원의 고객 세분화 유형 중 다음의 설명에 해당하는 것은?

> 기업에 대한 좋은 이미지를 가지고 있으나 가격, 접근성 또는 마케팅 전략이 재구매 욕구를 이끌어내지 못하기 때문에 행동적 충성도가 낮은 집단을 말한다.

① 결속된 충성도 ② 잠복된 충성도
③ 개념적 충성도 ④ 진실한 충성도
⑤ 거짓된 충성도

해설
- **낮은 충성도** : 재구매율과 태도적 애착이 둘 다 낮은 성향을 보이며, 경쟁업체의 마케팅 전략에 동요되기 쉬운 고객 집단
- **타성적 충성도** : 기업의 재정에 지속적으로 도움이 될 가능성이 있으며 경쟁사와 차별화된 서비스를 제공한다는 것을 고객들에게 인지시킴으로써 더 높은 수준의 충성도를 지닌 고객으로 바꿀 수 있는 유형으로 높은 반복구매의 특성이 있으나 애착도가 낮다.
- **잠복된 충성도** : 기업에 대한 좋은 이미지를 가지고 있으나, 가격·접근성 또는 마케팅 전략이 재구매 욕구를 이끌어 내지 못하기 때문에 행동적 충성도가 낮은 집단
- **최우량 충성도** : 모든 기업이 선호하는 고객충성도의 유형으로 높은 수준의 애착과 반복 구매가 동시에 존재한다.

16 고객만족에 관한 기업 계획 수립 시, 중기 계획의 기간은 어느 정도를 말하는가?

① 3~5년 정도의 계획
② 3년 이상의 계획
③ 1~2년 정도의 계획
④ 1년 이내의 계획
⑤ 6개월 이내의 계획

해설
❯ 기간에 따른 계획수립 구분
- **단기계획** : 1년 이내의 계획
- **중기계획** : 1~2년 정도의 계획
- **장기계획** : 3년 이상의 계획

17 적용 범위에 따른 계획수립 유형 중 다음의 내용에 해당하는 것은?

> 조직 전반에 걸쳐 장기적인 관점에서 조직이 나아갈 기본 방향을 설정하는 것으로 주로 이사회나 중간관리층과의 협의를 거쳐 최고경영층에서 개발하는 계획수립 유형이다.

① 공공계획 ② 운영계획
③ 상징적 계획 ④ 전술적 계획
⑤ 전략적 계획

해설
- **전술적 계획(Tactical Plans)** : 무엇을, 누가, 어떻게 해야 하는지에 관한 구체적이고 단기적인 의사결정
- **운영 계획(Operational Plans)** : 전략적 계획을 실천하기 위한 구체적인 활동이 담긴 계획

18 AIO 분석 기법의 3가지 차원 중 다음 〈보기〉의 설명에 해당하는 것은?

| 보기 |

> 어떠한 사물과 사건 또는 화제에 대하여 특별하고 계속적인 주의를 부여하는 정도를 조사하는 것을 의미한다.

① 희생 ② 요구
③ 관심 ④ 활동
⑤ 의견

해설
- **활동(Activities)** : 매체접촉, 쇼핑, 신상품이나 서비스에 대한 이웃과의 대화
- **관심(Interest)** : 어떠한 사물과 사건 또는 화제에 대하여 계속 주의를 가짐
- **의견(Opinions)** : 어떤 질문이 제기되는 상황에 대하여 개인이 제공하는 응답을 조사하는 것으로 자기 자신, 사회적 문제, 정치, 경제, 교육, 미래, 문화 등과 관련된 자신의 견해를 질문한다.

정답 (**15** ② **16** ③ **17** ⑤ **18** ③)

19 다음 중 '고객생애가치(LTV)'에 대한 설명으로 잘 못된 것은?

① 고객이탈률이 높을수록 고객생애가치(LTV)는 증가한다.

② 고객평생가치는 매출액이 아니라 이익을 나타 낸다.

③ 한 시점에서의 고객과 기업 간에 존재하는 장기 적인 가치라고 할 수 있다.

④ 관계마케팅의 여러 가지 효익을 계량적으로 정 리하는 개념이다.

⑤ 1인 고객이 기업의 상품이나 서비스의 최초 구 매시점부터 마지막으로 구매할 것이라고 예상 되는 시점까지의 누적액 평가를 말한다.

① 고객이탈률을 낮출수록 고객생애가치는 증가한다.

20 다음 중 슈미트가 제시한 고객에게 경험을 제공하 는 수단으로 보기 어려운 것은?

① 공동브랜딩

② 커뮤니케이션

③ 인지마케팅

④ 웹사이트의 상호작용

⑤ 시각적-언어적 아이덴티티

▶ **슈미트가 제시한 고객에게 경험을 제공하는 수단** : 공동브 랜딩, 커뮤니케이션, 웹사이트의 상호작용, 시각적-언어적 아이덴티티, 제품의 외형, 인적요소, 공간적 환경

21 파라수라만과 그루얼이 제시한 고객가치 구성요 소 중 거래 이후 장기간 제공되는 잉여가치에 해 당되는 것은?

① 실용가치

② 사용가치

③ 획득가치

④ 상환가치

⑤ 거래가치

▶ **파라수라만과 그루얼(Parasuraman and Grewal)이 제시 한 고객가치**
• **사용가치** : 제품이나 서비스의 효용성에 대한 가치
• **상환가치** : 거래 후에도 오랜 시간 지속되는 가치
• **획득가치** : 금전적인 비용 투자를 통해 얻게 되는 가치
• **거래가치** : 거래를 통한 즐거움 등 감정적 가치

22 고객인지 가치와 관련해 세스, 뉴먼, 그로스가 제 시한 5가지 가치 유형에 포함되지 않는 것은?

① 정서 가치

② 상징 가치

③ 인식 가치

④ 사회 가치

⑤ 상황 가치

▶ **세스(Sheth), 뉴먼(Newman), 그로스(Gross, 1991)의 5가 지 가치** : 기능 가치, 사회 가치, 정서 가치, 상황 가치, 인식 가치

23 고객인지 가치와 관련해 세스, 뉴먼, 그로스가 제 시하는 5가지 가치 유형 중 제품 소비를 자극하는 새로움, 호기심 등에 해당하는 것은?

① 인식적 가치

② 사회적 가치

③ 정서적 가치

④ 기능적 가치

⑤ 상황적 가치

① **인식적 가치** : 제품 소비를 자극하는 새로움, 호기심 등과 관련
② **사회적 가치** : 제품을 소비하는 사회계층 집단과 관련
③ **정서적 가치** : 제품의 소비에 의한 긍정적 또는 부정적 감정 등의 유발과 관련
④ **기능적 가치** : 제품의 품질, 기능, 가격, 서비스 등과 같은 실용성 또는 물리적 기능과 관련
⑤ **상황적 가치** : 제품소비의 특정 상황과 관련

제 2 과목 CS전략론

24 다음 중 스위니와 수트르가 제시한 고객가치와 거리가 먼 것은?

① 감성 가치 ② 기능적 가치

③ 사회적 가치 ④ 품질

⑤ 상황가치

❯ **스위니와 수트르가 제시한 고객가치** : 감성 가치, 기능적 가치, 사회적 가치, 품질

25 다음 중 관여도 측정에 필요한 5가지 차원과 거리가 먼 것은?

① 부정적 결과의 중요성

② 구매가 잘못될 가능성

③ 쾌락적 가치

④ 개인적 관심

⑤ 상황적 요인

❯ **관여도 측정에 필요한 5가지 차원 – 로렌트와 캐퍼러**
• 부정적 결과의 중요성
• 구매가 잘못될 가능성
• 쾌락적 가치
• 개인적 관심

Chapter

01 CS 실무

01 상황별 전화응대

(1) 전화응대 3원칙

① 친절성

 ㉠ 고객의 말을 끊거나 가로채지 말아야 한다.

 ㉡ 전화상대의 남녀노소 구분 없이 존중해야 한다.

 ㉢ 고객에게 정성을 다하여서 친절함을 체감할 수 있도록 한다.

 ㉣ 상대방의 감정을 이해하는 공감 경청하며, 긍정적인 심리로 만들어야 한다.

 ㉤ 상대방의 목소리가 높거나 불쾌해졌을 때는 한발 물러서서 논쟁을 피하고 본질을 벗어나지 말아야 한다.

 ㉥ 과잉웃음이나 큰 목소리는 상대를 역으로 불안하거나 불쾌하게 만들 수 있다.

② 신속성

 ㉠ 불필요한 대화를 반복하지 않는다.

 ㉡ 신속히 전화를 받고 생산성 향상을 위해 간단하게 통화한다.

 ㉢ 신속한 처리가 어려운 경우, 문의에 대한 정보를 파악한 후 다시 연락하는 것을 제안한다. 이때 다시 전화를 드려야 하므로, 고객 정보는 양해를 구하며 재확인한다.

 ㉣ 5W1H(누가, 언제, 어디서, 무엇을, 왜, 어떤 방법)로 말하고자 하는 것을 작성하고 순서와 주요 사항을 정리한 후 통화한다.

③ 정확성

 ㉠ 발음과 목소리를 분명히 하고 정보를 전달한다.

 ㉡ 상대방이 이해하기 어려운 전문 용어는, 충분히 설명하고 오해의 소지가 있는 단어 사용은 지양한다.

 ㉢ 중요한 부분은 재강조한다.

 ㉣ 업무에 대한 전문 지식을 갖추고 지식을 지속적으로 업데이트 한다.

 ㉤ 상대방의 말을 섣불리 판단해서는 안 되고 차분히 명확하게 전달해야 한다.

(2) 전화응대 자세

① 상대를 마주보고 대하는 것처럼 정중히 친절한 태도로 응대한다.

② 전화기 옆에는 필기도구를 항시 준비하여 메모할 수 있도록 대비한다.

③ 통화를 마치는 경우, 상대방이 먼저 끊은 것을 확인한 후 수화기를 내려놓는다.

④ 통화 도중 상대방을 기다리게 할 경우, 주위 소음이 들어가지 않도록 주의해야 한다.

⑤ 언어는 정확하고 간결하게 표현하도록 한다.

⑥ 통화가 도중에 끊어지면 전화를 건 쪽이 다시 거는 것이 원칙이다.

⑦ 사내전화가 왔을 때는 부서명만 말하고, 사외전화는 회사명, 부서명 및 성명을 말한다.

⑧ 중요한 부분은 강조해서 반복 확인한다.

⑨ 상대의 말을 지레짐작하여 응답하지 않는다.

⑩ 전화상대를 가리지 않고 경어를 사용하는 것이 좋다.

(3) 전화응대 유의사항

① 플러스화법을 사용하고, 말씨와 억양에 주의한다.

② 상대가 이해하기 힘든 전문용어는 사용하지 않는다.

③ 부정적인 말은 우회적으로 표현하도록 한다.

④ 강조하거나 쉬어야 할 부분은 구별하여 또박또박 말한다. ★

⑤ 명령형 또는 지시형보다 의뢰형이나 권유형으로 말한다. ★

⑥ 고객의 말 속도에 맞춰 일치감을 형성하는 것이 좋다.

⑦ 고객의 목소리보다 조금 낮은 목소리로 음량을 조절하여 통화하는 것이 좋다.

⑧ 고객의 욕구를 충족시키지 못했을 경우, 차선책 또는 대안을 제시하며 최선을 다한다.

(4) 적극적인 경청 방법

① 정확한 이해를 위해 고객의 말을 되풀이한다.

② 편견 없이 고객 입장을 이해하며 듣는다.

③ 주의 집중하여 들으며 요점은 메모해 둔다.

④ 잘 듣고 있음을 맞장구 및 호응의 표현으로 전한다.

⑤ 걸러 듣거나 미리 판단하지 않는다.

⑥ 고객의 말을 가로막지 않는다.

⑦ 정확한 이해를 위해 고객의 말을 복창한다.

> **알아두기** 앨버트 메라비언(Albert Mehrabien)의 '메라비언의 법칙(law of Mehrabian)' ★
>
> ＊ '대면' 커뮤니케이션 구성요소
> - 시각적 요소(표정, 용모, 복장, 자세, 동작, 걸음걸이, 태도) : 55%
> - 청각적 요소(어조로서 상냥함, 친근함, 공손함 등의 긍정적인 감정표현) : 38%
> - 언어적 요소 : 7%
>
> ＊ '비대면' 커뮤니케이션 구성요소(전화를 통한 커뮤니케이션)
> - 청각적 요소(음성, 어조, 억양, 말씨, 호흡, 속도) : 82%
> - 언어적 요소(말의 내용, 전문지식, 숙련된 기술) : 18%

02 바람직한 경어 사용 및 호칭

(1) 올바른 호칭(呼稱) 사용

    ① 외부업체에 자신을 밝힐 때는 회사명과 부서명 및 성명을 밝힌다.

    ② 부하직원이 상사에게 자신을 칭할 때는 부서명과 성명을 밝힌다. 예 "총무수석 홍길동입니다."

    ③ 친구 또는 동료와 같이 대등한 위치라면 사적인 자리에 한해서 이름을 불러도 크게 문제가 되지는 않는다.

    ④ 친구 또는 동료와 같이 대등한 위치의 공적인 자리에서는 "○○씨"라고 칭하며 상대를 존중한다.

    ⑤ 자신보다 아랫사람이라도 처음 대면 시, "○○씨" 또는 이와 유사한 존칭을 사용해 주는 것이 좋다.

    ⑥ 미혼 여성직원 또는 아랫사람을 처음 대면하거나 칭할 때도 직위 또는 "○○씨"라고 사회적 경칭을 사용하도록 한다.

    ⑦ 문서에는 상관에 대한 존칭을 생략한다.

    ⑧ 직급과 직책 중에서 더 상위 개념을 칭하는 것이 통상적인 예의이다. ★

(2) 간접높임의 올바른 사례

- 품절입니다.
- 가능합니다.
- 안 됩니다.
- 사장실은 복도 끝에 있습니다.
- 부장님 말씀이 옳으십니다.
- 부장님께서 독감에 걸리셨습니다.
- 팀장님 오늘 스타일이 참 멋있으시네요.
- 고객님의 자산은 넉넉하십니다.
- 고객님 주문한 옷이 도착했습니다.
- 부장님께서는 사무실이 가까우셔서 걸어 다니십니다.
- 고객님 잠시만 기다려 주시면 바로 해결해 드리겠습니다.

03 콜센터(Call Center) 조직 및 운영사이클

(1) 콜센터의 정의

    ① 고정고객 관계개선 센터

    ② 고객 접근성이 용이한 개방형 상담센터

    ③ 물건의 품질 또는 상태가 좋은 우량(優良) 창출 센터

    ④ 원스톱 고객 서비스를 제공할 수 있는 서비스 품질 제공 센터

    ⑤ 고객감동 실현 가능한 휴먼 릴레이션스(Human relations) 센터

(2) 콜센터(Call Center)의 역할

    ① 역할

        ㉠ 서비스 전략적인 측면

            ⓐ 콜센터 운영 지표의 확보

ⓑ 다양한 커뮤니케이션 채널 확보

ⓒ 철저한 서비스 실행조직으로서 기업 전체에 미칠 영향 중시

ⓓ 정확한 고객 니즈 파악 및 피드백 제공

ⓔ 콜센터 핵심성과지표(KPI; Key Performance Indicator) 확보

ⓒ 기업경영 측면

ⓐ 고객 확보를 위한 고객정보 DB 습득

ⓑ 습득한 고객 정보를 통해 이탈고객 유치 및 잠재고객 활성화

ⓒ 고객가치 증대를 위해 지속적인 차별화된 가치 제공

ⓓ 고객 DB를 기반으로 고객 특성에 맞는 맞춤 서비스 제공

ⓔ 기존 고객과의 장기적인 관계 유지 및 관리

ⓕ 고객과의 잦은 대면 접촉으로 고객 속성 및 특징 파악 후 서비스 제공

ⓒ 조직원의 역할

ⓐ 고객 관리 및 분석가

ⓑ 고객을 설득시킬 수 있는 전문성 보유

ⓒ 텔레 커뮤니케이터

ⓓ 고객 카운슬러

ⓔ 텔레마케팅 코디네이터

ⓕ 기업 가치를 전달하는 홍보맨

ⓖ 고객의 니즈, 욕구, 불만 등을 처리

ⓗ 상품설명 및 판매요청을 접수하는 기업의 종합상황실

ⓘ 다양한 고객정보 및 서비스를 통한 마케팅의 고객 서비스 접점

ⓙ 전화상담뿐만 아니라 상품거래까지 연결 가능

(3) 콜센터 조직 구성

① 상담사(Telemarketer) : 고객 상담 직원

② 통화품질관리자(QAA; Quality Assurance Analyst)

㉠ 상담직원의 상담 내용을 듣고 응대 전반을 모니터링

㉡ 모니터링을 통한 평가, 관리, 감독

㉢ 통화품질을 향상시키는 업무수행 중간관리자

③ 교육강사(Trainer) : 상담직원 대상으로 직무교육, 역량강화 등의 교육 기획 및 실시하는 중간관리자

④ 슈퍼바이저(Supervisor)

㉠ 상담업무가 효율적으로 운영될 수 있도록 지휘, 감독

㉡ 실질적인 관리자로서, 전략수립, 판촉전개, 스크립트 작성 및 개선작업, 현장교육 및 코칭, 이직률 관리 등 업무 전반 수행

⑤ 센터장(Center長) : 전체 관리 책임자

(4) 콜센터(Call Center) 업무 유형 분류

　① 인바운드 콜 서비스 특징

　　㉠ 정밀성, 서비스성, 신속성, 정확성, 프로세스성 ★

　　㉡ 고객의 필요에 따라 수신하여 상담 진행하는 업무

　　㉢ 고객 접근 쉬움

　　㉣ 소비자 상담 부문 효과적인 수단

　　㉤ 고객의 불만이나 문제 해결을 돕는 역할

　　　ⓐ 고객 서비스 : 불만 및 기타 정보, 문의사항 및 독촉

　　　ⓑ 판매활동 : 상품 수주 및 재고 등 기본 정보 문의

　　　ⓒ 고객관리 : 구매이력 등 정보파악 후 통계 및 고객관리

　　　ⓓ 시장조사 : 제품 및 기타 전반 소비자 니즈 수렴 및 성향도 조사

　② 아웃바운드 콜 서비스 특징

　　㉠ 목표달성, 성과분석, 판매 이후 사후관리, 시장조사, 자사상품 및 경쟁사 정보수집

　　㉡ 기업에서 필요에 의해 외부고객에게 전화를 발신하는 업무

　　㉢ 성과지향 및 기업주도형

　　㉣ 양질의 데이터 확보

　　　ⓐ 고객 서비스 : 구매고객 사후 관리(만족도 확인의 해피콜), 상품 도착 안내, 불만 확인

　　　ⓑ 판매활동 : 신상품 안내로 판매지원, 상품 발주 권유

　　　ⓒ 고객관리 : 갱신 연장, 휴면고객 해제, 각종 마케팅 정보 제공

　　　ⓓ 시장조사 : 자문조사, 소비자 요구·욕구 파악

　③ 제휴형 콜센터 : 전문성을 지닌 업체와 제휴하여, 시스템, 인력, 업무 노하우를 결합 및 공유하여 운영하는 방식

　④ 아웃소싱형 콜센터 : 운영에 따른 리스크를 방지하고 효율성, 생산성, 전문성을 고려해 시스템, 시설, 인력 등을 외부 전문 콜센터 운영업체를 통해서 조달하는 방식

　⑤ VOIP 방식 콜센터 : 시내 전화 요금으로 인터넷, 인트라넷 환경에서 시외, 국제전화 서비스를 받을 수 있는 장점

　⑥ CTI 시스템 콜센터 : 전화장치 처리 시스템 및 컴퓨터 처리 시스템이 연동되어 음성과 데이터 처리 시행

　⑦ Blending(블랜딩) 콜센터

　　㉠ 인바운드 콜과 아웃바운드 콜을 동시 처리하는 업무로, 콜센터의 생산성을 극대화한다.

　　㉡ 콜 예측에 따른 인원 배정과 아웃바운드 데이터의 사전 준비가 철두철미해야 한다.

　　㉢ 상담사는 업무지식과 더불어 유연성 있는 커뮤니케이션 능력이 필요하다.

(5) 콜센터(Call Center) 조직의 일반적 특성

　① 비정규직 중심 조직구성

　② 개인 편차

　③ 특정 업무 선호

④ 커뮤니케이션 장벽

⑤ 콜센터 특유의 집단의식

(6) 콜센터(Call Center) 운영을 위한 핵심 요소

① 콜센터의 생산성 및 효율성 향상을 위해 새로운 기술 도입 필요

② 콜센터 상담원의 접점서비스는 회사 전체에 긍정적 이미지 구축

③ 업무 프로세스 맵, 운영 매뉴얼 작성을 통해 체계적인 운영

④ 회사의 마케팅 및 타부서와의 연계성 확대

⑤ 목표 설정에 따라 인적, 물적 자원 및 세부 행동지침 결정

⑥ 콜센터 상담원의 불친절한 서비스는 부정적 이미지를 가지게 하여 고객이탈을 증대

04 매뉴얼 작성 체계

(1) 스크립트(Script)의 개념

① 텔레마케터의 고객 응대의 기본 매뉴얼이 될 사전 기획 대본이다.

② 첫 인사인 도입부터 상담 및 마무리 인사까지 절차와 구성을 세부적으로 구성하여 설계한 것이다.

③ 대화를 어떻게 이끌어갈 것인지의 순서 도식화이다.

④ 고객 상황의 변수에 따라 탄력적 운영이 되지 않도록 해야 한다.

⑤ 고객과의 원활한 대화를 위한 일종의 상담원의 역할연기 대본이다.

⑥ 스크립트는 반복된 훈련을 통해 자연스런 콜 응대가 가능해진다.

⑦ 고객 중심으로 작업하여 고객에게 이익을 준다는 확신을 주어야 한다.

⑧ 짧은 시간 내에 고객을 이해시키며 설득할만한 내용으로 작성한다.

⑨ 스크립트 작성 시 적절한 형용사를 활용하여 열정을 표현한다.

(2) 스크립트의 필요성

① 업무의 표준화

② 평균 통화시간을 조절하여 불필요한 표현 및 상담의 맥락유지

③ 고객의 통화 목적에 대한 효율적 응대

④ 논리적인 상담 진행

⑤ 상담원들에게 표준화된 응대방법을 제공하여 일정한 상담 수준 유지

(3) 스크립트 작성 방법

① **회화식** : 상대방(고객)과 대화하며 진행

② **차트식** : 상대방(고객) 응답을 "네, 아니오"의 방식으로 나누며, 흐름에 따라 다음 질문 및 설명을 덧붙이며 진행

③ **혼합식** : 회화식과 차트식의 혼합적 방법으로, 기본 내용은 차트식으로 진행하고 변수나 구체적인 상황에서 회화식을 적용하며 진행

(4) 스크립트 작성의 원칙 '5C'

① Clear : 알아보기 쉽게 작성

② Concise : 활용 목적의 명확화

③ Convincing : 설득력 있는 확실한(논리, 논거적) 작성

④ Conversatinal : 회화체(구어체) 작성 및 끊어읽기 적용

⑤ Customer-Oriented : 고객 중심적 작성

⑥ 그 외, 차별성, 상황대응, 상황관리 등이 있다.

(5) 스크립트 진행 과정

① 첫인사는 도입 단계에서 고객과의 신뢰감 형성을 위해 가장 중요한 것이다.

② 첫인사 후 바로 회사와 상담원을 소개한다.

③ 통화 상대에 대한 본인 확인 후 상담을 진행한다.

④ 전화를 받는 사람이 결정권자인지 확인 후 상담을 진행한다.

⑤ 먼저 고객을 이해하는 시간을 갖는 유대관계 형성이 필요하다.

⑥ 직접적으로 상품을 설명하며 접근하지 않고, 고객에 대한 서비스를 강조하며 접근하는 것이 유리하다.

⑦ 상담 진행 시, RQ(Relationship Question)를 활용하여 고객정보 수집 후, 고객 맞춤 상품 제안 및 정보 제공을 한다.

⑧ 고객 반론에 대한 자료는 미리 준비하여 대응한다.

⑨ 고객에게 상품선택에 대한 자신감을 한번 더 확신시킨다. ★

⑩ 고객에 대한 정보를 중심으로 상황에 맞는 상품 및 정보를 제안하거나 제공하는 것이 전화 상담의 주요 핵심이다. ★

알아두기

＊ 인바운드 구성
- **도입** : 첫인사 및 상담원 자신 소개, 고객 확인
- **본론** : 고객 문의내용(니즈) 파악, 정보제공 및 문제해결
- **결론** : 재확인, 종결

＊ 아웃바운드 구성
- **도입** : 첫인사 및 상담원 자신 소개, 고객 확인, 전화목적 전달, 상대방 양해, 부재시 대응
- **본론** : 정보수집 및 니즈파악, 상품 및 서비스 제안, 반론극복
- **결론** : 재확인, 종결

05 텔레마케터(Telemarketer) 성과관리

(1) 콜센터 성과관리(Performance Management)의 이해

① 주요 경영지표를 통해 콜센터 운영전략에 따라 잘 진행되고 있는지 여부를 측정

② 성과정보의 광범위한 활동

③ 텔레마케터의 업무 수행 능력을 향상시키기 위해 개별적으로 지도, 강화, 교정을 지속적인 개선활동을 통해 향후 더 나은 결과를 도출하는 P – D – S – R 사이클 반복

- Plan(기획) – Do(실행) – See(관찰) – Revise(재고)

④ 결과에 초점을 두고 평가와 관리

⑤ 모니터링을 통해 문제를 발견한 후 그 문제를 처리할 수 있는 능력을 개발

⑥ 통화품질 관리자(QAA)의 모니터링과 슈퍼바이저의 주된 코칭

⑦ 성과 관리 모니터링 방법 중 QC(Quality Control)는 잘못된 점을 찾아 정정해 주는 것

⑧ 관리 수단과 요소별 자율권 확대

⑨ 사전 목표설정 및 실현을 위한 전략적 사업계획 준비 및 업무관리

⑩ 기관 활동 성과에 대한 종합적인 다양한 평가

(2) 콜센터의 기획구성 시 효율적 관리를 위한 고려사항

① 콜센터 구축에 따른 지속적인 운영비용과 관리 필요

② 전문 상담 자문 컨설팅 요청

③ 직원 채용과 관리방안으로 직업 비전제시 및 적절한 업무배치

④ 주요 대상 고객 데이터 확보 및 관리방안 필요

⑤ 상담원의 합리적인 평가 및 보상

⑥ 운영 초기 시 다양한 채널 확보

(3) 콜센터(Call Center) 모니터링의 종류

① Call Taping(콜 테이핑)

   ㉠ 자동화된 시스템이 통화 샘플을 녹음

   ㉡ 모니터링 요원이 무작위로 선택하여 상담자의 수행평가를 위한 통화를 진행

   ㉢ 상담자 역시 자신의 통화를 듣고 반복 검토 가능

   ㉣ 완전 자동화 시스템의 단점은, 고비용과 즉각적인 피드백의 제공이 어려움

② Peer Monitoring(동료 모니터링)

   ㉠ 콜센터 상담원은 동료의 호출을 교차 모니터링

   ㉡ 성과에 따른 피드백을 제공함

   ㉢ 상담원이 직접 참여할 수 있는 권한을 부여

   ㉣ 관리자의 시간을 절약

   ㉤ 상담원은 모니터링을 위해 전문교육을 받아야 하며, 평가로 인해 고객과 우수 상담원의 고객응대 시간이 상대적으로 줄어들 수 있음

③ Silent Monitoring(사이런트 모니터링)

   ㉠ 모니터링이나 평가자(QAA)를 담당하는 사람은 다른 장소에서도 실시간으로 상담자의 통화를 듣기 가능

   ㉡ 상담자의 키보드 활동을 모니터링하여 상담의 질과 시스템 상태를 확인

   ㉢ 상담자는 고객 응대에 있어서 자연스러움

   ㉣ 간섭받지 않을 수 있으나 즉각적인 피드백 어려움

   ㉤ 누군가 듣고 있다는 혹시나 하는 심리적 두려움과 압박감이 발생

④ Mystery Call(미스터리 콜)

   ㉠ 지정된 미스터리 쇼퍼가 고객처럼 콜센터에 전화를 걸어 상담자를 모니터링

ⓒ 좋은 표본이 되며, 상담자 역시 평소처럼 자연스럽게 응대 가능

ⓒ 상담자에게 바로 피드백을 주기 어려움

ⓔ 피드백이 평가자(QAA)로 전달되기 때문에 의사소통 오류가 발생 가능성 있음

(4) 콜센터 모니터링 기본프로세스 및 활용 방법

① 모니터링의 기본적인 과정은 목표설정 → 평가척도 구성 → 실행평가 및 분석 → 상담자 피드백의 과정이다.

② 정량적, 정성적 기준에 대한 모니터링 목표를 설정한다.

③ 평가결과를 분석하여 공유한다.

④ 분석내용 및 표준안을 상담사에게 피드백 및 교육한다.

⑤ 상담자의 개별 코칭뿐 및 상담품질을 측정, 기준을 재조정할 수 있다.

⑥ 코칭이나 우수사례는 보상 시 근거자료로 활용할 수 있다.

⑦ 보상을 통해 동기를 부여할 수 있다.

⑧ 자기계발의 수단으로 활용되어 교육의 중요성을 느끼게 할 수 있다.

⑨ 상담원의 감시가 아닌 상담원 스스로 발전하게 하는 수단으로 인식되어야 한다.

⑩ 어떤 방식의 모니터링도 상담원이 간섭 및 불공정한 평가를 받는다는 반감을 고려한다.

알아두기 **앤톤(Anton)의 콜센터 인바운드 성과지표**

· 평균 대기시간 : 상담 신청 시간부터 상담사가 연결될 때까지의 합한 시간을 상담사의 신청 콜 수로 나눈 시간
· 평균 통화 시간 : 콜 건수당 상담사와의 평균 통화시간
· 평균 응대 속도 : 콜센터에 들어오는 모든 콜들이 상담사에 의해 최초 응대되는 시간의 평균
· 평균 통화 후 처리시간 : 상담을 마치고 콜 관련 상담 내용 정리하는 데 소요되는 시간

(5) 모니터링 평가

① **모니터링 평가표의 3대 요소**

㉠ **유용성** : 불필요한 항목과 중요성에 비례한 배점인지 점검

㉡ **신뢰성** : 나 이외에 타인의 평가에도 동일한 기준으로 명확하고 객관적인지 점검

㉢ **공정성** : 어떤 상황에도 공정하고 보편적인지 점검

② **모니터링 평가 분석 방법** : 모니터링 결과를 분석하는 방법은 평균분석, 편차분석, 중요도분석, 항목별 분석, 목표분석, 미래분석, 상관분석, 확인분석으로 구분

(6) 모니터링 코칭의 종류

① **개별 코칭** : 일대일로 하는 가장 기본 코칭 유형으로 신입, 부진자 등을 대상으로 진행

② **프로세스 코칭** : 일정한 형식으로 진행되어 사전에 코칭대상, 시기, 내용 선정 후 정해진 절차로 진행

③ **스팟(미니) 코칭** : 짧은 시간 많은 상담원을 접촉하며 진행

④ **풀 코칭**

㉠ 스팟(미니) 코칭보다 길고, 코칭의 내용이 구체적으로 진행

㉡ 2~3개의 통화품질기준의 구체적인 내용으로 진행

⑤ **그룹 코칭** : 일대 다수로 적정 수준의 통화품질 유지를 위해 진행

01 상황별 고객응대 기법

(1) 고객응대에 중요한 화법

① 말과 행동을 통해 고객에게 전달될 때 겸손하며 예의바른 호칭 및 존대어를 사용한다.

② 세대 간 통하는 은어 또는 어려운 업무용어는 지양한다.

③ 고객이 이해하기 쉬운 단어를 선택하여 쉽게 전달한다.

④ 고객의 이익을 우선시하는 주제로 대화를 유지한다.

⑤ 정확한 발음 및 적당한 속도와 크기로 음성으로 사용한다.

⑥ 진정성 있는 대화를 하기 위해, 백트레킹(Back_Tracking)을 적극 사용한다.

⑦ 다양한 화법 기술로, 대화 분위기를 주도 및 설득하여 원하는 상담 방향으로도 유도한다.

(2) 고객 상담에 유용한 화법

① **샌드위치 화법** : 칭찬 후 충고하고 격려로 이어지는 화법이다.

② **쿠션화법**

㉠ 상대를 배려하는 차원에서 강하고 단호한 표현보다 먼저 미안함을 표현한다.

㉡ 쿠션처럼 완충 역할로, 부드럽게 전달하는 화법이다.

㉢ 주로 '실례합니다만, 죄송합니다만, 번거로우시겠지만, 괜찮으시다면'을 사용한다.

③ **레이어드 화법**

㉠ 명령어 또는 지시어를 요청하는 청유의 형태로 바꾸어 전하는 화법이다.

㉡ 보편적으로 쿠션어와 함께 많이 사용한다.

④ **긍정화법** : 대화를 할 때 부정적인 답을 할 수밖에 없을 때 분위기 전환으로, 가능한 대안과 방법을 긍정형의 말로 제안하며 건네는 화법으로 사용한다.

⑤ **Yes But 화법**

㉠ 먼저 상대방의 말에 선 동의 후, 나의 의견이나 사실을 말하는 방법이다.

㉡ 구체적으로 상대의 말에 공감하고, 의견을 제시한다.

⑥ **아론슨 화법** : 긍정과 부정의 단어를 혼합하는 경우, 부정을 먼저 말하고 긍정으로 마무리한다.

⑦ **후광 화법** : 고객에게 전문가나 연예인의 매출을 먼저 보여드린 후, 고객 저항을 감소시켜 나가는 화법이다.

⑧ **부메랑 화법** : 고객이 제품에 대해 변명 및 트집을 잡는 경우, 트집 잡은 내용이 외려 장점이라고 설득하며 제품을 구입하게 하는 화법이다.

⑨ **보상 화법** : 약점을 말한 후에 이를 보완할 수 있는 장점을 이어 말하는 화법이다.

⑩ **나 전달 화법(I-MESSAGE)** : YOU-MESSAGE의 반대로 나의 입장에서 느낀 것을 고객에게 말하며 고객의 행동으로 인해 일어나는 표면적 감정보다 근본적인 마음을 전하고 표현하는 화법이다.

(3) 질문의 기술

① 확인형 질문(Confirmation Question)

㉠ 고객의 말을 통해 확인을 받는 질문 기법이다.

㉡ 고객의 답변에 집중한다.

㉢ 고객의 니즈 파악이 정확하게 가능하다.

㉣ 처리문제 해결 부분을 정확하게 확인받을 수 있다.

② 개방형 질문(Open Question)

㉠ 고객에게 자유롭게 의견을 얘기할 수 있도록 마음의 여유를 주는 확대형 질문이다.

㉡ 고객의 주관적인 의견을 통해서 니즈 파악도 가능하다.

③ 폐쇄형 질문(Closed Question)

㉠ 고객의 답변을 사전에 파악한 경우 사용 가능하다.

㉡ 예, 아니오 중에서 선택할 수 있도록 하는 선택형 질문이다.

㉢ 고객에게 문의하여 요점만 듣는 짜임새 있는 대화 분위기를 조성한다.

㉣ 고객의 니즈에 집중한다.

㉤ 화제 정리 및 정돈된 대화를 유지할 수 있다.

02 불만 고객의 컴플레인(Complain)과 클레임(Claim) 분석 및 응대

(1) 컴플레인과 클레임의 이해

① 컴플레인(Complain)

㉠ 컴플레인은 상대방의 잘못된 행위에 대한 불만사항을 통보하는 것이다.

㉡ 주의를 주는 정도의 불만족 정도이다.

㉢ 조직 내부 자체적으로 행동을 보인다.

㉣ 즉시 또는 빠른 시일 내에 해결할 수 있다.

㉤ 보편적으로 고객이 상품을 구입하는 과정에서 품질, 서비스, 행위 귀책의 사유로 불만을 제기한다.

② 클레임(Claim) ★

㉠ 클레임은 상대방의 잘못된 행위에 대한 시정요구이다.

㉡ 클레임 처리가 되지 않을 때 고객에게 물질적 또는 정신적, 법적 보상이 필요하다.

㉢ 당연한 것으로 '권리, 유산 등을 청구하다'의 뜻을 내포하며, 소비자보호에 의해 권리를 요구할 수 있다.

③ 클레임(Claim)의 종류 ★

㉠ 소프트 클레임 : 불편함을 느끼는 정도

㉡ 일반 클레임 : 불편함 및 불쾌감이 즐비할 때

㉢ 하드 클레임 : 불편함보다 불쾌감이 강하여 불만의 정도도 강한 상태

(2) 칼 알브레히트(Karl Albrecht)의 고객 불만 원인

① 고객을 화나게 하는 7가지 태도(The seven Sins of Services)

㉠ 무관심(Apath) : 나와 상관 없다는 식의 태도

ⓛ 무시(Brush-off) : 고객의 요구나 문제를 못 본척하며 피하는 태도

ⓒ 냉담(Coldness) : 고객을 귀찮아하는 적대감으로, 무뚝뚝하게 퉁명스럽게 대하는 태도

ⓔ 건방떨기, 생색, 거만(Condescension) : 고객을 무지하게 대하고, 어리숙하게 보며 건방진 태도

ⓜ 로봇화, 경직화(Robotism) : 기계적인 응대로 인간미가 없는 응대 태도

ⓗ 규정 핑계, 규정 제일(Rule book) : 내부규정을 앞세우며 예외없이 규정대로만 하는 태도

ⓢ 뺑뺑이 돌리기, 발뺌(Run around) : 자신의 업무영역이 아님을 말하며, 타부서로만 넘기는 태도

(3) 굿맨(Goodman)의 법칙

① 1970년대부터 80년대 미국의 불만 고객 조사를 기초로 시작 후, 현재 시대를 초월하여 만국공통으로 많은 전문가에게 인정받는다.

② 불만을 해결해 주지 못할 경우 고객은 테러리스트가 되어 나쁜 구전으로 신규고객 확보에 장애가 될 수 있다.

③ 불만 후 문제해결에 만족한 고객은 문제제기하지 않은 고객에 비해 재거래율이 증가했다.

④ 기업 입장에서는 문제개선의 기회를 잃어 제품뿐만 아니라 서비스의 품질이 저하되어 시장에서 퇴출될 수 있다.

⑤ 기업과 고객, 직원 간의 부정적 연쇄 반응으로 악순환의 매개가 될 수 있다.

 Tip

- 제1법칙
  불만 고객 중 문제를 제기하며 제기한 문제 해결에 만족한 고객은 그 기업의 같은 브랜드를 재구매할 거래율이 문제를 제기하지 않는 고객보다 높다.

- 제2법칙
  문제해결에 불만을 가진 고객의 혹평적 소문의 영향은 만족한 고객의 호평의 영향보다 2배 더 강하다.

- 제3법칙
  소비자 교육을 받은 고객들은 회사에 대한 신뢰가 높아 호의적인 소문 파급 효과를 기대할 뿐만 아니라 제품 구매 의도를 높여 시장 확대에 기여한다.

(4) 불만 고객의 유형

① 씽(Singh J., 1990)의 불평고객 유형

㉠ 직접 행동자(표현 불평자)

ⓐ 제품이나 서비스 제공자에게 최고의 고객으로 전환될 수도 있다.

ⓑ 자신의 불평과 개인적 규범이 일치한다.

ⓒ 부정적 구전을 퍼트리거나 거래 기업을 바꾸거나, 제3자에게 불평을 말하지 않는다.

ⓓ 구전의 확산, 제3자에게 불평하는 것이 덜 긍정적이라고 생각한다.

㉡ 소극적 행동자(수동적 불평자)

ⓐ 어떤 조치라도 취할 가능성이 적다.

ⓑ 제품이나 서비스 제공자에게 어떠한 것도 말하려 하지 않는다.

㉢ 사적 행동자(화내는 불평자, 격노자)

ⓐ 제3자에게 불평을 하지 않고, 불평해도 들어주지 않는다는 생각을 갖고 있다.

ⓑ 기업에게 두 번의 기회를 주지 않는다.

ⓒ 주변 지인에게 부정적인 구전커뮤니케이션을 한다.

ⓔ 적극 행동자(적극적 불평자)

ⓐ 다른 유형의 사람들보다 높은 소외의식을 갖고 있다.

ⓑ 서비스 제공자 및 제3자에게도 불평한다.

ⓒ 모든 상황에서 평균 이상의 불평성향을 갖는 유형이다.

② 고객 불만 유형

㉠ **심리적 불만** : 개인존중, 자아실현 및 사회적 수용 측면에 대한 불만

㉡ **상황적 불만** : 소비생활과 관련하여 장소, 시간, 목적에 따른 불만

㉢ **효용 불만** : 고객 욕구를 충족시키지 못할 때 발생하는 불만

㉣ **균형 불만** : 고객 기대수준보다 낮을 때 발생하는 불만

(5) 불만 고객 응대 처리

① **불만 고객 응대 처리 프로세스**

㉠ 고객에게 '공정성을 유지'하고, 실제로도 공정한 처리가 중요하다.

㉡ 고객 불평 사항에 대한 조치 후, 그 결과는 고객에게도 알리며 '효과적으로 대응'한다.

㉢ 고객 불평 행동 전반에 대한 비밀은 유지하고, '고객 프라이버시는 보장'한다.

㉣ 고객 불평을 통해 알게 된 내용을 다른 조직 내부와 공유하며 '체계적으로 관리'한다.

㉤ 독립적인 조사기관이 있어야 한다.

② **컴플레인 발생 시 처리 방법**

㉠ 고객의 말을 성의 있게 듣고 불편 사항을 긍정적으로 받아들여 의견대립을 피한다.

㉡ 요점만 파악하여 고객과의 착오는 없었는지 검토한다.

㉢ 신속한 해결책 마련을 통해 친절하게 해결책을 납득시킨다.

㉣ 결과를 검토 및 반성하며, 동일한 고객 불만이 다시 발생되지 않도록 유의한다.

㉤ 회사방침을 기준으로 권한 밖의 일은, 담당자 또는 상사가 처리할 수 있도록 한다.

③ **컴플레인 발생 시 처리 시 유의사항**

㉠ 고객 잘못이 있더라도, 명확히 지적하지 않고, 간접적으로 고객 자존심이 상하지 않도록 한다.

㉡ 설명은 반드시 사실을 바탕으로 명확하게 해야 한다.

㉢ 성의 있는 자세로 고객 입장에서 응대한다.

㉣ 상대방에게 동조하며 긍정적으로 경청한다.

㉤ 고객은 근본적으로 선의를 갖고 있음을 믿는다.

(6) 불만 고객 응대 원칙

① **피뢰침(lightning rod)의 원칙**

㉠ 고객들은 개인적인 감정 소비가 아닌 복잡한 규제와 제도에 불만을 표출한다.

㉡ 고객이 나 자신에게 화가 났다고 생각하지 않아야 흡수 및 동요되지 않는다.

㉢ 객관적으로 회사 제도에 한해서 지원한다.

② 책임 공감 원칙

　　㉠ 고객 비난이 나를 향한 것이 아니라고 해서, 고객 불만족이 나의 행위귀책에 전혀 책임이 없다고 할 수는 없다.

　　㉡ 조직 구성원의 일원으로서 같이 책임을 갖고, 성실히 불만 고객의 문제를 해결할 수 있도록 유기적인 협조를 구하며 처리한다.

③ 감정통제 원칙

　　㉠ 인간은 감정의 동물로서, 각자가 성향이 다르기에 같은 상황이더라도 느껴지는 농도는 다를 수 있다.

　　㉡ 불만 고객을 대응시, 신체적 변화가 나타날 수 있다.

　　㉢ 타인에게 끌려가지 않도록 주의한다.

④ 언어절제 원칙

　　㉠ 고객보다 말을 많이 하는 것보다는 고객의 말을 듣고 고객의 의사를 파악한다.

　　㉡ 명확히 해결하는 것이 효과적이다.

⑤ 역지사지 원칙

　　㉠ 고객 상담 과정에서 본인의 입장이 아니면 충분히 이해하기에 어려움이 있다.

　　㉡ 상대방의 입장에서 문제를 접근해 보는 시도가 중요하다.

　　㉢ 내부 규정이나 업무 처리 절차 및 이유를 모르는 상대의 입장에서 이해하기가 필요하다.

　　㉣ 역지사지의 진정성은 타인의 관심이 전제되어야 전달한다.

　　㉤ 문제해결을 위해서는 수사학에 치우치지 않고 상대방에게 관심갖기가 필요하다.

03 감정노동

(1) 혹실드(Hochschild)의 감정노동 유형

① **내면화 행위** : 기업에서 원하는 기준에 자신의 감정을 맞추도록 스스로 변화시켜 나가는 적극적인 행위

② **표면화 행위** : 실제 내면 감정상태를 변화시키지 않고 조직의 감정규칙인 서비스 표준에 맞춰 겉으로 표현하는 행위

(2) 감정노동으로 인한 직무스트레스 대처 방법

① **생각 멈추기** : 고객 대면 시, 입 밖으로 소리를 지를 수 없으므로, 속으로 "그만"이라고 하며 소리지른 뒤, 백지장처럼 해당 고객을 지우는 것이다.

② **일과 나와의 분리** : 상담 시 심한 폭언을 듣더라도, 마음속으로 "나는 일 때문에 다른 사람이 되어 있는 거야, 지금 연극을 하고 있는 거야"라고 생각한다.

③ **적응하기** : 현재 상황을 그냥 받아들이며 긍정적 해설을 하려고 노력한다.

　　예 "회사 규정에 불만인거지, 내가 싫어서 화내는 건 아닌거야"

④ **분노조절 훈련** : "저 고객이 개인적으로 무슨 일이 있어서 화를 내거지, 일부러 나를 무시하려고 그런 말을 한 것은 아닐거야"라고 생각하며, 나는 분노를 잘 조절해서 표현하는 강한 사람이라고 스스로 격려한다.

⑤ **혼잣말** : '내가 지금 굳이 화를 내야 하는 상황일까? 화 낼 만큼 중요한가?'하며 나 스스로에게 질문한다.

04 Power Coaching

(1) Coaching의 개념

① 코칭은 개인의 변화와 발전을 지원하는 수평적·협력적 파트너십에 초점을 두고 있다.

④ 성취하려는 개인과 적극적으로 소통하고 동기와 믿음을 심어준다.

⑤ 스스로 문제를 찾고 해결할 수 있도록 도와주는 작업이라고 할 수 있다.

⑥ 개인의 능력을 극대화함으로써 목표를 달성하도록 돕는 것을 지칭하는 용어이다.

(2) Coaching의 장·단점 ★

① 장점

　㉠ 학습자와 코치가 동시 동반성장이 가능하다.

　㉡ 업무수행 성과에 직접적인 관련이 있다.

　㉢ 1 : 1로 지도할 수 있어 교육효과가 높다.

　㉣ 상하 커뮤니케이션 능력 향상에 도움이 된다.

② 단점

　㉠ 코치의 시간소요가 많아 노동집약적이다.

　㉡ 매일하는 코칭은 학습자에게 부담이 된다.

　㉢ 코치와 학습자 간의 계약관계는 학습에 지장이 될 수 있다.

　㉣ 교육의 성과는 코치의 능력에 따라 달라진다.

(3) Coaching의 역할 ★

① 멘토(Mentor)

　㉠ 멘토의 역할은 장기적 또는 단기적일 수 있다.

　㉡ 주로 같은 조직 구성원의 사람 또는 외부 전문가가 수행한다.

　㉢ 직원의 자기계발에 도움이 될 조언을 해 주는 존경의 대상자가 한다.

　㉣ 팀원이 원하거나 프로세스상 꼭 필요한 경우 지원도 가능하다.

　㉤ 전문적이며 구체적인 지식 및 지혜의 도움을 주는 내용전문가이다.

　㉥ 한 걸음 뒤에서 장기적 관점으로, 지식과 기능의 발전 도모를 위해 상담 및 조언한다.

　㉦ 업무뿐만 아니라, 사고 등 의미 있는 동기부여 및 변화를 주는 조언자이다.

② 교사(Teacher) : 직원이 업무를 효과적으로 수행할 수 있도록 업무 비전, 가치, 전략, 서비스 및 제품, 고객 등에 대한 충분한 정보를 제공하는 사람

③ 후원자(Sponsor) : 직원들이 개인적인 성장과 경력 목표를 달성하는 데 도움이 되는 업무를 결정하는 데 도움을 주는 사람

④ 평가자(Appraiser) : 특정 상황에서 직원의 성과를 모니터링하고 적절한 피드백이나 지원을 제공하는 데 전념하는 것으로 약속한 사람

⑤ 역할모델(Role Model) : 직원들의 기업문화에 맞는 리더십 유형을 보여주는 동시에 직무를 행동으로 보여주는 역할을 수행

(4) 코칭 대화 프로세스
  ① ICAN 전략모형
    ㉠ Identify(정형화)
    ㉡ Circumstance(상황파악)
    ㉢ Action plan(실행계획 수립)
    ㉣ Nurturing(양육지원)
  ② GROW 모델
    ㉠ Goal(목표설정)
    ㉡ Reality(현실확인)
    ㉢ Options(대안탐색)
    ㉣ Will(실행의지)

제3절 예절과 에티켓

01 이미지 컨설팅

(1) 이미지(Image) 분류
  ① 외적 이미지
    ㉠ 외부로 보여지는 표정, 외모, 자세, 언행, 제스처 등
    ㉡ 보여지는 외면적 이미지를 Appearance로서 형상화된 것
  ② 내적 이미지
    ㉠ 본질적으로 자기 자신에 대한 생각과 감정을 통칭
    ㉡ 개인적인 내면의 마음, 욕구, 감정
    ㉢ 내면의 생각과 마음가짐이 외적 요소를 형성하는 데 가장 중요
  ③ 자아 이미지 : 나에 대한 개인적인 평가
  ④ 사회적 이미지
    ㉠ 사회구성원 간에 형성되고 영향을 미치는 관계
    ㉡ 특정 사회에서 형성된 내부 사회 구성원들이 수용하는 이미지

(2) 이미지 형성과정
  ① 지각과정 : 인간이 주관적이고 선택적인 환경에 의미를 부여하고, 같은 대상에 다른 이미지를 부여하는 과정
  ② 사고과정 : 과거 관련 기억의 입력 요소와 현재 인식이 혼합되어 개인의 이미지를 형성하는 과정
  ③ 감정과정 : 감정 반응은 지각과 사고 이전의 감정에 반응하여 확장된 효과

- 이미지(Image)란 어떠한 대상을 통한 느낌으로 즉각적으로 연상(聯想)되는 현상
- 이미지 메이킹(Image making)이란 상황에 맞게 자신의 이미지를 연출하는 능력을 키워서 자신감 상승을 기대

(3) 첫인상 ★

① 첫인상의 특징

ㄱ 신속성 : 빠르면 3초, 길게는 7초 사이에 결정

ㄴ 일회성 : 처음 인식된 순간으로 결정되는 단 한번 만으로, 전달되는 순간 결정

ㄷ 일방성 : 내 의지와 상관없이 상대방이 보이는 대로 판단

ㄹ 초두효과 : 처음 느낀 정보가 전체적인 이미지 판단에 결정적인 요인이 되어, 나중 정보를 차단하여, 숨겨진 내면의 성향 전달은 어려움

② 첫인상 형성 관련 심리학적 용어

ㄱ 빈발 효과(Frequency effect) : 반복되어 노출된 태도 및 행동이 첫인상과 다르게 솔직하게 노출되어 인상이 우호적으로 바뀌는 현상

ㄴ 최신효과(Recency effect) : 가장 최근에 제시된 정보를 기억하는 현상

ㄷ 주의감소효과(Attention Decrement effect) : 첫인상이 결정된 후에 그 사람에 대한 다른 정보에 대한 주의력이 감소하는 현상

ㄹ 후광효과(Halo effect)
ⓐ 더 빛나는 배경을 의미하는, 영어 이름을 따서 헤일로 효과라고도 불림
ⓑ 어떤 대상에 대한 또렷한 특징이 다른 세부적인 특징의 평가에도 영향을 미치는 현상

ㅁ 초두효과(Primacy effect) : 인쇄효과, 콘크리트 효과라고도 불리며, 처음 들어온 정보가 강력하게 각인되는 현상

ㅂ 부정성 효과(Negativity effect) ★
ⓐ 인상 형성에 있어서 긍정적 정보보다 부정적 정보가 더 강력하게 작용하는 현상
ⓑ 첫인상에 부정적 정보를 접하게 되면 쉽게 나쁜 쪽으로 바뀌는 현상

ㅅ 인지적 구두쇠(Cognitive miser) ★
ⓐ 상대를 판단할 때 가능한 노력을 덜 들이며 결론에 도달하려는 현상
ⓑ 사람들은 두뇌 에너지를 적게 사용하며 문제해결을 하려 한다는 이론

ㅇ 맥락효과
ⓐ 처음 제시된 정보는 나중에 들어오는 정보처리 시 영향을 미치는 효과
ⓑ 처음에 부정적인 정보를 얻으면 나중에 부정적으로 간주하려는 현상

ㅈ 일관성 오류 : 일관성을 유지해야 한다는 비이성적 사고 및 오류가 발생하는 현상 ★

02 패션 이미지 연출법

(1) 단정한 용모와 복장의 중요성

① 외형적 이미지에 나타난 용모와 복장은 그 사람의 인격과 인상뿐만 아니라 그 능력을 표현하는 수단이다.

② 근무정신을 공고히 하고 업무수행에 자신감을 가지게 하는 수단이 된다.

③ 첫인상의 기초가 되는 외적인 요소 중 깔끔한 외모는 상대방에게 신뢰와 호감을 주는 요소가 된다.

④ 서비스 접점의 경우 획일적인 관리와 깔끔한 외관이 주는 이미지가 업무에 적합한 기본 척도가 되며, 고객 응대에 있어서 가장 기본적인 매너이다.

⑤ 매끄러운 사회활동과 대인관계의 예를 제공하기 위해 시간(Time)과 장소(Place), 상황(Occasion)에 따라 용모와 복장을 갖춰야 한다.

(2) 남성과 여성의 비즈니스 업무 옷차림

① 남성

    ㉠ 정장은 검정색, 감색이 기본이다.

    ㉡ 드레스셔츠의 색상은 흰색이 기본이며, 반팔셔츠는 가급적 지양한다.

    ㉢ 벨트 색상은 정장과 어울리는 것으로 착용한다.

    ㉣ 드레스셔츠 소매 끝이 정장자켓보다 1~1.5cm 나오게 입는다.

    ㉤ 조끼를 입을 때는 넥타이가 조끼 밑으로 나오면 안 된다.

    ㉥ 구두를 신을 때 양말은 발목 위로 올라오는 것으로 신는다.

    ㉦ 양말은 정장과 같은 계열의 무난한 색을 신는다.

    ㉧ 넥타이의 폭은 상의 깃과 폭이 같은 것으로 선택하는 것이 좋다.

    ㉨ 넥타이의 길이는 벨트 버클을 약간 덮을 정도가 적당하다.

② 여성

    ㉠ 면접을 볼 때는 앞 뒤 막힌 구두를 신는다.

    ㉡ 핸드백 안에 소지품 정리를 잘 해둔다.

    ㉢ 향수는 많은 양을 뿌리지 않고, 은은한 향을 선택한다.

    ㉣ 핸드백은 정장 및 구두색과 어울리도록 한다.

    ㉤ 스타킹은 올이 나가지 않았는지 확인하며, 예비용을 준비하는 것이 좋다.

    ㉥ 적당한 화장을 하고 출근하는 것이 예의다. 밝고 건강하게 연출한다.

    ㉦ 손톱은 너무 길지 않게 관리한다.

    ㉧ 많이 화려한 색의 모발 염색은 지양한다.

    ㉨ 지나치게 화려한 액세서리는 하지 않고, 용모복장에 어울리는 것으로 착용한다.

    ㉩ 여름철이라도 민소매와 같이 노출이 많은 복장으로 출근하지 않는다.

03 인사 매너

(1) 인사(Greeting)의 의미 ★

① 인사는 인간관계의 시작이자 끝이다.

② 진정한 인사는 상대방의 마음에 문을 여는 열쇠이기도 하다.

③ 상대방에 대한 존경의 표현이다.

④ 상사에 대한 존경과 직장 동료 간의 우정의 상징이다.

⑤ 고객에 대한 기본적인 서비스 마인드의 표현이 되기도 한다.

(2) 인사의 중요성 ★

① 인사를 통해 자기 자신의 이미지를 높일 수 있다.

② 많은 예절 중 가장 기본이다.

③ 상대방에 대한 존경 및 반가움을 표현하는 일종의 형식이다.

④ 낯선 환경에서 상대에게 전하는 올바른 인사는 호감과 신뢰감을 준다.

⑤ 처음 만나는 사람들과의 새로운 인간관계의 시작을 의미한다.

(3) 인사의 올바른 시기 ★

① 일반적으로 인사할 사람이 나의 방향을 마주할 때 이상적인 거리는 6~8걸음이 적합하다.

② 일반적으로 30보 이내에서 인사할 준비를 하는 것이 좋다.

③ 사각지대에서 갑자기 만나거나 옆에서 나타나면 즉시 인사하도록 한다.

④ 복도 및 그 외 공간에서 상사와 외부인을 만나면 잠시 걸음을 멈추고 정중히 인사한다.

⑤ 복도에서 상사와 마주칠 때는 멈추지 않더라도 옆으로 비켜서서 인사를 해야 한다.

⑥ 화장실이나 엘리베이터 등 공공장소에서는 소리 내어 인사하지 않고, 목례로 대신한다.

⑦ 전화통화 등 앉아서 인사해야 하는 경우, 얼굴표정이 보이도록 하여 머리를 너무 숙이고 있지 않아야 한다.

⑧ 장애물로 막혀 있는 곳에서 첫 손님 응대 시 보통례로 한다.

(4) 인사의 종류와 상황 ★

① **목례(目禮)**

㉠ 인사말은 하지 않아도 되지만, 표정과 시선을 통해 눈인사를 한다.

㉡ 일반적으로 눈만 맞추기 어색하므로, 눈인사와 더불어 약 15도 정도의 각도로 인사한다.

㉢ 상대방이 꼭 나를 보는 것은 아니더라도 목례를 습관화하는 것이 좋다.

> **Tip   목례의 상황**
>
> • 양손에 짐이 있어 어려운 상황
> • 실내와 같은 사무실 또는 복도 등 공공장소
> • 인사를 나눈 후에도, 부득이 2번 이상 마주했을 때
> • 비좁은 계단 및 통로
> • 화장실과 같은 조심스러운 장소
> • 통화 중 손님 또는 상사와 만났을 때
> • 모르는 사람이지만, 일터에서 마주했을 때
> • 손을 뗄 수 없는 작업공간
> • 빠르게 지나가야 하는 상황
> • 많은 사람이 있는 엘리베이터
> • 길게 줄을 서 있는 구내식당

② **보통례(보통 인사)**

㉠ 가장 일반적인 인사이다.

㉡ 일상생활에서 선배나 처음 보는 사람들에게 할 수 있는 최고의 인사이다.

㉢ 목례와 달리 인사말을 함께 건넨다.

ⓔ 너무 가까이 가지 않고 인사하는 것이 좋다.

ⓜ 30도 정도 숙여서 인사를 하는 것이 일반적이다.

> 📋 **Tip**　보통례의 상황
>
> - 일반적인 서비스접점 고객 맞이 배웅 응대 시
> - 지위 또는 신분이 높은 상사 또는 내방객 첫 맞이 및 배웅 시
> - 회사에 출근하여 인사를 나눌 때

③ 정중례(정중한 인사)

㉠ 직위가 높거나 연장자 또는 감사나 사과인사를 전해야 할 때 사용한다.

㉡ 주로 45도 숙여 인사로 죄송한 마음을 표현하거나, 더욱 예를 갖출 때 한다.

> 📋 **Tip**　정중례의 상황
>
> - 면접관에게 인사할 때
> - 고위급 간부 또는 그에 따른 손님을 배웅할 때
> - 고객에게 죄송함을 표할 때
> - 예를 갖추고 정중히 부탁할 때
> - 결혼식이나 돌잔치 등 단체 손님에게 인사할 때
> - 공식석상의 첫 인사 또는 상을 받을 때

04 전통 예절

(1) 전통적인 공수(拱手) 예절 ★

① 공수의 이해

㉠ 차수(叉手)라고도 하며, 의식행사 및 어른을 뵐 때 한다.

㉡ 공수는 배례(拜礼)의 기본동작으로 두 손을 앞으로 모아 잡는 것이다.

㉢ 남성과 여성이 포개는 손의 위치가 다르다.

㉣ 일반적인 평상과, 제사 때와 다르게, 흉사에는 공수의 자세가 바뀐다.

㉤ 공수자세는 공손한 자세표현으로 두 손을 포개어 모아잡는 예법을 말한다.

② 올바른 공수 자세

㉠ 공수 자세는 손을 가지런히 하고, 엄지가 배꼽 부근에 위치하도록 한다.

㉡ 평상(平常)시와 제사에서는, 남성은 왼손이 위로, 여자는 오른손이 위로 올려 포갠다.

㉢ 흉사(凶事)시에는 남성은 오른손이 위로, 여성은 왼손을 위로 올려 포갠다.

(2) 전통 절의 종류와 방법

① 절의 종류

㉠ 초례(작은 절) : 웃어른이 아랫사람 절에 대한 답배(答拜)에 주로 사용

㉡ 배례(매우 큰 절) : 혼례, 관례, 상례, 제례, 고희, 수련 시 주로 사용

㉢ 진례(큰 절) : 답례를 하지 않아도 되는 높은 어른이나 의식행사에서 주로 사용

㉣ 행례(평절) : 항렬(行列)이 같거나, 관직의 품계(品階)가 같을 경우 주로 사용

② 절 하는 방법

　㉠ 전통 절의 횟수

　　ⓐ 남성은 양으로 최소 양수 기본 한 번을 절한다.

　　ⓑ 여성은 음으로 최소 음수 기본 두 번을 절한다.

　　ⓒ 의식행사 및 고인(故人)에게는 기본횟수의 배를 한다.

　㉡ 남성의 평절

　　ⓐ 무릎을 꿇고 앉으며 두 손은 공수자세로 포개어 둔다.

　　ⓑ 오른발이 왼쪽 발 위로 오게 앉는다.

　　ⓒ 왼손을 위로 한 공수자세로, 머리를 30도 정도 숙여 공손하게 절 한다.

　㉢ 여성의 평절

　　ⓐ 왼쪽 무릎을 꿇은 후 오른쪽을 꿇고 엉덩이를 바닥에 놓는다.

　　ⓑ 몸을 앞으로 30도 숙여 양손의 끝은 각 무릎 옆바닥에 살포시 둔다.

　　ⓒ 잠시 멈춘 후 오른쪽 무릎부터 세우며 몸을 일으킨다.

　㉣ 남성의 앉은 큰절

　　ⓐ 왼손이 위로 가도록 포갠다.

　　ⓑ 공수한 손은 눈높이까지 올렸다가 내리면서 허리를 굽혀 공수한 손은 바닥을 짚는다.

　　ⓒ 왼쪽 무릎을 먼저 꿇고 오른쪽 무릎을 꿇어 엉덩이를 깊이 내려 앉는다.

　　ⓓ 팔꿈치는 바닥에 붙이고 이마를 공수한 손등 가까이에 댄다. 엉덩이는 들리지 않게 한다.

　　ⓔ 공손함이 드러나도록 잠시 머물러 있다가 머리를 들며 팔꿈치 펴고, 오른쪽 무릎을 세워 공수한 손을 바닥에서 떼어, 오른쪽 무릎 위를 짚고 일어난다.

　　ⓕ 공수한 손을 눈높이까지 올렸다가 내린 후 목례한다.

　㉤ 여성의 앉은 큰절

　　ⓐ 오른손이 위로 가도록 포갠 공수한 손을 어깨높이까지 올리며 시선은 손등을 본다.

　　ⓑ 왼쪽 무릎을 먼저 꿇은 후, 오른쪽 무릎을 꿇고 엉덩이를 바닥에 내려 놓는다.

　　ⓒ 상체를 45도 정도 굽힌 후 잠시 멈추고 일으킨다.

제4절 비즈니스 응대

01 비즈니스 매너

(1) 소개 매너 ★

① 소개의 이해

　㉠ 낯선 사람들 사이의 관계를 맺어 양쪽이 서로를 알도록 하기 위한 것이다.

　㉡ 더불어 살아가는 인간관계 속에서 불가피한 것이다.

ⓒ 누구나 소개하는 사람도 소개받는 사람도 될 수 있다.

ⓔ 소개를 통해 인맥을 넓히고 사회생활을 확장시킬 수 있는 계기가 된다.

② **소개 예절**

㉠ 윗사람에게 아랫사람을 소개하는 것이다.

㉡ 연장자에게 연소자를 소개하는 것이 일반적이다.

㉢ 업무적 관계에선 지위가 높은 사람에게 지위가 낮은 사람을 소개한다.

㉣ 선배에게 후배를 소개한다.

㉤ 소개할 대상에 대한 특기 및 특징을 담아 소개해도 된다.

㉥ 기혼자에게 미혼자를 소개한다.

㉦ 여성에게 남성을 소개한다.

　　예 국가원수, 왕족, 성직자, 공직자는 제외하고, 결혼한 여성에게 남성을 소개

㉧ 외부인에게 내부인을 소개한다.

　　예 집안에 손님이 오셨다면 손님에게 내부 가족을 소개, 직장에선 고객에게 회사직원을 소개

㉨ 비즈니스상에서는 자신을 소개할 때는 지위 및 이름, 성을 밝히고, 회사 밖일 경우 회사명도 밝힌다.

(2) 악수 매너

① **악수의 이해**

㉠ 보통 오른손을 내밀며 두 사람이 서로 손을 맞잡고 인사한다.

㉡ 감사, 사랑, 화해 등의 의미를 보여주는 행위를 뜻한다.

㉢ 서양에서는 악수를 거절하는 것은 무례한 행동이다.

㉣ 악수를 할 때는 상대방의 눈을 마주하고 바른 자세와 바른 방법으로 해야 한다.

㉤ 서로에게 친숙함을 표현하고 마음의 문을 여는 계기가 될 수 있다.

② **악수의 5대 원칙**

㉠ Power(적당한 힘) : 손을 너무 세게, 너무 약하게 잡지 않는다.

㉡ Eye-Contact(눈 맞춤) : 상대의 눈을 자연스럽게 응시한다.

㉢ Distance(적당한 거리) : 팔꿈치가 자연스럽게 굽혀지는 거리 정도가 좋다.

㉣ Rhythm(리듬) : 잡은 손은 상하로 흔들되, 과하게 높게 올리거나 낮게 내리지 않게 한다.

㉤ Smile(미소) : 밝고 반가운 표정의 미소를 보인다.

③ **악수 예절**

㉠ 윗사람이 아랫사람에게 먼저 청한다.

㉡ 우리나라는 일반적으로 연장자가 연소자에게 먼저 청한다.

㉢ 업무적 관계에선 지위가 높은 사람이 지위가 낮은 사람에게 청한다.

㉣ 비즈니스 악수에서는 연령이 낮아도 직위가 높으면 먼저 악수를 청해도 된다.

㉤ 국가원수, 왕족, 성직자 등은 예외적이다.

　　예 앉아 있는 여성이라도, 국가원수, 왕족 성직자와 악수 시 일어선다.

㉥ 서양의 매너로 과도하게 허리를 숙이며 악수하지 않는다.

ⓢ 악수는 일반적으로 적당한 거리에서 오른손으로 한다.

ⓞ 동급자의 일반 남녀 사이는 여자가 먼저 청한다.

ⓩ 손을 너무 오래 잡고 있거나 쓰다듬는 등 불쾌감을 주는 요인은 주의한다.

ⓩ 장갑을 착용 중이라면, 벗고 악수하도록 한다. 다만, 여성의 경우와 파티의 주최자는 장갑을 착용한 상태에서 악수를 할 수 있다.

ⓚ 악수는 적당한 악력으로 가볍게 손을 전체 마주잡고, 위 아래로 빠르지 않은 속도로 10회 이하로 흔든다. 손가락으로만 잡는 것은 하지 않는다.

ⓣ 손은 2~3회 정도 흔들고, 약 2초 정도 상대의 손을 잡은 후 놓는다.

ⓟ 남성은 일어서서 하고 여성은 앉아도 상관 없다.

ⓗ 부부 동반 시 남성이 먼저 악수를 건네도 된다.

㉠ 중세시대 손에 무기가 없으며 공격할 의사가 없음을 확인시키는 수단으로 활용했다.

㉡ 여성이 남성에게 먼저 청할 수 있으나, 직장상사의 경우 예외다.

(3) 명함 매너

① 명함 예절

ⓒ 루이 14세 때 생겨서 루이 15세 때 현재와 같은 동판으로 인쇄한 명함을 사교에 사용했다.

ⓛ 상대와 초면인 경우 서로에게 신뢰감을 입증하는 수단이므로, 자신의 명함을 상대방보다 먼저 건네는 것이 좋다.

ⓒ 명함엔 이름, 직책 또는 직함, 직장주소, 자택주소, 연락처, 팩스번호 등이 들어간다.

ⓡ 우리나라는 명함크기, 모양 등 남녀에 따라 특별한 차이는 없다.

ⓜ 구겨진 명함 또는 낙서된 명함은 건네지 않는다.

ⓗ 서 있는 자세에서 명함을 건네며 교환하고, 오른손으로 명함을 잡고 상대가 나의 이름이 바르게 보이게 돌려서 전달하며 왼손은 오른손 등 아래로 덧대어 건넨다.

ⓢ 아랫사람이 윗사람에게 먼저 건네며 인사한다.

ⓞ 앉아서 대화를 나누었더라도, 명함 교환 시 일어서는 것이 원칙이다.

ⓩ 상대가 명함을 건네며 자신을 알린다면, 성명과 직함을 함께 부르며 가볍게 인사로 답하는 것이 좋다.

ⓩ 면담 예정자가 한 사람이라도 여분을 더 준비하도록 한다.

ⓚ 상대에게 받은 명함은 소중히 대하며, 만약 바로 읽기 어려운 한자어나, 표기가 있다면 즉시 공손히 바로 확인하여, 대화 중에 성명, 직위 등을 실수하지 않도록 한다.

ⓣ 명함을 건넨 사람이 있는 앞에서 명함을 함부로 두거나 방치하는 것은 예의에 벗어난다.

ⓟ 사교용 명함의 글씨체는 필기체로 제작하되, 업무용은 고딕체, 명조체로 한다.

ⓗ 우리나라에서 주로 사용하는 명함 사이즈는 90mm×50mm이다.

㉠ 명함은 간단한 인사 및 악수를 한 후에 교환한다.

㉡ 명함을 주고 받고, 대화를 나누는 동안 테이블 위에 놓고 이야기 한다.

㉢ 명함 뒷면에 만날 날짜 특징 이유 등 메모는 가능하나, 명함을 준 사람 대면에서 하지 않는다.

02 손님맞이 응대 매너

(1) 손님 안내 예절 ★

　① 내방객 안내 방법

　　㉠ 방문객의 대각선 방향에서, 방문객보다 2~3보 앞서 시야에서 놓치지 않고 확인하며 안내한다.

　　㉡ 이동 중 변수(고랑, 혼잡구간, 모퉁이 등)에는 미리 구두로 안내하여 놀라거나 당황하지 않도록 대비할 수 있게 언급한다.

　② 시선을 보고, 말하며 손끝부터 어깨선까지 사용하며 안내하고, 팔의 위치 안내 각도는 45도가 적당하다.

　③ 손가락으로 안내하지 않고, 손바닥을 펴서 붙이고 손바닥이 위를 향하게 두고 안내한다.

　④ 복도에서는 보폭을 맞춰서 1~2폭 안으로 맞춰서 앞서 안내하며, 뒤를 상시 돌아보며 이상 유무를 확인한다.

　⑤ 계단으로 이동 시, 계단 1~2칸 앞서며 안내한다.

　　㉠ 나란히 걸을 시, 우측에 서서 이동하며, 상급자가 중앙에 서도록 배치한다.

　　㉡ 계단을 오를 때는 여성이 남성이 뒤로 올라가고, 내려오는 계단은 여성이 앞선다.

(2) 에스컬레이터 및 엘리베이터 안내 예절 ★

　① 에스컬레이터의 경우, 사전에 도착지점에 가면 대기해야 할 곳에 대한 선 안내 후, 손님을 먼저 다 태우고 안내자는 마지막에 뒤따르며 인솔한다.

　② 엘리베이터는 타기 전에 미리 도착 층을 안내한 후, 엘리베이터가 닫히지 않도록 버튼을 누르며 탑승을 돕는다.

　　㉠ 안내자가 먼저 탑승하거나 내리는 상황에서는 이유를 얘기하며 양해를 구한다.

　　㉡ 방향을 알고 있는 윗사람 또는 여성이 있다면 선 탑승 및 내릴 때도 먼저 내린다.

　③ 엘리베이터에 일행 외 타인이 있을 경우, 버튼 앞에 있는 타인에게 청유형으로 층버튼을 눌러주기를 부탁한다.

　④ 버튼 앞에 있다면 다른 사람들을 위해 층버튼을 눌러주고, 내릴 때는 가장 나중에 내린다.

(3) 교통수단 안내 예절 ★

　① 열차 또는 기차

　　㉠ 열차 운행하는 이동 방향인 정방향의 바깥을 보는 창문이 상석이다.

　　㉡ 열차 마주보는 좌석에서 역방향 통로좌석이 말석이다.

　② 비행기 : 비행기 밖을 내다보는 창문 쪽이 상석, 가운데 좌석은 말석, 통로 쪽은 차석이다.

　③ 승용차

　　㉠ 운전기사가 있는 경우, 조수석(운전자 옆좌석) 뒤쪽 좌석이 최상석이고, 그 옆이 상석, 조수석이 말석이다.

　　㉡ 자가 운전의 경우, 조수석이 상석, 조수석 뒷 좌석이 차석, 운전자 뒷 좌석이 말석이다.

　　㉢ 동승자가 운전자보다 상사인 경우 조수석의 뒷 좌석이 상석이 된다.

　　㉣ 자가 운전시 둘일 경우, 조수석에 탑승하는 것이 예의다.

　　㉤ 운전자의 배우자가 탑승할 경우, 조수석으로 안내한다.

(4) 방향 안내 매너 ★

　① 상대의 눈을 마주보고, 상대가 나의 방향안내를 들을 준비가 되었을 때 가리킨다.

　② 약간의 미소 띤 얼굴로 마주보고, 부드럽게 방향안내의 화법을 곁들인다.

③ 옷깃을 길게 늘어뜨려 손이 보이지 않는 상황에서는 안내하지 않는다.

④ 방향을 제시할 때 30도 정도 각을 만들어 팔을 구부려 먼 거리에 있는 것을 가리킨다.

⑤ 사람을 가리킬 때는 두 손으로 사용하여 안내한다.

⑥ 물건을 가리킬 때는 한 손으로는 방향을 가리키고, 다른 한 손은 아랫배쪽에 두어 공손함을 표현한다.

⑦ 오른쪽 방향에서는 오른손으로, 왼쪽 방향일 때는 왼손으로 안내한다.

⑧ 상대가 잘 이해했는지 확인한다.

⑨ 방향안내 시 손바닥을 다 펴고 붙여서 가리키며, 손가락은 사용하지 않는다.

(5) 비즈니스 상담 매너 ★

① 상담이 정시에 시작함을 감안하여, 늦지 않게 30분 전에 도착하여 용모 복장을 점검한다.

② 화두의 목표를 정확히 정하고 진행한다.

③ 긍정적인 어휘사용과 바른 자세를 유지한다.

④ 상대의 말을 귀담아 듣고, 자르지 않는다.

⑤ 상담의 마지막에 나눈 내용의 요점을 요약 후, 서로 합의된 사항은 문서로 작업하여 나누어 가지며 오해와 오류가 없도록 한다.

⑥ 면담 중 양측 모두 시계를 확인하는 것은 예의에 어긋난다.

⑦ 방문 목적 달성이 되지 않았더라도 실망하는 내색 없이, 정중히 인사를 나눈다.

(6) 비즈니스 네티켓 ★

① 비즈니스 네티켓

㉠ 네티켓은 네트워크(Network)와 에티켓(Etiquette)의 합성어다.

㉡ 익명성, 다양성, 다중성의 특징적 요소로 온라인이 활발한 디지털 커뮤니케이션상에서 습득해야 하는 예의를 의미한다.

② 이메일 네티켓

㉠ 본문에는 두괄식으로 간단명료하게 정리해서 가독성 높게 송부한다.

㉡ 발송버튼을 누르기 전에 내용 및 메일주소를 한번 더 점검하는 습관을 들인다.

㉢ 용량이 큰 파일은 압축한다.

㉣ 메일의 용량은 지속적인 관리가 필요하다.

㉤ 영어 대문자로만 사용하지 않는다.

㉥ 비즈니스 메일은 24시간 이내에 답장을 보낸다.

㉦ 보낸 사람이 누구인지 명확히 성명과 소속을 밝히고, 메일 발송의 목적(이유)를 알린다.

㉧ 업무에 의한 메일을 읽었다면, 확인에 대한 회신을 주는 것도 좋으며, 회신에서 나의 작업 기일을 작성하며 알리는 것도 좋다.

㉨ 비속어, 약어, 이모티콘, 은어, 구어체는 지양하고, 정중체로 작성한다.

㉩ 유머성 메일과 정보성 메일은 수신자 동의 시 보낸다.

03 국제 비즈니스 매너

(1) 미국에서 사용하는 호칭 예절 ★

① 남성은 결혼 여부와 상관없이 남성의 성 앞에 Mr.를 붙여서 사용한다.

② 결혼한 여성에게는 Mrs.를, 미혼 여성에게는 Miss의 존칭을 사용한다.

③ 존경을 표해야 할 성인 남성에게 Sir를 사용한다.

④ 최근에는 상대 여성의 결혼 여부를 알 수 없는 경우, Ms를 더 보편적으로 사용한다.

⑤ Sir는 나이와 지위가 비슷하면 사용하지 않고, 여성에게도 호칭하지 않아야 한다.

(2) 테이블 매너 ★

① 테이블 기본 이용 매너

㉠ 상 밑에서 다리를 꼬고 앉지 않는다.

㉡ 다른 손님들에게 방해되지 않도록, 큰 소리로 직원을 부르지 않는다.

㉢ 음식에 대해 모를 경우, 직원에게 물어보는 것은 좋은 매너다.

㉣ 메뉴선택 시, 상대에게 일임하거나 "같은 것으로"라고 말하는 것은 지양한다.

㉤ 나이프나 포크를 손에 쥔 채로 말하지 않아야 한다.

㉥ 계산서에 'Service Charge'가 포함된 경우, 팁을 지급하지 않아도 된다.

㉦ 계산서에 'Service Charge'가 포함되어 있지 않는 경우는 10~15% 정도 지불한다.

㉧ 격식 있게 직원이 바라보는 시선을 기다렸다가 손을 살짝 들어 신호를 보낸다.

㉨ 테이블 위 냅킨은 식사를 마치고 나설 때 2번 접어 그릇 옆쪽 빈 테이블 위에 올려둔다.

㉩ 서양에서는 빵이 주식으로, 주로 손으로 작게 찢어서 먹기 때문에 식사 중에 손으로 나의 얼굴의 일부를 만지거나 머리를 긁지 않아야 한다.

㉠ 서양의 스프를 먹을 때 입에 전체 다 넣지 않고, 입술 끝에서 살짝 기울이며 마시듯 먹는 것이 예의다.

㉡ 고급 식당의 경우 착석 전, 종업원의 안내를 받는 것이 일반적이다.

㉢ 상석 기준은 연령 및 기준에 의한다.

㉣ 초대 받은 경우에는 초청자가 고른 메뉴보다 비싼 것을 주문하는 것은 비매너다.

㉮ 부부는 서로 마주 보고 앉는 것이 원칙이다.

㉯ 바깥쪽 식기부터 사용하며, 하나의 식기만 사용하지 않아야 한다.

㉰ 식사를 마치면 접시 안에 나이프와 포크를 가지런히 우측으로 비스듬히 두어 식사를 마침을 직원에게 무언의 신호로 알리어 그릇을 정리할 수 있도록 한다.

㉱ 테이블에 턱을 괴거나, 기대지 않는다.

04 다른 문화 이해

(1) 나라별 의미가 다른 제스처(Body Language) ★

① 합장

㉠ 태국 및 불교국가 : 인사

㉡ 핀란드 : 거만함

② 머리를 위 아래로 흔드는 몸짓

　　㉠ YES의 긍정 표현

　　㉡ 불가리아 및 그리스 : NO의 부정 표현

③ 손바닥을 바깥쪽으로 향한 V사인

　　㉠ 유럽 : 승리

　　㉡ 그리스 : 육두문자

④ 손바닥을 펴서 흔드는 몸짓

　　㉠ 한국 및 유럽 : 안녕

　　㉡ 그리스 : 당신의 일이 잘 안풀리길 바란다는 의미

⑤ 주먹을 쥐었을 때 엄지를 위로 올리는 손짓

　　㉠ 한국 및 미국 : 매우 최고다. 좋다.

　　㉡ 호주 : 무례한

　　㉢ 러시아 : 동성연애 사인

(2) 국가별 문화 특징

① 멕시코 인디언들은 사진을 찍으면, 사람의 혼(魂)이 빠져 죽음에 이른다고 생각하므로, 사진 촬영시 동의를 구하고 신중을 기한다.

② 중국에서의 박쥐는 행운을 전해주는 동물이다.

③ 중국에서 장례식 색상이 청색, 백색이므로 사용하지 않도록 한다.

④ 인도에서 힌두교는 소를 신성시 하기에 쇠고기를 먹지 않으므로, 메뉴 선정 시 주의한다.

⑤ 중동, 인도네시아, 말레이시아는 이슬람교로 돼지고기, 술을 먹지 않고 왼손은 부정하게 생각하므로 주의한다.

⑥ 홍콩은 시계를 죽음의 상징으로 여기기 때문에 선물은 하지 않는다.

⑦ 일본은 짝으로 된 것이 행운을 준다고 믿기에 선물은 짝으로 된 세트로 준비한다.

⑧ 일본은 자신의 밥그릇이나 국그릇을 들어서 음식을 먹는 습관이 있다.

⑨ 태국은 불교국가로서, 불상과 승려를 신성시하고, 왕가에 대한 존경심을 갖고 있기에 이를 욕되게 하는 언행에 주의한다.

05 컨벤션 기획

(1) 컨벤션 종류 ★

① Forum(포럼)

　　㉠ 한 가지 Agenda(아젠다)에 다른 의견을 가진 각 전문가가 모여 자유롭게 공개 토론하는 형식

　　㉡ Agenda(아젠다)는 공식적인 회의에서 다뤄질 주된 의제

　　㉢ 청중의 질의응답이 자유로움

② Conference(컨퍼런스)

　　㉠ 컨벤션에 비해 많은 토론회가 개최되는 형식

　　㉡ 산업, 무역, 과학 등 다양한 기술분야에서 활용

③ Symposium(심포지엄)
  ㉠ 포럼보다 공식적이고 청중의 참여기회가 제한되는 형식
  ㉡ 회의 종결에서 건의사항과 결론을 보고서로 작성
④ Seminar(세미나)
  ㉠ 각 전문가가 연구 또는 교육을 목적으로 두고, 개최
  ㉡ 주로 교육목적을 띤 회의로서, 비형식적인 모임
  ㉢ 30명 이하의 참가자가 전문가(어느 1인)의 발표와 분야별 참가자의 경험과 지식을 기반으로 자유롭게 발표 및 토론
  ㉣ 전문가의 발표와 참가자의 질문 및 토론형식으로 진행
  ㉤ 포럼과 심포지엄보다 소그룹으로 진행
⑤ Clinic(클리닉)
  ㉠ 문제해결 및 분석을 위한 소규모 행사
  ㉡ 참가자에게 특정분야의 지식 및 기술을 교육 및 습득시키며 문제해결 및 분석
⑥ Panel(패널) : 사회자가 있어 중재가 가능하여 두 명 이상의 패널리스트가 견해를 발표하고 자유롭게 청중과 토론하는 유형
⑦ Workshop(워크숍)
  ㉠ 문제해결 또는 기획을 위한 아이디어 도모
  ㉡ 정보 등을 모아 새로운 것을 만들어 내는 단기 집중 프로젝트
  ㉢ 문제에 대해 서로가 새로운 지식 및 기술 등을 교환하며 교육 진행
  ㉣ 참석자 전원이 참석

(2) MICE의 의미 및 산업분류 ★
① Meeting(회의) : 세계 각 나라의 외국인을 대상으로 개최하여, 정보 등 기업회의에 참가하는 유형
② Incentive(포상관광) : 단체의 구성원이 보상 및 성과동기부여를 위한 비용의 전부 또는 일부를 단체가 부담하는 상업용 숙소에서 1박 이상 숙박하는 일종의 포상관광의 유형
③ Convention(컨벤션)
  ㉠ 기업회의보다 규모가 큰 3개국 10명 이상의 네트워킹 사업의 목적
  ㉡ 공동의 이해관계를 가진 사람들을 모아 관련 사안을 심의·논의·결정할 목적으로 정해진 일정에 따라 진행되는 공식회의 유형
④ Exhibition(전시회)
  ㉠ 잠재적 바이어와 관람객을 대상으로 특정 문화, 산업, 또는 개인의 업적과 관련된 다양한 사물이나 제품을 전시, 홍보, 거래하는 집단
  ㉡ 일반적으로 일정한 기간 동안 동일한 장소에서 진행되며, 외국인 구매자 100여 명 이상 참가의사를 밝히며 등록한 일종의 마케팅 활동
  ㉢ 제품생산자 및 판매업자들이 제품 홍보 및 판매를 위해 정해진 특정 장소에서 관람객 및 잠재적 바이어를 대상으로 전시, 홍보, 거래 등의 활동

적중 예상문제

01 다음 엘리베이터 비즈니스 매너에 대한 내용으로 가장 올바른 것은?

① 목적지와 방향을 잘 아는 윗사람과 동행 시 엘리베이터 탑승은 고객이 먼저 타고 내린다.
② 엘리베이터 만원 탑승 시 버튼과 멀리 있는 경우, 버튼 앞 사람에게 눌러달라고 한다.
③ 안내자는 먼저 탑승하여 도착층에서 기다린다.
④ 버튼 앞에 있다면 다른 사람들을 위해 가장 먼저 내린다.
⑤ 엘리베이터 탑승 전, 손님에게 미리 도착층을 안내할 필요는 없다.

해설

② 정중하게 버튼 앞에 탑승한 다른 사람에게 부탁하는 것이 좋다.
① 목적지와 방향을 잘 아는 윗사람과 여성이 엘리베이터를 먼저 탑승하고 안내한다.
③ 안내자는 층 안내 후, 엘리베이터가 닫히지 않도록 버튼을 누르며 돕고 나중에 탑승한다.
④ 버튼 앞에 있다면 다른 사람들을 위해 층버튼을 눌러주고, 내릴 때는 가장 나중에 내린다.
⑤ 변수에 대비하여, 미리 손님에게 몇 층에 가는지 안내하는 것이 좋다.

02 다음 〈보기〉에 해당하는 고객 상담에 유용한 비즈니스를 위한 질문 기술로 옳은 것은?

| 보기 |

고객의 답변에 집중하고, 고객의 니즈 파악이 정확히 가능하며, 문제 해결 부분을 명확하게 파악할 수 있다.

① Confirmation Question
② Closed Question
③ Open Question
④ expansion Question
⑤ search Question

해설

▶ 확인형 질문에 해당하며, 그 외에도 고객의 말을 통해 확인받는 질문 기법을 말한다.
• **폐쇄형 질문** : 예, 아니오 중에서 선택할 수 있도록 하는 선택형 질문으로, 고객의 니즈에 집중하되, 고객에게 문의하여 요점만 듣는 짜임새 있는 대화 분위기를 조성 가능하다.
• **개방형 질문** : 고객에게 자유롭게 의견을 얘기할 수 있도록 마음의 여유를 주는 확대형 질문으로, 적극적으로 말하면서, 고객의 주관적인 의견을 통해서 고객 니즈를 파악 가능하다.

03 다음 중 고객불만 처리 방법에 대한 설명이 바르지 않은 것은?

① 고객의 말을 성의 있게 듣고 불편사항을 긍정적으로 받아들인다.
② 신속한 해결책 마련을 통해 친절하게 해결책을 납득시켜야 한다.
③ 회사방침을 기준으로 권한 밖의 일은 자문을 구하고 빠르게 직접 응대한다.
④ 결과를 검토 및 반성하며, 같은 고객불만이 발생되지 않도록 유의한다.
⑤ 요점만 파악하여 고객과의 착오는 없었는지 검토한다.

해설

③ 회사방침을 기준으로 하며, 응대 중 나의 권한 밖의 일은 담당자 또는 상사가 처리할 수 있도록 한다.

정답 **01** ② **02** ① **03** ③

04 콜센터 기획구성 시 효율적인 관리를 위해 고려해야 할 사항이 아닌 것은?

① 콜센터 구축에 따른 장·단기적인 운영비용과 관리가 필요하다.
② 운영 초기에는 다양한 채널 확보가 필요하다.
③ 직원채용과 관리방안으로 직업 비전제시 및 적절한 업무배치가 필요하다.
④ 주요 대상 고객 데이터 확보 및 관리방안이 필요하다.
⑤ 상담원의 합리적인 평가 및 보상제도가 필요하다.

> **해설**
> ① 콜센터 구축에 따른 지속적인 운영비용과 관리가 필요하다. 그 외에도 전문 상담 자문 컨설팅을 요청할 필요가 있다.

05 다음 중 씽(Singh)이 제시한 〈보기〉의 불평고객 유형 중 다음 내용에 해당하는 것은?

> **| 보기 |**
> 제품이나 서비스 제공자에게 최고의 고객으로 전환될 수도 있으며, 부정적 구전을 퍼트리거나, 제3자에게 불평을 말하지 않는다.

① 화내는 불평자　② 적극적 불평자
③ 격노자　　　　④ 표현 불평자
⑤ 수동적 불평자

> **해설**
> ④ 그 외에도, 자신의 불평과 개인적 규범이 일치하며, 거래기업을 바꾸지 않는다. 구전의 확산, 제3자에게 불평하는 것이 덜 긍정적이라고 생각한다.

06 다음 〈보기〉의 내용에 해당하는 불만고객 응대 원칙은?

> **| 보기 |**
> 고객들은 개인적인 감정 소비가 아닌 복잡한 규제와 제도에 불만을 표출하며, 고객이 나 자신에게 화가 났다고 생각하지 않아야 동요되지 않는다.

① 피뢰침의 원칙　　② 감정 통제의 원칙
③ 책임공감의 원칙　④ 언어절제의 원칙
⑤ 역지사지의 원칙

> **해설**
> ① 그 외에도, 객관적으로 회사제도에 한해서 지원한다.

07 다음 중 〈보기〉의 내용에 해당하는 전화응대 3원칙의 요소로 옳은 것은?

> **| 보기 |**
> 5W1H로 말하고자 하는 것을 작성하고 순서와 주요 사항을 정리한 후 통화하도록 하며, 불필요한 대화는 반복하지 않는다.

① 정확성　　　　② 친절성
③ 신속성　　　　④ 익명성
⑤ 보편성

> **해설**
> • **정확성** : 발음과 목소리를 분명히 하고 정보를 전달하며 상대방이 이해하기 어려운 전문 용어는, 충분히 설명해야 한다. 중요한 부분은 재강조할 필요가 있으며, 업무에 대한 전문 지식을 갖추고 지식을 지속적으로 업데이트해야 한다.
> • **친절성** : 상대방의 감정을 이해하는 공감 경청하며, 긍정적인 심리로 만들어야 하나, 과잉웃음이나 큰 목소리는 상대를 역으로 불안하거나 불쾌하게 만들 수 있으므로 주의한다.

08 다음 중 고객불만 유형에 해당되지 않는 것은?

① 효용 불만　　　② 균형 불만
③ 상황 불만　　　④ 심리적 불만
⑤ 가치 불만

> **해설**
> ① **효용 불만** : 고객 욕구를 충족시키지 못할 때 발생
> ② **균형 불만** : 고객 기대수준보다 낮을 때 발생
> ③ **상황 불만** : 소비생활과 관련하여 장소, 시간, 목적에 따른 불만
> ④ **심리적 불만** : 개인존중, 자아실현 및 사회적 수용 측면에 대한 불만

정답　**04** ①　**05** ④　**06** ①　**07** ③　**08** ⑤

09 다음 〈보기〉의 내용에 적합한 코치(Coach)의 역할로 맞는 것은?

| 보기 |

기업의 정치적 역동성에 대처할 줄 알고, 영향력을 행사하여 권력을 형성할 줄 아는, 어느 분야의 존경받는 조언자

① 교사(Teacher)   ② 멘토(Mentor)
③ 평가자(Appraiser)   ④ 역할모델(Role Model)
⑤ 후원자(Sponsor)

해설
① 교사 : 직원이 업무를 효과적으로 수행할 수 있도록 정보 제공자
③ 평가자 : 직원의 성과를 모니터링하고 적절한 피드백이나 지원을 제공하는 자
④ 역할모델 : 직원들의 기업문화에 맞는 리더십 및 직무를 행동으로 수행하는 자
⑤ 후원자 : 직원들이 개인적인 성장과 경력 목표달성에 도움을 주는 자

10 다음 컨벤션 관련 용어 중 공식적인 회의에서 다루어질 주된 의제를 의미하는 것으로 올바른 것은?

① Announcement   ② Agenda
③ Debate   ④ Case
⑤ Minority

해설
② 주요 Agenda(안건)를 중심으로 회의가 진행된다.

11 고객 상담에 활용되는 화법 중, 다음 〈보기〉에 해당하는 것은?

| 보기 |

일방적인 전달방식인 명령어 또는 지시어를 요청하는 청유의 형태로 바꾸어 전하는 화법으로, 보편적으로 쿠션어와 함께 많이 사용된다.

① 아론슨 화법   ② 긍정화법
③ Yes But 화법   ④ 보상화법
⑤ 레이어드 화법

해설
① 아론슨 화법 : 긍정과 부정의 단어를 혼합하는 경우 부정 먼저 말하고 긍정마무리 화법
② 긍정화법 : 부정화법을 긍정화법으로 바꾸는 화법
③ Yes But 화법 : 상대방의 말에 선 동의 후, 나의 의견이나 사실을 말하는 화법
④ 보상화법 : 약점을 말한 후에 이를 보완할 수 있는 장점을 이어 말하는 화법

12 다음 중 첫인상의 특징에 해당되지 않는 것은?

① 초두효과   ② 신속성
③ 일회성   ④ 일방성
⑤ 다양성

해설
① 처음 느낀 이미지 정보가 전체 이미지에 결정적인 요소가 되는 초두효과
② 빠르면 3초에서 길게는 7초 이내에 결정되는 신속성
③ 처음 인식된 순간으로 결정되는 일회성
④ 내 의지와 상관없이 상대방이 판단하는 일방성

13 고객을 화나게 하는 태도 중, 고객을 귀찮아하며, 무뚝뚝하게 퉁명스럽게 대하는 태도를 의미하는 것은?

① 규정 핑계   ② 무관심
③ 무시   ④ 발뺌
⑤ 냉담

해설
① 내부규정을 앞세우며 예외없이 규정대로만 하는 태도
② 나와 상관 없다는 식의 태도
③ 고객의 요구나 문제를 못 본척하며 피하는 태도
④ 자신의 업무영역이 아님을 말하며, 타부서로 이관하는 태도

14 명함 매너 중 유의해야 할 내용으로 가장 거리가 먼 것은?

① 명함을 건넬 때는 자신의 이름이 상대에게 바르게 보이도록 건넨다.

② 명함은 아랫사람이 윗사람에게 먼저 건네며 인사한다.

③ 명함을 받고 알아보기 힘든 부분을 즉시 물어보면 실례이니, 차후 메시지를 보낸다.

④ 사교용 명함의 글씨체는 필기체로 제작한다.

⑤ 앉아서 대화를 나누더라도 명함 교환 시 일어나는 것이 원칙이다.

> **해설**
> ③ 상대에게 받은 명함에서 바로 읽기 어려운 한자어나 표기가 있다면, 즉시 공손히 바로 확인하여, 대화 중에 성명, 직위 등을 실수하지 않도록 해야 한다.
> 그 외에도, 명함은 면담 예정자가 한 사람이라도 여분을 더 준비하며, 상대방보다 먼저 명함을 건네도록 하는 것이 좋다. 또한 명함은 간단한 인사 및 악수를 한 후에 교환하도록 한다.

15 악수 매너 중 옳지 않은 것은?

① 윗사람이 아랫사람에게 먼저 청한다.

② 여성이 남성에게 먼저 청한다.

③ 업무적 관계에선 지위가 높은 사람이 지위가 낮은 사람에게 청한다.

④ 비즈니스 악수에서 연령이 낮으나 직위가 높은 경우, 먼저 청하면 안 된다.

⑤ 악수는 한 손으로 하되, 눈은 상대를 바라본다.

> **해설**
> ④ 비즈니스적 관계에서 악수는 연령이 낮아도 직위가 높으면 먼저 악수를 청해도 된다.

16 콜센터의 업무 중 인바운드 콜서비스의 특징으로 올바르게 묶인 것은?

① 서비스성, 정밀성, 사후관리

② 서비스성, 정밀성, 목표달성

③ 정밀성, 정확성, 신속성

④ 정밀성, 정확성, 성과분석

⑤ 정밀성, 목표달성, 프로세스성

> **해설**
> 인바운드 콜의 서비스 특징은 정밀성, 서비스성, 신속성, 정확성, 프로세스성이다.

17 다음 〈보기〉에 해당하는 콜센터 조직 구성원으로 맞는 것은?

> **| 보기 |**
>
> 상담직원의 상담 내용을 듣고 응대 전반을 모니터링을 통한 평가, 관리, 감독

① QAA ② Trainer

③ Telemarketer ④ Supervisor

⑤ Adviser

> **해설**
> ① 통화품질관리자(QAA; Quality Assurance Analyst)로서, 통화품질을 향상시키는 업무수행 중간관리자이다.

18 전화응대의 자세에 대한 내용으로 옳지 않은 것은?

① 통화를 마치는 경우, 상대방이 먼저 끊은 것을 확인한 후 수화기를 내려놓는다.

② 통화가 도중에 끊어지면, 다시 전화가 올 때까지 차분히 기다린다.

③ 중요한 부분은 강조해서 반복 확인한다.

④ 전화상대를 가리지 않고 경어를 사용하는 것이 좋다.

⑤ 플러스화법을 사용하고, 말씨와 억양에 주의한다.

> **해설**
> ② 통화가 도중에 끊어지면 전화를 건 쪽이 다시 거는 것이 원칙이다.

정답 14 ③ 15 ④ 16 ③ 17 ① 18 ②

19 인사의 종류 중 '목례(目礼)'를 해야 하는 상황으로 가장 적합하지 않은 것은?

① 빠르게 지나가야 하는 상황

② 양손에 짐이 있어 어려운 상황

③ 비좁은 계단 및 통로

④ 결혼식이나 돌잔치 등 단체 손님에게 인사할 때

⑤ 통화 중 손님 또는 상사와 만났을 때

> **해설**
> ④ 정중례의 인사 상황예시이다.
> 목례는, 그 외에도 손을 뗄 수 없는 작업공간, 인사를 나눈 후에도 부득이 2번 이상 마주했을 때, 많은 사람이 있는 엘리베이터 화장실과 같은 조심스러운 장소, 길게 줄을 서 있는 구내식당, 모르는 사람이지만 일터에서 마주했을 때의 상황에서 적합하다.

20 국제비즈니스 상담 매너로 바르지 않은 것은?

① 긍정적인 어휘사용과 허리를 펴고 바른 자세를 유지한다.

② 상대의 말을 자르지 않고, 귀담아 들으며 경청한다.

③ 상담 예정 시간보다 늦지 않게 30분 전에 도착한다.

④ 나눈 대화의 내용 요점은 마지막에 정리한다.

⑤ 서로 합의된 사항을 문서로 정리하여 나누어 가지면 실례가 된다.

> **해설**
> 상담의 마지막에는 구두로 오갔던 내용의 요점을 정리하여, 합의 후에 문서화하여 나누어 가져야 성공적인 상담을 마무리 할 수 있고 이후 유연하게 대처할 수 있다.

21 다음 국제비즈니스와 관련된 테이블 매너로 바른 것은?

① 테이블 위에 냅킨은 식사를 마치고 나설 때 그릇 위에 올려둔다.

② 계산서에 'Service Charge'가 포함된 경우, 팁을 지급하지 않아도 된다.

③ 접시 안쪽 식기부터 사용하며, 하나의 식기만 사용하지 않아야 한다.

④ 상 밑에서 다리를 꼬고 앉아도 되지만, 옆사람이 닿지 않게 해야 한다.

⑤ 상대에 말에 귀 기울일 땐 테이블에 턱을 대어 적극적으로 경청한다.

> **해설**
> ① 테이블 위에 냅킨은 식사를 마치고 나설 때 2번 접어 그릇 옆쪽 빈 테이블 위에 올려둔다.
> ③ 바깥쪽 식기부터 사용하며, 하나의 식기만 사용하지 않아야 한다.
> ④ 상 밑에서 다리를 꼬지 않는다.
> ⑤ 테이블에 턱을 괴거나, 기대지 않는다.

22 다음 중 공수(拱手) 자세와 전통예절에 관한 설명으로 옳지 않은 것은?

① 평상시에 공수 자세는 남성은 왼손, 여성은 오른손을 위로 올려 포갠다.

② 의식행사 또는 고인(故人)에게는 기본횟수의 배를 한다.

③ 일반적인 절은 기본적으로 남성은 한 번, 여성은 두 번이다.

④ 제사와 흉사에는 공수 자세가 바뀐다.

⑤ 공수 자세 시, 엄지의 위치를 배꼽에 둔다.

> **해설**
> 평상시와 제사에는 공수 자세가 동일하고, 흉사에는 남성과 여성의 공수 자세가 바뀌어 남성이 오른손, 여성이 왼손이 위로 올라간다.

정답 **19 ④ 20 ⑤ 21 ② 22 ④**

23 다음 중 남성의 용모복장에 대한 설명으로 적절하지 않은 것은?

① 드레스셔츠의 색상의 기본은 흰색, 검정, 청색이다.
② 드레스셔츠 소매 끝이 정장자켓보다 1~1.5cm 나오게 입는다.
③ 조끼를 입을 때는 넥타이가 조끼 밑으로 나오면 안 된다.
④ 벨트 색상은 정장과 어울리는 것으로 착용한다.
⑤ 넥타이의 길이는 벨트 버클을 약간 덮을 정도가 적당하다.

24 다음 〈보기〉에서 콜센터 운영을 위한 스크립트(Script) 작성원칙에 해당하는 것을 찾아 모두 고르시오.

| 보기 |

가. 쉽게 작성
나. 활용 목적의 명확화
다. 논리, 논거적 작성
라. 회화체 지양
마. 응대 직원 중심적 작성
바. 차별성

① 나, 다, 바
② 가, 나, 마, 바
③ 다, 라, 마, 바
④ 나, 다, 마, 바
⑤ 가, 나, 다, 바

25 다음 중 인사 예절에 대한 설명으로 적절하지 않은 것은?

① 인사할 사람이 나의 방향을 마주할 때 이상적인 거리는 6걸음 정도이다.
② 사각지대에서 갑자기 만나거나 옆에서 나타나면 인사는 생략하는 것이 좋다.
③ 복도에서 상사와 외부인을 만나면 잠시 걸음을 멈추고 정중하게 인사한다.
④ 화장실이나 엘리베이터에서는 소리내어 인사하지 않고, 목례로 대신한다.
⑤ 인사하고자 하는 상대방의 방향이 나와 다르다면 30보 이내로 인사한다.

26 다음 중 나라별 다른 의미의 제스처에 대한 의미 설명이 틀린 것은?

① 머리를 위 아래로 흔드는 몸짓 : 불가리아 및 그리스는 NO의 부정 표현
② 손바닥을 바깥쪽으로 향한 V사인 : 유럽은 승리
③ 주먹을 쥐었을 때 엄지를 위로 올리는 손짓 : 호주는 무례함
④ 주먹을 쥐었을 때 엄지를 위로 올리는 손짓 : 러시아는 무가치함
⑤ 합장 : 핀란드는 거만함

27 다음 중 교통수단의 이용에 따른 매너로 적절한 것은?

① 열차 운행하는 이동 방향인 정방향의 바깥을 보는 창문이 차석이다.
② 비행기 밖을 내다보는 창문 쪽이 상석이다.
③ 비행기 통로 쪽은 말석이다.
④ 자가 운전 시, 둘만 이동하는 경우 운전자의 뒷 좌석에 앉는 것이 예의이다.
⑤ 운전자의 배우자가 탈 경우, 뒷자석의 상석으로 안내한다.

해설

① 열차의 정방향 창문 쪽이 상석이다.
③ 비행기의 가운데 자리가 말석이고, 통로는 차석이다.
④ 자가운전 시, 둘만 이동하는 경우 조수석으로 앉는 것이 예의다.
⑤ 운전자의 배우자는 조수석으로 안내한다.

28 다음 중 방향 안내에 대한 설명으로 옳지 않은 것은?

① 사람을 가리킬 때는 두 손으로, 물건을 가리킬 때는 한 손으로는 방향을 다른 한 손은 아랫배 쪽에 두어 공손함을 표현한다.
② 30도 정도 각을 만들어 팔을 구부려 먼 거리를 가리킬 수 있다.
③ 손가락이나 주먹을 쥐거나, 옷깃을 길게 늘어뜨려 손이 보이지 않는 상황에서는 안내하지 않는다.
④ 오른쪽 방향에서는 왼손으로, 왼쪽 방향일 때는 오른손으로 안내한다.
⑤ 고객접점에서, 3보 정도 나서며 방향을 적극적으로 안내하는 것이 좋다.

해설

④ 오른쪽 방향은 오른손으로, 왼쪽 방향은 왼손으로 안내하면 안정적이다.

29 다음 〈보기〉의 내용에 해당하는 MICE 산업분류 유형은?

| 보기 |

기업회의보다 규모가 큰 3개국 10명 이상의 네트워킹 사업, 정보교환의 목적으로 공동의 이해관계를 가진 사람들을 모아 관련 사안을 심의·논의·결정하며 정해진 일정에 따라 진행되는 공식회의 유형

① Incentive
② Meeting
③ Convention
④ Exhibition
⑤ Teleconference

해설

① Incentive : 보상 및 성과동기부여를 위한 포상관광
② Meeting : 외국인이 국내에서 개최하는 정보 등 기업회의에 참가하는 것으로 최근에는 비대면으로 시공간이 자유로워졌다.
④ Exhibition : 잠재적 바이어와 관람객을 대상으로 제품을 전시, 홍보, 거래하는 마케팅 활동
⑤ Teleconference : 화상회의로 MICE에 해당하지 않는다.

30 다음 중 굿맨(Goodman) 법칙에 대한 설명 중 옳지 않은 것은?

① 불만을 해결해 주지 못할 경우 나쁜 구전으로 신규고객 확보에 장애가 될 수 있다.
② 소비자 교육을 받은 고객들은 회사에 대한 신뢰가 높아 호의적인 소문 파급 효과를 기대할 수 있다.
③ 문제해결에 불만을 가진 고객의 혹평적 소문의 영향은 만족한 고객의 호평의 영향보다 약하다.
④ 소비자 교육을 받은 고객들은 제품 구매 의도를 높여 시장 확대에 기여한다.
⑤ 불만 후 문제해결에 만족한 고객은 문제제기 하지 않은 고객에 비해 재거래율이 증가했다.

해설

③ 문제해결에 불만을 가진 고객의 혹평은 만족한 고객의 호평의 소리보다 2배 강하게 작용하여 판매에 방해하는 영향을 미친다.

▶ 굿맨(Goodman)의 법칙
• 제1법칙 : 불만 고객 중 문제를 제기하며 제기한 문제 해결에 만족한 고객은 그 기업의 같은 브랜드를 재구매할 거래율이 문제를 제기하지 않는 고객보다 높다.
• 제2법칙 : 문제해결에 불만을 가진 고객의 혹평적 소문의 영향은 만족한 고객의 호평의 영향보다 2배 더 강하다.
• 제3법칙 : 소비자 교육을 받은 고객들은 회사에 대한 신뢰가 높아 호의적인 소문 파급 효과를 기대할 뿐만 아니라 제품 구매 의도를 높여 시장 확대에 기여한다.

정답 28 ④ 29 ③ 30 ③

Chapter 02 고객관리

제1절 고객감동

01 소비자기본법에 따른 고객지원

(1) 소비자기본법상의 개념 정의

① 학자별 소비자의 정의

㉠ 폰 히펠(Von Hippel) : 소비자 개인의 용도에 맞게 쓰기 위해 상품 또는 서비스를 제공받는 사람이다.

㉡ 다케우치 쇼우미 : 개인의 소비생활을 위해 타인이 공급하는 물자나 용역을 구입 또는 이용하는 사람으로 공급자와 상대된다.

㉢ 가토 이치로 : 시민생활에서 반영된 개념으로 국민 일반을 소비생활이라 한다.

㉣ 이마무라 세이와 : 소비자는 생활자로서 일반 국민인 동시에 거래과정의 끝무렵에 구매자로 나타나는 것이다.

(2) 소비자단체의 정의

소비자의 권익증진을 위해 소비자가 조직한 단체이다.

① **사업자의 정의** : 소비자기본법 제2조에서 사업자는 가공 또는 포장을 포함한 물품제조, 수입 및 판매하는 용역을 제공하는 사람이다.

② **사업자단체의 정의** : 2명 이상의 사업자가 공동이익을 증진하는 목적으로 조직한 단체이다.

(3) 소비자기본법의 목적

① 소비자기본법 제1조에서는 소비자의 권익을 증진하기 위함

② 자유시장경제에서 소비자와 사업자 사이의 관계를 규정함

③ 소비자 정책의 종합적 추진을 위한 기본적인 사항을 규정함

④ 소비생활의 향상과 국민의 경제발전에 이바지함을 목적으로 함

(4) 소비자와 국가 · 지방자치단체 및 사업자의 책무

① 소비자의 책무

㉠ 소비자는 사업자 등과 함께 재화 등을 올바르게 선택하고 자유시장경제를 구성한다는 점을 인정하여 소비자의 기본권을 행사해야 한다.

㉡ 소비자는 스스로의 권익증진을 위해 필요한 지식과 정보습득을 위해 노력해야 한다.

㉢ 독자적이고 합리적인 행동을 취하여 자원을 절약하고 환경친화적인 소비생활을 함으로써 소비생활 향상과 국가경제 발전에 적극적인 역할을 해야 한다.

② 국가·지방자치단체 및 사업자의 책무

　　㉠ 관계법령 및 조례의 제정 및 개정·폐지

　　㉡ 필요한 행정조직의 정비 및 운영 개선

　　㉢ 필요한 시책의 수립 및 실시

　　㉣ 소비자의 건전하고 자주적인 조직활동의 지원·육성

(5) 소비자의 8대 권리

① 케네디 대통령의 특별교서(1962년 3월 15일 미국 하원으로 보낸 '소비자의 이익보호를 위한 특별교서')로 시작했다.

② 미국에서는 소비자 보호를 위한 법률 제정이 이루어졌고, 우리나라와 국제소비자기구(Consumers International)에서는 소비자기본법에서 다음 내용과 같은 '소비자의 8대 권리'를 규정하고 있다.

　　㉠ 물품 또는 용역으로 인한 생명, 신체 또는 재산에 대한 위해로부터 보호받을 권리

　　㉡ 물품 등을 선택함에 있어서 필요한 지식 및 정보를 제공받을 권리

　　㉢ 물품 등을 사용함에 있어서 거래상대방, 구입장소, 가격 및 거래조건 등을 자유로이 선택할 권리

　　㉣ 소비생활에 영향을 주는 국가 및 지방자치단체의 정책과 사업자의 사업활동 등에 대해 의견을 반영시킬 권리

　　㉤ 물품 등의 사용으로 인하여 입은 피해에 대해 신속, 공정한 절차에 따라 적절한 보상을 받을 권리

　　㉥ 합리적인 소비 생활을 위해 필요한 교육을 받을 권리

　　㉦ 소비자 스스로의 권익을 증진하기 위해 단체를 조직하고 이를 통해 활동할 수 있는 권리

　　㉧ 안전하고 쾌적한 소비생활 환경에서 소비할 권리

(6) 소비자 정책 수립 – 기본계획의 수립 등(제21조)

① 공정거래위원회는 소비자정책위원회의 심의·의결을 거쳐 소비자 정책에 관한 기본계획을 3년마다 수립하여야 한다.

② 기본계획에는 다음의 사항이 포함되어야 한다.

　　㉠ 소비자정책과 관련된 경제·사회 환경의 변화

　　㉡ 소비자정책의 기본방향

　　㉢ 다음의 사항이 포함된 소비자정책의 목표

　　　　ⓐ 소비자안전의 강화

　　　　ⓑ 소비자와 사업자 사이의 거래의 공정화 및 적정화

　　　　ⓒ 소비자교육 및 정보제공의 촉진

　　　　ⓓ 소비자피해의 원활한 구제

　　　　ⓔ 국제소비자문제에 대한 대응

　　　　ⓕ 그 밖에 소비자의 권익과 관련된 주요한 사항

　　㉣ 소비자정책의 추진과 관련된 재원의 조달방법

　　㉤ 어린이 위해방지를 위한 연령별 안전기준의 작성

　　㉥ 그 밖에 소비자정책의 수립과 추진에 필요한 사항

③ 공정거래위원회는 소비자정책위원회의 심의·의결을 거쳐 기본계획을 변경할 수 있다.

02 소비자기본법에 따른 고객필요 정보 제공 ★

(1) 소비자기본법상의 국가, 지방자치단체의 책무

① **국가, 지방자치단체의 책무 요약**(제6조) : 소비자의 기본적 권리가 실현되도록 하기 위하여 다음의 책무를 진다.
   ㉠ 관계법령 및 조례의 제정, 개정, 폐지
   ㉡ 필요한 행정조직의 정비 및 운영개선
   ㉢ 필요한 시책의 수립 및 실시
   ㉣ 소비자의 건전하고 자주적인 조직활동 지원, 육성의 책무
   ㉤ 소비자 권익과 관련된 행정조직의 설치 및 운영

② **위해의 방지**(제8조) : 국가는 소비자에게 제공하는 물품 등으로 인한 소비자의 생명, 신체 또는 재산에 대한 위해 방지를 위해 아래 내용에 관하여 사업자가 지켜야 할 기준을 정해야 한다.
   ㉠ 물품 등의 성분, 함량, 구조 등 안전에 관한 중요 사항
   ㉡ 물품을 사용할 때의 주의사항 및 경고등을 표시할 내용과 방법
   ㉢ 그 밖의 위해 방지를 위해 필요하다고 인정되는 사항

③ **계량 및 규격의 적정화**(제9조)
   ㉠ 소비자와 사업자의 거래에서 계량으로 인한 손해를 입지 않도록 물품 등의 계량에 관해 필요한 시책을 강구하여야 한다.
   ㉡ 물품 등의 품질개선 및 소비생활의 향상을 위해 규정을 정하고, 이를 보급하기 위한 시책을 강구해야 한다.
   ㉢ 계량 및 규격에 관한 규정은 '계량에 관한 법률', '국가표준기본법', '산업표준화법'에서 규정하고 있다.

④ **거래의 적정화**(제12조)
   ㉠ 국가는 사업자의 불공정한 거래조건, 방법으로 소비자가 부당한 피해를 입지 않도록 필요한 시책을 수립 및 실시해야 한다.
   ㉡ 소비자의 합리적인 선택을 방해하고 소비자에게 손해를 끼칠 우려가 인정되면, 사업자의 부당한 행위를 지정 및 고시할 수 있다.

⑤ **소비자에의 정보제공**(제13조)
   ㉠ 국가 및 지방자치단체는 소비자의 기본적인 권리가 실현되도록 소비자의 권익과 관련된 주요시책 및 결정사항을 소비자에게 알려야 한다.
   ㉡ 소비자가 물품을 합리적으로 선택할 수 있도록 물품 등의 거래조건, 방법, 품질, 안전성, 환경성 등에 관련되는 사업자의 정보가 소비자에게 제공될 수 있도록 필요한 시책을 강구해야 한다.

⑥ **표시기준**(제10조)
   ㉠ 상품명, 용도, 성분, 재질, 성능, 규격, 가격, 용량, 허가번호, 용역의 내용을 표시하여 소비자가 물품 등을 잘못 선택하지 않도록 한다.
   ㉡ 물품 등을 제조, 수입 또는 판매하거나 제공한 사업자의 명칭(주소 및 전화번호 포함) 및 물품의 원산지를 표기한다.

ⓒ 사용방법, 사용 및 보관시 주의사항, 경고사항, 제조연월일, 품질보증기간, 변질되기 쉬운 상품은 유효기간을 표기한다.

　　　ⓔ 표시의 크기, 위치 및 방법, 물품 등에 따른 불만이나 소비자의 피해가 있다면 처리기구 및 방법을 표기한다.

　　　ⓗ 장애인차별금지 및 권리구제 등에 관한 법률 제20조에 따른 시각장애인을 위한 표시 방법 및 기준을 정해야 한다.

　⑦ **광고의 기준**(제11조)

　　　㉠ 국가는 물품등 잘못된 소비 및 과다소비로 인해 발생할 수 있는 소비자의 생명, 신체, 재산의 위해방지를 위한 광고내용 및 방법에 관한 기준을 정해야 한다.

　　　㉡ 소비자가 오인할 수 있는 특정 용어나 표현의 사용을 제한한다.

　　　㉢ 용도, 성능, 성분, 규격, 원산지 등을 광고하는 때에 허가 또는 공인된 내용으로만 광고를 제한하거나 특정내용을 소비자에게 알릴 필요가 있어야 한다.

　⑧ **소비자의 능력향상**(제14조)

　　　㉠ 소비자의 올바른 권리행사를 이끌고, 물품등과 관련된 판단능력을 높이며, 소비자가 자신의 선택에 책임을 지는 소비생활을 할 수 있도록 필요한 교육을 수행한다.

　　　㉡ 소비자 능력향상을 위한 프로그램을 개발해야 한다.

　　　㉢ 소비자교육의 방법 등에 관한 필요사항은 대통령령으로 정한다.

　　　㉣ 소비자교육과 학교교육, 평생교육을 연계하여 교육효과를 높이기 위한 시책을 수립, 시행하여야 한다.

　　　㉤ 국가 및 지방자치단체는 소비자의 능력을 효과적으로 향상시키기 위한 방법으로 '방송법'에 따른 방송사업을 할 수 있다.

　⑨ **개인정보의 보호**(제15조)

　　　㉠ 개인정보의 분실, 도난, 누출, 변조 또는 훼손으로 인한 부당한 피해를 입지 않도록 필요한 시책을 강구하여야 한다.

　　　㉡ 국가는 소비자의 개인정보 보호를 위한 기준을 정해야 한다.

　　　㉢ 관련 법으로, 공공기관의 개인정보보호에 관한 법률, 정보통신망 이용촉진 및 정보보호 등에 관한 법률, 통신비밀법, 신용정보의 이용 및 보호에 관한 법률, 전자상거래등에서의 소비자보호에 관한 법률, 금융실명거래 및 비밀보장에 관한 법률 등이 있다.

　⑩ **개인정보 보호법에 명시된 고유식별정보의 범위**(개인정보 보호법 시행령 제19조)

　　　㉠ 여권번호

　　　㉡ 주민등록번호

　　　㉢ 외국인등록번호

　　　㉣ 운전면허의 면허번호

📍 개인정보 유출에 따른 과징금 기본 산정기준

위반행위의 중대성	기준금액
매우 중대한 위반행위	7억원 이상 18억원 이하
중대한 위반행위	2억원 이상 7억원 미만
보통 위반행위	5천만원 이상 2억원 미만
약한 위반행위	5백만원 이상 5천만원 미만

⑪ **소비자분쟁 해결**(제16조)

ⓐ 소비자의 불만이나 피해가 신속, 공정하게 처리될 수 있도록 관련기구의 설치 등 필요한 조치를 강구하여야 한다.

ⓑ 소비자와 사업자 사이에 발생하는 분쟁을 원활하게 해결하기 위하여 대통령령이 정하는 바에 따라 소비자분쟁해결기준을 제정할 수 있다.

ⓒ 소비자분쟁해결기준은 분쟁당사자 사이에 분쟁해결방법에 관한 별도의 의사표시가 없는 경우에 한하여 분쟁해결을 위한 합의 또는 권고의 기준이 된다.

⑫ **시험검사시설의 설치 및 시험, 검사 등의 의뢰, 공표**(제17조)

ⓐ 국가 및 지방자치단체는 물품 등의 규격, 품질, 안전성 등에 관해 시험, 검사 또는 조사를 실시할 수 있는 기구와 시설을 갖추어야 한다.

ⓑ 국가, 지방자치단체 또는 소비자나 소비자단체는 필요하다고 인정되는 때 또는 소비자의 요청이 있을 때 위의 규정에 따라 설치된 시험, 검사기관이나 한국소비자원에 시험, 검사 또는 조사를 의뢰하여 시험 등을 실시할 수 있다.

🔦 알아두기

✱ **국제소비자기구가 제시한 소비자의 5대 책무**
- 사회적 관심
- 자기 주장과 행동
- 비판적 의식
- 연대
- 환경에의 자각

✱ **개인정보 유출 등의 통지**(개인정보 보호법 시행령 제39조)

① 개인정보처리자는 개인정보가 분실·도난·유출(이하 이 조 및 제40조에서 "유출 등"이라 한다)되었음을 알게 되었을 때에는 서면 등의 방법으로 72시간 이내에 법 제34조 제1항 각 호의 사항을 정보주체에게 알려야 한다. 다만, 다음 각 호의 어느 하나에 해당하는 경우에는 해당 사유가 해소된 후 지체 없이 정보주체에게 알릴 수 있다.

1. 유출 등이 된 개인정보의 확산 및 추가 유출 등을 방지하기 위하여 접속경로의 차단, 취약점 점검·보완, 유출 등이 된 개인정보의 회수·삭제 등 긴급한 조치가 필요한 경우

2. 천재지변이나 그 밖에 부득이한 사유로 인하여 72시간 이내에 통지하기 곤란한 경우

② 제1항에도 불구하고 개인정보처리자는 같은 항에 따른 통지를 하려는 경우로서 법 제34조 제1항 제1호 또는 제2호의 사항에 관한 구체적인 내용을 확인하지 못한 경우에는 개인정보가 유출된 사실, 그때까지 확인된 내용 및 같은 항 제3호부터 제5호까지의 사항을 서면 등의 방법으로 우선 통지해야 하며, 추가로 확인되는 내용에 대해서는 확인되는 즉시 통지해야 한다.

③ 제1항 및 제2항에도 불구하고 개인정보처리자는 정보주체의 연락처를 알 수 없는 경우 등 정당한 사유가 있는 경우에는 법 제34조 제1항 각 호 외의 부분 단서에 따라 같은 항 각 호의 사항을 정보주체가 쉽게 알 수 있도록 자신의 인터넷 홈페이지에 30일 이상 게시하는 것으로 제1항 및 제2항의 통지를 갈음할 수 있다. 다만, 인터넷 홈페이지를 운영하지 아니하는 개인정보처리자의 경우에는 사업장 등의 보기 쉬운 장소에 법 제34조 제1항 각 호의 사항을 30일 이상 게시하는 것으로 제1항 및 제2항의 통지를 갈음할 수 있다.

[전문개정 2023. 9. 12.]

[제40조에서 이동, 종전 제39조는 제40조로 이동 〈2023. 9. 12.〉]

＊ **개인정보 유출 등의 신고(개인정보 보호법 시행령 제40조)**

① 개인정보처리자는 다음 각 호의 어느 하나에 해당하는 경우로서 개인정보가 유출 등이 되었음을 알게 되었을 때에는 72시간 이내에 법 제34조 제1항 각 호의 사항을 서면 등의 방법으로 보호위원회 또는 같은 조 제3항 전단에 따른 전문기관에 신고해야 한다. 다만, 천재지변이나 그 밖에 부득이한 사유로 인하여 72시간 이내에 신고하기 곤란한 경우에는 해당 사유가 해소된 후 지체 없이 신고할 수 있으며, 개인정보 유출 등의 경로가 확인되어 해당 개인정보를 회수・삭제하는 등의 조치를 통해 정보주체의 권익 침해 가능성이 현저히 낮아진 경우에는 신고하지 않을 수 있다.

1. 1천명 이상의 정보주체에 관한 개인정보가 유출 등이 된 경우
2. 민감정보 또는 고유식별정보가 유출 등이 된 경우
3. 개인정보처리시스템 또는 개인정보취급자가 개인정보 처리에 이용하는 정보기기에 대한 외부로부터의 불법적인 접근에 의해 개인정보가 유출 등이 된 경우

② 제1항에도 불구하고 개인정보처리자는 제1항에 따른 신고를 하려는 경우로서 법 제34조 제1항 제1호 또는 제2호의 사항에 관한 구체적인 내용을 확인하지 못한 경우에는 개인정보가 유출 등이 된 사실, 그때까지 확인된 내용 및 같은 항 제3호부터 제5호까지의 사항을 서면 등의 방법으로 우선 신고해야 하며, 추가로 확인되는 내용에 대해서는 확인되는 즉시 신고해야 한다.

③ 법 제34조 제3항 전단 및 후단에서 "대통령령으로 정하는 전문기관"이란 각각 한국인터넷진흥원을 말한다.

[전문개정 2023. 9. 12.]

[제39조에서 이동, 종전 제40조는 제39조로 이동 〈2023. 9. 12.〉]

(2) 사업자의 책무

① 소비자권익증진시책에 대한 협력의무 등(제18조)

㉠ 소비자 권익증진시책에 적극 협력한다.

㉡ 소비자단체 및 한국소비자원의 소비자 권익증진과 관련된 업무 추진에 필요한 자료 및 정보제공 요청에 적극 협력해야 한다.

㉢ 안전하고 쾌적한 소비생활 환경조성을 위해, 물품 등을 제공함에 있어 환경친화적인 기술의 개발과 자원의 재활용을 위해 노력해야 한다.

② 사업자의 책무(제19조)

㉠ 사업자는 물품 등으로 인해 소비자에게 생명, 신체, 또는 재산에 대한 위해가 발생하지 않도록 필요한 조치를 강구하여야 한다.

㉡ 사업자는 물품 등을 공급함에 있어서 소비자의 합리적인 선택이나 이익을 침해할 우려가 있는 거래조건이나 방법을 사용해서는 안 된다.

㉢ 사업자는 소비자에게 물품 등에 대한 정보를 성실하고 정확하게 제공하여야 한다.

ⓔ 사업자는 소비자의 개인정보가 분실, 도난, 누출, 변조 또는 훼손되지 않도록 그 개인의 정보를 성실하게 취급하여야 한다.

ⓜ 사업자는 물품 등의 하자로 인한 소비자의 불만이나 피해를 해결하거나 보상해야 하며, 채무불이행 등으로 인한 소비자의 손해를 배상해야 한다.

③ **소비자의 권익증진 관련기준의 준수**(제20조)

ⓐ 사업자는 제8조 제1항의 규정에 따라 국가가 정한 기준에 위반되는 물품 등을 제조, 수입, 판매하거나 제공하여서는 아니 된다.

ⓑ 사업자는 제10조의 규정에 따라 국가가 정한 표시기준을 위반하여서는 아니 된다.

ⓒ 사업자는 제11조 규정에 따라 국가가 정한 광고기준을 위반하여서는 아니 된다.

ⓓ 사업자는 제12조 제2항의 규정에 따라 국가가 지정, 고시한 행위를 하여서는 아니 된다.

ⓔ 사업자는 제15조 제2항의 규정에 따라 국가가 정한 개인정보의 보호기준을 위반하여서는 아니 된다.

④ **소비자중심경영의 인증**(제20조의2)

ⓐ 공정거래위원회는 물품의 제조·수입·판매 또는 용역의 제공의 모든 과정이 소비자 중심으로 이루어지는 경영(이하 "소비자중심경영"이라 한다)을 하는 사업자에 대하여 소비자중심경영에 대한 인증(이하 "소비자중심경영인증"이라 한다)을 할 수 있다.

ⓑ 소비자중심경영인증을 받으려는 사업자는 대통령령으로 정하는 바에 따라 공정거래위원회에 신청하여야 한다.

ⓒ 소비자중심경영인증을 받은 사업자는 대통령령으로 정하는 바에 따라 그 인증의 표시를 할 수 있다.

ⓓ 소비자중심경영인증의 유효기간은 그 인증을 받은 날부터 2년으로 한다.

ⓔ 공정거래위원회는 소비자중심경영을 활성화하기 위하여 대통령령으로 정하는 바에 따라 소비자중심경영인증을 받은 기업에 대하여 포상 또는 지원 등을 할 수 있다.

ⓗ 공정거래위원회는 소비자중심경영인증을 신청하는 사업자에 대하여 대통령령으로 정하는 바에 따라 그 인증의 심사에 소요되는 비용을 부담하게 할 수 있다.

ⓢ 제1항부터 제6항까지의 규정 외에 소비자중심경영인증의 기준 및 절차 등에 필요한 사항은 대통령령으로 정한다.

⑤ **소비자중심경영인증기관의 지정 등**(제20조의3)

ⓐ 공정거래위원회는 소비자중심경영에 관하여 전문성이 있는 기관 또는 단체를 대통령령으로 정하는 바에 따라 소비자중심경영인증기관(이하 "인증기관"이라 한다)으로 지정하여 소비자 중심경영인증에 관한 업무(이하 "인증업무"라 한다)를 수행하게 할 수 있다.

ⓑ 인증업무를 수행하는 인증기관의 임직원은 「형법」 제129조부터 제132조까지의 규정을 적용할 때에는 공무원으로 본다.

ⓒ 공정거래위원회는 인증기관이 다음 각 호의 어느 하나에 해당하는 경우에는 인증기관의 지정을 취소하거나 1년 이내의 기간을 정하여 업무의 정지를 명할 수 있다. 다만, ⓐ 또는 ⓔ에 해당하면 그 지정을 취소하여야 한다.

ⓐ 거짓이나 부정한 방법으로 지정을 받은 경우

ⓑ 업무정지명령을 위반하여 그 정지기간 중 인증업무를 행한 경우

ⓒ 고의 또는 중대한 과실로 소비자중심경영인증의 기준 및 절차를 위반한 경우

ⓓ 정당한 사유 없이 인증업무를 거부한 경우

ⓔ 파산 또는 폐업한 경우

ⓕ 그 밖에 휴업 또는 부도 등으로 인하여 인증업무를 수행하기 어려운 경우

[출처] 소비자기본법 타법개정 2020. 12. 29. [법률 제17799호, 시행 2021. 12. 30.] 공정거래위원회 > 종합법률정보 법령

03 소비자 피해구제 사례

(1) 한국소비자원의 피해구제

① **피해구제의 신청**(소비자기본법 제55조)

㉠ 소비자는 물품 등의 사용으로 인한 피해구제를 한국소비자원에 신청할 수 있다.

㉡ 국가, 지방자치단체 또는 소비자단체는 소비자로부터 피해구제의 신청을 받은 때에는 한국소비자원에 그 처리를 의뢰할 수 있다.

㉢ 사업자는 소비자로부터 피해구제의 신청을 받은 때에는 다음 각 호의 어느 하나에 해당하는 경우에 한하여 한국소비자원에 그 처리를 의뢰할 수 있다.

ⓐ 소비자로부터 피해구제의 신청을 받은 날부터 30일이 경과하여도 합의에 이르지 못하는 경우

ⓑ 한국소비자원에 피해구제의 처리를 의뢰하기로 소비자와 합의한 경우

ⓒ 그 밖에 한국소비자원의 피해구제의 처리가 필요한 경우로서 대통령령이 정하는 사유에 해당하는 경우

㉣ 원장은 제1항의 규정에 따른 피해구제의 신청(제2항 및 제3항의 규정에 따른 피해구제의 의뢰를 포함한다. 이하 이 절에서 같다)을 받은 경우 그 내용이 한국소비자원에서 처리하는 것이 부적합하다고 판단되는 때에는 신청인에게 그 사유를 통보하고 그 사건의 처리를 중지할 수 있다.

② **합의의 권고**(소비자기본법 제57조) : 한국소비자원의 원장은 피해구제신청의 당사자에 대하여 피해보상에 관한 합의를 권고할 수 있다.

③ **처리기간**(소비자기본법 제58조)

㉠ 한국소비자원 원장은 위의 피해구제의 신청을 받은 날부터 30일 이내에 한국소비자원의 원장이 행한 합의의 권고에 따른 합의가 이루어지지 아니하는 때에는 지체없이 소비자기본법 제60조의 규정에 따른 소비자분쟁조정위원회에 분쟁조정을 신청하여야 한다.

㉡ 대통령령이 지정한 사건인 의료, 보험, 농업 및 어업 관련, 그 밖의 피해의 원인규명에 시험, 검사 또는 조사가 필요한 사건에 대해서는 60일 이내의 범위에서 처리기간을 연장 가능하다.

④ **피해구제절차의 중지**(소비자기본법 제59조)

㉠ 한국소비자원의 피해구제 처리절차 중 법원에 소를 제기한 당사자는 그 사실을 한국소비자원에 통보해야 한다. 즉, 피해구제신청을 받은 경우, 그 내용이 한국소비자원에서 처리하는 것이 부적합하다고 판단되는 때에 신청인에게 그 사유를 통보하고 그 사건 처리를 중지할 수 있다(피해구제절차에 적합하지 아니한 경우의 중지 : 소비자기본법 제55조 제4항).

㉡ 한국소비자원은 당사자의 소제기 사실을 알게 된 때에는 지체없이 피해구제절차를 중지하고, 당사자에게 이를 통지하여야 한다(당사자의 소제기에 따른 절차의 중지 : 소비자기본법 제59조).

- 공정거래위원회 또는 지방자치단체의 장은 소비자단체가 거짓 그 밖의 부정한 방법으로 제29조의 규정에 따른 등록을 한 경우에는 등록을 취소하여야 한다.
- 공정거래위원회 또는 지방자치단체의 장은 등록소비자단체가 제29조 제1항 각 호의 요건을 갖추지 못하게 된 경우에는 3월 이내에 보완을 하도록 명할 수 있고, 그 기간이 경과하여도 요건을 갖추지 못하는 경우에는 등록을 취소할 수 있다.

(2) 소비자분쟁 조정

① **소비자분쟁 조정위원회의 설치**(소비자기본법 제60조, 제61조, 제63조)
  - ㉠ 조정위원회는 위원장 1명을 포함해 150명 이내의 위원으로 구성하여야 하며, 위원장을 포함한 5명은 상임으로 하고 나머지는 비상임으로 한다.
  - ㉡ 위원은 소비자기본법상에 정해져 있는 자격을 갖춘 자 중에서 한국소비자원장의 제청에 따라 공정거래위원회 위원장이 임명한다.
  - ㉢ 조정위원회의 회의는 위원장, 상임위원 및 위원장이 회의마다 지명하는 5명 이상, 9명 이하의 위원으로 구성되고, 위원의 과반수의 출석과 출석위원 과반수의 찬성으로 의결한다.

② **조정의 신청자**(소비자기본법 제65조) : 소비자와 사업자 사이에 발생한 분쟁에 관하여 제16조 제1항의 규정에 따라 국가 또는 지방자치단체가 설치한 기관에서 소비자분쟁이 해결되지 아니하거나 제28조 제1항 제5호의 규정에 따른 합의권고에 따른 합의가 이루어지지 아니한 경우 당사자나 그 기구 또는 단체의 장은 조정위원회에 분쟁조정을 신청할 수 있다.

③ **조정의 기간**(소비자기본법 제66조)
  - ㉠ 소비자기본법 제58조 또는 제65조 제1항의 규정에 따라 분쟁조정을 신청받은 때에는 그 신청을 받은 날부터 30일 이내에 그 분쟁조정을 마쳐야 한다.
  - ㉡ 조정위원회는 정당한 사유가 있는 경우로서 30일 이내에 그 분쟁조정을 마칠 수 없는 때에는, 그 기간을 연장할 수 있으나 그 사유와 기한을 명시하여 당사자 및 그 대리인에게 통지하여야 한다.

④ **집단분쟁조정의 특례**(소비자기본법 제68조)
  - ㉠ 국가·지방자치단체·한국소비자원·소비자단체·소비자 또는 사업자는 소비자의 피해가 다수의 소비자에게 같거나 비슷한 유형으로 발생하는 경우로서 대통령령이 정하는 사건에 대하여는 조정위원회에 일괄적인 분쟁조정(이하 "집단분쟁조정"이라 한다)을 의뢰 또는 신청할 수 있다.
  - ㉡ 집단분쟁조정을 의뢰받거나 신청받은 조정위원회는 다음 각 호의 어느 하나에 해당하는 사건을 제외하고 조정위원회의 의결로써 의뢰받거나 신청받은 날부터 60일 이내에 집단 분쟁 조정의 절차를 개시하여야 한다. 이에 따라 조정위원회는 대통령령이 정하는 기간 동안 개시를 공고해야 한다.
    - ⓐ 피해의 원인규명에 시험, 검사 또는 조사가 필요한 사건
    - ⓑ 피해의 원인규명을 위하여 제68조의2에 따른 대표당사자가 집단분쟁조정 절차 개시 결정의 보류를 신청하는 사건
    - ⓒ 조정위원회는 집단분쟁조정의 당사자가 아닌 소비자 또는 사업자로부터 그 분쟁조정의 당사자에 추가로 포함될 수 있도록 하는 신청을 받을 수 있다.
  - ㉢ 조정위원회는 사업자가 조정위원회의 집단분쟁조정의 내용을 수락한 경우에는 집단분쟁조정의 당사자가 아닌 자로서 피해를 입은 소비자에 대한 보상계획서를 작성하여 조정위원회에 제출하도록 권고할 수 있다.

ⓔ 집단분쟁조정은 제2항에 따른 공고가 종료된 날의 다음 날부터 30일 이내에 마쳐야 한다. 다만, 정당한 사유가 있는 경우로서 해당 기간 내에 분쟁조정을 마칠 수 없는 때에는 2회에 한하여 각각 30일의 범위에서 그 기간을 연장할 수 있으며, 이 경우 그 사유와 기한을 구체적으로 밝혀 당사자 및 그 대리인에게 통지하여야 한다.

ⓗ 집단분쟁조정의 절차 등에 관하여 필요한 사항은 대통령령으로 정한다.

⑤ **분쟁조정의 효력**(소비자기본법 제67조)

　ㄱ 조정위원회 위원장은 소비자기본법 제66조의 규정에 따라 분쟁조정을 마친 때에는 지체 없이 당사자에게 그 분쟁조정의 내용을 통지하여야 한다.

　ㄴ 통지를 받은 당사자는 그 날로부터 15일 이내에 분쟁조정의 내용에 대한 수락여부를 조정위원회에 통보하여야 한다. 이 경우 15일 이내에 의사표시가 없는 때에는 수락한 것으로 본다.

　ㄷ 당사자가 분쟁조정의 내용을 수락하거나 수락한 것으로 보는 경우, 조정위원회는 조정조서를 작성하고 조정위원회의 위원장 및 각 당사자가 기명날인하거나 서명하여야 한다. 단, 수락한 것으로 보는 경우는 생략할 수 있다.

　ㄹ 정당한 사유가 있는 경우로서 해당기간 내에 분쟁 조정을 마칠 수 없을 때에는 2회에 한하여 각 30일 범위에서 그 기간을 연장할 수 있으며, 이 경우 그 사유와 기한을 구체적으로 밝혀 당사자 또는 그 대리인에게 통지하여야 한다.

제2절　고객만족

01　개인정보 보호법에 따른 고객데이터 수집

(1) 개인정보 보호법의 개념 이해

① 개인정보는 개인의 신념, 신체, 재산, 사회적 지위, 지위 등에 관한 사실, 판단, 평가 등을 나타내는 모든 정보를 의미하며, 개인정보 보호법 제2조에서 개인정보는 본인의 이름, 주민등록번호, 영상 등을 통해 확인할 수 있는 살아있는 개인에 관한 정보를 의미한다.

② 개인정보 보호법 제1조에서는 '개인정보의 수집, 유출, 오용, 남용으로부터 사생활의 비밀 등을 보호함으로써 국민의 권리와 이익을 증진하고, 나아가 개인의 존엄과 가치를 구현하기 위하여 개인정보 처리에 관한 사항을 규정함을 목적으로 한다'라고 규정되어 있다.

③ IT기술이 급속히 발달하며 인터넷이 자유로워지고 전자상거래가 급증하면서 한국인터넷진흥원 자료에 따르면 2019년 접수된 약 16만 건을 기준으로 개인정보 보호상담 사례집도 만들었다.

(2) 우리나라 개인정보 보호 원칙(개인정보 보호법 제3조)

① 개인정보처리자는 개인정보의 처리 목적을 명확하게 하여야 하고 그 목적에 필요한 범위에서 최소한의 개인정보만을 적법하고 정당하게 수집하여야 한다.

② 개인정보처리자는 개인정보의 처리 목적에 필요한 범위에서 적합하게 개인정보를 처리하여야 하며, 그 목적 외의 용도로 활용하여서는 아니 된다.

③ 개인정보처리자는 개인정보의 처리 목적에 필요한 범위에서 개인정보의 정확성, 안전성, 최신성이 보장되도록 하여야 한다.

④ 개인정보처리자는 개인정보의 처리 방법 및 종류 등에 따라 정보주체의 권리가 침해받을 가능성과 그 위험

정도를 고려하여 개인정보를 안전하게 관리하여야 한다.

⑤ 개인정보처리자는 개인정보 처리방침 등 개인정보의 처리에 관한 사항을 공개하여야 하며, 열람청구권 등 정보주체의 권리를 보장하여야 한다.

⑥ 개인정보처리자는 정보주체의 사생활 침해를 최소화하는 방법으로 개인정보를 처리하여야 한다.

⑦ 개인정보처리자는 개인정보를 익명 또는 가명으로 처리하여도 개인정보 수집목적을 달성할 수 있는 경우 익명처리가 가능한 경우에는 익명에 의해, 익명처리로 목적을 달성할 수 없는 경우에는 가명에 의해 처리될 수 있도록 하여야 한다.

⑧ 개인정보처리자는 이 법 및 관계 법령에서 규정하고 있는 책임과 의무를 준수하고 실천함으로써 정보주체의 신뢰를 얻기 위하여 노력하여야 한다.

(3) 개인정보의 유형 및 종류

① 와이블(Weible)이 정의한 개인정보 14개 분류는 아래와 같다(김성언, 2001).

ㄱ **일반정보** : 이름, 주민등록번호, 운전면허정보, 주소, 전화번호, 생년월일 등

ㄴ **가족정보** : 부모, 배우자 등 가족구성원의 이름 및 직업

ㄷ **교육 및 훈련정보** : 학교출석 사항, 최종학력, 성적, 자격증 등

ㄹ **병역정보** : 계급, 제대유형 등

ㅁ **부동산 정보** : 소유 주택, 자동차 상점 등

ㅂ **동산 정보** : 보유현금, 저축현황, 주식, 채권 등

ㅅ **소득 정보** : 현재 연봉, 기타소득의 원천, 사업소득 등

ㅇ **기타수익 정보** : 보험가입현황, 회사차, 퇴직프로그램, 휴가, 병가, 수익자 등

ㅈ **신용 정보** : 대부, 잔액 및 지불상황, 저당, 신용카드 미납 등

ㅊ **고용 정보** : 현재 고용주, 회사주소, 직무수행 평가기록 등

ㅋ **법적 정보** : 전과기록, 교통위반기록, 이혼기록, 납세기록 등

ㅌ **의료 정보** : 가족병력기록, 과거의료기록 등

ㅍ **조직 정보** : 노조가입, 종교단체 가입, 정당가입 등

ㅎ **습관 및 취미정보** : 흡연, 음주량, 선호스포츠, 여가활동, 도박성향 등

(4) 정보주체의 권리(제4조)

① 개인정보의 처리에 관한 정보를 제공받을 권리

② 개인정보의 처리에 관한 동의 여부, 동의 범위 등을 선택하고 결정할 권리

③ 개인정보의 처리 여부 확인 및 개인정보에 대한 열람(사본 포함) 및 전송을 요구할 권리

④ 개인정보의 처리 정지, 정정·삭제 및 파기를 요구할 권리

⑤ 개인정보의 처리로 인하여 발생한 피해를 신속하고 공정한 절차에 따라 구제받을 권리

⑥ 완전히 자동화된 개인정보 처리에 따른 결정을 거부하거나 그에 대한 설명 등을 요구할 권리

(5) 개인정보 보호에 관한 OECD 8원칙

① **수집 제한의 원칙** : 어떠한 개인정보라도 합법적이고 정당한 절차에 의해 수집되고 데이터 주체에게 동의를 얻어야 한다.

② **정보 정확성의 원칙** : 이용목적에 필요한 범위 내에서 정확하고 완전한 최신상태로 보존되어야 한다.

③ **목적 명시의 원칙** : 개인정보의 수집 목적은 수집 시 사전에 명시하고, 변경될 때마다 그 목적을 명확히 하여야 한다. 따라서 개인정보가 목적에 적합하지 않을 경우 파기를 청구할 수 있다.

④ **이용 제한의 원칙** : 개인정보는 정보주체의 동의가 있거나 법률의 규정에 따른 경우를 제외하고는 목적 및 특정 목적의 명확성에 따라 그 밖의 용도로 공개되거나 이용되어서는 아니 된다.

⑤ **안전성 확보, 조치의 원칙** : 개인정보의 침해, 누설, 도용, 분실, 불법접속, 훼손, 파기, 변조, 노출 등의 위험으로부터 보호되어야 하기 때문에 기술적, 물리적, 조직적 안전조치를 확보해야 한다.

⑥ **공개의 원칙** : 개인정보 처리와 관련된 정보처리장치의 설치, 활용과 관련 정책은 일반인에게 투명하게 공개되어야 하며, 개인 참여의 원칙의 필요 조건으로 개인정보의 주요한 이용목적, 정보관리자를 식별하고 그 주소를 분명하게 하기 위한 수단을 쉽게 이용할 수 있어야 한다. 즉, 개인이 시간, 사전지식, 교통편, 비용 등에 관하여 부당한 부담을 지지 않고도 정보를 얻을 수 있어야 한다.

⑦ **개인참여의 원칙** : 개인은 자신에 관한 정보의 소개를 확인하고 필요한 경우 합리적인 기간 내에 알기 쉬운 형태로 통지받을 권리를 갖는다.

⑧ **책임의 원칙** : 정보 관리자는 위의 모든 원칙을 준수할 수 있도록 필요한 조치를 취할 책임이 있다.

02 개인정보 보호법에 따른 고객데이터 관리

(1) 개인정보의 처리

① **개인정보의 수집 · 이용(제15조)** : 개인정보처리자는 다음 사항에 해당하는 경우에는 개인정보를 수집할 수 있으며 그 수집 목적의 범위에서 이용할 수 있다.

    ㉠ 정보주체의 동의를 받은 경우, 아래 항목을 정보주체에게 알리고, 변경 시 동의를 받아야 한다.

        ⓐ 개인정보의 수집 · 이용 목적

        ⓑ 수집하려는 개인정보의 항목

        ⓒ 개인정보의 보유 및 이용 기간

② **개인정보의 제공(제17조)** : 개인정보처리자는 정보주체의 동의를 받은 경우와 개인정보를 수집한 목적 범위에서 개인정보를 제공하는 경우, 정보주체의 개인정보를 제3자에게 제공할 수 있다.

    ㉠ 개인정보처리자는 정보주체의 동의를 받은 경우 다음 사항을 정보주체에게 알려야 하며, 변경하는 경우에도 이를 알리고 동의를 받아야 한다.

        ⓐ 개인정보를 제공받는 자

        ⓑ 개인정보를 제공받는 자의 개인정보 이용 목적

        ⓒ 제공하는 개인정보의 항목

        ⓓ 개인정보를 제공받는 자의 개인정보 보유 및 이용 기간

        ⓔ 동의를 거부할 권리가 있다는 사실 및 동의 거부에 따른 불이익이 있는 경우에는 그 불이익의 내용

③ **개인정보의 목적 외 이용 · 제공 제한(제18조)**

    ㉠ 개인정보처리자는 다음 사항에 해당하는 경우에, 개인정보를 목적 외의 용도로 이용하거나 이를 제3자에게 제공할 수 있다. (정보주체 또는 제3자의 이익을 부당하게 침해할 우려가 있을 때를 제외) 다만, 제5호부터 제9호까지에 따른 경우는 공공기관의 경우로 한정한다.

ⓐ 정보주체로부터 별도의 동의를 받은 경우

ⓑ 다른 법률에 특별한 규정이 있는 경우

ⓒ 명백히 정보주체 또는 제3자의 급박한 생명, 신체, 재산의 이익을 위하여 필요하다고 인정되는 경우

ⓓ 개인정보를 목적 외의 용도로 이용하거나 이를 제3자에게 제공하지 아니하면 다른 법률에서 정하는 소관 업무를 수행할 수 없는 경우로서 보호위원회의 심의·의결을 거친 경우

ⓔ 조약, 그 밖의 국제협정의 이행을 위하여 외국정부 또는 국제기구에 제공하기 위하여 필요한 경우

ⓕ 범죄의 수사와 공소의 제기 및 유지를 위하여 필요한 경우

ⓖ 법원의 재판업무 수행을 위하여 필요한 경우

ⓗ 형(刑) 및 감호, 보호처분의 집행을 위하여 필요한 경우

ⓘ 공중위생 등 공공의 안전과 안녕을 위하여 긴급히 필요한 경우

ⓛ 공공기관은 제2항 제2호부터 제6호까지, 제8호부터 제10호까지에 따라 개인정보를 목적 외의 용도로 이용하거나 이를 제3자에게 제공하는 경우에는 그 이용 또는 제공의 법적 근거, 목적 및 범위 등에 관하여 필요한 사항을 보호위원회가 고시로 정하는 바에 따라 관보 또는 인터넷 홈페이지 등에 게재하여야 한다.

알아두기 **공공기관에 의한 개인정보의 목적 외 이용 또는 제3자 제공의 공고(시행령 제2조)**

공공기관은 개인정보를 목적 외의 용도로 이용하거나 제3자에게 제공하는 경우에는 「개인정보 보호법」 제18조 제4항에 따라 개인정보를 목적 외 이용 등을 한 날부터 30일 이내에 다음 사항을 관보 또는 인터넷 홈페이지에 게재하여야 한다. 이 경우 인터넷 홈페이지에 게재할 때에는 10일 이상 계속 게재하여야 한다.
• 목적 외 이용 등을 한 날짜
• 목적 외 이용 등의 법적 근거
• 목적 외 이용 등의 목적
• 목적 외 이용 등을 한 개인정보의 항목(구성)

④ **개인정보의 파기(제21조)**

㉠ 개인정보처리자는 보유기간의 경과, 개인정보의 처리 목적 달성, 가명정보의 처리 기간 경과 등 그 개인정보가 불필요하게 되었을 때에는 지체 없이 그 개인정보를 파기하여야 한다. 다만, 다른 법령에 따라 보존하여야 하는 경우에는 그러하지 아니하다.

㉡ 개인정보처리자가 제1항에 따라 개인정보를 파기할 때에는 복구 또는 재생되지 아니하도록 조치하여야 한다.

㉢ 개인정보처리자가 제1항 단서에 따라 개인정보를 파기하지 아니하고 보존하여야 하는 경우에는 해당 개인정보 또는 개인정보파일을 다른 개인정보와 분리하여서 저장·관리하여야 한다.

㉣ 개인정보의 파기방법 및 절차 등에 필요한 사항은 대통령령으로 정한다.

⑤ **고정형 영상정보처리기기의 설치·운영 제한(제25조)** : 누구든지 공개된 장소, 불특정 다수가 이용하는 목욕실, 화장실, 발한실(發汗室), 탈의실 등 개인의 사생활을 현저히 침해할 우려가 있는 장소의 내부를 볼 수 있도록 고정형 영상정보처리기기를 설치·운영하여서는 아니 된다.

㉠ 다음 사항의 경우를 제외한다.

ⓐ 법령에서 구체적으로 허용하고 있는 경우

ⓑ 범죄의 예방 및 수사를 위하여 필요한 경우

ⓒ 시설의 안전 및 관리, 화재 예방을 위하여 정당한 권한을 가진 자가 설치, 운영하는 경우

ⓓ 교통단속을 위하여 정당한 권한을 가진 자가 설치·운영하는 경우

ⓔ 교통정보의 수집·분석 및 제공을 위하여 정당한 권한을 가진 자가 설치, 운영하는 경우

ⓕ 촬영된 영상정보를 저장하지 아니하는 경우로서 대통령령으로 정하는 경우

ⓖ 교도소, 정신보건 시설 등 법령에 근거하여 사람을 구금하거나 보호하는 시설로서 대통령령으로 정하는 시설

ⓛ 고정형 영상정보처리기기를 설치·운영하려는 공공기관의 장과, 고정형 영상정보처리기기를 설치·운영하려는 자는 공청회·설명회의 개최 등 대통령령으로 정하는 절차를 거쳐 관계 전문가 및 이해관계인의 의견을 수렴하여야 한다.

ⓒ 고정형 영상정보처리기기를 설치·운영하는 자는 정보주체가 쉽게 인식할 수 있도록 다음 사항이 포함된 안내판을 설치하는 등 필요한 조치를 하여야 한다. 다만, 「군사기지 및 군사시설 보호법」 제2조 제2호에 따른 군사시설, 「통합방위법」 제2조 제13호에 따른 국가중요시설, 그 밖에 대통령령으로 정하는 시설의 경우에는 그러하지 아니하다.

ⓐ 설치 목적 및 장소

ⓑ 촬영 범위 및 시간

ⓒ 관리책임자의 연락처

ⓓ 그 밖에 대통령령으로 정하는 사항

ⓔ 고정형 영상정보처리기기 운영자는 고정형 영상정보처리기기의 설치 목적과 다른 목적으로 고정형 영상정보처리기기를 임의로 조작하거나 다른 곳을 비춰서는 아니 되며, 녹음기능은 사용할 수 없다.

ⓜ 고정형 영상정보처리기기 운영자는 개인정보가 분실·도난·유출·위조·변조 또는 훼손되지 아니하도록 제29조에 따라 안전성 확보에 필요한 조치를 하여야 한다.

ⓗ 고정형 영상정보처리기기 운영자는 고정형 영상정보처리기기의 설치·운영에 관한 사무를 위탁할 수 있다. 다만, 공공기관이 고정형 영상정보처리기기 설치·운영에 관한 사무를 위탁하는 경우에는 대통령령으로 정하는 절차 및 요건에 따라야 한다.

⑥ 이동형 영상정보처리기기의 운영 제한(제25조의2) : 업무를 목적으로 이동형 영상정보처리기기를 운영하려는 자는 공개된 장소에서 이동형 영상정보처리기기로 사람 또는 그 사람과 관련된 사물의 영상을 촬영하여서는 아니 된다.

㉠ 다음 사항의 경우를 제외한다.

ⓐ 제15조 제1항 사항의 어느 하나에 해당하는 경우

ⓑ 촬영 사실을 명확히 표시하여 정보주체가 촬영 사실을 알 수 있도록 하였음에도 불구하고 촬영 거부 의사를 밝히지 아니한 경우. 이 경우 정보주체의 권리를 부당하게 침해할 우려가 없고 합리적인 범위를 초과하지 아니하는 경우로 한정한다.

ⓒ 그 밖에 제1호 및 제2호에 준하는 경우로서 대통령령으로 정하는 경우

ⓓ 인명의 구조·구급 등을 위하여 필요한 경우로서 대통령령으로 정하는 경우

ⓛ 누구든지 불특정 다수가 이용하는 목욕실, 화장실, 발한실, 탈의실 등 개인의 사생활을 현저히 침해할 우려가 있는 장소의 내부를 볼 수 있는 곳에서 이동형 영상정보처리기기로 사람 또는 그 사람과 관련된 사물의 영상을 촬영하여서는 아니 된다.

ⓒ 제1항 사항에 해당하여 이동형 영상정보처리기기로 사람 또는 그 사람과 관련된 사물의 영상을 촬영하는 경우에는 불빛, 소리, 안내판 등 대통령령으로 정하는 바에 따라 촬영 사실을 표시하고 알려야 한다.

⑦ 위원의 제척 · 기피 · 회피(제7조의11)

　　ⓐ 위원은 다음 사항에 해당하는 경우 심의 · 의결에서 제척된다.

　　　　ⓐ 위원 또는 그 배우자나 배우자였던 자가 해당 사안의 당사자가 되거나 그 사건에 관하여 공동의 권리자 또는 의무자의 관계에 있는 경우

　　　　ⓑ 위원이 해당 사안의 당사자와 친족이거나 친족이었던 경우

　　　　ⓒ 위원이 해당 사안에 관하여 증언, 감정, 법률자문을 한 경우

　　　　ⓓ 위원이 해당 사안에 관하여 당사자의 대리인으로서 관여하거나 관여하였던 경우

　　　　ⓔ 위원이나 위원이 속한 공공기관 · 법인 또는 단체 등이 조언 등 지원을 하고 있는 자와 이해관계가 있는 경우

⑧ 개인정보 보호 원칙(제3조)

　　ⓐ 개인정보처리자는 개인정보의 처리 목적을 명확하게 하여야 하고 그 목적에 필요한 범위에서 최소한의 개인정보만을 적법하고 정당하게 수집하여야 한다.

　　ⓛ 개인정보처리자는 개인정보의 처리 목적에 필요한 범위에서 적합하게 개인정보를 처리하여야 하며, 그 목적 외의 용도로 활용하여서는 아니 된다.

　　ⓒ 개인정보처리자는 개인정보의 처리 목적에 필요한 범위에서 개인정보의 정확성, 완전성 및 최신성이 보장되도록 하여야 한다.

　　ⓔ 개인정보처리자는 개인정보의 처리 방법 및 종류 등에 따라 정보주체의 권리가 침해받을 가능성과 그 위험 정도를 고려하여 개인정보를 안전하게 관리하여야 한다.

　　ⓜ 개인정보처리자는 제30조에 따른 개인정보 처리방침 등 개인정보의 처리에 관한 사항을 공개하여야 하며, 열람청구권 등 정보주체의 권리를 보장하여야 한다. 〈개정 2023. 3. 14.〉

　　ⓗ 개인정보처리자는 정보주체의 사생활 침해를 최소화하는 방법으로 개인정보를 처리하여야 한다.

　　ⓧ 개인정보처리자는 개인정보를 익명 또는 가명으로 처리하여도 개인정보 수집목적을 달성할 수 있는 경우 익명처리가 가능한 경우에는 익명에 의하여, 익명처리로 목적을 달성할 수 없는 경우에는 가명에 의하여 처리될 수 있도록 하여야 한다.

　　ⓞ 개인정보처리자는 이 법 및 관계 법령에서 규정하고 있는 책임과 의무를 준수하고 실천함으로써 정보주체의 신뢰를 얻기 위하여 노력하여야 한다.

(2) 개인정보 보호정책 수립

① 개인정보 보호위원회(제7조) : 개인정보 보호에 관한 사무를 독립적으로 수행하기 위하여 국무총리 소속으로 개인정보 보호위원회(이하 "보호위원회"라 한다)를 둔다.

　　ⓐ 보호위원회는 「정부조직법」 제2조에 따른 중앙행정기관으로 본다.

② 보호위원회의 구성 등(제7조의2) : 보호위원회는 상임위원 2명(위원장 1명, 부위원장 1명)을 포함한 9명의 위원으로 구성한다.

ㄱ 보호위원회의 위원은 개인정보 보호에 관한 경력과 전문지식이 풍부한 다음 사항의 사람 중에서 위원장과 부위원장은 국무총리의 제청으로, 그 외 위원 중 2명은 위원장의 제청으로, 2명은 대통령이 소속되거나 소속되었던 정당의 교섭단체 추천으로, 3명은 그 외의 교섭단체 추천으로 대통령이 임명 또는 위촉한다.

ⓐ 개인정보 보호 업무를 담당하는 3급 이상 공무원(고위공무원단에 속하는 공무원을 포함한다)의 직에 있거나 있었던 사람

ⓑ 판사·검사·변호사의 직에 10년 이상 있거나 있었던 사람

ⓒ 공공기관 또는 단체(개인정보처리자로 구성된 단체를 포함한다)에 3년 이상 임원으로 재직하였거나 이들 기관 또는 단체로부터 추천받은 사람으로서 개인정보 보호 업무를 3년 이상 담당하였던 사람

ⓓ 개인정보 관련 분야에 전문지식이 있고 「고등교육법」 제2조 제1호에 따른 학교에서 부교수 이상으로 5년 이상 재직하고 있거나 재직하였던 사람

ⓔ 위원장과 부위원장은 정무직 공무원으로 임명한다.

ⓕ 위원장, 부위원장, 제7조의13에 따른 사무처의 장은 「정부조직법」 제10조에도 불구하고 정부위원이 된다.

③ 겸직금지 등(제7조의6) : 위원은 재직 중 다음 내용의 직(職)을 겸하거나 직무와 관련된 영리업무에 종사하여서는 아니 된다.

ㄱ 국회의원 또는 지방의회의원

ㄴ 국가공무원 또는 지방공무원

ㄷ 그 밖에 대통령령으로 정하는 직

ㄹ 위원은 정치활동에 관여할 수 없다.

◖▢◗ 알아두기   고유식별정보의 범위(시행령 제19조)

- 주민등록번호
- 여권번호
- 운전면허의 면허번호
- 외국인등록번호

---

(3) 개인정보의 안전한 관리

① 개인정보 보호책임자의 지정 등(제31조) : 개인정보처리자는 개인정보의 처리에 관한 업무를 총괄해서 책임질 개인정보 보호책임자를 지정하여야 한다. 다만, 종업원 수, 매출액 등이 대통령령으로 정하는 기준에 해당하는 개인정보처리자의 경우에는 지정하지 않을 수 있다.

ㄱ 개인정보 보호책임자를 지정하지 아니하는 경우에는 개인정보처리자의 사업주 또는 대표자가 개인정보 보호책임자가 된다.

ㄴ 개인정보 보호책임자는 다음 사항의 업무를 수행한다.

ⓐ 개인정보 보호 계획의 수립 및 시행

ⓑ 개인정보 처리 실태 및 관행의 정기적인 조사 및 개선

ⓒ 개인정보 처리와 관련한 불만의 처리 및 피해 구제

ⓓ 개인정보 유출 및 오용·남용 방지를 위한 내부통제시스템의 구축

ⓔ 개인정보 보호 교육 계획의 수립 및 시행

ⓕ 개인정보파일의 보호 및 관리·감독

ⓖ 그 밖에 개인정보의 적절한 처리를 위하여 대통령령으로 정한 업무

ⓒ 개인정보 보호책임자는 제3항 각 호의 업무를 수행함에 있어서 필요한 경우 개인정보의 처리 현황, 처리 체계 등에 대하여 수시로 조사하거나 관계 당사자로부터 보고를 받을 수 있다.

ⓔ 개인정보 보호책임자는 개인정보 보호와 관련하여 이 법 및 다른 관계 법령의 위반 사실을 알게 된 경우에는 즉시 개선조치를 하여야 하며, 필요하면 소속 기관 또는 단체의 장에게 개선조치를 보고하여야 한다. 〈개정 2023. 3. 14.〉

ⓜ 개인정보처리자는 개인정보 보호책임자가 제3항 각 호의 업무를 수행함에 있어서 정당한 이유 없이 불이익을 주거나 받게 하여서는 아니 되며, 개인정보 보호책임자가 업무를 독립적으로 수행할 수 있도록 보장하여야 한다. 〈개정 2023. 3. 14.〉

ⓗ 개인정보처리자는 개인정보의 안전한 처리 및 보호, 정보의 교류, 그 밖에 대통령령으로 정하는 공동의 사업을 수행하기 위하여 제1항에 따른 개인정보 보호책임자를 구성원으로 하는 개인정보 보호책임자 협의회를 구성·운영할 수 있다. 〈신설 2023. 3. 14.〉

ⓢ 보호위원회는 제7항에 따른 개인정보 보호책임자 협의회의 활동에 필요한 지원을 할 수 있다. 〈신설 2023. 3. 14.〉

ⓞ 제1항에 따른 개인정보 보호책임자의 자격요건, 제3항에 따른 업무 및 제6항에 따른 독립성 보장 등에 필요한 사항은 매출액, 개인정보의 보유 규모 등을 고려하여 대통령령으로 정한다. 〈개정 2023. 3. 14.〉

② 개인정보 유출 등의 통지·신고(제34조)

㉠ 개인정보처리자는 개인정보가 분실·도난·유출 되었음을 알게 되었을 때에는 지체 없이 해당 정보주체에게 다음 사항을 알려야 한다. 다만, 정보주체의 연락처를 알 수 없는 경우 등 정당한 사유가 있는 경우에는 대통령령으로 정하는 바에 따라 통지를 갈음하는 조치를 취할 수 있다.

ⓐ 유출 등이 된 개인정보의 항목

ⓑ 유출 등이 된 시점과 그 경위

ⓒ 유출 등으로 인하여 발생할 수 있는 피해를 최소화하기 위하여 정보주체가 할 수 있는 방법 등에 관한 정보

ⓓ 개인정보처리자의 대응조치 및 피해 구제절차

ⓔ 정보주체에게 피해가 발생한 경우 신고 등을 접수할 수 있는 담당부서 및 연락처

㉡ 개인정보처리자는 개인정보가 유출 등이 된 경우 그 피해를 최소화하기 위한 대책을 마련하고 필요한 조치를 하여야 한다.

＊ 개인정보 유출 등의 통지(시행령 제39조)

㉠ 개인정보처리자는 개인정보가 분실·도난·유출 되었음을 알게 되었을 때에는 서면 등의 방법으로 72시간 이내에 법 제34조 제1항 사항을 정보주체에게 알려야 한다. 다만, 다음 사항에 해당하는 경우에는 해당 사유가 해소된 후 지체 없이 정보주체에게 알릴 수 있다.

ⓐ 유출 등이 된 개인정보의 확산 및 추가 유출 등을 방지하기 위하여 접속경로의 차단, 취약점 점검·보완, 유출 등이 된 개인정보의 회수·삭제 등 긴급한 조치가 필요한 경우

ⓑ 천재지변이나 그 밖에 부득이한 사유로 인하여 72시간 이내에 통지하기 곤란한 경우

㉡ 제1항 및 제2항에도 불구하고 개인정보처리자는 정보주체의 연락처를 알 수 없는 경우 등 정당한 사유가 있는 경우에는 법 제34조 제1항 각 호 외의 부분 단서에 따라 같은 항 각 호의 사항을 정보주체가 쉽게 알 수 있도록 자신의 인터넷 홈페이지에 30일 이상 게시하는 것으로 제1항 및 제2항의 통지를 갈음할 수 있다. 다만, 인터넷 홈페이지를 운영하지 아니하는 개인정보처리자의 경우에는 사업장 등의 보기 쉬운 장소에 법 제34조 제1항 각 호의 사항을 30일 이상 게시하는 것으로 제1항 및 제2항의 통지를 갈음할 수 있다.

＊ 개인정보 유출 등의 신고(시행령 제40조)

㉠ 개인정보처리자는 다음 사항에 해당하는 경우로서 개인정보가 유출이 되었음을 알게 되었을 때에는 72시간 이내에 법 제34조 제1항 각 호의 사항을 서면의 방법으로 보호위원회 또는 같은 조 제3항 전단에 따른 전문기관에 신고해야 한다. 다만, 천재지변이나 그 밖에 부득이한 사유로 인하여 72시간 이내에 신고하기 곤란한 경우에는 해당 사유가 해소된 후 지체 없이 신고할 수 있으며, 개인정보 유출 등의 경로가 확인되어 해당 개인정보를 회수·삭제하는 등의 조치를 통해 정보주체의 권익 침해 가능성이 현저히 낮아진 경우에는 신고하지 않을 수 있다.

ⓐ 1천 명 이상의 정보주체에 관한 개인정보가 유출 등이 된 경우

ⓑ 민감정보 또는 고유식별정보가 유출 등이 된 경우

ⓒ 개인정보처리시스템 또는 개인정보취급자가 개인정보 처리에 이용하는 정보기기에 대한 외부로부터의 불법적인 접근에 의해 개인정보가 유출 등이 된 경우

㉡ 법 제34조 제3항 전단 및 후단에서 "대통령령으로 정하는 전문기관"이란 각각, 한국인터넷진흥원을 말한다.

(4) 정보주체의 권리 보장

① 개인정보의 열람(제35조)

㉠ 정보주체는 개인정보처리자가 처리하는 자신의 개인정보에 대한 열람을 해당 개인정보처리자에게 요구할 수 있다.

㉡ 제1항에도 불구하고 정보주체가 자신의 개인정보에 대한 열람을 공공기관에 요구하고자 할 때에는 공공기관에 직접 열람을 요구하거나 대통령령으로 정하는 바에 따라 보호위원회를 통하여 열람을 요구할 수 있다.

㉢ 개인정보처리자는 제1항 및 제2항에 따른 열람을 요구받았을 때에는 대통령령으로 정하는 기간 내에 정보주체가 해당 개인정보를 열람할 수 있도록 하여야 한다. 이 경우 해당 기간 내에 열람할 수 없는 정당한 사유가 있을 때에는 정보주체에게 그 사유를 알리고 열람을 연기할 수 있으며, 그 사유가 소멸하면 지체 없이 열람하게 하여야 한다.

㉣ 개인정보처리자는 다음 사항에 해당하는 경우에는 정보주체에게 그 사유를 알리고 열람을 제한하거나 거절할 수 있다.

ⓐ 법률에 따라 열람이 금지되거나 제한되는 경우

ⓑ 다른 사람의 생명·신체를 해할 우려가 있거나 다른 사람의 재산과 그 밖의 이익을 부당하게 침해할 우려가 있는 경우

ⓜ 공공기관이 다음 사항에 해당하는 업무를 수행할 때 중대한 지장을 초래하는 경우

ⓐ 조세의 부과·징수 또는 환급에 관한 업무

ⓑ 「초·중등교육법」 및 「고등교육법」에 따른 각급 학교, 「평생교육법」에 따른 평생교육시설, 그 밖의 다른 법률에 따라 설치된 고등교육기관에서의 성적 평가 또는 입학자 선발에 관한 업무

ⓒ 학력·기능 및 채용에 관한 시험, 자격 심사에 관한 업무

ⓓ 보상금·급부금 산정 등에 대하여 진행 중인 평가 또는 판단에 관한 업무

ⓔ 다른 법률에 따라 진행 중인 감사 및 조사에 관한 업무

② 개인정보관리 전문기관(제35조의3)

㉠ 다음 사항의 업무를 수행하려는 자는 보호위원회 또는 관계 중앙행정기관의 장으로부터 개인정보관리 전문기관의 지정을 받아야 한다.

ⓐ 제35조의2에 따른 개인정보의 전송 요구권 행사 지원

ⓑ 정보주체의 권리행사를 지원하기 위한 개인정보 전송시스템의 구축 및 표준화

ⓒ 정보주체의 권리행사를 지원하기 위한 개인정보의 관리·분석

ⓓ 그 밖에 정보주체의 권리행사를 효과적으로 지원하기 위하여 대통령령으로 정하는 업무

㉡ 제1항의 개인정보관리 전문기관의 지정요건은 다음 각 호와 같다.

ⓐ 개인정보를 전송·관리·분석할 수 있는 기술수준 및 전문성을 갖추었을 것

ⓑ 개인정보를 안전하게 관리할 수 있는 안전성 확보조치 수준을 갖추었을 것

ⓒ 개인정보관리 전문기관의 안정적인 운영에 필요한 재정능력을 갖추었을 것

③ 손해배상책임(제39조) : 정보주체는 개인정보처리자가 이 법을 위반한 행위로 손해를 입으면 개인정보처리자에게 손해배상을 청구할 수 있다. 이 경우 그 개인정보처리자는 고의 또는 과실이 없음을 입증하지 아니하면 책임을 면할 수 없다.

㉠ 개인정보처리자의 고의 또는 중대한 과실로 인하여 개인정보가 분실·도난·유출·위조·변조 또는 훼손된 경우로서 정보주체에게 손해가 발생한 때에는 법원은 그 손해액의 5배를 넘지 아니하는 범위에서 손해배상액을 정할 수 있다. 다만, 개인정보처리자가 고의 또는 중대한 과실이 없음을 증명한 경우에는 그러하지 아니하다.

㉡ 법원은 제3항의 배상액을 정할 때에는 다음 사항을 고려하여야 한다.

ⓐ 고의 또는 손해 발생의 우려를 인식한 정도

ⓑ 위반행위로 인하여 입은 피해 규모

ⓒ 위법행위로 인하여 개인정보처리자가 취득한 경제적 이익

ⓓ 위반행위에 따른 벌금 및 과징금

ⓔ 위반행위의 기간·횟수 등

ⓕ 개인정보처리자의 재산상태

ⓖ 개인정보처리자가 정보주체의 개인정보 분실·도난·유출 후 해당 개인정보를 회수하기 위하여 노력한 정도

ⓗ 개인정보처리자가 정보주체의 피해구제를 위하여 노력한 정도

④ 개인정보의 처리정지 등(제37조)

㉠ 정보주체는 개인정보처리자에 대하여 자신의 개인정보 처리의 정지를 요구하거나 개인정보 처리에 대한 동의를 철회할 수 있다. 이 경우 공공기관에 대해서는 제32조에 따라 등록 대상이 되는 개인정보파일 중 자신의 개인정보에 대한 처리의 정지를 요구하거나 개인정보 처리에 대한 동의를 철회할 수 있다.

㉡ 개인정보처리자는 제1항에 따른 처리정지 요구를 받았을 때에는 지체 없이 정보주체의 요구에 따라 개인정보 처리의 전부를 정지하거나 일부를 정지하여야 한다. 다만, 다음 사항에 해당하는 경우에는 정보주체의 처리정지 요구를 거절할 수 있다.

ⓐ 법률에 특별한 규정이 있거나 법령상 의무를 준수하기 위하여 불가피한 경우

ⓑ 다른 사람의 생명·신체를 해할 우려가 있거나 다른 사람의 재산과 그 밖의 이익을 부당하게 침해할 우려가 있는 경우

ⓒ 공공기관이 개인정보를 처리하지 아니하면 다른 법률에서 정하는 소관 업무를 수행할 수 없는 경우

ⓓ 개인정보를 처리하지 아니하면 정보주체와 약정한 서비스를 제공하지 못하는 등 계약의 이행이 곤란한 경우로서 정보주체가 그 계약의 해지 의사를 명확하게 밝히지 아니한 경우

㉢ 개인정보처리자는 정보주체가 제1항에 따라 동의를 철회한 때에는 지체 없이 수집된 개인정보를 복구·재생할 수 없도록 파기하는 등 필요한 조치를 하여야 한다. 다만, 제2항 각 호의 어느 하나에 해당하는 경우에는 동의 철회에 따른 조치를 하지 아니할 수 있다.

㉣ 개인정보처리자는 정보주체의 요구에 따라 처리가 정지된 개인정보에 대하여 지체 없이 해당 개인정보의 파기 등 필요한 조치를 하여야 한다.

㉤ 제1항부터 제5항까지의 규정에 따른 처리정지의 요구, 동의 철회, 처리정지의 거절, 통지 등의 방법 및 절차에 필요한 사항은 대통령령으로 정한다.

(5) 개인정보 분쟁조정위원회

① 분쟁의 조정(제47조)

㉠ 분쟁조정위원회는 다음 사항을 포함하여 조정안을 작성할 수 있다.

ⓐ 조사 대상 침해행위의 중지

ⓑ 원상회복, 손해배상, 그 밖에 필요한 구제조치

ⓒ 같거나 비슷한 침해의 재발을 방지하기 위하여 필요한 조치

㉡ 분쟁조정위원회는 제1항에 따라 조정안을 작성하면 지체 없이 각 당사자에게 제시하여야 한다.

㉢ ㉡에 따라 조정안을 제시받은 당사자가 제시받은 날부터 15일 이내에 수락 여부를 알리지 아니하면 조정을 수락한 것으로 본다.

㉣ 당사자가 조정내용을 수락한 경우(제3항에 따라 수락한 것으로 보는 경우를 포함한다) 분쟁조정위원회는 조정서를 작성하고, 분쟁조정위원회의 위원장과 각 당사자가 기명날인 또는 서명을 한 후 조정서 정본을 지체 없이 각 당사자 또는 그 대리인에게 송달하여야 한다. 다만, 제3항에 따라 수락한 것으로 보는

경우에는 각 당사자의 기명날인 및 서명을 생략할 수 있다.

ⓜ 제4항에 따른 조정의 내용은 재판상 화해와 동일한 효력을 갖는다.

(6) 개인정보 단체소송

① 자료제출 요구 및 검사(제63조)

ⓞ 보호위원회는 이 법 등 개인정보 보호와 관련된 법규의 위반행위로 인하여 중대한 개인정보 침해사고가 발생한 경우 신속하고 효과적인 대응을 위하여 다음 사항에 해당하는 관계 기관의 장에게 협조를 요청할 수 있다.

  ⓐ 중앙행정기관

  ⓑ 지방자치단체

  ⓒ 그 밖에 법령 또는 자치법규에 따라 행정권한을 가지고 있거나 위임 또는 위탁받은 공공기관

ⓛ 제3항에 따라 협조를 요청받은 관계 기관의 장은 특별한 사정이 없으면 이에 따라야 한다.

ⓒ 제1항 및 제2항에 따른 자료제출 요구, 검사 절차 및 방법 등에 관하여 필요한 사항은 보호위원회가 정하여 고시할 수 있다.

ⓡ 보호위원회는 제1항 및 제2항에 따라 제출받거나 수집한 서류·자료 등을 이 법에 따른 경우를 제외하고는 제3자에게 제공하거나 일반에 공개해서는 아니 된다.

ⓜ 보호위원회는 정보통신망을 통하여 자료의 제출 등을 받은 경우나 수집한 자료 등을 전자화한 경우에는 개인정보·영업비밀 등이 유출되지 아니하도록 제도적·기술적 보완조치를 하여야 한다.

(7) 벌칙 및 과태료

① 벌칙(제71조)

다음 사항에 해당하는 자는 5년 이하의 징역 또는 5천만원 이하의 벌금에 처한다.

ⓞ 제17조 제1항 제2호에 해당하지 아니함에도 같은 항 제1호(제26조 제8항에 따라 준용되는 경우를 포함한다)를 위반하여 정보주체의 동의를 받지 아니하고 개인정보를 제3자에게 제공한 자 및 그 사정을 알면서도 개인정보를 제공받은 자

ⓛ 제18조 제1항·제2항, 제27조 제3항 또는 제28조의2(제26조 제8항에 따라 준용되는 경우를 포함한다), 제19조 또는 제26조 제5항을 위반하여 개인정보를 이용하거나 제3자에게 제공한 자 및 그 사정을 알면서도 영리 또는 부정한 목적으로 개인정보를 제공받은 자

ⓒ 제22조의2 제1항(제26조 제8항에 따라 준용되는 경우를 포함한다)을 위반하여 법정대리인의 동의를 받지 아니하고 만 14세 미만인 아동의 개인정보를 처리한 자

ⓡ 제23조 제1항(제26조 제8항에 따라 준용되는 경우를 포함한다)을 위반하여 민감정보를 처리한 자

ⓜ 제24조 제1항(제26조 제8항에 따라 준용되는 경우를 포함한다)을 위반하여 고유식별정보를 처리한 자

ⓗ 제28조의3 제1항(제26조 제8항에 따라 준용되는 경우를 포함한다)을 위반하여 보호위원회 또는 관계 중앙행정기관의 장으로부터 전문기관으로 지정받지 아니하고 가명정보를 결합한 자

ⓢ 제28조의3 제2항(제26조 제8항에 따라 준용되는 경우를 포함한다)을 위반하여 전문기관의 장의 승인을 받지 아니하고 결합을 수행한 기관 외부로 결합된 정보를 반출하거나 이를 제3자에게 제공한 자 및 그 사정을 알면서도 영리 또는 부정한 목적으로 결합된 정보를 제공받은 자

ⓞ 제28조의5 제1항(제26조 제8항에 따라 준용되는 경우를 포함한다)을 위반하여 특정 개인을 알아보기 위한 목적으로 가명정보를 처리한 자

ⓩ 제59조 제2호를 위반하여 업무상 알게 된 개인정보를 누설하거나 권한 없이 다른 사람이 이용하도록 제공한 자 및 그 사정을 알면서도 영리 또는 부정한 목적으로 개인정보를 제공받은 자

ⓩ 제59조 제3호를 위반하여 다른 사람의 개인정보를 이용, 훼손, 멸실, 변경, 위조 또는 유출한 자

② 벌칙(제73조)

다음 사항에 해당하는 자는 2년 이하의 징역 또는 2천만원 이하의 벌금에 처한다.

㉠ 제36조 제2항(제26조 제8항에 따라 준용되는 경우를 포함한다)을 위반하여 정정·삭제 등 필요한 조치를 하지 아니하고 개인정보를 계속 이용하거나 이를 제3자에게 제공한 자

㉡ 제37조 제2항(제26조 제8항에 따라 준용되는 경우를 포함한다)을 위반하여 개인정보의 처리를 정지하지 아니하고 개인정보를 계속 이용하거나 제3자에게 제공한 자

㉢ 국내외에서 정당한 이유 없이 제39조의4에 따른 비밀유지명령을 위반한 자

㉣ 제63조 제1항(제26조 제8항에 따라 준용되는 경우를 포함한다)에 따른 자료제출 요구에 대하여 법 위반 사항을 은폐 또는 축소할 목적으로 자료제출을 거부하거나 거짓의 자료를 제출한 자

㉤ 제63조 제2항(제26조 제8항에 따라 준용되는 경우를 포함한다)에 따른 출입·검사 시 자료의 은닉·폐기, 접근 거부 또는 위조·변조 등을 통하여 조사를 거부·방해 또는 기피한 자

㉥ 제1항 제3호의 죄는 비밀유지명령을 신청한 자의 고소가 없으면 공소를 제기할 수 없다.

③ 과태료(제75조)

㉠ 다음 각 호의 어느 하나에 해당하는 자에게는 5천만원 이하의 과태료를 부과한다.

ⓐ 제25조 제2항을 위반하여 고정형 영상정보처리기기를 설치·운영한 자

ⓑ 제25조의2 제2항을 위반하여 이동형 영상정보처리기기로 사람 또는 그 사람과 관련된 사물의 영상을 촬영한 자

㉡ 다음 각 호의 어느 하나에 해당하는 자에게는 3천만원 이하의 과태료를 부과한다.

ⓐ 제16조 제3항·제22조 제5항을 위반하여 재화 또는 서비스의 제공을 거부한 자

ⓑ 제20조의2 제1항을 위반하여 개인정보의 이용·제공 내역이나 이용·제공 내역을 확인할 수 있는 정보시스템에 접속하는 방법을 통지하지 아니한 자

ⓒ 제21조 제1항을 위반하여 개인정보의 파기 등 필요한 조치를 하지 아니한 자

ⓓ 제23조 제2항·제24조 제3항·제25조 제6항·제28조의4 제1항·제29조를 위반하여 안전성 확보에 필요한 조치를 하지 아니한 자

ⓔ 제23조 제3항을 위반하여 민감정보의 공개 가능성 및 비공개를 선택하는 방법을 알리지 아니한 자

ⓕ 제24조의2 제1항을 위반하여 주민등록번호를 처리한 자

ⓖ 제24조의2 제2항을 위반하여 암호화 조치를 하지 아니한 자

ⓗ 제25조 제1항을 위반하여 고정형 영상정보처리기기를 설치·운영한 자

ⓘ 제25조의2 제1항을 위반하여 사람 또는 그 사람과 관련된 사물의 영상을 촬영한 자

ⓙ 제26조 제3항을 위반하여 정보주체에게 알려야 할 사항을 알리지 아니한 자

ⓚ 제28조의5 제2항을 위반하여 개인을 알아볼 수 있는 정보가 생성되었음에도 이용을 중지하지 아니하거나 이를 회수·파기하지 아니한 자

ⓛ 제32조의2 제6항을 위반하여 인증을 받지 아니하였음에도 거짓으로 인증의 내용을 표시하거나 홍보한 자

ⓜ 제33조 제1항을 위반하여 영향평가를 하지 아니하거나 그 결과를 보호위원회에 제출하지 아니한 자

ⓝ 제34조 제3항을 위반하여 보호위원회 또는 대통령령으로 정하는 전문기관에 신고하지 아니한 자

ⓞ 제35조 제3항을 위반하여 열람을 제한하거나 거절한 자

ⓟ 제36조 제2항을 위반하여 정정·삭제 등 필요한 조치를 하지 아니한 자

ⓠ 제37조 제3항 또는 제5항을 위반하여 파기 등 필요한 조치를 하지 아니한 자

ⓡ 제37조의2 제3항을 위반하여 정당한 사유 없이 정보주체의 요구에 따르지 아니한 자

ⓢ 제63조 제1항에 따른 관계 물품·서류 등 자료를 제출하지 아니하거나 거짓으로 제출한 자

ⓣ 제63조 제2항에 따른 출입·검사를 거부·방해 또는 기피한 자

ⓒ 다음 각 호의 어느 하나에 해당하는 자에게는 2천만원 이하의 과태료를 부과한다.

　ⓐ 제26조 제6항을 위반하여 위탁자의 동의를 받지 아니하고 제3자에게 다시 위탁한 자

　ⓑ 제31조의2 제1항을 위반하여 국내대리인을 지정하지 아니한 자

ⓔ 다음 각 호의 어느 하나에 해당하는 자에게는 1천만원 이하의 과태료를 부과한다.

　ⓐ 제11조의2 제2항을 위반하여 정당한 사유 없이 자료를 제출하지 아니하거나 거짓으로 제출한 자

　ⓑ 제21조 제3항을 위반하여 개인정보를 분리하여 저장·관리하지 아니한 자

　ⓒ 제22조 제1항부터 제3항까지(제26조 제8항에 따라 준용되는 경우를 포함한다)를 위반하여 동의를 받은 자

　ⓓ 제26조 제1항을 위반하여 업무 위탁 시 같은 항 각 호의 내용이 포함된 문서로 하지 아니한 자

　ⓔ 제26조 제2항을 위반하여 위탁하는 업무의 내용과 수탁자를 공개하지 아니한 자

　ⓕ 제27조 제1항·제2항을 위반하여 정보주체에게 개인정보의 이전 사실을 알리지 아니한 자

　ⓖ 제28조의4 제3항을 위반하여 관련 기록을 작성하여 보관하지 아니한 자

　ⓗ 제30조 제1항 또는 제2항을 위반하여 개인정보 처리방침을 정하지 아니하거나 이를 공개하지 아니한 자

　ⓘ 제31조 제1항을 위반하여 개인정보 보호책임자를 지정하지 아니한 자

　ⓙ 제35조 제3항·제4항, 제36조 제2항·제4항 또는 제37조 제4항을 위반하여 정보주체에게 알려야 할 사항을 알리지 아니한 자

　ⓚ 제45조 제1항에 따른 자료를 정당한 사유 없이 제출하지 아니하거나 거짓으로 제출한 자

　ⓛ 제45조 제2항에 따른 출입·조사·열람을 정당한 사유 없이 거부·방해 또는 기피한 자

01 회의 및 보고업무, 의전, 실무

(1) 회의 기능

① **의사소통(Communication)** : 조직 목표 달성을 위한 협력의 전제는 부서 간 원활한 의사소통으로, 회의를 통해 서로 다른 직무의 활동과 정책을 알리고 역할에 대한 이해를 돕고 전체적인 모습을 볼 수 있는 의사소통 기능이 있다.

② **자문(Consulting)** : 권한 있는 자에 의해 일방적으로 결정하기에는 업무의 범위가 방대하거나 결정의 영향력이 클 때에는 전문가나 직접적인 이해관계자의 자문으로 결정할 수 있다.

③ **문제해결(Problem Solving)** : 업무에 대한 종합적인 계획을 세울 때 회의를 통해 의견 차이를 좁히고, 각 분야의 전문성과 연구 결과를 통합하여 향후 전략과 구체적인 실행 계획을 잡을 수 있다.

④ **교육훈련(Education & Training)** : 타인으로부터 생각하게 하고, 타인의 경험을 자신의 것으로 만드는 유·무형의 교육적 효과를 줄 수 있다.

(2) 보고업무

① **보고의 6원칙**

  ㉠ 정확성   ㉣ 필요성

  ㉡ 간결성   ㉤ 적시성

  ㉢ 유효성   ㉥ 완전성

② **수명 업무와 보고**

  ㉠ 업무지시를 받을 시, 끝까지 잘 듣고, 애매한 점은 육하원칙(5W1H)으로 질의 확인한다.

  ㉡ 명령을 받을 땐, 명령자의 진의 파악이 필요하다.

  ㉢ 호명을 받으면 "네"라고 바로 답하며 메모지를 준비하여 요점을 기록−정리한다.

  ㉣ 요점은 간단히 복창한 후, 능력, 시간, 내용 등을 잘 생각하여 수행한다.

  ㉤ 불가능한 명령은 불가능한 이유를 설명하고, 재지시를 받아야 한다.

  ㉥ 명령 또는 지시받은 업무 경과보고는 결과보고 전에 중간보고를 해야 한다.

  ㉦ 이중 명령 또는 업무지시를 받은 경우, 일의 우선순위를 먼저 결정하고, 스스로 판단하기 어려운 경우 상사 또는 선배에게 상의하며 중간보고한다.

  ㉧ 직속상사 외의 명령도 직속상사에게 보고하고 지시를 따른다.

  ㉨ 상사의 명령이 잘못되었을 경우에는, 원인규명 또는 자신의 의견을 제시한다.

  ㉩ 지시한 내용에 대한 의견이 있을 때는 겸허한 마음으로 사실에 의거해서 있는 그대로 간결하고 솔직하게 의견을 제시한다.

③ **중간 보고를 해야 하는 경우**

  ㉠ 지시받은 방침 및 방법으로 진행이 불가능한 경우

  ㉡ 업무진행 중 곤란한 문제가 발생하는 경우

ⓒ 업무를 바로 완수할 수 없을 때

ⓔ 지시받은 내용 작업 중, 기한, 작업방법 등이 불가능할 때

ⓜ 상황이 변했을 때

(3) 의전 실무

① 의전의 5R 기본정신

㉠ Rank(서열)

ⓐ 가장 기본적인 의전예법으로 참석자들 사이에서 서열을 유지하는 것이다.

ⓑ 내부적으로 서열 결정이 어려울 경우 알파벳 순서로 결정한다.

㉡ Respect(상대 존중)

ⓐ 의전의 전제는 상대방의 문화에 대한 존중과 배려에서 시작되어야 한다.

ⓑ 다양한 국가의 생활양식과 문화를 존중하며 정보를 충분히 숙지해야 한다.

㉢ Right(우측 상석) : 행사 주최자가 손님을 오른쪽으로 양보하는 것은 기본적인 예의이다.

㉣ Reflecting Culture(문화 반영) : 다른 나라의 특정한 문화를 이해하고 그들의 존엄성을 높이기 위한 것이다.

㉤ Reciprocity(상호주의 원칙) : 상대국이 자국을 어떻게 대하는지에 따라 달라진다는 원칙으로 상호주의적이다.

② 의전 서열

㉠ 기본 관계상의 자리와 예우

ⓐ 자리가 둘로 나뉘는 경우, 상대편이 보았을 때 좌측이 우선

ⓑ 일정한 기준이 없는 예우의 서열

ⓒ 직위의 높고 낮음 또는 나이, 직위가 같을 경우, 정부조직법상 순서

ⓓ 아랫사람이 윗사람에게 선 경의 표시하고, 대등할 경우 서로 표시

ⓓ 자리를 기준으로 할 경우, 중앙이 가장 우선 자리

ⓔ 각종 행사에서 특별한 역할이 있을 시, 서열 관계없이 자리배치를 변경 가능

ⓕ 연령이 중요한 서열의 기준

ⓖ 2명 이상의 참가자일 때는 원칙적으로 사회적 상위직을 기준

ⓗ 높은 직위에 따른 상위 서열 기준

ⓘ 남성보다 여성이 상위 기준(단, 남성 단일 대표는 예외)

ⓙ 부부동반 시, 기혼부인은 남편과 동급서열 기준

ⓚ 주요 내빈이 상위 서열 기준

③ 직위에 의한 의전예우 서열 기준

㉠ 기관장 선순위

㉡ 국가기관 선순위

㉢ 직급 순위

㉣ 헌법, 정부조직법상의 순위

적중 예상문제

01 다음 〈보기〉의 개인정보 유출에 따른 제75조(과태료)의 산정기준액에 해당하는 것은?

| 보기 |

제23조 제3항을 위반하여 민감정보의 공개 가능성 및 비공개를 선택하는 방법을 알리지 아니한 자

① 1천만원 이하의 과태료

② 2천만원 이하의 과태료

③ 3천만원 이하의 과태료

④ 4천만원 이하의 과태료

⑤ 5천만원 이하의 과태료

해설

③ 제23조 제3항(제26조 제8항에 따라 준용되는 경우를 포함한다)을 위반하여 민감정보의 공개 가능성 및 비공개를 선택하는 방법을 알리지 아니한 자는 제75조 과태료 산정기준에 의해 3천만원 이하의 과태료가 부과된다.

02 개인정보 보호에 관한 OECD 8원칙에 해당하지 않는 것은?

① 정보 정확성의 원칙

② 수집 제한의 원칙

③ 목적 명시의 원칙

④ 안전성 확보, 조치의 원칙

⑤ 비공개의 원칙

해설

⑤ 개인 참여 원칙의 필요조건으로 쉽게 이용되는 수단은 개인이 시간, 사전지식, 교통, 비용 등에 대한 정보를 부담 없이 취득할 수 있도록 공개되어야 한다.
그 외에, 이용제한의 원칙, 개인참여의 원칙, 책임의 원칙이 있다.

03 다음 중 개인정보 보호법 제7조의6에서 개인정보 보호위원회의 직(職)을 겸하거나 직무와 관련된 영리업무에 종사할 수 없는 대상으로 거리가 먼 것은?

① 국회의원

② 국가공무원

③ 그밖에 법무장관령으로 정하는 직(職)

④ 지방공부원

⑤ 지방의회의원

해설

▶ 겸직금지 등(제7조의6) : 위원은 재직 중 다음 사항의 직(職)을 겸하거나 직무와 관련된 영리업무에 종사할 수 없다.
• 국회의원 또는 지방의회의원
• 국가공무원 또는 지방공무원
• 그 밖에 대통령령으로 정하는 직(職)
• 위원은 정치활동에 관여할 수 없다.

정답 **01** ③ **02** ⑤ **03** ③

04 다음 중 제37조(개인정보의 처리정지)에 의해 개인정보처리자가 정보주체로부터 처리정지 요구를 거절할 수 있는 상황으로 옳지 않은 것은?

① 공공기관이 개인정보를 처리하지 아니하면 다른 법률에서 정하는 소관 업무를 수행할 수 없는 경우
② 다른 사람의 재산과 그 밖의 이익을 부당하게 침해할 우려가 있는 경우
③ 법률에 특별한 규정이 있거나 법령상 의무를 준수하기 위하여 불가피한 경우
④ 공공연하게 국민 수요조사를 위해 대중의 정보 수집이 불가피한 경우
⑤ 개인정보를 처리하지 아니하면 정보주체와 약정한 서비스를 제공하지 못하는 등 계약의 이행이 곤란한 경우로 정보주체가 그 계약의 해지 의사를 명확하게 밝히지 아니한 경우

> **해설**
> ④ 정보주체는 개인정보처리자에 대하여 자신의 개인정보 처리의 정지를 요구하거나 개인정보처리에 대한 동의를 철회할 수 있다. 이 경우 공공기관에 대해서는 제32조에 따라 등록 대상이 되는 개인정보파일 중 자신의 개인정보에 대한 처리의 정지를 요구하거나 개인정보처리에 대한 동의를 철회할 수 있다. 다른 사람의 생명·신체를 해할 우려가 있는 경우가 해당된다.

05 개인정보처리자가 다음 내용 중 개인정보를 수집하여 수집목적의 범위 내에서만 활용 가능한 규정으로 거리가 먼 것은?

① 정보주체로부터 별도의 동의를 받은 경우
② 형(刑) 및 감호, 보호처분의 집행을 위하여 필요한 경우
③ 정보주체의 재산의 이익을 위해 필요하다고 인정되는 경우
④ 별도의 게재 없이 공공기관이 업무에 필요하다고 인정되는 경우
⑤ 제3자의 급박한 상황으로 재산의 이익을 위해 필요하다고 인정되는 경우

> **해설**
> ④ 공공기관은 개인정보를 목적 외의 용도로 이용하거나 제3자에게 제공(이하 "목적 외 이용 등"이라 한다)하는 경우에는 「개인정보 보호법」제18조 제4항에 따라 개인정보를 목적 외 이용 등을 한 날부터 30일 이내에 다음 각 호의 사항을 관보 또는 인터넷 홈페이지에 게재하여야 한다. 이 경우 인터넷 홈페이지에 게재할 때에는 10일 이상 계속 게재하여야 한다.
> • 목적 외 이용 등을 한 날짜
> • 목적 외 이용 등의 법적 근거
> • 목적 외 이용 등의 목적
> • 목적 외 이용 등을 한 개인정보의 항목(구성)

06 다음 중 OECD 정보통신망 안전을 위한 8원칙에 해당하지 않는 것은?

① 균형성
② 대응성
③ 재평가
④ 안전조치
⑤ 적절한 리스크 평가

> **해설**
> 정보통신망 안전을 위한 8원칙으로, 올바른 인식, 책임성, 윤리성, 민주성, 대응성, 재평가, 적절한 리스크 평가, 안전조치가 있다.

07 의전의 5R 기본정신의 내용으로 옳지 않은 것은?

① 상대방의 문화에 대하여 존중해야 한다.
② 참석자들 사이에서 서열을 유지하는 것이 핵심이다.
③ 다양한 국가의 생활양식과 문화적 정보를 충분히 숙지해야 한다.
④ 손님을 왼쪽으로 양보하는 것은 기본적인 예의다.
⑤ 상호주의를 원칙으로 한다.

> **해설**
> ④ 행사 주최자가 손님을 오른쪽 상석으로 양보하는 것이 기본적인 예의다.

정답 **04** ④ **05** ④ **06** ① **07** ④

08 보고할 때 '중간 보고'가 필요한 상황으로 맞지 않는 경우는?

① 최종 마무리 단계에 도달했을 때
② 업무를 바로 완수할 수 없을 때
③ 기한, 작업 방법이 불가능할 때
④ 상황이 변했을 때
⑤ 지시받은 방법으로 진행이 불가능한 경우

해설
그 외에도, 자신의 판단으로 처리하기 어려운 상황에 직면했을 때가 해당된다.

09 다음 중 일반적 의전 기준에서 공적 지위가 없는 인사의 서열 기준에 해당하지 않는 것은?

① 전직   ② 민간단체 장
③ 행사의 장   ④ 연령대
⑤ 국가기관 선 순위

해설
▶ 직위에 의한 의전예우 서열 기준 : 기관장 선 순위, 국가기관 선 순위, 직급 순위, 헌법, 정부조직법상의 기관 순위

10 다음 중 보고의 6원칙에 해당하지 않는 것은?

① 정확성   ② 유효성
③ 상세성   ④ 적시성
⑤ 필요성

해설
보고의 6원칙은 간결성, 정확성, 유효성, 필요성, 적시성, 완전성이다.

11 다음 〈보기〉에 해당하는 회의 기능으로 적합한 것은?

| 보기 |
업무에 대한 종합적인 계획을 세울 때 회의를 통해 의견 차이를 좁히며, 각 분야의 전문성과 연구 결과를 통합하여 향후 구체적인 실행 계획이 가능하다.

① Education & Training
② Consulting
③ Communication
④ Problem Solving
⑤ Coaching

해설
④ 문제해결(Problem Solving)에 대한 내용으로, 그 외 의사소통(Communication), 자문(Consulting), 문제해결(Problem Solving), 교육훈련(Education & Training)이 있다.

12 다음 중 국제소비자기구가 제시한 소비자의 5대 책무에 해당하지 않는 것은?

① 비판적 의식   ② 연대
③ 상호작용   ④ 자기 주장과 행동
⑤ 환경에의 자각

해설
소비자의 5대 책무로, 사회적 관심, 비판적 의식, 환경에의 자각, 자기 주장과 행동, 연대가 있다.

13 다음 피해구제 신청에 대한 〈보기〉의 규정 내용 중 ( ) 안에 들어갈 내용으로 옳은 것은?

| 보기 |
• 제28조 제1항 제5호의 규정에 따른 합의권고에 따른 합의가 이루어지지 아니한 경우 당사자나 그 기구 또는 단체의 장은 (가)에 분쟁 조정을 신청할 수 있다.
• 국가, 지방자체단체 또는 소비자 단체는 소비자로부터 피해구제의 신청을 받은 때에는 (나)에 그 처리를 의뢰할 수 있다.

① (가) : 한국소비자원, (나) : 조정위원회
② (가) : 조정위원회, (나) : 한국소비자원
③ (가) : 한국소비자권리위원회, (나) : 한국소비자원
④ (가) : 한국소비자고발센터, (나) : 한국소비자원
⑤ (가) : 조정위원회, (나) : 한국소비자 단체연합

정답 08 ① 09 ⑤ 10 ③ 11 ④ 12 ③ 13 ②

제 3 과목 고객관리 실무론

- **분쟁조정**(소비자기본법 제65조)

  소비자와 사업자 사이에 발생한 분쟁에 관하여 제16조 제1항의 규정에 따라 국가 또는 지방자치단체가 설치한 기관에서 소비자분쟁이 해결되지 아니하거나 제28조 제1항 제5호의 규정에 따른 합의권고에 따른 합의가 이루어지지 아니한 경우 당사자나 그 기구 또는 단체의 장은 조정위원회에 분쟁조정을 신청할 수 있다.

- **피해구제의 신청**(소비자기본법 제55조)

  국가, 지방자체단체 또는 소비자 단체는 소비자로부터 피해구제의 신청을 받은 때에는 한국소비자원에 그 처리를 의뢰할 수 있다.

14 다음 중 소비자기본법 제14조 '소비자의 능력 향상'의 내용으로 옳지 않은 것은?

① 소비자가 자신의 선택에 책임을 지는 소비생활을 할 수 있도록 필요한 교육을 수행한다.

② 소비자 능력향상을 위한 프로그램을 개발해야 한다.

③ 소비자교육의 방법 등에 관한 필요사항은 대통령령으로 정한다.

④ 소비자교육과 학교교육, 평생교육을 비연계하여, 소비자 특성에 맞게 별도로 교육효과를 높일 수 있는 시책을 수립해야 한다.

⑤ 국가 및 지방자치단체는 소비자의 능력을 효과적으로 향상시키기 위한 방법으로 '방송법'에 따른 방송사업을 할 수 있다.

④ 소비자교육과 학교교육, 평생교육을 연계하여 교육효과를 높이기 위한 시책을 수립, 시행하여야 한다.

15 제20조의2 '소비자중심경영의 인증'에 대한 내용으로 옳지 않은 것은?

① 소비자중심경영인증을 받으려는 사업자는 대통령령으로 정하는 바에 따라 공정거래위원회에 신청한다.

② 소비자중심경영인증의 유효기간은 그 인증을 받은 날부터 1년으로 한다.

③ 공정거래위원회는 소비자중심경영인증을 신청하는 사업자에 대하여 대통령령으로 정하는 바에 따라 인증심사의 비용을 부담하게 할 수 있다.

④ 소비자중심경영인증을 받은 사업자는 대통령령으로 정하는 바에 따라 그 인증의 표시를 할 수 있다.

⑤ 소비자중심경영을 활성화하기 위하여 대통령령으로 정하는 바에 따라 소비자중심경영인증을 받은 기업에 대하여 공정거래위원회에서 포상 또는 지원할 수 있다.

② 소비자중심경영인증의 유효기간은 그 인증을 받은 날부터 2년으로 한다.

16 다음 소비자 분쟁의 조정(調停)에서 분쟁조정의 기간(제66조) 및 분쟁조정의 효력(제67조)에 해당하는 내용으로 〈보기〉 안에 순서대로 들어갈 내용으로 옳은 것은?

| 보기 |

- 제66조 분쟁조정의 기간의 규정에 따라 분쟁조정을 신청받은 때에는 그 신청을 받은 날부터 (가) 이내에 그 분쟁조정을 마쳐야 한다.
- 조정위원회의 위원장은 제66조의 규정에 따라 분쟁조정을 마친 때에는 지체 없이 (나)에게 그 분쟁조정의 내용을 통지하여야 한다.
- 분쟁조정의 통지를 받은 날부터 (다) 이내에 분쟁조정의 내용에 대한 수락 여부를 조정위원회에 통보하여야 한다.

① (가) : 30일, (나) : 당사자, (다) : 15일
② (가) : 15일, (나) : 당사자, (다) : 15일
③ (가) : 15일, (나) : 당사자, (다) : 30일
④ (가) : 15일, (나) : 대리인, (다) : 15일
⑤ (가) : 30일, (나) : 대리인, (다) : 30일

14 ④ 15 ② 16 ①

해설

- 제66조(분쟁조정의 기간)에 의거해, 조정위원회는 제58조 또는 제65조 제1항의 규정에 따라 분쟁조정을 신청받은 때에는 그 신청을 받은 날부터 30일 이내에 그 분쟁조정을 마쳐야 한다.
- 조정위원회는 제1항의 규정에 불구하고 정당한 사유가 있는 경우로서 30일 이내에 그 분쟁조정을 마칠 수 없는 때에는 그 기간을 연장할 수 있다. 이 경우 그 사유와 기한을 명시하여 당사자 및 그 대리인에게 통지하여야 한다
- 제67조(분쟁조정의 효력 등)의 규정에 분쟁조정의 내용을 통지받은 당사자는, 통지를 받은 날부터 15일 이내에 분쟁조정의 내용에 대한 수락 여부를 조정위원회에 통보하여야 하며, 이 경우 15일 이내에 의사표시가 없는 때에는 수락한 것으로 본다.
- 당사자가 분쟁조정의 내용을 수락하거나 수락한 것으로 보는 경우 조정위원회는 조정조서를 작성하고, 조정위원회의 위원장 및 각 당사자가 기명날인하거나 서명하여야 한다. 다만, 수락한 것으로 보는 경우에는 각 당사자의 기명날인 또는 서명을 생략할 수 있다.

17 소비자기본법 제20조의3 '소비자중심경영인증기관의 지정' 중, 인증기관의 지정을 취소하거나 1년 이내의 기간을 정하여 업무의 정지를 명할 수 있는 경우로 옳은 것은?

① 정당한 방법으로 지정을 받은 경우
② 정당한 사유로 인증업무를 거부한 경우
③ 업무정지명령을 위반하여 그 정지기간 중 인증업무를 행한 경우
④ 고의 또는 중대한 과실로 제21조에 따른 소비자중심경영인증의 기준 및 절차를 위반한 경우
⑤ 사업의 호황으로 인하여 인증업무를 수행하기 어려운 경우

해설

① 거짓이나 부정한 방법으로 지정을 받은 경우
② 정당한 사유 없이 인증업무를 거부한 경우
④ 고의 또는 중대한 과실로 제20조의2 제7항에 따른 소비자중심경영인증의 기준 및 절차를 위반한 경우
⑤ 휴업 또는 부도 등으로 인하여 인증업무를 수행하기 어려운 경우

18 소비자기본법상의 국가, 지방자치단체의 책무 중, 제10조 표시기준에서 다음 〈보기〉의 (   ) 안에 들어갈 내용에 해당하지 않는 것은?

| 보기 |

- 상품명, 용도, 성분, 재질, 성능, 규격, 가격, 용량, 허가번호, 용역의 내용을 표시하여 소비자가 물품 등을 잘못 선택하지 않도록 하며, 물품 등을 제조, 수입 또는 판매하거나 제공한 (   ) 및 물품의 (   )를 표기한다.
- (   ), 사용 및 보관시 주의사항, 경고사항, 제조연월일, (   ), 변질되기 쉬운 상품은 유효기간을 표기한다.

① 사업자의 명칭   ② 원산지
③ 사용방법   ④ 품질보증기간
⑤ 특정 용어

해설

⑤ 제11조 광고의 기준 '소비자가 오인할 수 있는 특정용어나 표현의 사용을 제한한다.'에 해당한다.

19 개인정보 유출과 관련하여, 다음 〈보기〉의 (   ) 안에 들어갈 내용으로 알맞은 것은?

| 보기 |

개인정보처리자는 개인정보가 분실·도난·유출되었음을 알게 되었을 때에는 서면 등의 방법으로 (   ) 이내에 법 제34조 제1항 각 호의 사항을 정보주체에게 알려야 한다.

① 72시간   ② 75시간
③ 85시간   ④ 95시간
⑤ 120시간

해설

① 개인정보 유출 등의 통지(개인정보 보호법 시행령, 제39조)
- 개인정보처리자는 개인정보가 분실·도난·유출되었음을 알게 되었을 때에는 서면 등의 방법으로 72시간 이내에 법 제34조 제1항 각 호의 사항을 정보주체에게 알려야 한다. 다만, 다음 사항에 해당하는 경우에는 해당 사유가 해소된 후 지체 없이 정보주체에게 알릴 수 있다.

정답 **17** ③   **18** ⑤   **19** ①

20 다음 중 개인정보 보호법 제25조에서 공개된 장소에 고정형 영상정보처리기기를 설치·운영 가능한 각 호의 경우로 옳지 않은 것은?

① 범죄의 예방 및 수사를 위하여 필요한 경우
② 법령에서 구체적으로 허용하고 있는 경우
③ 범죄율이 많은 공원의 화장실에 필요한 경우
④ 시설안전 및 화재 예방을 위하여 필요한 경우
⑤ 교통정보의 수집·분석 및 제공을 위하여 필요한 경우

> **해설**
> ③ 누구든지 불특정 다수가 이용하는 목욕실, 화장실, 발한실(發汗室), 탈의실 등 개인의 사생활을 현저히 침해할 우려가 있는 장소의 내부를 볼 수 있도록 영상정보처리기기를 설치·운영하여서는 아니 된다. 다만, 교도소, 정신보건 시설 등 법령에 근거하여 사람을 구금하거나 보호하는 시설로서 대통령령으로 정하는 시설에 대하여는 그러하지 아니하다.
> 그 외, 교통단속을 위하여 필요한 경우도 있다.

Chapter 03 컴퓨터 활용

제1절 교수법

01 성인학습

(1) 성인학습의 특성

① 성인학습자의 교육학습 참여 동기는 목표지향적으로 목표달성의 수단적 요구로 시작된다.

② 성인학습자는 선택적으로 학습상황에 임한다.

③ 성인학습자는 왜 받아야 하는지 대체로 하려고 하고 알고 싶어하는 욕구가 있다.

④ 학습수행을 위한 많은 시간이 요구되기도 한다.

⑤ 성인학습자는 다양한 경험을 갖고 있어, 교육 내용에 학습자들의 경험과 관련된 내용일수록 더욱 집중하며 촉진시킬 수 있다.

⑥ 자기주도적 학습을 원하며, 일방적인 소통과 달리, 자신이 학습의 주체가 되고 존중받기를 원한다(James & Galbraith, 1984).

(2) 앤드라고지(Andragogy)의 성인학습 실천원리

① 학습에 적합한 물리적 & 심리적 분위기 형성

② 학습자들이 자신의 학습목표형성을 할 수 있도록 격려

③ 학습자들이 자신의 학습요구를 진단하는 데 참여하도록 격려

④ 학습자들이 자신의 목표 수립을 위해 자원을 확인 및 활용하기 위한 전략을 세우도록 격려

⑤ 학습자들이 학습계획 수행을 하도록 지원

⑥ 학습자들이 학습 후 평가하도록 유도

⑦ 교육과정의 방향을 계획하는 데 직접참여 유도

(3) 크로스(Cross; 1982)의 성인학습 기본원리

① 아이들과 달리 정보를 제공할 때 능숙하게 할 수 있는 기회가 주어져야 완벽하게 학습할 수 있는 성인이기 때문에 가능하다.

② 한 번에 하나의 아이디어나 개념을 제공해야, 이를 통해 학습자는 기존 지식과 새로운 지식을 융합하고, 지적 손실을 최소화하여 이해력 향상에 도움을 준다.

③ 잦은 피드백과 요점 정리를 통해 기억력을 유지한다.

④ 새로운 정보제공에서는 학습자들 입장에서 의미 있고 현실감이 있는지 실용성을 파악한다.

(4) 도날슨 & 스캐널(Donaldson & Scannel, 1968)의 성인학습 기본원리

  ① 학습속도는 사람마다 상이하다.

  ② 학습은 학습자 스스로 활동이다.

  ③ 학습은 자극(Stimulation)으로 시작해서 감각(Senses)으로 마친다.

  ④ 긍정적인 강화(Positive Reinforcement)는 학습을 강화시킨다.

  ⑤ 최선의 학습은 '시도해 보는 것(Doing)'을 통해 얻어진다.

  ⑥ 전체-부분-전체의 순서에 의한 내용일 때 학습효과가 높다.

  ⑦ 훈련시간이 적정분배되어야 한다.

  ⑧ 학습은 지속적인 과정이다.

(5) 피고스 & 마이어스(P. Pigors & C. A. Myers)의 성인학습 효과

  ① 재해, 기계설비 소모 등의 감소에 유효함이 있다.

  ② 신입사원은 기업에 대한 내용, 방침 등을 파악하여 친근감과 안심감을 갖는다.

  ③ 신입사원의 양과 질이 모두 표준에 달하고, 임금 증가 도모가 가능하다.

  ④ 종사원의 불만과 결근, 이동을 방지할 수 있다.

  ⑤ 새로 도입된 신기술에 대한 종사원의 적응을 원활히 한다.

  ⑥ 승진에 대비하여 능력향상에 대책과 방법을 세울 수 있다.

02 교육훈련

(1) 교육훈련 종류

  ① OJT(On the Job Training)

- 현장실무교육으로, 업무 숙지를 위해 지식, 기능, 태도를 향상시키는 교육활동의 일환이다.
- OFF-JT(집합교육)의 단점을 보완하고 밀착하여 업무수행과정을 살필 수 있다.
- 기업교육 목적달성에 매우 유의미한 방법이다.
- 장기적 인재 육성을 위해 스스에게 동기부여를 부여하는 목적을 가진다.
- OJT는 직무교육훈련(JIT; Job Instruction Training), 직무순환(Job Rotation), 코칭(Coaching), 멘토링(Mentiring)이 있다.

    ㉠ OJT의 필요성

      ⓐ 현장경험이 풍부한 선임의 지식 및 기술을 효과적으로 전달할 때

      ⓑ OFF-JT(강의 및 역할연기 등)의 비용을 절약하는 대안으로 대체할 때

      ⓒ 장기간에 학습자에게 업무숙지를 필요로 할 때

      ⓓ 급하게 인력 투입이 되어, 빠르게 현장을 적응해야 할 때

    ㉡ OJT의 유의성

      ⓐ 지속적인 관심으로 교육훈련이 필요하다.

      ⓑ OFF-JT(집합교육)와 함께 진행되어야 효과적이다.

      ⓒ 자기계발과 연결하여 훈련시키는 것이 효과적이다.

ⓓ 조직 내에서 인재교육 및 훈련이라는 명확한 의도가 필요하다.

ⓔ 상사 및 기업은 인재육성에 대한 관심과 열정으로, 후배양성에 대해 존중하며 상호 모범이 되어야 한다.

② OJL(On the Job Learning)

㉠ 자기학습

㉡ 실천학습

③ OFF-JT(Off the Job Training)

㉠ 토의법

㉡ 강의법

㉢ 사례연구법

㉣ 역할연기법

㉤ 시범

④ OFF-JL(Off the Job Learning)

㉠ 독서

㉡ 자기계발 활동

⑤ SD(Self Development)

㉠ 자발적 학습

㉡ 학습된 내용을 토대로 스스로 응용

㉢ 자기훈련

(2) 나들러(Nadler, 1979)의 교육훈련 강사의 역할

① 학습 촉진자

㉠ 학습자들과 직접 학습 활동을 하거나 학습자가 하도록 도와주는 역할을 한다.

㉡ 강의, 토의진행, 시범 등의 역할을 수행한다.

㉢ 강사는 다양한 경험과 이론적 배경을 갖추어야 한다.

② 교수 프로그램 개발자

㉠ 조직의 문제를 확인하고 학습요구를 분석하여 이를 충족할 학습 내용을 확정한다.

㉡ 확정된 내용이 효과적으로 학습되고 실제 사항에 적용되도록 성인학습이론을 바탕으로 교수학습계획을 수립한다.

③ 교수전략 개발자

㉠ 교육 훈련 프로그램이 효과적으로 전달되도록 매체 선정과 방법을 찾는 일을 한다.

㉡ 각종 학습 보조 도구와 시청각 자료를 제작하고 활용하여 학습효과를 상승시킬 방안을 강구한다.

(3) 교수자 역량

① 길리 & 에글랜드(Gilley & Eggland, 1990)의 학습전문가에게 필요한 역량

㉠ 교수 환경 완비 확인

㉡ 학습자 정보 및 자료 분석

㉢ 교수자로서 신뢰 확립 및 유지

ⓔ 학습 환경관리

　　　ⓜ 효과적인 커뮤니케이션

　　　ⓗ 효과적인 프레젠테이션

　　　ⓢ 효과적인 매체 활용

　　　ⓞ 효과적인 질문 능력과 기법

　　　ⓩ 학습 강화와 동기유발

　　　ⓒ 학습자 성취도평가

　　　ⓚ 학습자의 피드백 요구 충족

　　　ⓣ 교수활동 평가

　　　ⓟ 평가정보의 기록 및 유지

　　　ⓗ 교수방법 적정 활용

(4) 인적자원개발(HRD; Human Resource Development)

① HRD는 교육과 인력, 개발의 의미를 내포한다.

② 주 산업체에서 인적자원개발, 인재개발, 인력개발 및 HRD로 확장되어, 기업교육, 산업교육, 사내교육 등 여러 용어로 사용되고 있다.

　　㉠ 맥라건(Mclagan, 1989)의 정의

　　　ⓐ 개인 및 집단, 조직의 효율성 향상을 목적으로 한다.

　　　ⓑ 훈련, 조직, 경력개발을 통한 의도적, 조직적, 계획적인 학습 활동이다.

　　㉡ 나들러(Nadler, 1994)의 정의 : 업무성과 향상과 성장 가능성을 제고하기 위해 일정 기간 실행하는 계획적 학습경험이다.

(5) 교육 훈련기법

① 강의법

　　㉠ Lecture Method(강의법)는 오랜기간 유지된 교수법이다.

　　㉡ 교수자의 언어로 설명된다.

　　㉢ 다수의 대상을 짧은 시간에 동시에 가르치는 경제적인 교수법이다.

　　　ⓐ 사실적 정보를 기반으로 최신정보 등을 전달하기에 적합하다.

　　　ⓑ 교수자의 능력 및 기술에 의해 차이가 있을 수 있다.

　　　ⓒ 학습자의 참여가 없어 다양한 지식, 능력, 경험 등이 고려될 수 없다.

　　　ⓓ 장기기억으로 유지되기 힘들다.

② 브레인스토밍 – 오스번(Osbarn)

　　㉠ 1941년 오스번(A. F. Osbarn)이 개발한 기법이다.

　　㉡ 개개인의 자유연상기법을 이용한 아이디어를 수집하는 방법이다.

　　　ⓐ 학습자 스스로 아이디어 제안 및 발표능력이 동반 향상된다.

　　　ⓑ 새로운 아이디어 도출에 효과적이다.

　　　ⓒ 시간과 장소에 취약하여 많이 실시하기는 힘들다.

ⓓ 서로의 아이디어에 비판 및 평가하지 않아야 자유로운 아이디어를 표현할 수 있다.

③ **토의법**

ㄱ Discussion Method(토의법)는 학습자와 교수자뿐만 아니라, 학습자와 학습자 간의 자유로운 상호작용으로 정보 및 의견을 나누고 결론까지 도출해내는 쌍방향의 참여학습 형태이다.

ㄴ 공동 학습으로 교수자 역시 학습자 간의 상호작용조정 및 유용한 정보를 제공하는 역할 수행을 할 수 있다.

ⓐ 동등한 조건에서 적극적인 사고를 이끌어낼 수 있다.

ⓑ 자신의 지식 및 경험을 교환하며 학습자 중심의 자율수업이 가능하다.

ⓒ 학습자의 동기를 유발시켜 자발적인 능동적 참여를 유도하는 데 효과적이다.

ⓓ 대화를 통해 협력 및 사고하는 방법을 높일 수 있다.

ⓔ 타인과의 의견을 나누며 존중하고, 이를 통해 인간관계 및 연대의식이 향상된다.

ⓕ 시간분배가 어렵고 시간 소비량이 많아진다.

ⓖ 상호 경험적 교류를 통해 실제 생활에 도움이 되는 지식 및 기술 습득이 가능하다.

ⓗ 토의의 목적과 다른 불필요한 논쟁으로 주도될 수 있다.

ⓘ 주도적인 성향의 소수에 의해 토의가 치우칠 수 있다.

ⓙ 참여자 간 인간관계 향상 및 연대의식 고양을 기대해 볼 수 있다.

ⓚ 참석자의 수준에 의해 달라진다.

ⓛ 높은 수준의 인지적 학습목표달성에 능률적이다.

ⓜ 많고 다양한 학습내용을 다루기에는 적절하지 않고, 대규모 집단은 적용 불가하다.

ⓝ 적절한 강사 또는 지도자를 구하기가 쉽지 않다.

④ **사례연구법**

ㄱ 문서나 멀티미디어 자료를 통해 답이 없는 사례를 통해 문제점을 파악한다.

ㄴ 학습자 간의 경험과 지식을 바탕으로 해결책의 적합성을 찾는다.

ㄷ 서로를 비판하며 적합한 대안을 제시하고 토론하는 과정을 통해 지식을 증진시킨다.

ⓐ 현실적인 문제로 학습이 되어, 학습교류가 가능하다.

ⓑ 집중력과 소통을 통해 생각하게 한다.

ⓒ 실제 사례의 문제를 찾고 다양한 관점을 통해 문제를 바라보고 서로의 차이를 인지하며 안목을 높인다.

ⓓ 원칙 및 체계적인 이론습득이 어렵다.

ⓔ 학습자의 의사결정의 타당성을 무한 신뢰하기 어렵다.

ⓕ 실제 사례수집이 어렵다.

ⓖ 실제 상황이 아니기 때문에 실제 환경에서 활용할 기회로 삼지는 못한다.

ⓗ 정보수집과 문제해결력을 향상시킨다.

⑤ **역할 연기법**

ㄱ 실제로 타인의 역할 및 이상적인 타인의 모습을 투영하여 역할연기를 해 보는 것이다.

ㄴ 자신과 타인 간의 관계를 이해하고 행동과 태도를 자발적으로 변화시키는 방법이다.

ⓐ 역할연기 시행과 관찰 → 중간평가와 재시행 → 최종평가 및 피드백의 순서로 진행된다.

ⓑ 평가 체크리스트를 명확히 기준화하여, 동일 조건으로 구성원의 피드백을 받는다.

ⓒ OFF-JT(집합교육)에서 주로 많이 활용된다.

ⓓ 교육생 모두가 흥미롭게 현실감 있는 학습이 가능하다.

ⓔ knowing(알고 있는 것)과 doing(실천하는 것)의 격차를 체감할 수 있다.

ⓕ 참여자들이 단시간 친화력을 높일 수 있다.

ⓖ 타인의 연기를 통해 새로운 아이디어 습득이 가능하다.

ⓗ 교육훈련 장소 확보가 쉽지 않다.

ⓘ 준비하는 데 시간이 많이 소요된다.

ⓙ 역할 연기법과 다른 강의기법을 융합해야 시너지가 난다.

ⓚ 역할 연기를 진행하는 교수자의 역량과 촉진능력과 활용 기술이 중요하다.

제2절 프레젠테이션

01 프레젠테이션의 개요

(1) 프레젠테이션의 4P 전략

① People(사람)

㉠ 듣는 청중의 수준 파악

㉡ 청중의 반응으로 표정과 몸의 움직임을 통해 잘 이해하고 있는지 파악

㉢ 청중의 요구를 파악하여 방향과 목적, 주제 파악에 활용

② Place(장소)

㉠ 가장 놓치기 쉬워서 4P 중 가장 실패로 끝나는 것으로, 장소 및 환경점검 필수

㉡ 주변소음, 음향장비, 자료를 활용할 전자기기, 좌석배치, 전기, 엘리베이터, 주차장, 화장실, 흡연장소 유무 등 인원 및 청중(대상) 특성에 맞게 장소를 선택해야 한다.

③ Purpose(목적)

㉠ 정보전달 : 신기술 및 신제품 등 소개

㉡ 설득 및 제안 : 새로운 기획안 또는 계획을 발표하여 기존의 확증편향적 사고를 깨는 것

④ Preparation(사전준비)

㉠ 다양한 정보와 중요한 자료 수집 후 분석하여 효율적인 자료 가공

㉡ 청중(대상)별 조직특성에 맞는 자료로 공감을 이끌어낼 수 있는 효과적인 발표자료 제작

02 프레젠테이션의 구성

(1) Opening(도입)

① 발표자의 첫 마디나 행동으로서 강의 주제에 관한 이야기를 한다.

② 청중에게 흥미와 기대를 주는 중요한 가교 역할을 한다.

③ 동기부여, 소개, 주의집중과 같은 전반적인 개요를 설명한다.

④ 교육의 범위 및 개요, 중요성에 대해 설명한다.

(2) Body(본론)

① 내용은 논리적으로 체계화되어 내용설명을 해야 한다.

② 보조자료를 적절히 활용한다.

③ 부수적인 점도 강조하여 주요 핵심부분을 유의미하게 만들어야 한다.

④ 종결로 넘어가기 전에 질의응답 시간을 통해 청중의 의문점을 해소시킨다.

(3) Closing(종결)

① 재 동기부여, 내용 요약 등을 한다.

② 일관성은 발표에서 가장 중요하고 핵심적인 부분이 되어야 한다.

③ 마무리 단계에서 프레젠테이션을 성공적으로 마칠 수도 있으나 망칠 수도 있으니 프레젠테이션에서 가장 중요한 전략 요점이다.

④ 청중에게 깊은 인상을 남길 수 있다.

⑤ 핵심 요약 및 주요 내용은 반복을 통해 다시 한번 더 강조한다.

> **알아두기** | **프레젠테이션의 의미와 구성요소** ★
>
> 프레젠테이션이란, 자신의 생각이나 주장을 다른 사람에게 효과적으로 제시하는 것이다.
> - Presenter(프레젠터) : 프레젠테이션을 이끄는 실제로 행동하는 사람이다.
> - Audience(청중) : 프레젠테이션을 듣는 대상으로, 대상의 직군, 연령대, 관심영역, 등의 일반적 정보와, 목적, 장소, 기타 대상의 특이사항 및 주의사항 등을 충분히 인지해야 한다.
> - Message(메시지) : 전달 목적을 명확히 한다.

(4) 프레젠테이션의 유형 분류

① **정보적 프레젠테이션**

㉠ 객관성, 완전성, 공정성, 명확성, 해석성 등 충분한 정보제공을 기반으로 한다.

㉡ 청중과의 지식공유가 최우선의 목적이다.

㉢ 성공적인 프레젠테이션을 위해서 청중의 주의집중과 유지가 매우 중요하다.

② **설득적 프레젠테이션**

㉠ 대부분의 비즈니스적 프레젠테이션에서 활용된다.

㉡ 발표자가 개인 또는 기업, 단체의 목적을 위해 청중을 설득 및 행동유도를 할 수 있다.

③ **의례적 프레젠테이션**

㉠ 형식과 격식에 중점을 둔다.

㉡ 발표자와 청중 간에 '사회적으로 강한 결합'을 목적으로 한다.

④ 동기부여적 프레젠테이션

    ㉠ 행동적 계기에 중점을 둔다.

    ㉡ 청중의 의욕을 불러일으키며, 기대하는 활동을 받아들이게 하는 목적을 가진다.

⑤ 엔터테인먼트적 프레젠테이션

    ㉠ 즐겁게 활동적으로 재미를 느끼게 하는 목적을 가진다.

    ㉡ 전달 메시지는 포함한다.

⑥ 서술적 프레젠테이션

    ㉠ '누가, 무엇을, 어디에서'의 질의에 답을 제시한다.

    ㉡ 청중의 마음에 명확한 그림을 그리도록 한다.

⑦ 설명적 프레젠테이션 : '왜'의 질문 또는 이슈, 아이디어, 신념 등에 중심을 두고 청중이 명확하게 해석할 수 있도록 한다.

⑧ 논증적 프레젠테이션

    ㉠ '어떻게'라는 질의에 답을 제공한다.

    ㉡ 절차 및 과정을 명확하게 해주는 방법이다.

03 프레젠테이션 자료 제작법

(1) 파워포인트 자료 제작 시 필요한 디자인 원리

① 단순성 : 필수적 정보만 제공

② 균형성 : 심미적 배치

③ 조직성 : 내용 배열 흐름의 완만함

④ 강조성 : 중요한 부분 강조

⑤ 통일성 : 이질감 없게, 전체적으로 하나인 것처럼 작업

⑥ 명료성 : 이해하기 쉬운 단순화 작업

⑦ 조화성 : 컬러, 크기 등 글자와 배경색의 어울림

⑧ 원근법 : 공간을 느끼게 하고, 입체감 있게 작업

(2) 파워포인트 자료 제작 시 유의사항

① 도식화, 도해를 만들어 시각적으로 이해하기 쉽게 제작한다.

② 장식효과, 애니메이션에 치중하여 과하게 사용하지 않는다.

③ 환경에 따른 배경색에 주의한다.

④ 동영상 등 멀티미디어 사용은 지루함을 감소하기 위해 필요시 사용한다.

⑤ 여백을 살려서 제작하여 청중에게 부담감을 주지 않는다.

04 스피치

(1) 스피치 커뮤니케이션의 이해

① 스피치는 주어진 시간과 장소에서 다수에게 효과적으로 말하는 능력이다.

② 스피치 커뮤니케이션은 스피치의 내용, 전달 방식, 청자의 반응을 포함한다.

(2) 스피치 준비순서

① 사전분석

② 개요 개발

③ 목표설정 및 주제선정

④ 요점 개발

⑤ 세부 내용 개발

⑥ 논리적으로 내용 체계화

⑦ 서론과 결론 개발

제3절 인터넷 활용

01 e-비즈니스

(1) **Electronic Commerce(전자상거래)의 개념**

① 전자상거래는 가상의 매장을 만들고 다양한 상품을 소통하고 판매하는 온라인(On line) 거래로 직접 방문하지 않고도 구매할 수 있다.

② 전자상거래는 기업과 기업, 기업과 정부, 기업과 개인, 기업과 정부, 개인 간에 여러 전자매체를 통해 상품이나 서비스를 교환하는 방식이다.

③ 국가, 기업, 공공기관, 개인소비자 간에 상품유통과 관련된 정보의 수집, 유통, 협상, 배송, 주문, 결제, 자금이체 등 상업적 절차 전반을 온라인으로 거래하는 것이다.

(2) **전자상거래 특성에 따른 유형 구분**

① **전자문서교환**(EDI; Electronic Data Interchange) : 상거래는 컴퓨터와 컴퓨터 간에 서로 다른 회사 간에 표준화된 형식을 사용하여 거래되고 회사 간에 지불, 송장, 주문이 교환된다.

② **광속거래**(CALS; Commerce At Light Speed) : 표준화 및 정보통합기술을 활용하여 설계, 생산, 개발, 관리, 조달, 유통 등 원자재 조달의 모든 데이터를 공유하는 상거래이다.

③ **컴퓨터를 이용한 전자상거래**(EC; Electronic Commerce)

㉠ 개인이 온라인 쇼핑 등 실제 대면하는 상점의 존재유무에 의거하지 않는다.

㉡ 인터넷이나 PC통신을 이용해 상품을 사고 팔며 거래하는 전자 상거래이다.

④ **이동형 전자상거래**(MC; Mobile Commerce) : 휴대용 무선기기를 사용하는 모든 인터넷 사업을 의미한다.

(3) **전자상거래의 주요 특성**

① 시공간의 제약이 없다.

② 고객 욕구에 즉각적인 대응으로 적극성을 높인다.

③ 실제 판매공간이 없어도 가능하다.

④ 편의성이 높아 마케팅 활동에도 효율적이다.

⑤ 고객정보 수집이 수월하다.

⑥ 아이디어만 있으면 소액으로도 사업을 시작할 수 있다.

⑦ 유통채널이 간소화되어 최저가 판매도 가능하다.

(4) 전자상거래 거래 주체별 분류

① 기업과 기업 간의 거래(B to B; Business to Business) : 무역 및 제조분야에서 활발히 활용되며, 기업 간에 EDI 사용된다.

② 기업과 개인 간의 거래(B to C; Business to Consumer)

    ㉠ 인터넷 쇼핑몰에서 소비자가 상품 정보, 고객경험리뷰를 보고 판단하여 구매 결정한다.

    ㉡ 수량 및 옵션사항, 배달장소, 대금지불 방법 등에 대한 정보를 판매자에게 제공하면 거래가 성사된다.

③ 기업과 행정기관 거래(B to G; Business to Government) : 기업과 정부조직 간 모든 거래를 내포하며, 정부 조달 업무 분야가 가장 중요하다.

④ 개인과 정부 거래(C to G; Consumer to Government) : 민원 서류 발급, 세금 등 각종 공과금 납부가 가능하다.

⑤ 개인과 개인 거래(C to C; Consumer to Consumer)

    ㉠ 개인과 개인 간의 거래이다.

    ㉡ 최근 중고거래나, SNS를 통한 판매 등 소비자가 상품의 구매 및 소비 주체인 동시에 공급의 주체이기도 하다.

02 전자상거래 운영 및 방안

(1) 전자결제 시스템의 이해

① 종이서류 대신 전산망을 이용한 승인이나 신고업무처리를 하는 전자결제시스템이다.

② 결제에 할애되는 시간을 최소화할 수 있다.

③ 시간과 장소에 얽매이지 않는다.

④ 디지털 금융수단으로 편리하게 결제가 가능하다.

⑤ 개인 보안, 결제에 필요한 비밀번호 등에 대한 해킹이 소비자 피해구제로 이어질 수 있다.

(2) 전자결제 보안기능 ★

① 기밀성(Confidentiality) : 제3자가 내용을 입수하지 못하도록 한다.

② 무결성(Integrity) : 전달과정에서 내용정보가 변질되지 않았는지 확인한다.

③ 부인방지(Non_repudiation) : 정보거래 및 교환된 전반의 사실을 부인하는 것을 방지한다.

④ 인증(Authentication) : 정보 제공자의 신원 파악을 한다.

01 다음 중 '성인학습은 자신의 학습 목표와 목표를 설정하고 결과를 평가하는 과정에 참여하고 싶어 한다'고 실천원리를 세운 앤드라고지(Andragogy)의 내용으로 옳지 않은 것은?

① 학습자들이 자신의 학습목표형성을 할 수 있도록 격려한다.
② 학습에 적합한 물리적 분위기를 형성한다.
③ 학습에 적합한 심리적 분위기를 형성한다.
④ 학습자들이 학습 후 평가하는 것은 지양한다.
⑤ 학습자들이 학습계획 수행을 하도록 지원한다.

해설
④ 학습자들이 학습 후 평가하도록 유도한다.

02 Donaldson & Scannel(1968)의 성인학습 기본원리 내용으로 옳지 않은 것은?

① 학습은 학습자 스스로 활동이다.
② 최선의 학습은 '시도해 보는 것(Doing)'을 통해 얻어진다.
③ 학습속도는 사람마다 상이하다.
④ 자극(Stimulation)으로 시작해서 감각(Senses)으로 마친다.
⑤ 부분-전체-부분의 순서에 의한 내용일 때 학습효과가 높다.

해설
⑤ 전체-부분-전체의 순서에 의한 내용일 때 학습효과가 높다. 그 외에도, 긍정적인 강화(Positive Reinforcement)는 학습을 강화시키며, 훈련시간이 적정분배되어야 하고, 지지적인 학습환경이 효율성과 비례하여 높아진다.

03 기업교육 훈련에서 가장 많이 사용되는 OJT(On the Job Training)의 학습방법에 해당하는 것은?

① 강의법 ② 토의법
③ 사례연구법 ④ 코칭
⑤ 역할연기법

해설
▶ OFF-JT(Off the Jpb Training) : 토의법, 강의법, 사례연구법, 역할연기법, 시범으로, 집합교육에 해당한다.

04 다음 중 크로스(Cross, 1982)의 성인학습 기본원리 내용으로 옳은 것은?

① 지지적인 학습 환경이 효율성과 비례하게 상승한다.
② 요점 정리를 통한, 잦은 피드백으로 기억력을 유지한다.
③ 학습자들이 자신의 학습목표형성을 할 수 있도록 격려한다.
④ 학습은 학습자 스스로 활동이다.
⑤ 한 번에 다양한 여러 가지 아이디어나 개념을 제공해야, 지적 손실을 최소화한다.

해설
①, ④ Donaldson & Scannel(1968)의 성인학습 기본원리 내용 중 일부
③ Andragogy의 성인학습 실천원리 내용 중 일부
④ Donaldson & Scannel(1968)
⑤ 한 번에 하나의 아이디어나 개념을 제공해야, 이를 통해 학습자는 기존 지식과 새로운 지식을 융합하고, 지적 손실을 최소화하여 이해력 향상에 도움을 준다.

정답 01 ④ 02 ⑤ 03 ④ 04 ②

05 오랜 기간 유지되어 온 Lecture Method의 내용으로 옳지 않은 것은?

① 학습자의 참여가 미비하다.
② 교수자의 능력에 따라 교육효과가 달라질 수 있다.
③ 장기기억으로 유지되기 힘들다.
④ 다양한 지식, 능력, 경험을 고려하며 진행할 수 있다.
⑤ 사실적 정보를 기반으로 최신정보 등을 전달하기에 적합하다.

> **해설**
> ④ Lecture Method(강의법)는 학습자의 참여가 없어 다양한 지식, 능력, 경험 등이 고려될 수 없다.
> 그 외에도, 교육생은 스스로의 선택으로 뒷자리에 착석하여 비교적 사각지대에서 소극 참여할 수 있다.

06 다음 〈보기〉의 내용에 해당하는 강의기법은?

> | 보기 |
>
> 현재까지도 유용하게 이용되고 있는 방법으로 교수자뿐만 아니라 학습자 간 또한 학습자와 학습자 간의 자유로운 상호작용으로 정보 및 의견을 나누고 결론까지 도출해내는 쌍방향의 참여 학습 형태이다.

① 토의법   ② 강의법
③ 브레인스토밍   ④ 사례연구법
⑤ Role Play

> **해설**
> ② 강의법 : 강의를 일방적으로 전달하는 방법으로 다수의 대상을 짧은 시간에 동시에 가르치는 경제적인 교수법
> ③ 브레인스토밍 : 자유연상기법을 이용한 아이디어를 수집하는 방법
> ④ 사례연구법 : 문서나 멀티미디어 자료를 통해 답이 없는 사례를 통해 문제점을 파악하고, 학습자 간의 경험과 지식을 바탕으로 해결책의 적합성을 찾는 방법
> ⑤ Role Play(역할연기) : 자신과 타인 간의 관계를 이해하고 행동과 태도를 자발적으로 변화시키는 방법

07 다음 〈보기〉 중 프레젠테이션의 구성요소에 해당하는 것을 고르시오.

> | 보기 |
>
> 가. 프레젠터   나. 의사소통
> 다. 청중   라. 메시지
> 마. 용모복장

① 가, 나, 다   ② 가, 마, 라
③ 다, 라, 마   ④ 나, 라, 마
⑤ 가, 다, 라

> **해설**
> 가. 프레젠터(Presenter)는 프레젠테이션을 이끄는 실제로 행동하는 사람
> 다. 청중(Audience)은 프레젠테이션을 듣는 대상으로, 대상의 직군, 연령대, 관심영역, 등의 일반적 정보와, 목적, 장소, 기타 대상의 특이사항 및 주의사항 등을 충분히 인지
> 라. 메시지(Message)는 프레젠테이션 전달 목적

08 프레젠테이션의 4P 전략에 해당하지 않는 것은?

① People   ② Place
③ Preparation   ④ Purpose
⑤ practice

> **해설**
> ⑤ practice는 실행으로 해당되지 않는다.
> ▶ 4P : People(사람), Place(장소), Purpose(목적), Preparation(사전준비)

09 나들러(Nadler)가 제시한 교육훈련 강사의 역할 중 다음 〈보기〉의 내용에 해당하는 것은?

> | 보기 |
>
> 강의, 토의진행, 시범 등의 역할을 수행하며, 학습자들과 직접 학습 활동을 하거나 학습자가 하도록 도와주는 역할을 한다.

① 학습 성취자   ② 학습 촉진자
③ 교수전략 개발자   ④ 교수 프로그램 개발자
⑤ 직무기술 지도자

정답 05 ④ 06 ① 07 ⑤ 08 ⑤ 09 ②

③ 교수전략 개발자 : 각종 학습보조 도구와 시청각 자료를 제작하고 활용하여 학습 효과를 상승시킬 수 있는 방안을 강구한다.

④ 교수 프로그램 개발자 : 교육 훈련 프로그램이 효과적으로 전달되도록 매체 선정과 방법을 찾는 일을 하며, 각종 학습보조 도구와 시청각 자료를 제작하고 활용하여 학습효과를 상승시킬 방안을 강구한다.

10 Gilley & Eggland(길리 & 에글랜드)가 제시한 학습전문가에게 필요한 역량에 대한 내용과 거리가 먼 것은?

① 효과적인 커뮤니케이션
② 학습자 정보 및 자료 분석
③ 학습 강화와 동기유발
④ 효과적인 질문능력과 기법
⑤ 밝고 경쾌한 이미지 유지관리

해설

그 외에도, 교수 환경 완비 확인, 교수자로서 신뢰 확립 및 유지, 학습 환경관리, 효과적인 프레젠테이션 및 매체활용, 학습자 성취도평가 및 피드백 요구 충족, 교수활동 평가 및 평가정보의 기록 및 유지 등이 있다.

제 3 과목 고객관리 실무론

정답 10 ⑤

COMPLETE - PASS

CAS

리더스

한 권으로 끝내기

관리사

제1과목 CS개론

01 고객만족(CS)과 관련해 다음과 같이 정의한 학자는?

> 고객만족이란 비즈니스와 기대에 부응하는 결과
> 로써 상품, 서비스의 재구입이 이루어지고 아울
> 러 신뢰감이 연속되는 상태이다.

① 올리버   ② 굿맨
③ 코틀러   ④ 앤더슨
⑤ 웨스트브룩

02 일반적으로 제품이나 서비스에 대해 갖는 고객만족 요소 중 직접적인 요소에 해당하는 것은?

① 기업의 지역에 대한 시설 개방
② 기업의 환경보호활동
③ 기업의 사후 서비스
④ 기업이 제공하는 지역주민들의 복지
⑤ 기업의 공헌활동

03 고객만족 결정의 5가지 요소 중 제공된 서비스에 만족 또는 불만족하였을 경우 그 이유를 분석하는 것에 해당되는 것은?

① 고객 감정
② 공평성의 지각
③ 제품 또는 서비스의 특징
④ 동료에 의한 구전
⑤ 서비스의 성공 및 실패의 원인에 대한 귀인

04 고객만족(CS)관리의 역사와 관련해 1980년대의 주요 내용에 해당되는 것은?

① 삼성그룹의 신 경영 선포
② 현대자동차의 품질보증제도 도입
③ 일본 SONY사(社)의 고객만족경영 도입
④ 업종을 불문한 고객만족경영 도입
⑤ 국내 최초 LG그룹의 고객가치 창조 기업이념의 도입

05 우리나라 고객만족경영(CSM)의 시기별 흐름 중 2000년대의 내용에 해당하는 것은?

① 전사적 고객만족경영체제를 도입
② 고객관계관리(CRM) 도입
③ 고객생애가치 창출을 통한 고객기여도 극대화
④ 판매 증진을 위한 보조적 수단으로 활용하기 시작
⑤ 데이터베이스마케팅 기법이 도입

06 기대-불일치 이론과 관련해 다음 대화 내용에 적절한 것은?

> • 김부장 : 강팀장! 오늘 점심은 뭘 먹으러 갈까?
> • 강팀장 : 근처 새로 생긴 냉면집으로 가시죠.
>   지난 주에 가서 먹어봤는데, 기대했던 것보다
>   정말 맛있었습니다.

① 부정적 불일치   ② 긍정적 불일치
③ 부정적 일치   ④ 긍정적 일치
⑤ 합치

07 다음 〈보기〉의 사례와 가장 부합하는 이론은?

| 보기 |

더운 어느 날 여우가 길을 걷고 있었습니다. 한 참 길을 걷다 보니 탐스러운 포도송이가 높은 나무 위에 주렁주렁 매달려 있지 뭐예요? 포도를 먹기 위해 여우는 발버둥을 쳐보지만 결국 실패하고 말았어요. 여우는 날이 더우니 포도가 시고 맛이 없을 거라고 투덜대며 결국 포기하고 가던 길을 재촉하였답니다.

① 기대-불일치 이론　② 귀인이론
③ 순응수준이론　　　④ 인지부조화 이론
⑤ 교환이론

08 공정성 이론에서 도출 결과를 생산하거나 달성하기 위한 방식이나 공정으로 도출결과의 만족에 영향을 주며, 도출결과에 영향을 미치는 영향력과 정보의 공유 정도가 해당하는 공정성은?

① 상호작용의 공정성
② 투입의 공정성
③ 절차상의 공정성
④ 통제상의 공정성
⑤ 도출 결과의 공정성

09 '공정성 이론'의 공정성 분류 중 '도출 결과의 공정성'에서 제시하고 있는 요소를 다음 〈보기〉에서 찾아 모두 선택한 것은?

| 보기 |

가. Contact　　　나. Equality
다. Contribution　라. Needs
마. Reward

① 가, 나, 다　　　② 나, 다
③ 가, 나, 다, 라　④ 나, 다, 라
⑤ 나, 다, 라, 마

10 '워너'가 제시한 귀인이론의 범주화 체계 중 다음 〈보기〉의 (　　) 안에 들어갈 내용으로 알맞은 것은?

| 보기 |

(　　)(이)란 어떠한 행위의 원인이 의도적일 수 있고 비의도적일 수도 있다는 것을 의미한다.

① 통제성　　　　② 인과성의 위치
③ 차별성　　　　④ 안정성
⑤ 통합성

11 비즈니스 프로세스의 분류 중 미래의 산업 전략이 성공할 수 있도록 사람, 기술 프로세스를 결합해 조직의 역량을 구축해 나가는 과정을 의미하는 것은?

① 변혁 프로세스　　② 경쟁 프로세스
③ 기반 프로세스　　④ 지원프로세스
⑤ 핵심프로세스

12 비즈니스 프로세스의 분류 중 '경쟁 프로세스'에 대한 설명으로 가장 올바른 것은?

① 조직이 영위하는 사업 영역에서 경쟁자보다 뛰어나게 고객가치를 제공하는 프로세스를 의미한다.
② 경쟁자보다 뛰어나지는 않더라도 고객에게 최소한의 가치를 제공하기만 하면 되는 프로세스를 의미한다.
③ 미래의 산업 전략이 성공할 수 있도록 사람, 기술, 프로세스를 결합해 조직의 역량을 구축해 나가는 과정을 의미한다.
④ 프로세스의 결과물이 고객에게 가치 있다고 파악되지만, 실제 경쟁이라는 측면에서는 핵심 프로세스가 아닌 경우이다.
⑤ 변화하는 고객의 니즈와 기술적 변화에 맞추어 조직의 지속적인 경쟁우위 확보를 위해 역량을 개발하는 프로세스를 말한다.

13 서비스 프로세스 설계 시 고려해야 될 사항 중 다음 〈보기〉의 (   ) 안에 들어갈 내용으로 적절한 것은?

| 보기 |

서비스 프로세스는 (   )이며, 실제적인 과업을 중시해야 한다. 따라서 성과평가 시스템 또한 실제 프로세스와 상호 연계되어 궁극적인 성과를 제고할 수 있도록 설계되어야 한다.

① 목적론　　　　② 전체론
③ 품질론　　　　④ 인식론
⑤ 개방론

14 다음 중 서비스 프로세스 설계의 기본 원칙과 거리가 먼 것은?

① 평가는 고객이 한다.
② 고객 개별 니즈에 적응해야 한다.
③ 고객은 기대 대비 성과를 평가한다.
④ 고객의 기대를 관리하는 것은 중요과제로 보기 어렵다.
⑤ 평가는 절대적이 아니라 상대적이다.

15 다음 중 서비스 프로세스의 중요성에 대한 설명으로 옳지 않은 것은?

① 고객이 체험하는 서비스 전달 시스템은 고객이 서비스를 판단하는 중요한 증거가 된다.
② 서비스 프로세스의 단계와 서비스 전달자의 처리 능력은 고객에게 가시적으로 보여지는 데 기인한다.
③ 직원과 상호작용 과정에서 적절한 전달 프로세스가 고객의 태도에 영향을 주고 향후 거래여부를 결정하는 중요한 변수로 작용한다.

④ 서비스 프로세스에 따라 서비스의 제공 절차가 복잡하여 고객에게 복잡하고 포괄적인 행동이 요구되기도 한다.
⑤ 서비스 프로세스는 상품 자체가 아닌 기업의 서비스 개발 시스템 향상과 밀접한 연관성이 있다.

16 서비스 프로세스 핵심과제와 관련해 다음 〈보기〉의 설명에 해당하는 것은?

| 보기 |

고객의 취향에 따라 각기 차별적인 서비스를 제공하는 것으로 직원에게 많은 권한이 위임되어야 가능한 방식이다.

① 품질화　　　　② 표준화
③ 개별화　　　　④ 동질화
⑤ 통합화

17 슈메너의 서비스 프로세스 매트릭스에서 상호작용·개별화는 낮고, 노동집중도는 높은 업종에 해당하는 것은?

① 자동차 정비소　　② 화물운송업
③ 금융업　　　　　④ 변호사
⑤ 호텔

18 슈메너의 서비스 프로세스 매트릭스의 내용 중 '서비스 숍'의 내용으로 보기 어려운 것은?

① 낮은 노동집중도
② 높은 상호작용
③ 높은 개별화 서비스
④ 학교, 은행 등의 업종
⑤ 병원, 수리센터 등의 업종

19 다음 〈보기〉의 내용 중 마이클 해머 교수가 '리엔지니어링 기업혁명'에서 제시한 3C를 찾아 모두 선택한 것은?

| 보기 |

A. Cost   B. Change   C. Customer
D. Confidence   E. Competition

① A, B, C
② A, C, D
③ B, C, D
④ B, C, E
⑤ C, D, E

20 데이비드 마이스터(David Maister)가 분류한 대기시간에 영향을 주는 통제요인으로 고객통제요인에 속하는 것은?

① 공정성
② 편안함
③ 확실성
④ 대기단계
⑤ 대기목적가치

21 다음 중 데이비드 마이스터가 제시한 대기관리의 기본원칙에 대한 내용으로 가장 올바르지 않은 것은?

① 혼자 기다리는 대기시간이 더 길게 느껴진다.
② 서비스의 가치가 높을수록 더 길게 느껴진다.
③ 원인이 설명되지 않은 대기시간이 더 길게 느껴진다.
④ 불확실한 기다림이 더 길게 느껴진다.
⑤ 프로세스 이전의 기다림이 프로세스 내의 기다림보다 길게 느껴진다.

22 고객인식의 관리(Perception Management)의 한 방법으로 병원에서 치료와 예방에 관한 책자를 비치하여 고객의 기다림을 관리하는 전략은?

① 공정한 대기시스템 구축
② 자동이체 등의 시스템

③ 고객을 유형별로 대응
④ 서비스가 시작되었다는 느낌 제공
⑤ 커뮤니케이션 활용

23 서비스 접점의 유형 중 서비스 품질을 파악하고 판단하기가 가장 복잡한 유형에 해당하는 것은?

① 원격 접점
② 대면 접점
③ 시스템적 서비스 접점
④ 물적 서비스 접점
⑤ 전화 접점

24 노드스트롬(Nordstrom) 백화점의 경영 방식 중 내부고객 만족을 위한 정책과 가장 거리가 먼 것은?

① 권한위임
② 동기부여와 인센티브
③ 개인별 고객수첩의 활용
④ 내부승진 원칙의 인사관리
⑤ 피상적인 조건을 내세우지 않는 종업원 선발

25 다음 중 솔로몬과 구트만이 제시한 서비스 접점의 특징으로 옳지 않은 것은?

① 서비스 제공자와 고객이 모두 참여하는 양자관계여야 한다.
② 서비스 제공을 위해 제공자는 상황에 맞는 직무훈련을 통해 목표를 이룰 수 있어야 한다.
③ 목표지향적인 역할 수행이 되어야 한다.
④ 서비스 접점의 목적은 정보 교환이다.
⑤ 물리적인 복합작용이 있어야 한다.

26 다음 중 '진실의 순간(MOT)' 개념을 맨 처음 경영에 도입한 기업은?

① SONY
② 스칸디나비아 항공
③ 사우스웨스트 항공
④ 도요타 자동차
⑤ 노드스트롬 백화점

27 이 기법은 일본의 통계학자 카오루 이시카와에 의해서 개발된 것으로, 어떤 결과가 나오기 위하여 원인이 어떻게 작용하고 어떤 영향을 미치고 있는가를 볼 수 있도록 생선뼈와 같은 그림을 이용하여 이러한 원인이나 결과들을 체계적으로 종합한 것은?

① 품질기능전개
② 브레인 라이팅 기법
③ 마인드맵핑기법
④ 특성요인분석기법
⑤ 전사적 품질 기법

28 다음 중 피시본 다이어그램의 순서를 바르게 나열한 것은?

> 가. 근본원인 확인
> 나. 주요원인 세부사항 검토
> 다. 잠재원인 브레인스토밍
> 라. 문제의 주요원인 범주화
> 마. 문제의 정의

① 가 → 라 → 마 → 나 → 다
② 가 → 나 → 라 → 마 → 다
③ 나 → 라 → 다 → 가 → 다
④ 다 → 라 → 마 → 나 → 가
⑤ 마 → 라 → 다 → 나 → 가

29 다음 중 피시본 다이어그램(Fishbone Diagram)의 원인분석 요인(Branch)에 해당하지 않는 것은?

① 사람(People)
② 과정(Process)
③ 자원(Meterials)
④ 장비(Equipment)
⑤ 재정(Finance)

30 다음의 설명에서 (   )에 들어갈 알맞은 용어는?

> 고객의 요구와 서비스 계획을 관리방법, 계획 목표, 경쟁사의 제품이나 서비스 평가자들이 서로 얽히도록 구성된 품질기능전개의 전 과정을 (   )이라 한다. 핵심적인 매트릭스 구조를 기초로 하고 있으며, 작업구조는 언제나 시장과 조직 내부의 특성을 기반으로 수평, 수직 방향으로 확장될 수 있다. 또한 여러 가지 요소와 각 요소의 요구에 따라 집안에 차례대로 구성되며 순차적으로 (   )이/가 지어지게 된다.

① 프로세스
② 품질기능전개
③ 품질의 집
④ 6시그마
⑤ 서비스 청사진

제2과목 CS전략론

31 다음 중 서비스 청사진의 작성 목적으로 가장 거리가 먼 것은?

① 전반적인 효율성과 생산성을 평가하기 위해
② 서비스의 복잡한 이해관계를 재인식하기 위해
③ 기업에서 직원의 역할과 책임을 규정하기 위해
④ 공유되지 못한 서비스 비전의 개발을 위해
⑤ 개발하려는 프로세스에서 서비스 청사진의 개념을 명확하게 하기 위해

32 다음 서비스 청사진 이용에 따른 장점에 해당하지 않는 것은?

① 서비스 활동의 연결이 약한 서비스를 파악함으로써 품질개선에 도움을 준다.

② 서비스 종사자의 품위를 유지하고 증진하는 데 기여할 수 있다.

③ 종업원들이 본인 직무에 대한 전체 과정을 연계하도록 함으로써 고객지향성을 강화시킬 수 있다.

④ 서비스 구성요소와 연결을 명확히 보여줌으로써 전략적 토의가 가능하다.

⑤ 서비스 각 요소에 투입되는 비용과 원가, 이익, 자본 등을 파악하고 평가할 수 있는 기초를 제공한다.

33 서비스 청사진의 구성요소 중 고객접점에서 고객과의 상호작용을 통하여 가시적으로 보이는 종업원의 활동에 해당하는 것은?

① 고객 행동
② 지원 프로세스
③ 품질 통합 활동
④ 후방 종업원의 행동
⑤ 일선 종업원의 행동

34 다음 〈보기〉의 설명에 해당하는 서비스 모니터링 조사 기법은?

| 보기 |

• 서비스나 상품을 제공하는 회사와 계약을 맺고 지속적으로 모니터링 자료를 제공하는 고객 집단이다.

• 일정 기간 동안 서비스나 제품에 대한 고객의 태도와 지각을 기업에 알려주기 위해 모집된 지속적인 고객 집단이다.

① 블랙 컨슈머
② 체리피커
③ 미스터리 쇼퍼
④ 고객패널
⑤ 얼리 어답터

35 서비스 설계 시 린 쇼스택이 제시한 위험요소에 속하는 것은?

① 완전성
② 객관성
③ 편향된 해석
④ 서비스 지향성
⑤ 지나친 복잡화

36 서비스 모니터링의 구성요소 중 다음 〈보기〉의 ( ) 안에 들어갈 내용으로 알맞은 것은?

| 보기 |

( )이란 가치 있는 정보를 확보하고 활용하기 위한 전 단계라고 할 수 있으며, 궁극적으로 조직과 고객에게 영향을 줄 수 있어야만 가치를 발휘하게 된다.

① 대표성
② 접촉성
③ 융통성
④ 유용성
⑤ 신뢰성

37 MOT 사이클 차트 분석 5단계로 ( ) 안에 들어갈 내용으로 옳은 것은?

| 보기 |

1단계 : 서비스 접점 진단하기
2단계 : 서비스 접점 설계하기
3단계 : ( )
4단계 : 고객접점 시나리오 만들기
5단계 : 구체적 서비스 표준안으로 행동하기

① 고객접점 표준안 평가
② 주요 불만 요인 분석
③ 고객접점 사이클 세분화
④ 업종별 특성에 따른 고객만족 영향요소 정의
⑤ 고객 서비스 행동 지침 정리

38 다음 〈보기〉의 설명에 해당하는 미스터리 쇼퍼의 자격 요건은?

| 보기 |

보고서의 보고나 대답을 왜곡하거나 인위적으로 만들려고 하지 않아야 한다.

① 관찰력　　② 계획성
③ 융통성　　④ 작문능력
⑤ 정직성

39 다음 중 서비스 표준안 작성 시 고려해야 할 사항으로 보기 어려운 것은?

① 고객의 요구를 바탕으로 작성되어야 한다.
② 업무 명세와 수행 개요를 명문화 한다.
③ 누가, 언제, 무엇을 해야 하는지 간단하고 정확하게 제시되어야 한다.
④ 경영진과 직원, 고객의 요구에 대한 상호 이해가 바탕이 되어야 한다.
⑤ 추상적으로 작성되어야 한다.

40 다음 〈보기〉의 설명에 해당되는 서비스 품질 개선 방안은?

| 보기 |

종사원이 직무를 수행하는 목표나 지침이 되는 하드 표준과 소프트 표준으로 구분된다.

① 유형적 요소를 관리한다.
② 품질 기준을 설계하고 실행한다.
③ 고객에게 서비스 내용을 제공한다.
④ 각 프로세스 단계별 서비스 품질 요구사항을 정의한다.
⑤ 서비스 품질 전달 시스템의 설계에 피드백한다.

41 칼 알브레히트의 서비스 삼각형에서 기업과 고객 간에 이루어지는 마케팅으로, 고객과의 약속을 의미하는 마케팅 활동은 무엇인가?

① 내부 마케팅　　② 니치 마케팅
③ 품질 마케팅　　④ 외부 마케팅
⑤ 상호작용 마케팅

42 SWOT 분석에 의한 마케팅 전략 중 조직 외부의 위협을 회피하거나 최소화하기 위해 강점을 사용하는 전략 유형은?

① W-O 전략　　② W-T 전략
③ O-S 전략　　④ S-O 전략
⑤ S-T 전략

43 다음 소비재 시장에서 가능한 시장 세분화 방법 중 지리적 변수에 해당하는 것은?

① 기후　　　　② 직업
③ 제품구매 빈도　④ 성별
⑤ 라이프 스타일

44 포지셔닝 전략 수행절차 6단계(Aaker and Shanby) 중 다섯 번째 단계에 해당하는 것은?

① 경쟁자 확인
② 포지셔닝 의사결정
③ 경쟁자 인식 및 평가분석
④ 소비자에 대한 분석 수행
⑤ 경쟁자 기업과 제품 시장의 포지셔닝 결정

45 다음 중 트렌드(Trend)의 개념에 대한 설명으로 거리가 먼 것은?

① 어떤 방향으로 쏠리는 현상, 경향, 동향, 추세, 스타일 등을 의미한다.
② 제품이 지닌 품격이며 고객이 기억하는 권위와 방향이다.
③ 트렌드는 주체적 동일성으로서의 존재를 증명하는 것이다.
④ 트렌드는 기업의 이념이며 제품이 제공하는 또 다른 신 가치가 된다.
⑤ 트렌드는 예측, 태도, 변화와 같은 계량적 의미를 지닌다.

46 수잔 키비니 교수가 제시한 고객 이탈 유형 중 가장 높은 순위에 해당하는 것은?

① 이용불편
② 불만처리 미흡
③ 불친절한 고객응대
④ 핵심가치 제공 실패
⑤ 가격

47 다음 중 파라수라만과 그루얼이 제시한 고객가치 구성요소 중 금전적 비용의 희생을 통해 얻는 가치에 해당되는 것은?

① 품질가치　　② 사용가치
③ 획득가치　　④ 상환가치
⑤ 거래가치

48 다음 중 서비스 기업에서 최고의 고객을 식별할 수 있는 수단으로 충성도 프로그램의 형태로 기업에서 인식하고 그 고객에게 보상을 가능하게 하는 일종의 시스템을 의미하는 것은?

① 고객취향수첩
② 고객만족서비스
③ 고객 코디네이터
④ 고객인지프로그램
⑤ 고객 데이터베이스

49 다음 제품 차별화 요소 중 '특성(Feature)'에 대한 내용으로 가장 올바른 것은?

① 제품의 크기, 모양 또는 물리적 구조
② 제품의 기본적인 기능을 보완하는 특징
③ 제품의 기본적인 특징이 작동되는 수준
④ 제품이 구매자에게 어떻게 보이며 좋게 느껴지는지의 정도
⑤ 제품이 특정 기간 내에 고장이 나지 않거나 제대로 움직일 가능성의 측정치

50 다음 중 〈보기〉는 레빗이 제시한 3가지 제품 차원 중 어떤 제품에 대한 설명인가?

| 보기 |

사후 서비스, 배달, 설치, 신용판매, 제품의 품질 보증 등의 서비스와 편익이 부가된 가장 포괄적인 형태의 제품으로 고객의 구매에 결정적인 영향을 미치는 요인이다.

① 유형 제품　　② 확장 제품
③ 무형 제품　　④ 핵심 제품
⑤ 실체 제품

51 필립 코틀러가 제시한 5가지 제품 품질 차원 중 제품을 구입할 때, 구매자들이 정상적으로 기대하고 합의하는 일체의 속성과 조건에 해당하는 것은?

① 핵심 이점 ② 확장 제품
③ 잠재적 제품 ④ 기본적 제품
⑤ 기대하는 제품

52 다음 중 두 개 이상의 서비스를 개별적으로 구매할 수 없고 패키지로만 구매할 수 있도록 하여 가격을 책정하는 서비스 가격 전략의 명칭은 무엇인가?

① 보증 묶음가격 전략
② 선택 묶음가격 전략
③ 순수 묶음가격 전략
④ 혼합 묶음가격 전략
⑤ 비(非) 묶음가격 전략

53 다음 중 세분시장 유형과 관련해 다음 〈보기〉의 설명에 해당하는 부분 시장 도달 전략 유형은?

| 보기 |

- 특정 고객층의 욕구를 충족시키기 위해 다양한 제품을 판매하는 전략이다.
- 특정 고객층의 구매가 급격히 감소하는 경우 위험분산이 되지 않는 단점이 있다.

① 단일시장 집중 전략
② 제품 전문화 전략
③ 시장 전문화 전략
④ 유통 전문화 전략
⑤ 선택적 전문화 전략

54 마이어가 제시한 의료서비스 조건 중 다음 〈보기〉의 특성에 해당되는 것은?

| 보기 |

의료의 목적을 달성하는 데 투입되는 자원의 양을 최소화하거나 일정한 자원의 투입으로 최대의 목적을 달성할 수 있어야 한다.

① 적정성 ② 접근성
③ 조정성 ④ 효율성
⑤ 지속성

55 다음 소비재 시장에서 가능한 시장 세분화 방법 중 행동 분석적 변수에 해당하는 것은?

① 가족 ② 가격민감도
③ 직업 ④ 나이
⑤ 성별

56 부오리가 제시한 의료서비스 품질 요소로 보기 어려운 것은?

① 효과
② 효율성
③ 합법성
④ 의학적·기술적 수준
⑤ 적합성

57 다음 중 슈미트가 제시한 5가지 경험 유형에 해당되는 것을 모두 고른 것은?

가. 감각적 경험	나. 감성적 경험
다. 인지적 경험	라. 행동적 경험
마. 관계적 경험	바. 개인적 경험
사. 이성적 경험	

① 가, 나, 다, 라, 마
② 가, 나, 다, 라, 사
③ 가, 다, 라, 바, 사
④ 가, 라, 바, 사, 아
⑤ 다, 라, 마, 바, 사

58 다음 중 고객화 위주의 서비스 전달 시스템에 대한 설명으로 거리가 먼 것은?

① 일관되고 표준화된 서비스 제공이 어렵다.
② 고객의 욕구가 서로 다양하다는 점에 착안하여 서비스 전달 시스템을 설계한다.
③ 다양한 고객의 욕구를 충족시킬 수 있다.
④ 병원 또는 건강검진, 영화관 등의 사례에 해당된다.
⑤ 기능 위주의 전달 시스템보다 폭넓은 업무를 수행할 수 있다.

59 다음 중 고객만족 측정 방법 중 '직접측정'에 대한 설명으로 가장 올바르지 않은 것은?

① 전반적 만족을 측정하는 방법으로 이론적 연구에서 주로 많이 이용한다.
② 단일 문항 측정 방법에서 측정 오차 문제를 해소하기 어렵기 때문에 복수의 설문 항목을 통한 측정으로 한정하여 정의하기도 한다.
③ 조사 모델이 복잡하며 하위 차원에 대한 만족도 결과를 합산할 때 발생되는 중복 측정의 문제를 방지하는 것이 어렵다.
④ 직접측정에 의거하여 종합만족도를 구하고 있는 대표적인 조사로 ACSI, NCSI 등을 꼽을 수 있다.
⑤ 일반적으로 단일한 설문 항목 또는 복수의 설문 항목을 통해 만족도를 측정하는 방식을 말한다.

60 다음 〈보기〉 중 도나베디언이 제시한 의료서비스 품질요소를 모두 고르시오.

| 보기 |

가. 합법성	나. 적정성	다. 수용성
라. 형평성	마. 창의성	바. 계획성

① 가, 나
② 가, 다, 마, 바
③ 가, 나, 다, 라
④ 나, 다, 라, 마
⑤ 다, 라, 마, 바

61 인사(Greeting)의 의미와 중요성에 대한 내용으로 가장 거리가 먼 것은?

① 인사는 인간관계의 마무리에서 중요한 역할을 한다.
② 많은 예절 중 가장 기본이라고 할 수 있다.
③ 상대방에 대한 존경의 표현으로 볼 수 있다.
④ 낯선 환경에서도 상대에게 전하는 올바른 인사는 호감 및 신뢰감을 줄 수 있다.
⑤ 고객에 대한 기본적인 서비스 마인드의 표현이 되기도 한다.

62 다음 중 TMR(텔레마케터) 성과관리 내용으로 가장 거리가 먼 것은?

① 결과에 초점을 두고 평가와 관리한다.
② 모니터링을 통해 문제를 발견한 후 그 문제를 처리할 수 있는 능력을 개발한다.
③ QAA가 모니터링 및 코칭을 한다.
④ 성과정보의 광범위한 활동이다.
⑤ 성과 관리 모니터링 방법 중 QC는 잘못된 점을 찾아 정정하는 것이다.

63 악수의 5대 원칙의 내용으로 바르게 연결되지 않은 것은?

① Power : 손을 너무 세게 또는 너무 약하게 잡지 않는다.
② Smile : 밝고 반가운 표정의 미소를 보인다.
③ Eye-Contact : 상사와의 악수에서는 눈을 보면 실례이므로 손을 본다.
④ Distance : 팔꿈치가 자연스럽게 굽혀지는 거리 정도가 좋다.
⑤ Rhythm : 손은 과하게 높게 올리거나 낮게 내리지 않게 한다.

64 다음 중 업무성격에 따른 콜센터 분류 중 아웃바운드 콜과 인바운드 콜을 동시처리하여 콜센터의 생산성을 극대화하기 위해 필요한 유형에 해당하는 것은?

① 제휴형 콜센터
② Blending 콜센터
③ 합리적인 소비 생활을 위해 필요한 교육을 받을 권리
④ Cross-over 콜센터
⑤ CTI 시스템 콜센터

65 다음 전화응대 중 적극적인 경청방법의 내용으로 옳지 않은 것은?

① 고객의 말을 정확히 이해하기 위해 복창한다.
② 편견 없이 고객 입장을 이해하며 듣는다.
③ 주의 집중하여 들으며 요점은 메모해 둔다.
④ 고객의 말에 눈치껏 빠르게 판단하여 걸러 듣는다.
⑤ 고객의 말을 가로막지 않는다.

66 국제 비즈니스 에티켓과 관련된 테이블 매너 시 유의사항에 대한 내용으로 가장 옳지 않은 것은?

① 어려운 자리의 메뉴선택 시, 상대에게 일임하여 "같은 것으로"라고 말하는 것이 예의다.
② 음식에 대해 모를 경우, 직원에게 물어보는 것은 좋은 매너다.
③ 고급 식당의 경우 착석 전, 종업원의 안내를 받는 것이 일반적이다.
④ 부부는 서로 마주 보고 앉는 것이 원칙이다.
⑤ 다른 손님들에게 방해되지 않도록, 큰 소리로 직원을 부르지 않는다.

67 다음 전화응대 내용 중 '친절성'을 높이는 방법으로 가장 거리가 먼 것은?

① 상대방의 감정을 이해하는 공감 경청한다.

② 과하게 큰 목소리는 상대를 역으로 불쾌하게 만들 수 있다.

③ 업무에 대한 전문 지식을 갖추고 지식을 지속적으로 업데이트 한다.

④ 고객의 말을 끊거나 가로채지 말아야 한다.

⑤ 전화상대의 남녀노소 구분 없이 존중해야 한다.

68 다음 전화응대 자세로 가장 적절하지 않은 것은?

① 상대의 말을 미리 짐작하여 응답하는 공감응대를 한다.

② 통화를 마치는 경우, 상대방이 먼저 끊은 것을 확인한 후 수화기를 내려놓는다.

③ 상대를 마주보고 대하는 것처럼 정중히 친절한 태도로 응대한다.

④ 언어는 정확하고 간결하게 표현하도록 한다.

⑤ 전화기 옆에는 필기도구를 항시 준비하여 메모할 수 있도록 대비한다.

69 다음 중 호칭(呼稱)에 대한 예의로 가장 옳지 않은 것은?

① 자신보다 아랫사람이라도 처음 대면 시, "○○씨"와 같은 유사 존칭을 사용한다.

② 공적인 자리에서 동료와 같이 대등한 위치라면 "○○씨"라고 칭한다.

③ 미혼 여성직원을 처음 대면할 경우, 사회적 경칭을 사용한다.

④ 부하직원이 상사에게 자신을 칭할 때는 부서명을 생략하고 신속히 성명을 밝힌다.

⑤ 직급과 직책 중에서 더 상위 개념을 칭하도록 한다.

70 다음 중 간접높임의 사례로 가장 옳지 않은 것은?

① 부장님 말씀이 옳으십니다.

② 고객님 잠시만 기다려 주시면 바로 해결해 드리겠습니다.

③ 사장님실은 복도 끝에 있습니다.

④ 고객님 주문한 옷이 도착했습니다.

⑤ 고객님 그 제품은 품절입니다.

71 다음 중 소비자의 책무에 대한 내용으로 옳지 않은 것은?

① 소비자 능력향상을 위한 프로그램을 개발해야 한다.

② 자유시장경제를 구성한다는 점에 의해 재화 등을 올바르게 선택해야 한다.

③ 소비자기본법의 권리이므로 정당하게 행사해도 된다.

④ 스스로의 권익증진을 위한 지식 정보를 습득하기 위해 노력해야 한다.

⑤ 자원을 절약하고 환경친화적인 소비생활을 해야 한다.

72 다음 〈보기〉의 소비자기본법상의 국가, 지방자치단체의 책무의 내용에 해당하는 규정을 고르시오.

| 보기 |

소비자의 합리적인 선택을 방해하고 소비자에게 손해를 끼칠 우려가 인정되면, 사업자의 부당한 행위를 지정 및 고시할 수 있다.

① 제13조 – 소비자에게 정보제공

② 제10조 – 표시기준

③ 제12조 – 거래의 적정화

④ 제 9조 – 계량 및 규격의 적정화

⑤ 제16조 – 소비자분쟁 해결

73 다음 중 〈보기〉에 해당하는 소비자의 정의를 내세운 학자는?

| 보기 |

소비자 개인의 용도에 맞게 쓰기 위해 상품 또는 서비스를 제공받는 사람이다.

① 이마무라 세이와 ② 윌리엄 플리트우드
③ 다케우치 쇼우미 ④ 이치로
⑤ 폰 히펠

74 우리나라와 국제소비자기구(Consumers International)에서 선언한 소비자 8대 권리 내용 중 적합하지 않는 것은?

① 소비자 스스로의 권익을 증진하기 위해 단체를 조직하며 활동하는 권리
② 물품 등을 선택함에 있어서 필요한 지식 및 정보를 제공받을 권리
③ 국가 및 지방자치단체의 정책에 의견을 반영시킬 권리
④ 합리적인 소비 생활을 위해 필요한 교육을 받을 권리
⑤ 소비자에게 물품 등에 대한 정보를 성실하고 정확하게 제공해야 할 권리

75 피해구제의 신청(소비자기본법 제55조)에 대한 내용으로 옳지 않은 것은?

① 소비자는 물품 등의 사용으로 인한 피해구제를 한국소비자원에 신청할 수 있다.
② 소비자는 물품 등의 사용으로 인한 피해구제를 소비자단체에 신청할 수 있다.
③ 국가, 지방자체단체로부터 피해구제의 신청을 받은 때에는 한국소비자원에 그 처리를 의뢰할 수 있다.

④ 소비자로부터 피해구제의 신청을 받은 날부터 30일이 경과하여도 합의에 이르지 못하는 경우, 사업자는 한국소비자원에 그 처리를 의뢰할 수 있다.
⑤ 소비자 단체는 소비자로부터 피해구제의 신청을 받은 때에는 한국소비자원에 그 처리를 의뢰할 수 있다.

76 국가 및 지방자치단체는 소비자의 기본적인 권리가 실현되도록 소비자의 권익과 관련된 주요시책 및 결정사항을 알려야 하는 책무에 해당되는 것은?

① 개인정보의 보호
② 소비자의 능력향상
③ 광고의 기준
④ 위해의 방지
⑤ 소비자에게 정보제공

77 한국소비자원의 피해구제 중 처리기간(소비자기본법 제58조)의 내용으로 옳지 않은 것을 모두 고르시오.

① 피해구제신청의 당사자에 대하여 한국소비자원의 원장은 피해보상에 관한 합의를 권고할 수 있다.
② 한국소비자원 원장은 위의 피해구제의 신청을 받은 날부터 30일 이내로 합의를 권고한다.
③ 합의가 이루어지지 아니하는 때에는 자동으로 취소된다.
④ 검사 및 조사가 필요한 사건은, 60일 이내로 처리기간 연장이 가능하다.
⑤ 검사 및 조사가 필요한 사건은, 30일 이내로 처리기간 연장이 가능하다.

78 사업자의 책무의 내용으로 옳지 않은 것은?

① 사업자는 물품 등으로 인해 소비자에게 생명, 신체, 또는 재산에 대한 위해가 발생하지 않도록 필요한 대책을 세워야 한다.

② 채무불이행 등으로 인한 소비자의 손해는 국가가 배상한다.

③ 소비자에게 물품 등에 대한 정보를 성실하고 정확하게 제공

④ 소비자의 개인정보가 분실, 도난되지 않도록 개인의 정보를 성실하게 취급해야 한다.

⑤ 사업자는 물품 등의 하자로 인한 소비자의 불만이나 피해를 해결하거나 보상해야 한다.

79 우리나라 개인정보 보호법 제3조, 개인정보 보호원칙의 내용으로 옳지 않은 것은?

① 개인정보처리자는 정보주체의 권리가 침해받을 가능성과 그 위험 정도를 고려하여 개인정보를 안전하게 관리해야 한다.

② 개인정보처리자는 개인정보의 처리 목적을 명확하게 하여야 한다.

③ 개인정보처리자는 어떠한 상황에서도 익명에 의한 처리는 불가하다.

④ 개인정보 수집 목적에 필요한 목적 외의 용도로 활용하는 것은 불가하다.

⑤ 개인정보 수집 목적에 필요한 범위에서 최소한의 개인정보만을 정당하게 수집하여야 한다.

80 와이블(Weible)이 정의한 개인정보 유형의 종류에 맞게 묶이지 않은 것은?

① 동산 정보 : 보유현금, 저축현황, 주식, 자동차, 상점 등

② 기타수익 정보 : 보험 가입현황, 회사차, 퇴직프로그램 등

③ 법적 정보 : 전과기록, 교통위반기록, 납세기록 등

④ 조직 정보 : 노조 가입, 종교단체 가입 등

⑤ 소득 정보 : 현재 연봉, 기타소득의 원천, 사업소득 등

81 인적자원개발(HRD)과 관련해 아래 〈보기〉 내용과 같이 정의한 학자는?

| 보기 |

개인, 집단, 조직의 효율성 향상을 목적으로 훈련개발, 조직개발, 경력개발을 통한 의도적, 계획적, 조직적 학습활동이다.

① 맥라건   ② 길리   ③ 나들러
④ 하우스   ⑤ 차예프스키

82 다음 〈보기〉의 교육훈련기법의 내용에 해당하는 것은?

| 보기 |

• 학습자 간의 경험과 지식을 바탕으로 해결책의 적합성을 찾는다.
• 서로를 비판하며 적합한 대안을 제시하고 토론하는 과정을 통해 지식을 증진시킨다.

① 토의법   ② 브레인스토밍
③ 사례연구법   ④ 역할연기법
⑤ 강의법

83 효과적인 프레젠테이션을 위한 도입(Opening)방법에 대한 설명 중 부적절한 것은?

① 발표자의 첫 번째 단어나 행동의 시작을 오프닝이라고 한다.

② 도입(Opening)보다 종결(Closing)에서 경직된 분위기를 해소하는 것이 좋다.

③ 오프닝은 청중의 마음을 여는 열쇠로 중요하다.

④ 오프닝은 대부분 30여 초로 마지막까지 여운을 남긴다.

⑤ 오프닝을 잘 하면, 청중을 쉽게 주의집중 시킬 수 있다.

84 프레젠테이션 분류 중 다음 〈보기〉에 해당하는 것은?

| 보기 |

객관성, 완전성, 공정성, 명확성, 해석성

① 정보적 프레젠테이션
② 설득적 프레젠테이션
③ 의례적 프레젠테이션
④ 동기부여적 프레젠테이션
⑤ 서술적 프레젠테이션

85 다음의 성인학습 특성에 대한 내용으로 바르지 않은 것은?

① 성인학습자는 선택적으로 학습상황에 임한다.
② 성인학습자의 교육참여 동기는 목표지향적이다.
③ 성인학습자는 다양한 경험을 갖고 있어, 관련 내용에 더욱 집중한다.
④ 성인학습자는 주입식 학습을 원한다.
⑤ 학습수행을 위한 많은 시간이 요구된다.

86 Gilley & Eggland(1990)가 제시한 학습전문가에게 필요한 역량으로 옳지 않은 것은?

① 효과적인 질문능력과 기법
② 효과적인 매체 활용
③ 학습자 성취도평가
④ 훈련시간의 적정분배
⑤ 학습자 정보 및 자료 분석

87 파워포인트 작업 시 유의사항으로 가장 올바르지 않은 것은?

① 도해를 만들어 시각적으로 이해하기 쉽게 제작해야 한다.
② 환경에 따른 배경색에 주의한다.
③ 애니메이션을 많이 사용하여 집중할 수 있도록 한다.

④ 여백을 살려서 제작하여 청중에게 부담감을 주지 않는다.
⑤ 동영상 등 멀티미디어 사용은 지루함을 감소하기 위해 필요시 사용한다.

88 다음 〈보기〉의 나들러(Nadler)가 제시한 교육훈련 강사의 역할에 해당하는 것은?

| 보기 |

조직의 문제를 확인하고 학습 요구를 분석하여 이를 충족할 학습 내용을 확정

① 교수 프로그램 개발자
② 교수전략 개발자
③ 학습 촉진자
④ 학습 개발자
⑤ 문제해결 프로그램 개발자

89 프레젠테이션 자료제작에 필요한 디자인 원리 중, '조화성'에 대한 설명에 해당하는 것은?

① 필수적인 정보만을 제공한다.
② 배경색에 글자색이 잘 보이고, 어울리게 작업한다.
③ 내용 배열의 흐름 전개가 조화롭다.
④ 중요한 부분은 잘 표시한다.
⑤ 심미적으로 편안하게 배치한다.

90 다음 〈보기〉에 해당하는 교육훈련 기법으로 알맞은 것은?

| 보기 |

적절한 강사 또는 지도자를 구하기가 어렵지만, 대화를 통해 협력 및 사고하는 방법을 높일 수 있다.

① 토의법　　　　② 강의법
③ 역할 연기법　　④ 현장실무교육법
⑤ 브레인스토밍

제1과목 CS개론

01 고객만족과 관련해 다음 (   ) 안에 들어갈 내용으로 적절한 것은?

> 올리버는 만족의 개념에 대해 '만족이란 소비자의 (   )으로 판단된다.'고 하였다.

① 단일 반응
② 성취 반응
③ 상호 반응
④ 접근 반응
⑤ 확산 반응

02 다음 중 1990년대 우리나라 고객만족경영 흐름과 관계된 것은?

① 기업에 대한 소비자의 고객만족경영 실천과 사회적 책임의 동시 요구
② 전사적 고객만족경영 개념의 도입
③ 내부, 외부고객과 더불어 글로벌 고객까지 고려
④ 고객관계관리(CRM) 경영기법의 보편화
⑤ 고객생애가치(LTV) 창출을 통한 고객기여도 극대화

03 공정성 이론과 관련해 공정성의 분류 중 다음 〈보기〉의 설명에 해당하는 것은?

> | 보기 |
>
> 인간적인 측면과 비인간적인 측면까지 의사결정을 수행하는 스타일과 관련된 것으로 의사소통 방식, 우호적인 정도, 편견, 흥미, 존경, 정직, 예의 등으로 구성되어 있다.

① 공급상의 공정성
② 상호작용의 공정성
③ 사회 통념의 공정성
④ 도출 결과의 공정성
⑤ 태도 구성의 공정성

04 공정성 이론에서 도출 결과를 생산하거나 달성하기 위한 방식이나 공정으로 도출결과의 만족에 영향을 주며, 도출결과에 영향을 미치는 영향력과 정보의 공유 정도가 해당하는 공정성은?

① 절차상의 공정성
② 투입의 공정성
③ 상호작용의 공정성
④ 통제상의 공정성
⑤ 도출 결과의 공정성

05 고객충성도 사다리 모델 중 '구매에 대한 확신이 부족하여 구매 여부를 결정짓지 못하는 고객'은?

① 단골고객
② 가망고객
③ 신규고객
④ 반복구매고객
⑤ 잠재고객

06 다음 〈보기〉에서 설명에 해당하는 용어는?

> | 보기 |
>
> 1972년 뉴멕시코 대학의 에비렛 로저스 교수에 의해 소개된 개념으로 새로운 제품 정보를 다른 사람보다 먼저 접하고 먼저 구입하여 제품에 대한 평가를 내린 뒤 주변 사람들에게 알려주는 소비자 유형을 말한다.

① 옹호고객
② 체리피커
③ 알파 컨슈머
④ 얼리 어답터
⑤ 슬로 어답터

07 다음 중 프로세스적 관점에서 본 고객의 분류에서 '외부고객'에 해당하는 것은?

① 제품의 구매자 및 소비자
② 기업과 대리점
③ 도매상과 소매상
④ 기업과 유통업체
⑤ 부서와 부서

08 마이클 포터 교수가 제시한 산업경쟁을 촉진하는 '5대 세력(Five Force)' 중 다음 〈보기〉의 내용에 가장 부합하는 것은?

| 보기 |

초기투자, 대체비용, 정부의 규제, 기술 장벽 등에 대하여 검토한다.

① 신규 진입자   ② 대체자
③ 공급자   ④ 경쟁자
⑤ 구매자

09 그레고리 스톤의 고객 분류 중 서비스를 제공받을 때 일률적이고 형식적인 서비스보다 자기를 인정해 주는 서비스에 만족을 보이는 고객 유형은?

① 중간 고객   ② 경제적 고객
③ 개인적 고객   ④ 편의적 고객
⑤ 윤리적 고객

10 다음 중 구전과 구매행동과의 관계에 대한 설명으로 거리가 먼 것은?

① 소비자는 구매와 관련된 위험을 줄이고 제품구매, 가격 등에 대한 정보를 얻기 위해 구전을 활용한다.
② 일방적인 아니라 쌍방적 의사소통이 이루어지는 특징이 있다.

③ 소비자는 기업이 자사 제품에 대해 제공하는 긍정적 정보를 제품 판매를 위한 것으로 간주하고 신뢰하지 않는 경향도 있다.
④ 소비자는 실제 제품 구매를 결정할 경우 비상업적 정보보다 자신의 주변 사람들로부터 듣는 상업적 정보를 절대적으로 신뢰하는 경향이 있다.
⑤ 소비자 간의 구전은 매우 신뢰성이 높은 정보의 원천이다.

11 다음 중 기업의 상품 구매, 서비스 이용 실적은 좋지 않으면서 자신의 실속만 챙기는 고객 유형은?

① 의견선도고객   ② 얼리 어답터
③ 간접고객   ④ 의사결정고객
⑤ 체리피커

12 다음 중 준거집단에 영향을 주는 유형 중 다음 〈보기〉의 설명에 해당하는 것은?

| 보기 |

소비자가 보상을 기대하거나 처벌을 회피하기 위해 다른 사람의 기대에 순응할 경우 발생된다.

① 자발적 영향   ② 정보적 영향
③ 실용적 영향   ④ 급진적 영향
⑤ 가치표현적 영향

13 매슬로우의 욕구단계론 중 가장 하위욕구에 해당되는 것은?

① 생리적 욕구
② 자아실현의 욕구
③ 안전과 안정 욕구
④ 존경욕구
⑤ 사랑과 소속감에 대한 욕구

14 CRM(고객관계관리) 목적을 달성하기 위한 활동 중 '고객 단가 증대'와 관련 있는 것은?

① 이벤트
② 외부업체와의 제휴
③ 사용방법의 다양화
④ 기존고객 유지 활동
⑤ 추가판매 및 교차판매

15 다음 중 '구전'의 개념에 대한 설명으로 가장 거리가 먼 것은?

① 영향력의 특성과 관련된 개인 혹은 집단 간의 영향력을 말한다.
② 고객의 이해관계와 밀접한 관련이 있으며 자신의 간접적인 경험이 아니라 직접적이고 생생한 경험을 공식적으로 교환하는 활동이나 행위를 의미한다.
③ 고객들의 개인적인 직·간접적인 경험에 대해 긍정적, 혹은 부정적인 내용의 정보를 비공식적으로 교환하는 의사소통이다.
④ 구전은 개인들의 경험에 기초한 대면 커뮤니케이션이다.
⑤ 구전은 언어적 커뮤니케이션에 제한된 것이 아니다.

16 다음 중 '구전'과 구매행동과의 관계에 대한 설명으로 가장 거리가 먼 것은?

① 소비자 간의 구전은 일반적으로 매우 신뢰성이 높은 정보의 원천이다.
② 쌍방이 아닌 일방적으로 의사소통이 이루어지는 특징이 있다.
③ 소비자는 기업이 자사 제품에 대해 제공하는 긍정적 정보를 제품 판매를 위한 것으로 간주하고 신뢰하지 않는 경향도 있다.

④ 소비자는 실제 제품 구매를 결정할 경우 상업적 정보보다 자신의 주변 사람들로부터 듣는 비상업적 정보를 신뢰하는 경향이 있다.
⑤ 소비자는 구매와 관련된 위험을 줄이고 제품구매, 가격 등에 대한 정보를 얻기 위해 구전을 활용한다.

17 다음 중 고객 의사결정을 위해 필요한 정보원천의 분류 중 공공적 원천에 해당하는 것은?

① 기업 홈페이지
② 동료
③ 포스터
④ 대중매체
⑤ 서비스 직원

18 성격유형지표(MBTI)의 4가지 선호경향에 대한 설명 중 다음 〈보기〉의 내용에 해당하는 것은?

| 보기 |

쇼핑 시 판매자의 관심이 부담으로 느껴져 혼자 상품을 선택하는 것이 좋다고 느끼며 제품에 만족했다면 재구매로 이어질 확률이 높으며 상표 충성도가 비교적 높다.

① 인식형
② 내향형
③ 감각형
④ 판단형
⑤ 직관형

19 다음 중 스탠리 브라운이 제시한 성공적인 고객관계관리(CRM)와 거리가 먼 것은?

① 위기의식 조성으로 프로젝트 진행을 가속화 시킨다.
② 목표를 분명하게 설정한다.
③ 관련된 모든 부서를 참여시킨다.
④ 구현의 수익성을 고려하지 않는다.
⑤ 기업에서 가장 유능한 직원을 참여시킨다.

20 성격유형지표(MBTI)의 4가지 선호 경향에 대한 설명 중 다음 〈보기〉의 내용에 해당하는 것은?

| 보기 |

- 오감에 의존하여 실제의 경험을 중시하며 지금 현재에 초점을 맞추고 정확하며 철저하게 일을 처리한다.
- 육감 내지 영감에 의존하여 미래지향적이고 가능성과 의미를 추구하며 신속, 비약적으로 일을 처리한다.

① 감각형과 직관형　② 이성형과 감성형
③ 사고형과 감정형　④ 판단형과 인식형
⑤ 외향형과 내향형

21 다음 중 고객관계관리(CRM)의 장점에 대한 설명으로 거리가 먼 것은?

① 고객채널의 이용률을 개선함으로써 개별 고객과의 접촉을 최대한 활용할 수 있다.
② 고객이 창출하는 부가가치에 따라 마케팅 비용을 사용하는 것이 가능하다.
③ 특정 캠페인의 효과측정이 용이하다.
④ 서비스가 아닌 가격을 통해 구매 환경을 개선할 수 있다.
⑤ 제품 개발과 출시 과정에 소요되는 시간을 절약할 수 있다.

22 다음 중 고객관계관리(CRM)의 등장 배경 중 시장의 변화로 보기 어려운 것은?

① 대중 마케팅의 비효율성 증대
② 시장의 세분화 현상
③ 시장의 규제 완화
④ 고객확보 경쟁의 증가
⑤ 유통채널의 다양화

23 다음 중 e-CRM의 도입효과에 대한 설명으로 거리가 먼 것은?

① 빠른 기간에 업무 적용이 가능하다.
② 프로젝트 실패 확률이 감소된다.
③ 추가적인 기능에 문제가 발생될 가능성이 있다.
④ 자체 개발에 비해 많은 비용이 발생된다.
⑤ 솔루션을 구현하기 위해 필요한 개발기간이 비교적 짧다.

24 다음 중 휴스턴과 레빙거가 제시한 인간관계 형성 단계 중 〈보기〉의 설명에 해당하는 것은?

| 보기 |

- 두 사람 사이에 크고 작은 상호작용이 나타나는 단계이다.
- 호혜성의 원칙을 초월하여 상호교류가 개인적 수준까지 발전하는 사적인 관계로 진전된다.

① 면식 단계　② 접촉 단계
③ 상호의존 단계　④ 평가 단계
⑤ 독립 단계

25 다음 중 〈보기〉의 설명에 해당하는 인간관계의 유형은?

| 보기 |

상대방과 자신이 하나라고 지각하는 관계로 호혜성의 원칙이 무시되며 가족이나 친구들 사이에서 주로 나타난다.

① 수직적 관계
② 수평적 관계
③ 교환적 관계
④ 의례적 관계
⑤ 공유적 관계

26 넬슨 존스가 제시한 인간관계 심화요인 중 서로의 역할과 행동에 대해 명료하게 설정된 기대나 지침을 의미하는 것은?

① 규칙　　　　　② 보편
③ 교환　　　　　④ 보상성
⑤ 상호성

27 다음 중 부적응적 인간관계 유형으로 〈보기〉에 해당하는 것은 무엇인가?

| 보기 |

실제로 깊이 있는 인간관계를 맺지는 못하지만, 겉으로는 넓고 원만한 인간관계를 맺고 있는 것으로 보이는 유형이다.

① 미숙형　　　　② 의존형
③ 피상형　　　　④ 반목형
⑤ 회피형

28 다음 중 대인지각 왜곡유형에 대한 설명으로 거리가 먼 것은?

① 초두효과 – 판단을 함에 있어 처음 주어진 정보에 보다 큰 비중을 두는 경향
② 투영효과 – 판단을 할 때 자신과 비교하여 남을 평가하는 경향
③ 최근효과 – 판단을 함에 있어 최근에 제공된 정보에 보다 큰 비중을 두는 경향
④ 후광효과 – 개인이 지닌 지능, 사교성 용모 등과 같은 특성들 중 하나에 기초하여 인상을 형성하는 것
⑤ 중심화 경향 – 인간의 행복추구본능 때문에 타인을 다소 긍정적으로 평가하는 경향

29 자아의식 모델 '조하리의 창'에서 〈보기〉에 해당하는 영역은 무엇인가?

| 보기 |

• 내면적으로 고독감을 느끼며 현대인에게 가장 많은 유형
• 신중형이며 다른 사람과 좀 더 넓고 깊이 있는 교류가 필요

① 공개된 영역　　② 맹목 영역
③ 숨겨진 영역　　④ 미지 영역
⑤ 정답 없음

30 헤리스(Herris)가 제시한 인간관계 유형 중 다음 〈보기〉에 해당하는 것은?

| 보기 |

자신을 무가치하게 여기며 타인에게 의존하려는 욕구를 지니고 있다.

① I'm not ok-You're not ok
② I'm ok-I'm ok not ok
③ I'm not ok-You're ok
④ I'm ok-You're not ok
⑤ I'm ok-You're ok

31 소비자 행동 분석에 따른 고객관여도 결정 요인 중 다음 설명에 해당하는 것은?

| 보기 |

일반적으로 소비자 자신의 중요한 욕구와 가치를 충족시키는 제품에 높게 나타나며, 제품의 객관적 혜택과는 무관한 주관적 혜택을 의미함과 더불어 제품과 관련된 높은 수준의 지각된 위험을 가지고 있다.

① 제품 요인
② 마케팅 요인
③ 개인적 요인
④ 정치적 요인
⑤ 상황적 요인

32 다음 중 세스, 그로스, 뉴먼이 제시한 고객인지가치 5가지 유형으로 제품 소비에 의한 긍정적 혹은 부정적 감정 등을 유발하는 것과 관련된 가치는 무엇인가?

① 상황적 가치
② 사회적 가치
③ 정서적 가치
④ 인식 가치
⑤ 기능적 가치

33 스위니와 수트르가 제시한 다차원적 고객가치의 구성요소 중 '제품의 지각된 품질과 기대성과의 차이에서 파생되는 가치'에 해당되는 것은?

① 감정적 가치
② 품질
③ 사회적 가치
④ 정서 가치
⑤ 기능적 가치

34 다음 중 서비스 기대의 영향요인 중 기업요인으로 거리가 먼 것은?

① 직원의 역량
② 기업의 이미지
③ 유형적 단서
④ 구전
⑤ 가격

35 다음 중 제품에 관한 소비자의 관여 수준에 따른 유형 중 고관여도 관점에 대한 내용으로 가장 거리가 먼 것은?

① 집단의 규범과 가치는 제품 구매에 중요하다.
② 소비자는 정보수용자이다.
③ 소비자는 우선 구매하며, 상표평가는 구매 후에 일어난다.
④ 소비자의 라이프 스타일이 소비자행동에 많은 영향을 미친다.
⑤ 소비자는 목표지향적인 정보처리자이다.

36 다음 중 고객경험관리(CEM) 5단계를 순서대로 바르게 나열한 것은?

① 고객의 경험 분석 → 고객 상호접촉 구축 → 상표 경험을 디자인 → 고객의 경험적 기반 확립 → 끊임없는 혁신
② 고객의 경험 분석 → 고객의 경험적 기반 확립 → 상표 경험을 디자인 → 고객 상호접촉 구축 → 끊임없는 혁신
③ 고객의 경험 분석 → 고객의 경험적 기반 확립 → 고객 상호접촉 구축 → 상표 경험을 디자인 → 끊임없는 혁신
④ 고객 상호접촉 구축 → 고객의 경험적 기반 확립 → 고객의 경험 분석 → 상표 경험을 디자인 → 끊임없는 혁신
⑤ 고객 상호접촉 구축 → 상표 경험을 디자인 → 고객의 경험 분석 → 고객의 경험적 기반 확립 → 끊임없는 혁신

37 다음 중 고객경험관리(CEM)의 특징에 대한 설명으로 옳지 않은 것은?

① 고객의 기대와 경험 간의 차이가 있는 곳에 제품이나 서비스를 위치시켜 판매하는 선행적 성격이 강하다.

② 고객과의 상호작용의 순간인 접점에서부터 시작되는 것이다.

③ 기업에 대한 고객 경험을 향상시키기 위해 시스템과 기술 및 단순화된 프로세스를 활용한다.

④ 기업이 고객에 대하여 파악한 것을 찾아내어 활용한다.

⑤ 고객 중심적 프로세스이다.

38 CS 계획 수립 절차와 그 내용으로 적절하게 연결되지 않은 것은?

① 1단계 : 기업 목표의 기술
② 2단계 : 기업환경분석(SWOT)
③ 3단계 : 마케팅 목표 설정
④ 4단계 : 운영계획 수립
⑤ 5단계 : 전략수행을 위한 프로그램 작성

39 기간에 따른 계획수립 유형 중 다음 〈보기〉의 설명에 해당하는 것은?

| 보기 |

기업이 생산시설을 확충하거나 축소하여 그 효과가 마케팅 실적으로 나타날 수 있도록 하는 계획으로 산업이나 조직에 따라 기간이 다양하지만, 통상 1~2년 정도의 계획을 말한다.

① 단기계획　　　　② 중기계획
③ 장기계획　　　　④ 분기계획
⑤ 교정계획

40 슈미트가 제시한 고객경험 유형 중 다음 설명에 해당하는 것은?

개인적 경험을 증가시키고 개인으로 하여금 이상적인 자아나 타인, 문화 등을 연결시켜 줌으로써 고객의 자기 향상 욕구를 자극하는 유형을 말함

① 행동적 경험
② 감성적 경험
③ 관계적 경험
④ 인지적 경험
⑤ 감각적 경험

41 마케팅 계획 수립 시 고려해야 할 성공적인 목표의 조건과 거리가 먼 것은?

① 구체적이어야 한다.
② 측정 가능해야 한다.
③ 기간이 명시되어야 한다.
④ 통제의 근원이 되어야 한다.
⑤ 달성 가능한 것이어야 한다.

42 고객만족(CS)을 위한 계획수립(Planning)의 장점에 대한 설명으로 거리가 먼 것은?

① 조정을 도와주는 역할을 한다.
② 시간 관리를 할 수 있게 해준다.
③ 조직 구성원의 행동지침이 된다.
④ 통제를 근본적으로 제거할 수 있도록 도와준다.
⑤ 집중도를 높이고 조직의 유연성을 향상시켜 준다.

43 다음의 〈보기〉에서 설명하는 트렌드의 유형은?

| 보기 |

거대한 변화를 의미하며, 미래학의 창시자인 John Naisbitt에 의해 사회, 문화적 환경의 변화와 함께 형성된 트렌드가 모여 사회의 거대한 조류를 형성하게 되는 현상

① 사회 문화적 트렌드(Social Cultural Trend)
② 메가 트렌드(Mega Trend)
③ 메타 트렌드(Meta Trend)
④ 마케팅 트렌드(Marketing Trend)
⑤ 소비자 트렌드(Consumer Trend)

44 다음 서비스 청사진 작성 단계로 (   ) 안에 들어갈 내용으로 옳은 것은?

| 보기 |

• 1단계 : 과정의 도식화
• 2단계 : 실패 가능점 확인
• 3단계 : (   )
• 4단계 : 수익성 분석
• 5단계 : 청사진 수정

① 비용 및 시간 절감
② 수익성 분석
③ 경과 시간의 명확화
④ 개념의 명확화
⑤ 접점의 리스트화

45 다음 중 2005년 IBM CX 포럼에서 발표된 소비자 변화 추세에 대한 내용으로 보기 어려운 것은?

① 소비자의 가치 변화
② 대형 유통업체의 진출
③ 산업 변화에 따른 기업의 포커싱 변화
④ 정보에 대한 거부감 감소
⑤ 시장의 구조조정

46 행동적, 태도적 충성도 차원의 고객 세분화 유형 중 다음 〈보기〉의 설명에 해당하는 것은?

| 보기 |

재구매율과 태도적 애착이 둘 다 낮은 성향을 보이며 경쟁업체의 마케팅 전략에 동요되기 쉬운 집단

① 낮은 충성도   ② 타성적 충성도
③ 잠복된 충성도   ④ 진실한 충성도
⑤ 최우량 충성도

47 다음 중 레이나르츠와 쿠머가 제시한 충성도 전략과 관련해 다음 〈보기〉의 내용에 해당하는 고객 유형은?

| 보기 |

• 기업의 제공 서비스와 욕구 간의 접합도가 낮다.
• 관계유지를 위한 더 이상의 투자가 불필요하다.
• 매 거래마다 이익을 창출해야 한다.

① Consistent   ② Barnacles
③ Butterflies   ④ True Friends
⑤ Strangers

48 올리버가 제시한 고객충성도의 동태적 발전단계 중 다음 〈보기〉가 설명하는 단계는 어떤 단계인가?

| 보기 |

브랜드에 대한 선호나 태도가 만족스러운 사용경험이 누적됨에 따라 증가되며, 이 형태의 충성은 소비자의 마음에 인지와 감정으로 새겨지므로 이탈하기 쉬운 상태에 해당됨

① 인지적 충성
② 감정적 충성
③ 행동 의욕적 충성
④ 진실한 충성
⑤ 행동적 충성

49 카노(Kano)의 품질 모형을 그래프로 표현할 경우 다음 〈보기〉의 (가)에 들어갈 내용으로 알맞은 것은?

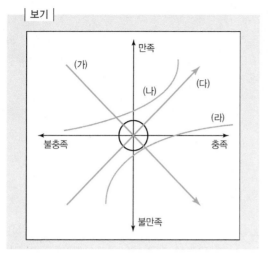

| 보기 |

① 역 품질요소
② 일원적 품질요소
③ 매력적 품질요소
④ 당연적 품질요소
⑤ 무관심 품질요소

50 서비스 기대의 영향 요인 중 〈보기〉의 내용에 해당하는 것은?

| 보기 |

서비스는 무형적이며 서비스 품질 또한 주로 경험적, 신념적 품질에 의해 평가되므로 실제로 소비자가 구매 이전에 서비스 품질의 평가가 어렵다. 따라서 서비스는 (   )이 비경험자에게 큰 영향을 미치게 된다.

① 광고
② 과거의 경험
③ 개인적 필요
④ 구전 커뮤니케이션
⑤ 구매동기

51 다음 중 고객 조사를 위한 설문지를 작성할 때 주의해야 할 사항으로 적절하지 않은 것은?

① 먼저 구체적인 질문을 한 다음 포괄적인 질문으로 넘어간다.
② 논리적이고 자연스러운 흐름에 따라 질문을 위치시킨다.
③ 한 번에 두 개 이상의 질문을 하지 않는다.
④ 중요한 질문은 설문지 내용이 많을 경우 앞쪽에 위치시킨다.
⑤ 애매모호한 질문은 피하고, 가급적 쉬운 질문을 사용한다.

52 다음 〈보기〉의 설명에 해당하는 자료수집 방법은?

| 보기 |

• 다수의 응답자를 대상으로 설문조사에 의하여 자료를 수집하는 방법이다.
• 기술 조사를 위해 가장 많이 사용되며, 조사 문제가 명확히 정의된 경우에 이용된다.
• 정형화된 설문지를 이용하여 조사하는 방법이다.

① 관찰법   ② 실험법
③ 서베이법   ④ 외생변수법
⑤ 행동조사법

53 일반적으로 사용되는 조사 유형 중 '탐험 조사'에 대한 내용으로 가장 거리가 먼 것은?

① 조사자가 문제를 모르는 경우에 실시한다.
② 특정 그룹이나 제한된 숫자의 개인 인터뷰를 통한 예비조사를 실시하여 조사 목표를 수정하거나 재규정하는 데 사용한다.
③ 주로 정량조사에 의한 계량적인 방법이 사용된다.
④ 비정형적인 절차를 사용하여 자료 수집과 분석이 이루어진다.
⑤ 대표적인 조사 방법으로 심층면접, 표적집단면접법, 전문가의견조사, 문헌조사 등이 있다.

54 다음 〈보기〉의 설명에 해당하는 종합만족도 측정 방식은?

| 보기 |
- 여러 가지 서비스의 하위 요소 또는 품질에 대한 차원만족도의 합을 복합점수로 간주하는 방식이다.
- 중복측정 문제를 방지할 수 있으나, 가중치 부여 등 조사모델이 복잡해질 수도 있다.

① 요소측정법   ② 직접측정법
③ 간접측정법   ④ 복합측정법
⑤ 혼합측정법

55 다음 중 정성조사의 특징에 대한 설명으로 가장 옳지 않은 것은?

① 소비자를 인간의 관점에서 있는 그대로 바라보는 조사이다.
② 적은 표본을 사용하고 응답자의 생각을 깊이 있게 파악할 수 있다.
③ 구체적인 내용을 얻기 위해 사용되며 정량화에서 얻을 수 없는 정보를 얻을 수 있다.
④ 조사 결과의 해석이 주관적이어서 동일한 조사에서 다른 결론이 도출될 수 있다.
⑤ 양적 조사의 사후단계에 조사가 진행되는 것이 원칙이다.

56 고객만족 측정 방법 중 '직접측정'에 대한 설명으로 가장 올바르지 않은 것은?

① 일반적으로 단일한 설문 항목 또는 복수의 설문 항목을 통해 만족도를 측정하는 방식을 말한다.
② 단일 문항 측정 방법에서 측정 오차 문제를 해소하기 어렵기 때문에 복수의 설문 항목을 통한 측정으로 한정하여 정의하기도 한다.

③ 조사 모델이 간명하며 하위 차원에 대한 만족도 결과를 합산할 때 발생되는 중복 측정의 문제를 방지할 수 있다.
④ 공공기관을 대상으로 하는 만족도 조사에서 가장 많이 사용되는 방식이라 할 수 있다.
⑤ 직접측정에 의거하여 종합만족도를 구하고 있는 대표적인 조사로 ACSI, NCSI 등을 꼽을 수 있다.

57 다음 중 내부 마케팅에 대한 알맞은 설명으로 거리가 먼 것은?

① 고객에게 최상의 서비스가 제공될 수 있도록 지원하고 교육하는 활동을 의미한다.
② 기업과 종업원 사이의 마케팅이다.
③ 기업은 종업원 고용 후 기준에 맞는 훈련으로 내부 직원을 교육하고 동기를 부여하는 마케팅 활동이다.
④ 외부 마케팅을 최우선으로 시행하고 이후 순차적으로 내부 마케팅을 시행하여야 한다.
⑤ 종업원들에게 적절한 재량권을 부여하여 고객에게 최상의 서비스가 제공될 수 있는 환경을 조성해야 한다.

58 국가고객만족도(NCSI) 설문 구성 내용 중 다음 내용에 해당하는 것은?

- 재구매 시 가격인상 허용률
- 재구매 가능성 평가
- 재구매 유도를 위한 가격인하 허용률

① 고객만족도
② 고객충성도
③ 고객기대수준
④ 인지제품 품질 수준
⑤ 인지서비스 품질 수준

59 고객만족 측정 모형 중 'ACSI'에 대한 설명으로 가장 올바르지 않은 것은?

① 기업, 산업, 경제 부문 및 국가경제에 대한 지각적 만족을 측정하기 위해 개발된 미국의 대표적 고객만족 지수 측정 모델이다.
② 1994년 스웨덴 고객만족지표를 기초로 미국품질연구회와 미시간대학의 국가품질연구소에서 개발하였다.
③ 서비스 특성, 적합도, 종합 만족도, 수익 선순환 등의 구성요소를 평가한다.
④ 전반적인 고객만족도를 잠재변수로 측정하여 점수로 나타냄으로써 기업 및 산업, 그리고 국가 간의 비교 가능한 경제 지표로 활용될 수 있다.
⑤ 이미 제품 구매 및 서비스에 대한 경험을 가진 고객의 만족도뿐만 아니라 차후 고객의 충성도를 확인하고 설명할 수 있는 지표이다.

60 다음 중 고객만족지수(CSI) 측정 필요성에 해당되는 것을 올바르게 모두 고른 것은?

| 보기 |

가. 자사의 경쟁 관련 품질성과 연구
나. 자사 및 경쟁사의 고객충성도 분석
다. 고객기대가 충족되지 않은 영역평가
라. 잠재적인 시장진입장벽 규명

① 가 　② 가, 다, 라
③ 나, 다, 라 　④ 가, 나, 라
⑤ 가, 나, 다, 라

61 앨버트 메라비언(Albert Mehrabien)의 비대면 커뮤니케이션인 '전화응대'의 구성요소로 올바르게 연결된 것은?

① 55%는 말의 내용으로 전달된다.
② 18%는 음성, 어조에 의해 전달된다.
③ 7%는 전문지식에 의해 전달된다.
④ 18%는 숙련된 전문지식에 의해 전달된다.
⑤ 38%는 말의 내용에 의해 전달된다.

62 콜센터 조직의 일반적 정의에 대한 내용으로 가장 거리가 먼 것은?

① 개방형 상담센터
② 서비스 품질 제공 센터
③ 잠재고객 관계 개선 센터
④ 우량 창출 센터
⑤ 휴먼 릴레이션스(Human relations) 센터

63 다음 콜센터의 역할 중 기업경영 측면의 내용으로 보기 어려운 것은?

① 고객 확보를 위한 고객정보 DB 습득
② 지속적인 차별화된 가치 제공
③ 콜센터 핵심성과지표(KPI) 확보
④ 이탈고객 유치 및 잠재고객 활성화
⑤ 기존 고객과의 장기적인 관계 유지

64 다음 중 콜센터 조직원의 역할에 대한 내용으로 거리가 먼 것은?

① 텔레마케팅 코디네이터
② 고객 관리 및 분석가
③ 기업 가치를 전달하는 홍보맨
④ 기업의 종합상황실
⑤ 상품거래를 하지 않는 청렴한 전화 상담가

65 다음 중 콜센터 조직 구성원 중 통화품질관리자 (QAA)에 대한 내용에 해당하지 않는 것은?

① 상담업무가 효율적으로 운영될 수 있도록 지휘, 감독
② 상담직원 모니터링 후 관리, 감독
③ 모니터링을 통한 평가
④ 통화품질을 향상을 위한 업무수행 중간관리자
⑤ 상담직원 대상 고객 응대를 모니터링

66 다음 중 아웃바운드 콜의 서비스 특징으로 올바르지 않은 것은?

① 시장조사
② 성과분석 및 목표달성
③ 자사 및 경쟁사 정보수집
④ 기업주도형
⑤ 프로세스성

67 다음 중 콜센터 운영을 위한 핵심요소에 대한 내용으로 가장 거리가 먼 것은?

① 콜센터의 매뉴얼 보편화를 위해 새로운 기술 도입은 지양해야 한다.
② 콜센터는 목표 설정에 따라 인적, 물적 자원 및 세부 행동지침이 결정된다.
③ 콜센터는 회사의 마케팅 및 타부서와의 연계성 확대해야 한다.
④ 콜센터 업무 프로세스 맵, 운영 매뉴얼 작성을 통해 체계적인 운영되어야 한다.
⑤ 콜센터 상담원의 불친절한 서비스는 고객이탈을 증대시키는 요인이 된다.

68 다음 중 콜센터 스크립트(Script)에 대한 내용으로 가장 거리가 먼 것은?

① 고객과의 대화를 어떻게 이끌어갈 것인지에 대한 순서 도식화이다.
② 스크립트 작성 시 적절한 형용사를 활용하여 열정을 표현한다.
③ 고객 상황 및 특성에 맞게 탄력적으로 운영하여 맞춤 서비스를 해야 한다.
④ 고객 응대의 기본 매뉴얼이 될 사전 기획 대본이다.
⑤ 짧은 시간 내에 고객을 이해시키며 설득할 만한 내용으로 작성한다.

69 다음 중 아웃바운드 콜 구성으로 바르게 연결된 것은?

① 도입 : 첫인사 및 니즈파악
② 도입 : 상대방 양해 및 니즈파악
③ 도입 : 부재시 대응 및 고객 확인
④ 본론 : 전화목적 전달 및 서비스 제안
⑤ 종결 : 반론 극복 및 재확인

70 다음 중 텔레마케팅을 위한 스크립트(Script) 유형 중 아래 〈보기〉에 해당하는 방법으로 올바른 것은?

| 보기 |

상담원 : 네 고객님, 그러면 해외에서도 결제 가능하도록 설정해 드릴까요?
고 객 : 네.
상담원 : 여행기간에 한정하여 설정이 필요하다고 하셨는데 기간 설정은 어떻게 도와드릴까요?
고 객 : 제가 1월 1일부터 1월 17일까지 영국에 있을 거라서요.
상담원 : 네~ 여행기간을 17일로 생각하면 될까요?

① 혼합식
② 정리식
③ 일방식
④ 차트식
⑤ 회화식

71 의전의 5R 기본정신의 원칙에 해당하지 않는 것은?

① Respect   ② Right

③ Rank   ④ Reciprocity

⑤ Reserve

72 다음 중 소비자에 대해 "개인의 소비생활을 위해 타인이 공급하는 물자나 용역을 구입 또는 이용하는 사람으로 공급자와 상대된다."라고 정의한 학자는?

① 다케우치 쇼우미

② 폰 히펠

③ 가토 이치로

④ 이마무라 세이와

⑤ 와이블

73 다음 중 '소비자기본법의 목적'에 대한 내용으로 가장 거리가 먼 것은?

① 자유시장경제에서 소비자와 사업자 사이의 관계를 규정한다.

② 소비자기본법 제1조에서는 소비자와 사업자의 권익을 증진하기 위함이라고 규정한다.

③ 소비생활의 향상을 위함이다.

④ 국민의 경제발전에 이바지하기 위함이다.

⑤ 소비자 정책의 종합적 추진을 위한 기본적인 사항을 규정한다.

74 다음 중 국가·지방자치단체 및 사업자의 책무에 대한 내용으로 옳지 않은 것은?

① 소비자의 건전하고 자주적인 조직활동의 지원·육성

② 필요한 행정조직의 정비개선

③ 필요한 시책의 수립 및 실시

④ 관계법령 및 조례의 제정 및 개정·폐지

⑤ 자원 절약으로 국가경제 발전에 적극적인 역할

75 다음 중 '소비자의 8대 권리'에 대한 내용에 해당되지 않는 것은?

① 우리나라를 제외한, 국제소비자기구(Consumers International)에서는 소비자기본법에서 '소비자의 8대 권리'를 규정하고 있다.

② 물품 또는 용역으로 인한 생명, 신체 또는 재산에 대한 위해로부터 보호받을 권리가 포함된다.

③ 합리적인 소비 생활을 위해 필요한 교육을 받을 권리가 포함된다.

④ 케네디 대통령의 '소비자의 이익보호를 위한 특별교서'로부터 시작되었다.

⑤ 소비자 스스로의 권익을 증진하기 위해 단체를 조직하고 이를 통해 활동할 수 있는 권리가 포함된다.

76 소비자 정책 수립에서 '기본계획의 수립 등(제21조)'에 해당하는 내용 중 〈보기〉의 ( ) 안에 들어갈 내용으로 올바른 것은?

| 보기 |

공정거래위원회는 소비자정책위원회의 심의·의결을 거쳐 소비자 정책에 관한 기본계획을 (   )마다 수립하여야 한다.

① 1년   ② 2년

③ 3년   ④ 4년

⑤ 5년

77 다음 소비자기본법에 따른 고객필요 정보 제공에서 국가, 지방자치단체의 책무 중 〈보기〉에 해당하는 것은?

| 보기 |

• 물품 등의 성분, 함량, 구조 등 안전에 관한 중요 사항
• 물품을 사용할 때의 주의사항 및 경고등을 표시할 내용과 방법

① 거래의 적정화(제12조)
② 위해의 방지(제8조)
③ 소비자에게 정보제공(제13조)
④ 계량 및 규격의 적정화(제9조)
⑤ 표시기준(제10조)

78 다음 소비자중심경영의 인증(제20조의2)에 대한 내용으로 〈보기〉에 해당하는 ( )에 들어갈 내용으로 알맞게 연결된 것은?

| 보기 |

• (가)을(를) 받으려는 사업자는 대통령령으로 정하는 바에 따라 (나)에 신청하여야 한다.
• (가)의 유효기간은 그 인증을 받은 날부터 (다)으로 한다.

① (가) : 공정거래위원회, (나) : 소비자중심경영인증, (다) : 1년
② (가) : 공정거래위원회, (나) : 소비자중심경영인증, (다) : 2년
③ (가) : 소비자중심경영인증, (나) : 공정거래위원회, (다) : 1년
④ (가) : 소비자중심경영인증, (나) : 공정거래위원회, (다) : 2년
⑤ (가) : 한국소비자원, (나) : 공정거래위원회, (다) : 1년

79 다음 와이블(Weible)이 정의한 개인정보 14개 분류의 유형 및 종류가 올바르게 연결되지 않은 것은?

① 기타수익 정보 : 보험 가입 현황, 퇴직프로그램, 휴가, 병가 등
② 일반정보 : 이름, 배우자 이름, 주민등록번호, 주소, 전화번호 등
③ 조직 정보 : 노조가입, 종교단체 가입, 정당가입 등
④ 소득 정보 : 현재 연봉, 기타소득의 원천, 사업소득 등
⑤ 가족정보 : 부모, 가족구성원의 이름 및 직업

80 다음 중 우리나라 개인정보 보호법 제3조, 개인정보 보호 원칙에 대한 내용으로 〈보기〉의 ( )에 들어갈 내용에 해당하는 것은?

| 보기 |

개인정보처리자는 개인정보의 처리 목적에 필요한 범위에서 개인정보의 (가), (나), (다)이 보장되도록 하여야 한다.

① (가) : 정확성, (나) : 보안성, (다) : 신속성
② (가) : 정확성, (나) : 안전성, (다) : 신속성
③ (가) : 정확성, (나) : 안전성, (다) : 최신성
④ (가) : 보안성, (나) : 안전성, (다) : 최신성
⑤ (가) : 보안성, (나) : 안전성, (다) : 최신성

81 다음 중 도날슨 & 스캐널(Donaldson & Scannel, 1968)이 제시한 성인학습 기본원리에 대한 설명으로 가장 거리가 먼 것은?

① 학습은 감각(Senses)으로 시작해서 자극(Stimulation)으로 마친다.
② 전체-부분-전체의 순서에 의한 내용일 때 학습효과가 높다.
③ 학습은 학습자 스스로 활동이다.
④ 학습 속도는 사람마다 상이하다.
⑤ 긍정적인 강화(Positive Reinforcement)는 학습을 강화시킨다.

82 다음 중 나들러(Nadler)가 제시한 교육훈련 강사의 역할 중 '교육 훈련 프로그램이 효과적으로 전달되도록 매체 선정과 방법을 찾는 일'을 하는 사람을 의미하는 것으로 알맞은 것은?

① 학습 촉진자
② 학습 개발자
③ 교수전략 개발자
④ 교수 프로그램 개발자
⑤ 학습 역량 개발자

83 다음 중 프레젠테이션의 4P 전략 중 〈보기〉에 해당하는 것은?

| 보기 |

다양한 정보와 중요한 자료 수집 후 분석하여 효율적인 자료를 가공한다.

① Purpose   ② Preparation
③ Place   ④ People
⑤ project

84 다음 중 길리 & 에글랜드(Gilley & Eggland)의 학습전문가에게 필요한 역량에 대한 내용으로 가장 옳지 않은 것은?

① 학습 환경관리
② 교수 환경 완비 확인
③ 교수자로서 친절성 유지관리
④ 효과적인 프레젠테이션
⑤ 학습자의 피드백 요구 충족

85 다음 중 크로스(Cross, 1982)가 제시한 성인학습의 기본 원리에 대한 내용으로 가장 옳지 않은 것은?

① 잦은 피드백과 요점 정리를 통해 기억력을 유지한다.
② 정보제공 시 능숙하게 할 수 있는 기회가 주어져야 완벽하게 학습할 수 있다.
③ 한 번에 하나의 아이디어나 개념을 제공해야 한다.
④ 새로운 정보제공에서는 학습자들 입장에서 실용성을 파악한다.
⑤ 교육과정의 방향을 계획하는데 직접참여를 유도한다.

86 다음 중 효과적인 프레젠테이션을 진행하는 방법 중 Closing(종결)에 대한 설명으로 가장 거리가 먼 것은?

① 질의응답 시간을 통해 청중의 의문점을 해소시킨다.
② 핵심 주요 내용은 반복을 통해 다시 한번 더 강조한다.
③ 재 동기부여를 한다.
④ 프레젠테이션에서 가장 중요한 전략 요점이다.
⑤ 일관성 있게 주요 내용 요약을 한다.

87 다음 '청중과의 지식공유가 최우선의 목적'의 프레젠테이션 유형으로 알맞은 것은?

① 설득적 프레젠테이션
② 의례적 프레젠테이션
③ 동기부여적 프레젠테이션
④ 논증적 프레젠테이션
⑤ 정보적 프레젠테이션

88 다음 중 '민원 서류 발급, 세금 등 각종 공과금 납부가 가능'한 전자상거래 유형에 해당하는 것은?

① C to C ② C to G

③ B to G ④ B to C

⑤ B to B

89 다음 OJT의 필요성에 대한 설명으로 거리가 먼 것은?

① 현장경험이 풍부한 선임의 지식을 효과적으로 전달할 때

② 현장경험이 풍부한 선임의 기술을 영향력 있게 전달할 때

③ 교육 비용을 절약하는 대안으로 대체할 때

④ 단기간에 학습자에게 업무숙지를 필요로 할 때

⑤ 급하게 인력 투입이 되어, 빠르게 현장을 적응해야 할 때

90 다음 중 전자결제 보안기능에 대한 요인에 해당하지 않는 것은?

① Convenience

② Integrity

③ Non_repudiation

④ Confidentiality

⑤ Authentication

제**1과목** CS개론

01 고객만족(CS)관리의 역사와 관련해 2000년대의 주요 내용에 해당되는 것은?

① 업종을 불문한 고객만족경영의 도입
② 스칸디나비아 항공사의 '진실의 순간(MOT)' 도입
③ 미국 농산부에서 측정한 농산품에 대한 소비자 만족지수 발표
④ 고객만족을 최우선으로 앞세운 '잭 웰치'의 GE사 최고 경영자 등극
⑤ 고객들의 정서적인 불만요소를 정량적으로 지수화하여 발표한 '굿맨 이론'의 등장

02 '공정성 이론'과 관련해 공정성의 분류 중 다음 〈보기〉의 설명에 해당하는 것은?

| 보기 |

도출 결과에 영향을 미치는 영향력과 정보의 공유 정도를 의미하는 것으로 객관적이고 소비자를 대표할 수 있는 정보의 수집, 의사결정자의 정보사용, 사람들의 의사결정에 영향력을 가지고 있다고 믿는 신념의 정도를 말한다.

① 법률상의 공정성
② 절차상의 공정성
③ 상호작용의 공정성
④ 도출 결과의 공정성
⑤ 기능별 분류의 공정성

03 다음 〈보기〉 중 '귀인이론(Attribution theory)'의 '내적 귀인'에 해당하는 내용을 찾아 모두 선택한 것은?

| 보기 |

가. 운   나. 태도   다. 기질
라. 성격특성   마. 사회적 규범

① 가, 나, 다
② 가, 나, 다, 라
③ 나, 다, 라
④ 나, 다, 라, 마
⑤ 가, 나, 다, 라, 마

04 비즈니스 프로세스의 분류 중 '기반 프로세스'에 대한 설명으로 가장 올바른 것은?

① 프로세스의 초점이 고객만족에 있으며 고객의 기대 수준과 대비하여 판단이 가능하다.
② 조직이 영위하는 사업 영역에서 경쟁자보다 뛰어나게 고객가치를 제공하는 프로세스를 의미한다.
③ 경쟁자보다 뛰어나지는 않더라도 고객에게 최소한의 가치를 제공하기만 하면 되는 프로세스를 의미한다.
④ 미래의 산업 전략이 성공할 수 있도록 사람, 기술, 프로세스를 결합해 조직의 역량을 구축해나가는 과정을 의미한다.
⑤ 변화하는 고객의 니즈와 기술적 변화에 맞추어 조직의 지속적인 경쟁 우위 확보를 위해 역량을 개발하는 프로세스를 말한다.

05 공정성 이론의 도출결과의 공정성에서 사용되는 구성요소와 거리가 먼 것을 다음 〈보기〉에서 모두 찾아 선택한 것은?

| 보기 |

가. Contribution   나. Equality
다. Comparison   라. Influence
마. Needs

① 가, 나   ② 가, 다, 라
③ 다, 라   ④ 나, 다, 마
⑤ 라, 마

06 서비스 프로세스 핵심과제와 관련해 다음 〈보기〉의 설명에 해당하는 것은?

| 보기 |

모든 고객에게 동일한 프로세스의 서비스를 제공하는 것으로 주로 제품의 생산과정에서 많이 활용되고 있으며, 대량생산에 유용한 방식이다.

① 가치화   ② 개별화
③ 유연화   ④ 주관화
⑤ 표준화

07 다음 중 서비스 프로세스의 중요성에 대한 설명으로 가장 거리가 먼 것은?

① 고객이 체험하는 서비스 전달 시스템은 고객이 서비스를 판단하는 중요한 증거가 된다.
② 서비스 프로세스는 서비스 상품 자체임과 동시에 서비스 전달 시스템 유통의 성격을 지닌다.
③ 서비스 프로세스의 단계와 서비스 전달자의 처리 능력은 고객에게 가시적으로 보여지는 데 기인한다.
④ 서비스 프로세스는 기본적으로 서비스 제공 절차가 단순하기 때문에 고객의 포괄적인 행동이 요구되는 경우는 거의 없다.

⑤ 직원과의 상호작용 과정에서 발생되는 적절한 전달 프로세스가 고객의 태도에 영향을 주고 향후 거래 여부를 결정하는 중요한 변수로 작용한다.

08 비즈니스 프로세스의 분류 중 경쟁 프로세스에 대한 설명으로 가장 올바른 것은?

① 가격경쟁의 경우 경쟁자보다 낮은 가격으로 생산하는 프로세스를 말한다.
② 고객에게 직접적으로 가치를 전달하는 프로세스는 아니지만, 다른 프로세스가 잘 진행되도록 지원한다.
③ 경쟁자보다 뛰어나지는 않더라도 고객에게 최소한의 가치를 제공하기만 하면 되는 프로세스를 말한다.
④ 미래의 산업 전략이 성공할 수 있도록 사람, 기술, 프로세스를 결합해 조직의 역량을 구축해 나가는 과정이다.
⑤ 변화하는 고객의 니즈와 기술적 변화에 맞추어 조직의 지속적인 경쟁 우위 확보를 위해 역량을 개발하는 프로세스를 말한다.

09 데이비드 마이스터가 분류한 대기시간에 영향을 미치는 통제 요인 중 '기업의 완전 통제요인'에 해당되지 않는 것은?

① 확실성   ② 편안함
③ 대기목적가치   ④ 대기단계
⑤ 공정성

10 다음 중 고객이 어떠한 접촉 없이 서비스 기업과 접촉을 하는 것으로 은행의 ATM, 자동티켓 발매기, 인터넷 주문 및 반품 등에 해당하는 서비스 접점 유형은?

① 전화 접점   ② 원격 접점
③ 생산 접점   ④ 대면 접점
⑤ 브랜드 접점

11 다음 솔로몬과 구트만이 제시한 서비스 접점의 특징으로 옳지 않은 것은?

① 인간적인 상호작용이 있어야 한다.
② 목표지향적인 역할 수행이 되어야 한다.
③ 서비스 제공자와 고객이 모두 참여할 때 성립한다.
④ 서비스 접점의 목적은 정보 교환이다.
⑤ 제공되는 서비스에 따라 제한을 받지 않는다.

12 '진실의 순간(MOT)'과 관련된 인물이나 키워드로 옳지 않은 것은?

① 곱셈의 법칙
② 스칸디나비아 항공(SAS)
③ 리차드 기어
④ 모멘또 델 라 베르닫(Momento De La Verdad)
⑤ 얀 칼슨

13 다음 중 피쉬본 다이어그램의 단계별 흐름에서 4단계의 내용에 해당하는 것은?

① 근본원인 확인
② 문제의 명확한 정의
③ 문제의 주요원인 범주화
④ 잠재원인 브레인 스토밍 실시
⑤ 주요원인 범주의 세부사항 검토

14 다음 중 '품질의 집(HOQ)'의 구성요소에 해당되지 않는 것은?

① 상호작용　　② 품질의 특성
③ 상관관계　　④ 고객의 요구
⑤ 제품개발

15 다음 중 '품질기능전개(QFD)'를 적용하기 위한 목적과 거리가 먼 것은?

① 개발기간 단축
② 마켓 쉐어 축소
③ 설정과정의 문서화
④ 설계 의도를 제조에 전달
⑤ 시장 품질 정보 축적

16 다음 중 마이네트가 제시한 고객만족경영 도입 배경의 중요성에 대한 설명으로 가장 올바르지 않은 것은?

① 시장의 성숙화로 경쟁사보다 더 우수한 제품과 서비스를 개발하여 고객의 욕구를 충족시켜야 한다.
② 소비자의 욕구가 다양해지고 빠르게 변화하고 있다.
③ 공급 과잉상태로 인해 대형유통기관의 힘이 커지면서 소비자보다 생산자 중심의 결제활동으로 변화하였다.
④ 소비자가 직접 소비자 문제에 적극적으로 참여하여 대응하려는 소비자 주권의식이 확산되었다.
⑤ 소비행위의 변화로 인해 하드웨어적인 요소보다 소프트웨어적인 요소가 중요한 요인으로 작용되고 있다.

17 크리스토퍼가 제시한 고객 서비스의 3단계 중 '거래 전 서비스'에 해당하는 것은?

① 명시된 회사의 정책
② 설치와 수리
③ 제품 대체성
④ 재고품질 수준
⑤ 제품 포장

18 다음 중 노드스트롬 백화점의 경영 방식으로 보기 어려운 것은?

① 피라미드 조직
② 종업원 지주제도 도입
③ 현장배회 경영(MBWA)의 활용
④ 화목한 가족경영 전통
⑤ 고객에게 최고의 서비스 품질, 가치, 구색 제공

19 우리나라 고객만족경영(CSM)의 시기별 흐름 중 2000년대의 내용에 해당하는 것은?

① 고객관계관리(CRM) 도입
② 고객생애가치 창출을 통한 고객기여도 극대화
③ A/S 제도 도입
④ TQM 도입
⑤ 생산자 위주의 소비시장

20 성격유형지표(MBTI)의 4가지 선호경향에 대한 설명 중 다음 〈보기〉의 내용에 해당하는 것은?

| 보기 |

육감 내지 영감에 의존하며 미래지향적이고 가능성과 의미를 추구하며 신속, 비약적으로 일을 처리한다.

① 사고형   ② 외향형
③ 감각형   ④ 판단형
⑤ 직관형

21 노드스트롬 백화점의 외부고객만족과 관련된 내용을 모두 찾아 선택한 것은?

| 보기 |

㉠ 권한위임
㉡ 현장배회 경영(MBWA)
㉢ 종업원지주제도
㉣ 조건없는 반품 수용정책
㉤ 다양한 제품 구색
㉥ 개인별 고객수첩 활용
㉦ 화목경영

① ㉠, ㉡, ㉢   ② ㉡, ㉢, ㉣
③ ㉡, ㉢, ㉣, ㉤   ④ ㉣, ㉤, ㉥
⑤ ㉣, ㉤, ㉥, ㉦

22 고객관계관리(CRM)의 등장배경 중 고객의 변화로 보기 어려운 것은?

① 시장의 규제 완화   ② 고객만족의 준거변화
③ 고객의 다양성 증대   ④ 고객 기대 수준의 상승
⑤ 생활 방식의 변화

23 알더퍼(Alderfer)의 ERG 이론에 대한 설명으로 거리가 먼 것은?

① 알더퍼가 매슬로우와 허츠버그의 이론을 확장한 것이다.
② 매슬로우의 욕구단계설에 대한 설명력과 경험적 타당성을 개선하기 위해 제안되었다.
③ 하위 단계의 욕구가 만족되어야 다음 단계의 욕구가 발생한다고 주장하였다.
④ 욕구는 체계적으로 정돈될 수 있으며 낮은 수준의 욕구와 높은 수준의 욕구 간의 근본적인 차이가 있다고 주장하였다.
⑤ 상위 욕구와 계속적인 좌절은 낮은 수준의 욕구로 귀환토록 한다고 주장하였다.

24 다음 중 CRM 전략수립 6단계를 올바르게 나타낸 것은?

① 환경분석 → 고객분석 → 커뮤니케이션 → 고객에 대한 마케팅 오퍼 결정 → 개인화 설계 → 향후 CRM 전략방향 설정

② 환경분석 → CRM 전략방향 설정 → 고객분석 → 고객에 대한 마케팅 오퍼 결정 → 커뮤니케이션 → 개인화 설계

③ 환경분석 → CRM 전략방향 설계 → 고객분석 → 고객에 대한 마케팅 오퍼 결정 → 개인화 설계 → 커뮤니케이션

④ 고객분석 → 환경분석 → CRM 전략방향 설정 → 고객에 대한 마케팅 오퍼 결정 → 개인화 설계 → 커뮤니케이션

⑤ 환경분석 → 고객분석 → CRM 전략방향 설정 → 고객에 대한 마케팅 오퍼 결정 → 개인화 설계 → 커뮤니케이션

25 다음 〈보기〉에서 설명하는 참여관점에 따른 고객 유형에 해당되는 것은?

| 보기 |

평범한 제품을 구입해 제품에 변화를 더해 새로운 제품으로 변화시키려는 소비자이다.
새롭고 남다른 제품을 선호하는 경향과 개성을 표현하려는 욕구가 강하다.

① 리뷰슈머　　　　② 메타슈머
③ 스토리슈머　　　④ 트윈슈머
⑤ 가이드슈머

26 서비스의 4대 특징 중 '무형성'에 대한 내용으로 거리가 먼 것은?

① 서비스는 생산과 소비가 동시에 일어난다.
② 서비스의 가장 대표적인 특성으로 서비스 구매 전 미각, 지각, 시각, 청각, 후각을 통한 사전 감지가 어렵다.

③ 서비스는 특허로서 보호받기 어렵다.
④ 무형성의 특성으로 유형제품보다 인식이 매우 어렵다.
⑤ 서비스는 소유권 이전이 불가능하며 가격책정이 어렵다.

27 크리스토퍼가 제시한 고객 서비스의 3단계 중 '거래 시 서비스(On Service)'에 해당하는 것은?

① 인도시간　　　　② 명시된 회사의 정책
③ 주차유도원　　　④ 제품포장
⑤ 예약서비스

28 기존 고객 유지를 위한 시장방어 전략 중 '보복 전략'에 해당하는 것은?

① 가격인하　　　　② 장기고객 요금할인
③ 서비스 보증　　　④ 높은 전환 비용
⑤ 입지 유통 등의 통제

29 기존 고객 유지를 위한 시장방어 전략 중 '적응 전략'에 해당하는 것은?

① 가격인하
② 집중 광고
③ 서비스 보증
④ 장기고객 요금할인
⑤ 서비스 추가 및 서비스 패키지 강화

30 다음 중 커트 라이만이 제시한 서비스 리더십의 특징이 아닌 것은?

① 고객에 대한 접근성
② 조직화
③ 달성 가능한 목표설정
④ 일에 대한 열정
⑤ 강력한 추진력

31 다음 중 그렌루스(Grönroos)가 제시한 6가지 품질 구성요소가 아닌 것은?

① 접근성과 융통성
② 평판과 신용
③ 신뢰성과 믿음
④ 전문성과 기술
⑤ 물리적 환경

32 다음 중 서비스 청사진을 이용하여 프로세스를 설계할 경우 얻을 수 있는 이점으로 가장 거리가 먼 것은?

① 직원들 자신이 하는 일과 전체 서비스와의 관계를 파악할 수 있어 고객지향적인 사고를 고취할 수 있다.
② 서비스 활동의 흐름에서 취약한 고객접점 서비스 및 병목현상을 파악하여 품질개선의 자료로 활용할 수 있다.
③ 외부고객과 종업원 사이의 상호작용을 최대한 억제하고 고객의 간섭을 최소화하여 보다 전문화된 서비스 설계가 가능하도록 한다.
④ 서비스의 각 요소에 투입되는 원가, 이익, 자본 등을 확인하고 평가하기 위한 기반을 제공한다.
⑤ 품질 개선을 위한 상의하달과 하의상달을 촉진한다.

33 서비스 청사진의 위험 요소와 관련해 '린 쇼스택'이 제시한 내용 중 〈보기〉의 설명에 해당하는 것은?

| 보기 |
어떤 사람이 말로 서비스를 표현하는 것은 그 서비스에 대한 노출 정도와 개인적인 체험에 의해 왜곡될 수도 있다.

① 주관성
② 불완전성
③ 편향된 해석
④ 정보 수용성
⑤ 지나친 단순화

34 서비스 청사진의 구성요소 중 다음 설명에 해당하는 것은?

• 고객에게 보이는 활동과 보이지 않는 활동을 구분할 수 있다.
• 현장에서 발생되는 접점 직원의 활동과 후방에서 이루어지는 지원 활동을 구분하는 기준선

① 상호작용선
② 내부 상호작용선
③ 가시선
④ 명시선
⑤ 고객의 행동

35 다음 중 서비스 모니터링을 실시하는 목적과 가장 거리가 먼 것은?

① 서비스 제공 변경의 효과 측정
② 종업원별 서비스 제공 내용의 객관적 평가
③ 서비스 성과에 따른 합리적인 종업원 통제 수단
④ 고객만족과 로열티, 수익성 향상을 위한 관리 수단
⑤ 평가, 인정, 보상을 위한 개인이나 팀의 서비스 성과 평가

36 다음 ( ) 안에 들어갈 내용으로 적절한 것은?

미스터리 쇼핑을 의뢰한 기업은 미스터리 쇼퍼의 활동과 보고서에 의존할 수밖에 없기 때문에 이러한 기대를 충족시키기 위한 ( )은 가장 기본이 되는 소양이다.

① 신뢰성
② 융통성
③ 계획성
④ 작문능력
⑤ 꼼꼼함

37 미스터리 쇼퍼가 갖추어야 할 자격 요건에 대한 설명이 아닌 것은 무엇인가?

① 보고서의 보고나 대답을 왜곡하지 말고 보고 들은 것을 바탕으로 정확한 사항을 기록해야 한다.

② 미스터리 쇼핑을 의뢰한 회사가 기대한 만큼 신뢰를 충족시킬 수 있어야 하며 이는 미스터리 쇼퍼가 가져야 할 가장 기본적인 소양으로 볼 수 있다.

③ 짧은 시간 동안 조사가 이루어지기 때문에 이름 받기, 설명 듣기, 기타 사항은 생략하여 진행하는 것이 좋다.

④ 현장감 있고 생동감 있게 작성해야 한다.

⑤ 매장의 마감시간을 엄수해 활동할 수 있는 계획성이 요구된다.

38 MOT 사이클 차트 분석 5단계 중 2번째 단계에 해당하는 것은?

① 서비스 접점 진단

② 서비스 접점 설계

③ 고객접점 사이클 세분화

④ 고객접점 시나리오 만들기

⑤ 서비스 표준안으로 행동하기

39 서비스 표준안 작성 기준으로 적절하지 못한 것은?

① 업무 명세와 수행 개요를 명문화한다.

② 누가, 언제, 무엇을 해야 하는지 간단하고 정확하게 제시되어야 한다.

③ 서비스 표준은 관찰 가능하고 객관적으로 측정 가능해야 한다.

④ 경영진과 직원들이 고객의 요구에 대한 상호이해를 바탕으로 만들어져야 한다.

⑤ 서비스 접점에서 근무하는 직원이 가지는 표준으로 작성되어야 한다.

40 다음 중 복합적 마케팅의 구성요소에 해당하지 않는 것은 무엇인가?

① 통합적 마케팅　　② 사회적 마케팅

③ 관계 마케팅　　④ 내적 마케팅

⑤ 니치 마케팅

41 칼 알브레히트가 제시한 '서비스 삼각형'의 요소 중 기업과 종업원 사이에 이루어지는 마케팅으로 기업이 고객과의 서비스 약속을 이행할 수 있도록 서비스 제공자를 지원하는 활동을 의미하는 것은?

① 표준 마케팅　　② 감성 마케팅

③ 상품 마케팅　　④ 내부 마케팅

⑤ 조절 마케팅

42 다음 중 이상적인 틈새시장이 존재하기 위해 필요한 전제조건에 대한 내용으로 가장 거리가 먼 것은?

① 틈새시장은 장기적인 시장 잠재력이 있어야 한다.

② 이상적인 틈새시장은 중요 경쟁자들의 관심 밖에 있어야 한다.

③ 기업은 시장의 욕구를 충족시켜 줄 수 있는 능력과 충분한 자원을 보유하고 있어야 한다.

④ 기업은 자신들이 소비자로부터 확립해 놓은 신뢰 관계를 통해 주요 경쟁자들의 공격을 방어할 수 있어야 한다.

⑤ 대기업에 비해 중소기업이 더욱 높은 매출액을 실현할 수 있도록 중소기업 친화적인 시장 규모와 구매력이 있어야 한다.

43 SWOT 분석 단계 중 내적 환경 분석과 관련해 내부 강점 요인이라 판단할 수 있는 근거에 해당하는 것은?

① 경제호황　　② 무능한 관리자

③ 낮은 연구 개발비　　④ 높은 시장점유율

⑤ 소비자 기호 변화

44 시장 세분화의 장점으로 적절하지 못한 것은?

① 세분화된 시장의 요구에 적합하게 제품계열을 결정할 수 있다.

② 미래의 시장변동에 대비해 계획을 수립하고 대책 마련이 가능하다.

③ 광고매체를 합리적으로 선택할 수 있고 각 매체별로 효과에 따라 예산을 할당할 수 있다.

④ 이익가능성이 높은 몇 개의 세분화시장에 대해서만 판매촉진비를 설정할 수 있도록 범위 설정이 가능하다.

⑤ 고객들이 제품에 대해 가지는 불편사항이나 불만을 통해 고객의 니즈와 브랜드를 파악할 수 있게 해준다.

45 다음 〈보기〉의 설명과 관계된 제품 차별화 방법은?

| 보기 |

제품의 기능적 차별화 요소를 발견하기 어렵거나 실현하는 데 어려움이 있는 경우 효과적인 수단으로 차별화가 서서히 구축되며 일단 축적되면 오래 지속되는 고정자산의 성격을 지닌다.

① 기능요소 차별화 　② 유형적 제품 차별화

③ 감성요소 차별화 　④ 상징요소 차별화

⑤ 서비스 제공방법 차별화

46 아커와 샨비가 제시한 포지셔닝 전략 수행절차 6단계 중 다음 〈보기〉의 (　　) 안에 들어갈 내용으로 가장 올바르지 않은 것은?

| 보기 |

• 1단계 : (가) 확인
• 2단계 : (나) 인식 및 평가 분석
• 3단계 : 경쟁 기업과 제품 시장에서의 포지셔닝 경쟁
• 4단계 : (다) 분석 수행
• 5단계 : (라) 의사 결정
• 6단계 : (마)

① (가) : 경쟁자 　② (나) : 경쟁자

③ (다) : 소비자 　④ (라) : 포지셔닝

⑤ (마) : 포지셔닝

47 다음 중 서비스 패러독스의 원인이 되는 서비스 공업화의 한계점에 해당되지 않는 것은?

① 서비스 표준화

② 기술의 복잡화

③ 서비스의 인간성 상실

④ 서비스 개별화

⑤ 종업원 확보의 악순환

48 기업이 과잉생산에 처할 경우 수행하는 개념으로 목적시장이 원하는 것을 제조하기보다는 기업에서 만든 것을 판매하는 것에 목적을 두는 마케팅 개념은?

① 판매 개념 　② 생산 개념

③ 기술 개념 　④ 제품 개념

⑤ 고객지향적 개념

49 복합적 마케팅의 개념 중 다음 〈보기〉의 설명에 해당하는 마케팅 유형은?

| 보기 |

조직의 모든 구성원들이 갖추어야 할 마케팅의 원칙으로 고객관점을 가진 능력 있는 조직원을 고용하고 훈련하며 동기부여하는 마케팅 활동이다.

① 통합적 마케팅 　② 사회 마케팅

③ 관계 마케팅 　④ 내적 마케팅

⑤ 외적 마케팅

50 서비스 실패와 관련해 다음과 같이 주장한 학자는 누구인가?

> 책임 소재와는 무관하게 서비스 과정이나 결과에 있어서 무엇인가 잘못된 것

① 존스턴　　　② 레너드
③ 잼케　　　　④ 헤스켓
⑤ 윈

51 수잔 키비니 교수가 제시한 서비스 전환 유형 중 사기 또는 강매, 안전상의 문제, 이해관계 대립 등에 해당되는 것은?

① 가격　　　　　② 불편
③ 핵심 서비스 실패　④ 비자발적 전환
⑤ 윤리적 문제

52 브래디(Brady)와 크로닌(Cronin)이 제시한 애프터서비스(A/S)의 품질 차원 모형 중 '상호작용 품질'에 해당하지 않는 것은?

① 적극성과 친절도　② 처리시간
③ 편의성　　　　　④ 태도
⑤ 전문지식

53 다음 중 리츠칼튼 호텔의 운영사례에 해당되는 것을 모두 고르시오.

> | 보기 |
>
> 가. 고객인지 프로그램
> 나. 고객 코디네이터
> 다. 종업원 지주제도
> 라. 고객취향 수첩
> 마. 고객 정보 데이터베이스

① 가, 나　　　　② 가, 나, 라, 마
③ 가, 라　　　　④ 나, 다, 마
⑤ 나, 다, 라

54 다음 중 고객인지 프로그램의 장점에 대한 설명으로 거리가 먼 것은?

① 중요 고객파악이 가능하여 적절한 제품과 서비스 제공이 가능하다.
② 차별화된 서비스를 제공하고 고객 행동의 예측이 가능하다.
③ 잠재고객 확보를 위한 마케팅을 수행하는 데 도움이 된다.
④ 고객맞춤형 서비스 제공이 가능하다.
⑤ 고객정보는 관계마케팅 수행 시 기초자료가 된다.

55 다음 중 서비스 수익 체인의 구조와 기능에 대한 설명으로 가장 올바르지 않은 것은?

① 서비스 가치는 고객만족을 유도한다.
② 고객만족은 고객충성도를 높인다.
③ 내부 품질은 고객 불만을 증가시킨다.
④ 종업원 충성도는 종업원 생산성을 유발한다.
⑤ 종업원 만족은 종업원 충성도를 유발한다.

56 서비스 수익 체인의 구성과 관련해 '운영 전략과 서비스 전달 시스템'을 의미하는 요소로 보기 어려운 것은?

① 종업원 선발과 경력개발
② 업무 설계와 의사결정권
③ 작업장 설계
④ 고객만족
⑤ 보상과 인정

57 제품 차별화 요소 중 '기능을 발휘하지 못하거나 원활하게 작동되지 않는 제품을 정상적으로 작동시키기 용이한지를 측정한 수치'를 의미하는 것은?

① 형태　　　　　② 특성
③ 신뢰성　　　　④ 내구성
⑤ 성능품질

58 소비자의 쇼핑 습관을 기준으로 한 소비재의 분류 중 다음 설명에 해당하는 것은?

- 소비자가 알지 못하거나 알고 있다 하더라도 일반적으로 구매하지 않는 제품 유형
- 생명보험, 묘지, 백과사전 등이 해당됨

① 선매품　　　　② 제조품
③ 전문품　　　　④ 편의품
⑤ 비탐색품

59 다음 중 도나베디언이 제시한 의료서비스의 품질요소로 보기 어려운 것은?

① 창의성　　　　② 수용성
③ 합법성　　　　④ 형평성
⑤ 적정성

60 다음 중 의료서비스의 특성에 대한 설명으로 가장 올바른 것은?

① 의료서비스는 무형적인 제품이다.
② 의료서비스는 의사결정자가 한정적이다.
③ 의료서비스는 수요예측이 손쉽게 가능하다.
④ 의료서비스 비용은 직접 지불 형태를 갖는다.
⑤ 의료서비스는 기대와 실제 성과가 거의 일치한다.

61 다음 중 앤톤(Anton)이 제시한 콜센터 인바운드 성과지표에 해당하지 않는 것은?

① 평균 응대 속도
② 평균 통화 시간
③ 평균 통화 후 처리시간
④ 평균 대기 시간
⑤ 평균 콜건수별 판매 비용

62 다음 〈보기〉에 해당하는 콜센터 모니터링을 위한 코칭의 종류로 올바른 것은?

| 보기 |

사전에 코칭대상, 시기, 내용 선정 후 정해진 절차에 맞게 일정한 형식으로 진행한다.

① 프로세스 코칭
② 풀 코칭
③ 스팟 코칭(미니코칭)
④ 개별 코칭
⑤ 그룹 코칭

63 다음 고객 상담에 유용하게 활용할 수 있는 화법 중 다음 〈보기〉에 해당하는 것은?

| 보기 |

긍정과 부정의 단어를 혼합해서 말해야 할 경우, 부정 먼저 말하고 긍정으로 마무리하는 화법이다.

① 후광 화법
② 부메랑 화법
③ 긍정 화법
④ 아론슨 화법
⑤ 레이어드 화법

64 다음 중 컴플레인(Complain)에 대한 내용으로 가장 거리가 먼 것은?

① 상대방의 잘못된 행위에 대한 불만사항을 통보한다.

② 즉시 또는 빠른 시일 내에 해결 가능하다.

③ 조직 내부 자체적으로 행동을 보인다.

④ 일반적으로 상품을 구입하는 과정에서 행위 귀책의 사유로 불만을 제기한다.

⑤ 정신적, 법적 보상이 필요하여 물질적 보상을 하는 경우이다.

65 칼 알브레히트(Karl Albrecht)의 '고객을 화나게 하는 7가지 태도'의 내용 중 〈보기〉에 해당하는 것은?

| 보기 |

고객을 무지하게 대하고, 어리숙하게 보는 태도

① 생색, 거만(Condescension)

② 무시(Brush – off)

③ 무관심(Apath)

④ 냉담(Coldness)

⑤ 발뺌(Run around)

66 감정노동으로 인한 '직무스트레스' 대처 방법 중 〈보기〉의 내용에 해당하는 방법으로 올바른 것은?

| 보기 |

상담 중 폭언을 듣게 되면, 속으로 생각 해 본다. "나는 일 때문에 다른 사람이 되어 있는 거야, 지금 연극을 하고 있는 거야"라고 생각한다.

① 적응하기   ② 일과 나와의 분리

③ 분노조절 훈련   ④ 생각 멈추기

⑤ 혼잣말

67 다음 이미지 형성과정 중, 〈보기〉에 해당하는 것으로 올바른 것은?

| 보기 |

인간이 주관적이고 선택적인 환경에 의미를 부여한다. 따라서 같은 대상에 대하여 다른 이미지를 부여하게 된다.

① 지각 과정

② 사고 과정

③ 감정 과정

④ 주입 과정

⑤ 주관적 과정

68 전통 절의 종류 중 '답례를 하지 않아도 되는 높은 어른이나 의식행사'에서 주로 사용하는 절에 해당하는 것으로 올바른 것은?

① 초례   ② 배례

③ 진례   ④ 행례

⑤ 경례

69 다음 중 '소개예절'에 대한 내용으로 가장 거리가 먼 것은?

① 윗사람에게 아랫사람을 소개하는 것이다.

② 기혼자에게 미혼자를 소개한다.

③ 남성에게 여성을 소개한다.

④ 외부인에게 내부인을 소개한다.

⑤ 소개할 대상에 대한 특징을 담아 소개하도록 한다.

70 다음 〈그림〉과 같이, 운전기사가 없는, 자가 운전의 경우 승용차 좌석 중, 가장 높은 상석부터 차석 – 말석의 순서로 올바른 것은?

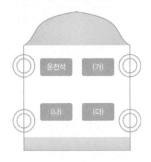

① (가) – (나) – (다)
② (나) – (다) – (가)
③ (가) – (다) – (나)
④ (다) – (가) – (나)
⑤ (다) – (나) – (가)

71 다음 〈보기〉의 제34조 개인정보 유출 등의 통지·신고와 관련하여 '대통령령으로 정하는 전문기관'에 해당하는 것으로 올바른 것은?

| 보기 |

개인정보처리자는 개인정보의 유출등이 있음을 알게 되었을 때에는 개인정보의 유형, 유출등의 경로 및 규모 등을 고려하여 대통령령으로 정하는 바에 따라 제1항 각 호의 사항을 지체 없이 보호위원회 또는 '대통령령으로 정하는 전문기관'에 신고하여야 한다. 이 경우 보호위원회 또는 '대통령령으로 정하는 전문기관'은 피해 확산방지, 피해 복구 등을 위한 기술을 지원할 수 있다.

① 한국소비자원
② 한국인터넷진흥원
③ 개인정보보호원
④ 한국소비자단체
⑤ 국가정보원

72 다음 중 개인정보 보호법 제35조 개인정보의 열람에 의해, 개인정보처리자가 정보주체에게 열람을 제한하는 경우에 해당되는 경우가 아닌 것은?

① 다른 사람의 생명 및 신체를 해할 우려가 있는 경우
② 다른 사람의 재산과 그 밖의 이익을 부당하게 침해할 우려가 있는 경우
③ 개인 사생활 보호를 침해받을 우려가 있는 경우
④ 법률에 따라 열람이 금지되거나 제한되는 경우
⑤ 공공기관이 제35조 각 목의 어느 하나에 해당하는 업무를 수행할 때 중대한 지장을 초래하는 경우

73 다음 중 제21조 기본계획의 수립에서 '기본계획'에 포함되어야 하는 사항에 해당되지 않는 것은?

① 어린이 위해방지를 위한 연령별 안전기준의 작성
② 소비자정책과 관련된 경제·사회 환경의 변화
③ 소비자피해의 원활한 구제가 포함된 목표
④ 국제소비자문제에 대한 대응에 대한 목표
⑤ 소비자의 건전하고 자주적인 조직활동 지원, 육성의 책무

74 다음 중, 개인정보 보호법 제22조의2 제1항을 위반하여 '법정대리인의 동의를 받지 아니하고 만 14세 미만인 아동의 개인정보를 처리한 자'에게 적용되는 벌칙(제71조)으로 알맞은 것은?

① 5년 이하의 징역 또는 5천만원 이하의 벌금
② 4년 이하의 징역 또는 4천만원 이하의 벌금
③ 3년 이하의 징역 또는 3천만원 이하의 벌금
④ 2년 이하의 징역 또는 2천만원 이하의 벌금
⑤ 1년 이하의 징역 또는 1천만원 이하의 벌금

75 다음 회의기능에 대한 역할 중, 〈보기〉의 내용에 해당하는 것으로 알맞은 것은?

| 보기 |

업무에 대한 종합적인 계획을 세울 때 회의를 통해 의견 차이를 좁히고, 각 분야의 전문성과 연구 결과를 통합하여 향후 구체적인 실행 계획을 잡을 수 있다.

① 교육훈련(Education & Training)
② 문제해결(Problem Solving)
③ 자문(Consulting)
④ 의사소통(Communication)
⑤ 동반성장(Shared growth)

76 개인정보 보호법 시행령 제40조 '개인정보 유출 등의 신고'에 관련한 내용으로 다음 〈보기〉의 밑줄 친 '전문기관'에 해당하는 것으로 올바른 것은?

| 보기 |

개인정보처리자는 개인정보가 유출 등이 되었음을 알게 되었을 때에는 72시간 이내에 법 제34조 제1항 1천명 이상의 정보주체에 관한 개인정보가 유출 등이 된 경우, 민감정보 또는 고유식별정보가 유출 등이 된 경우 서면 등의 방법으로 보호위원회 또는 같은 조 제3항 전단에 따른 전문기관에 신고해야 한다.

① 한국소비자보호원
② 개인정보보호원
③ 한국인터넷진흥원
④ 개인정보보호위원회
⑤ 공정거래위원회

77 소비자기본법 제20조의 '소비자의 권익증진 관련 기준의 준수'의 내용으로 가장 거리가 먼 것은?

① 사업자는 소비자의 불만이나 피해가 신속, 공정하게 처리될 수 있도록 관련기구의 설치 등 필요한 조치를 강구하여야 한다.
② 사업자는 제12조 제2항의 규정에 따라 국가가 지정, 고시한 행위를 하여서는 아니 된다.
③ 사업자는 제11조 규정에 따라 국가가 정한 광고기준을 위반하여서는 아니 된다.
④ 사업자는 제10조의 규정에 따라 국가가 정한 표시기준을 위반하여서는 아니 된다.
⑤ 사업자는 제15조 제2항의 규정에 따라 국가가 정한 개인정보의 보호기준을 위반하여서는 아니 된다.

78 다음 중 소비자기본법 제30조 '등록의 취소'에 관한 조항에서 〈보기〉의 (   ) 안에 들어갈 용어로 옳은 것은?

| 보기 |

(가   ) 또는 지방자치단체의 장은 등록소비자단체가 제29조 제1항 각 호의 요건을 갖추지 못하게 된 경우에는 3월 이내에 보완을 하도록 명할 수 있고, 그 기간이 경과하여도 요건을 갖추지 못하는 경우에는 등록을 취소할 수 있다.

① 국회의원
② 한국소비자보호원
③ 한국소비자원
④ 한국소비자고발센터
⑤ 공정거래위원회

79 다음 개인정보 보호에 관한 OECD 8원칙 중 〈보기〉에 해당하는 것으로 알맞은 것은?

| 보기 |

어떠한 개인정보라도 합법적이고 정당한 절차에 의해 수집되고 데이터 주체에게 동의를 얻어야 한다.

① 정확성의 원칙　　② 이용 제한의 원칙

③ 공개의 원칙　　　④ 수집 제한의 원칙

⑤ 책임의 원칙

80 다음 중 중간보고가 필요한 경우에 해당하는 내용으로 가장 거리가 먼 것은?

① 지시받은 방법의 세부 계획을 세웠을 때

② 업무 진행 중 곤란한 문제가 발생하는 경우

③ 업무를 바로 완수할 수 없다고 판단할 때

④ 지시받은 내용 작업 중 기한, 작업 방법이 불가능함을 직감할 때

⑤ 갑작스럽게 진행 상황에 변수가 생겨 업무방향을 바꿔야 할 때

81 기업 교육에서 주로 실시하는 OJT의 내용으로 옳지 않은 것은?

① Off-JT의 단점을 보완할 수 있다.

② 장기적 인재 육성을 위해 실시한다.

③ 급하게 인력 투입이 되어, 빠르게 현장을 적응해야 할 때 실시한다.

④ 자기계발과 연결하여 훈련시키면 혼란을 줄 수 있다.

⑤ 업무 숙지를 위해 지식, 기능, 태도를 향상시키는 교육활동의 일환이다.

82 다음 〈보기〉의 내용에 해당하는 기업 교육에서 실시하는 교육 훈련 방법으로 옳은 것은?

| 보기 |

집합교육을 전제로 토의법, 강의법, 사례연구법, 시범이 해당된다.

① SD　　　　　　② OFF-JL

③ OJT　　　　　④ OFF-JT

⑤ OJL

83 강의기법 중, 토의법에 대한 내용으로 옳지 않은 것은?

① 토의의 목적과 다르게 의미 없는 논쟁으로 흘러갈 수 있다.

② 주도적인 성향의 소수자에 의해 의견이 기울 수 있다.

③ 학습자의 동기를 유발시키는 데 효과적이다.

④ 자신의 지식 및 경험을 교환할 수 있다.

⑤ 학습자 중심의 자율수업은 불가능하다.

84 다음 강의 기법 중 '강의법'의 단점으로 적합한 것은?

① 시간과 장소에 취약하여 많이 실시하기는 힘들다.

② 시간분배가 어렵고 시간 소비량이 많아진다.

③ 학습자의 의사결정의 타당성을 무한 신뢰하기 어렵다.

④ 장기기억으로 유지되기 힘들다.

⑤ 준비하는 데 시간이 많이 소요된다.

85 다음 중 기업에서 OJT를 실시할 때의 유의점으로 옳지 않은 것은?

① 지속적인 관심으로 교육훈련이 필요하다.
② 자기계발과 연결하여 훈련시키는 것이 효과적이다.
③ 다른 교육법과 병행하지 않고, OJT만 집중할 때 효과가 증대된다.
④ 후배양성에 대해 존중하며 상호 모범이 되어야 한다.
⑤ 조직 내에서 인재교육 및 훈련이라는 명확한 의도가 필요하다.

86 강의기법 중 브레인스토밍에 해당하는 내용으로 옳지 않은 것은?

① 자유연상기법을 활용한 아이디어를 수집하는 방법이다.
② 발표능력도 향상될 수 있다.
③ 새로운 아이디어 도출에 효과적이다.
④ 시간과 장소에 얽매이지 않고 비교적 많이 활용할 수 있다.
⑤ 서로의 아이디어에 비판하지 않아야 한다.

87 기업 교육에서 실시하는 교육훈련 방법 중, 〈보기〉의 ( ) 안에 들어갈 내용으로 올바른 것은?

| 보기 |

(가)는 현장실무교육으로, 업무 숙지를 위해 지식, 기능, 태도를 향상시키는 교육활동의 일환이며, (나)의 단점을 보완하고 밀착하여 업무수행과정을 살피며 기업교육 목적달성에 매우 유의미한 방법이다.

① (가) : OFF-JL, (나) : Off-JT
② (가) : OJL, (나) : SD
③ (가) : Off-JT, (나) : OJT
④ (가) : OJL, (나) : OJT
⑤ (가) : OJT, (나) : OFF-JT

88 다음 〈보기〉의 내용에 알맞은 성인학습 효과의 내용을 제시한 학자는?

| 보기 |

재해, 기계설비 소모 등의 감소에 유효하며, 새로 도입된 신기술에 대한 종사원의 적응을 원활히 한다.

① P. Pigors & C. A. Myers
② Donaldson & Scannel
③ Cross
④ Andragogy
⑤ Nadler

89 다음 중 기업교육의 OJT(On the Job Training)에 해당하는 교육 방법에 해당하지 않는 것은?

① 직무교육훈련   ② 직무순환
③ 코칭   ④ 시범
⑤ 멘토링

90 다음 교수법 유형 중 '역할연기법'에 대한 설명으로 가장 올바르지 않은 것은?

① 평가 체크리스트를 명확히 기준화하여, 같은 조건으로 구성원의 피드백을 받도록 한다.
② 역할연기를 하는 교육생의 일부가 흥미로우며 현실감 있는 학습이 가능하다.
③ 시행과 관찰 → 중간평가와 재시행 → 최종평가 및 피드백의 순서로 진행한다.
④ 역할 연기를 진행하는 교수자의 역량과 촉진 능력이 중요하다.
⑤ 타인의 연기를 통해 새로운 아이디어 습득이 가능하다.

제**1**과목 CS개론

정답

01 ②	02 ③	03 ⑤	04 ③	05 ③
06 ②	07 ②	08 ③	09 ④	10 ①
11 ①	12 ①	13 ①	14 ④	15 ⑤
16 ③	17 ③	18 ④	19 ④	20 ⑤
21 ②	22 ④	23 ②	24 ③	25 ⑤
26 ②	27 ④	28 ⑤	29 ⑤	30 ③

01 정답 ②

① 올리버(Oliver) : 불일치된 기대와 고객의 소비경험에 대해 사전적으로 가지고 있던 감정이 복합적으로 결합하여 발생된 종합적인 심리상태, 만족은 소비자의 성취반응으로 판단, 제품이나 서비스의 특성과 그 자체가 제공하는 소비자의 욕구 충족 이행수준에 관한 소비자의 판단

③ 코틀러(Kotler) : 사람들의 기대치와 그 제품에 대해 자각하고 있는 성능과 비교해 나타나는 즐거움 또는 실망감

④ 앤더슨(Anderson) : 기대와 지각된 제품 성과에 일치·불일치 과정(만족·불만족)이라고 정의. 고객의 포괄적인 감정을 프로세스로 하여 고객만족을 설명

⑤ 웨스트브룩과 뉴먼(Westbrook and Newman) : 고객이 상품 및 서비스를 구매·비교·평가·선택하는 과정에서 고객이 경험하는 호의적인 감정을 고객만족, 비호의적인 감정을 불만족으로 구별하여 설명

02 정답 ③

❸ **기업이미지 요소(간접요소)** : 사회 공헌의 활동 및 환경보호활동(문화·시설개방 등의 사회공헌활동이나 환경보호활동 등)

03 정답 ⑤

❸ **고객만족 결정의 5가지 요소**
• 제품 또는 서비스의 특징 : 가격수준, 품질, 개인적 친분, 고객화 수준

• 고객 감정 : 고객의 소비 전·후의 감정
• 서비스 귀인(서비스의 성공 및 실패의 원인에 대한 귀인) : 불만족하였을 경우 그 이유를 분석하려는 것
• 공평성 지각 : 다른 고객과 비교하여 직원에게 '공평한 서비스를 받았는가'의 정도
• 구전 : 다른 고객, 가족, 동료에 의한 구전

04 정답 ③

❸ **1980년대의 CS**
• 스칸디나비아 항공사의 진실의 순간(MOT) 도입
• 일본 SONY의 고객만족경영 도입

05 정답 ③

❸ **2000년대(고객만족 완성기) – 생활화/선도역할**
• 고객관계관리(CRM) 경영기법의 활용이 보편화
• 기업의 사회적 책무를 중요시
• 고객생애가치(Life Time Value)의 창출을 통한 고객기여도를 극대화
• 내·외부고객을 동시에 중시하고, 글로벌 기업의 경우에는 국내·외 고객의 만족까지 고려

06 정답 ②

❸ **기대-불일치(EDT; Expectation-Discontinuation) 이론** : 성과가 기대보다 높으면 긍정적 불일치에 의해 만족이 발생하고, 낮으면 부정적 불일치에 의해 불만족이 발생한다고 보는 이론

07 정답 ②

❸ **귀인이론(Attribution Theory)** : 사람들이 자신이나 타인 행동의 원인을 설명하는 방식에 대한 이론
• 외적 귀인 : "외적 요인" 또는 "환경적 요인"으로 원인을 돌리는 것(날씨, 일의 성격, 난이도 등)
• 내적 귀인 : "내적 요인" 또는 "기질적 요인"으로 원인을 돌리는 것(지능 수준, 발생한 사건에 대한 책임 등)

08 정답 ③

❸ **도출결과의 공정성(분배적 공정성, distributive fairness)**

: 투입과 산출 사이의 상호관계 원칙과 같이 투입과 산출에 대한 평가가 우선시 되는 기준
- 절차 공정성(procedural justice) : 보상의 결과보다는 보상을 결정하는 절차가 공정한가 하는 개념. 도출 결과에 영향을 미치는 영향력과 정보의 공유 정도를 의미
- 상호작용의 공정성(linteractional justice) : 의사결정시스템과 같은 절차뿐만 아니라 의사결정자가 구성원을 공정하게 대하는 것이 중요하다는 의미

09 정답 ④
❥ 도출결과의 공정성 : 구성요소에는 기여(Contribution), 요구(Needs) 및 평등성(Equality)이 있다.

10 정답 ①
❥ 귀인이론의 3가지 차원(워너)
- 인과성의 위치(원인의 소재) : 서비스 실패원인이 자신에게 있는지 상대에게 있는지 추론하는 것
- 안정성 : 실수가 일시적인 것인지 영구적인 것인지 또는 반복적인 것인지 원인을 추론하는 것
- 통제성 : 의도적(통제할 수 있는 것)인지 비의도적(통제할 수 없는 것)인지 추론하는 것

11 정답 ①
❥ 프로세스의 유형
- 변혁 프로세스
- 경쟁 프로세스 : 가격경쟁의 경우 경쟁자보다 낮은 가격으로 생산하는 프로세스
- 기반 프로세스 : 경쟁자보다 뛰어나지는 않더라도 고객에게 최소한의 가치를 제공
- 지원 프로세스 : 조직 내부 프로세스로 고객에게 직접적으로 가치를 전달하는 프로세스는 아니지만, 다른 프로세스가 잘 진행되도록 지원
- 핵심 프로세스 : 외부고객에게 전달되는 최종 제품과 서비스

12 정답 ①
① 경쟁 프로세스
② 기반 프로세스
③ 변혁 프로세스
④ 기반 프로세스
⑤ 변혁 프로세스

13 정답 ①
❥ 서비스 프로세스 설계 시 고려사항 – 린 쇼스택(Lynn Shostack)
- 서비스 프로세스의 모든 과정은 고객에게 초점을 맞추어 고객의 입장에서 계획되어야 한다.
- 목적론이며 실제적인 과업 성과를 중시해야 한다.
- 전체론이며 개별 활동들은 하나의 시각에서 인식되어야 하며 성과와 효율성을 제고할 수 있는 자율적인 성격을 가져야 한다.
- 설계 과정에 종업원과 고객을 모두 고려하여야 한다.

14 정답 ④
❥ 서비스 프로세스 설계의 기본원칙
- 평가는 고객이 한다.
- 고객 개별 니즈에 적응해야 한다.
- 고객은 기대 대비 성과를 평가한다.
- 평가는 절대적이 아니라 상대적이다.
- 고객의 기대를 관리하는 것이 중요하다.
- 모든 의사결정 시 고객을 고려해야 한다.

15 정답 ⑤
⑤ 서비스 프로세스는 상품 자체임과 동시에 서비스 전달 시스템 유통의 성격을 지닌다.

16 정답 ③
❥ 서비스 프로세스의 개별화 : 고객의 취향에 맞는 서비스, 직원에게 권한부여, 고객의 다양한 욕구에 상응하는 맞춤 서비스에 적합

17 정답 ③
❥ 대중서비스 : 상호작용·개별화는 낮고, 노동집중도는 높은 업종(예 학교, 소매점, 금융업, 도매점, 행정)

18 정답 ④
- 서비스 숍 : 낮은 노동집중도와 높은 상호작용을 특징(병원, 수리센터, 정비회사 등)
- 대중서비스 : 학교, 은행 등의 업종

19 정답 ④
❥ 고객만족경영의 3C – 마이클 해머
- 고객만족(Customer) : 고객이 시장을 주도하는 이 시대에는 고객확보가 어려워졌다.
- 끊임없는 혁신(Change) : 지금의 기업은 유연하게 방향성을 갖고 신속하게 변화해야 한다. 기업 중심에서 인간, 고객, 고객가치 창조 중심으로 변화해야 한다.
- 글로벌 무한경쟁(Competition) : 현대 글로벌 경쟁체제에서 경쟁의 심화로 인해 주권이 고객에게로 옮겨지면서 고객은 막강한 힘을 갖게 되었다.

20 정답 ⑤

➲ 대기시간에 영향을 주는 통제요인
- 기업의 완전통제요인 : 공정성, 편안함, 확실성, 대기단계 (서비스단계)
- 기업의 부분통제요인 : 점유, 불만
- 소비자(고객) 통제요인 : 대기단위, 대기목적가치, 소비자 태도

21 정답 ②

② 서비스가 더 가치 있을수록 사람들은 더 오랫동안 기다 릴 것이다.

22 정답 ④

➲ 고객인식관리방법(Perception Management) : 서비스 방법의 변화는 없지만 고객이 느끼는 체감대기시간을 감소하는 서비스가 시작되었다는 느낌을 제시(도우미 안내, 병원 내 초기상담 진행 및 책자 비치)

23 정답 ②

➲ 서비스 접점의 유형
- 원격 접점 유형 : 고객이 어떠한 인적 접촉 없이 서비스 기업과 접촉하는 것을 의미(은행의 ATM, 자동티켓 발매 기). 물리적 단서가 중요한 요소가 되므로 허용오차가 적 고 통제가 가능
- 전화 접점 유형 : 직원의 목소리, 친절한 응대, 직원의 지식, 문제 처리능력 등이 품질의 기준이 된다.
- 대면 접점 유형 : 서비스 제공자와 고객이 직접 만남에서 상호작용이 발생. 고객 자신의 행동, 서비스의 유형적인 단서, 다른 유형에 비해 서비스 품질을 파악하고 판단하 기가 가장 복잡

24 정답 ③

③은 외부고객 만족 경영과 관계된다.
➲ 내부고객 만족 : 권한 위임, 동기부여와 인센티브, 내부 승진 원칙의 인사관리, 피상적인 조건을 내세우지 않는 종업원 선발

25 정답 ⑤

인간적인 상호작용이 있어야 한다.

26 정답 ②

SAS(스칸디나비아 항공사)의 얀 칼슨(Jan Carlson) 사장 은 1980년대 이후 '진실의 순간(MOT)' 개념을 CS경영에 도입하였다.

27 정답 ④

- 품질기능전개 : 고객의 니즈와 디자인 요소들 사이의 연 결점을 발견하는 것을 돕기 위해서 개발된 기법
- 브레인 라이팅 기법 : 많은 구성원들로 이루어진 기업에 서 흔히 사용되는 아이디어 창출 기법으로 자기 주장을 내세우기 꺼려하는 사람들의 아이디어도 취합할 수 있다.
- 마인드맵핑기법 : 아이디어와 그 상호 연결상태를 시각적 으로 보여 주는 브레인스토밍 도구로 복잡한 아이디어와 정보, 자료를 이해하기 쉽고 쌍방향적인 시각자료로 만들 고 구성하며 의사소통할 수 있게 해 준다.

28 정답 ⑤

➲ 피쉬본 다이어그램의 단계별 흐름(FLOW)
- 1단계 : 문제의 명확화
- 2단계 : 문제의 주요원인 범주화
- 3단계 : 잠재원인 브레인스토밍 실시
- 4단계 : 주요원인 범주의 세부사항 검토
- 5단계 : 근본원인 확인

29 정답 ⑤

➲ 피쉬본 다이어그램으로 불만도의 원인을 파악하는 요소 (Branch) : 사람(People), 과정(Process), 운영(Mana-gement), 장비(Equipment), 환경(Enviroment), 자원 (Materials)

30 정답 ③

➲ 품질의 집(house of quality) : 고객의 요구와 서비스 계획과 관리방법, 계획 목표, 경쟁사의 제품이나 서비스 평가자들이 서로 얽히도록 구성된 품질 기능전개의 전 과정을 말한다.

정답

31 ④	32 ②	33 ⑤	34 ④	35 ③
36 ④	37 ③	38 ⑤	39 ⑤	40 ②
41 ④	42 ⑤	43 ①	44 ②	45 ⑤
46 ④	47 ③	48 ④	49 ②	50 ②
51 ⑤	52 ③	53 ③	54 ④	55 ②
56 ③	57 ①	58 ④	59 ③	60 ③

31 정답 ④
④ 공유된 서비스 비전의 개발

32 정답 ②
②는 서비스 청사진 이용에 따른 장점과 무관하다.

33 정답 ⑤
4개의 주요행동 영역으로 고객의 행동, 일선 종업원의 행동, 후방 종업원의 활동, 지원 프로세스로 구성된다.

34 정답 ④
③ 미스터리 쇼퍼 : 여러 매장 또는 전체 접점을 점검하는 암행감사로 숙련된 전문가가 고객을 가장해 서비스를 체험 후에 조사하는 것으로 서비스 현장의 품질을 측정하는 방법이다.

35 정답 ③
➲ 서비스 청사진의 위험 요소 – 린 쇼스택
지나친 단순화, 불완전성, 주관성, 편향된 해석

36 정답 ④
➲ 서비스 모니터링 구성요소 : 대표성, 객관성, 차별성, 신뢰성, 유용성

37 정답 ③
➲ MOT 사이클 차트 분석 5단계
• 1단계 : 서비스 접점 진단하기
• 2단계 : 서비스 접점 설계하기
• 3단계 : 고객접점 사이클 세분화
• 4단계 : 고객접점 시나리오 만들기
• 5단계 : 구체적 서비스 표준안으로 행동하기

38 정답 ⑤
➲ 정직성 : 보고서나 대답을 왜곡하지 말아야 한다. 듣고, 정확한 사항만 기록한다. 가장 중요한 요건으로 모든 요건의 기본 바탕이 된다.

39 정답 ⑤
구체적으로 작성되어야 하며 서비스 표준은 관찰 가능하고 객관적으로 측정가능해야 한다.

40 정답 ②
품질 기준을 설계하고 실행한다.

41 정답 ④
④ 외부 마케팅 : 기업과 고객 간에 이루어지는 마케팅으로 서비스를 제공하기 이전에 고객과의 커뮤니케이션하는 모든 것이다. 고객과의 약속을 의미
① 내부 마케팅 : 기업과 종업원 간에 이루어지는 마케팅으로 종업원과 고객기업이 서비스 제공자를 지원하는 활동
⑤ 상호작용 마케팅 : 종업원과 고객 간에 이루어지는 마케팅(고객접점 마케팅)으로 사람이 가장 중요한 역할

42 정답 ⑤
➲ SWOT 마케팅 전략

SO 전략	자신의 강점과 외부환경적 시장의 기회를 적극 융합하여 활용하는 전략
ST 전략	자신이 내부 강점을 이용할 수 있으나, 시장의 상황이 좋지 않으므로 시장의 위협을 회피하기 위해 자신의 강점을 극대화하는 전략
WO 전략	전체적인 시장 환경이 좋으므로, 자신의 약점을 극복하여 시장의 기회를 이용하는 전략
WT 전략	4가지 전략 중 가장 좋지 않은 상태이지만, 자신의 가진 내부요인도 불리하기 때문에 최대한 약점을 강점으로 전환시키거나, 약점을 최소화하여 시장의 위협을 회피하는 전략

43 정답 ①
➲ 소비재 시장에서의 세분화
• 지리적 변수 : 도시의 크기, 인구밀도, 기후 등

44 정답 ②
➲ 포지셔닝 전략 수행절차 6단계 – 아커와 샨비(Aaker and Shanby)
• 1단계 : 경쟁자 확인

- 2단계 : 경쟁자 인식 및 평가 분석
- 3단계 : 경쟁 기업과 제품 시장에서의 포지셔닝 결정
- 4단계 : 소비자 분석 수행
- 5단계 : 포지셔닝 의사결정
- 6단계 : 모니터링

45 정답 ⑤

⑤ 트렌드는 특성, 행위, 메타포와 같은 개념적 역할을 한다.

46 정답 ④

▶ **수잔 키비니(Susan Keaveney)의 고객이탈 유형 순위**
핵심가치 제공 실패 > 불친절한 고객 응대 > 가격 > 이용불편 > 불만처리 미흡 > 경쟁사의 유인 > 기업의 비윤리적 행위 > 불가피한 상황

47 정답 ③

▶ **파라수라만과 그루얼이 제시한 고객 가치**
- 사용가치(In-use Value) : 제품이나 서비스의 효용성에 대한 가치
- 상환가치(Redemption Value) : 거래 이후 장기간 제공되는 잉여 가치
- 획득가치(Acquisition Value) : 금전적 비용의 희생을 통해 얻는 가치
- 거래가치(Transaction Value) : 거래를 통해 얻는 즐거움 등의 감정

48 정답 ④

▶ **고객인지프로그램** : 기업에서 고객의 충성도 프로그램의 형태로 기업에서 고객을 인식하고 그 고객에게 보상을 가능하게 하는 일종의 시스템을 의미

49 정답 ②

▶ **제품 차별화의 구체적인 요소**
- 형태 : 제품의 크기, 모양 또는 물리적인 구조
- 특성 : 제품의 기본적인 기능을 보완하는 특징
- 내구성 : 정상적인 조건 또는 긴박한 조건에서 제품에 기대되는 작동수명의 측정치
- 성능품질 : 제품의 기본적인 특징이 작동하는 수준
- 적합성 품질 : 생산된 모든 제품 단위가 일관되게 만들어졌으며 또한 약속한 목표 규격명세를 충족시키는 정도

50 정답 ②

▶ **시어도어 레빗(Theodore levitt)의 3가지 제품 품질 구분**
- 실체 제품(Formal Product) : 실질적으로 인식되는 상표 등 부착된 형태의 실물적 제품

- 핵심 제품(Core Product) : 소비자가 제품 사용의 장점, 혜택 등으로 인해 욕구를 충족시키는 제품
- 확장 제품(Augmented Product) : 고객의 구매에 결정적인 영향을 미치는 제품 품질 보증, 사후 서비스 등 서비스와 혜택이 추가된 가장 포괄적인 형태의 제품

51 정답 ⑤

▶ **5가지 제품 품질 차원 – 필립 코틀러(Philip Kotler)**
- 핵심 이점(Core Benefit) : 고객이 제품을 구매할 때 추구하는 이점(Benefit)이나 서비스로 고객의 욕구(Needs)를 충족시키는 본질적 요소를 말한다.
- 기본적 제품(Basic Product) : 핵심 이점을 유형 제품으로 형상화시킨 것으로 제품의 기본형태를 의미한다.
- 기대하는 제품(Expected Product) : 제품을 구입할 때 구매자들이 정상적으로 기대하고 합의하는 일체의 속성과 조건을 말한다.
- 확장 제품(Augmented Product) : 기업이 경쟁업체가 제공하는 것과 구별되게 제공하는 추가적인 서비스 혹은 이점 제품을 말한다.
- 잠재적 제품(Potential Product) : 미래에 경험할 수 있는 변환과 확장 일체를 의미한다.

52 정답 ③

▶ **혼합묶음가격** : 두 개 이상의 서비스를 패키지로 할인된 가격에 구매할 수 있도록 하면서 개별적으로 구매할 수 있도록 하는 방법

53 정답 ③

- 단일시장 집중 전략 : 단일 제품으로 단일 세분시장에 집중하는 전략
- 제품 전문화 전략 : 다양한 세분시장에 단일 제품으로만 마케팅하는 전략
- 시장 전문화 전략 : 특정 집단 고객층의 욕구를 만족시키기 위해 다양한 제품을 판매하는 전략
- 선택적 전문화 전략 : 기업의 목표에 적합한 몇 개의 세분시장에 적합한 제품을 판매하는 전략

54 정답 ④

▶ **마이어가 제시한 양질의 의료서비스 조건**
- 효율성(Efficiency) : 의료의 목적을 달성하는 데 투입되는 자원의 양을 최소화하거나 일정한 자원의 투입으로 최대의 목적을 달성할 수 있어야 한다.
- 접근성(Accessibility) : 지리적, 재정적, 사회문화적 이유로 이용자들에게 필요한 의료서비스를 제공하는 데 있어 장애를 받아서는 안 되며, 모두가 양질의 의료서비스를 편리하게 이용할 수 있도록 해야 한다.

- 적정성(Quality) : 가능한 범위 안에서의 최신의 과학지식과 기술을 보건의료에 적용하는 것으로 의료인의 전문적인 능력이 가장 중요한 요소이다.
- 지속성(Continuity) : 단편적인 진료가 아닌 예방, 치료, 사회로의 복귀가 연결되어야 하며 육체적 치료와 정신적 안녕까지도 성취되어야 한다.

55 정답 ②

▶ **행동분석적 변수** : 가격민감도, 편익, 구매 준비 단계, 사용 경험, 사용량 등

56 정답 ③

▶ **부오리(Vuori)가 제시한 의료서비스 품질 요소**
- 효과(Effectiveness)
- 적합성(Adequacy)
- 효율성(Efficiency)
- 의학적 · 기술적 수준(Medical/Technical Competence)

57 정답 ①

▶ **경험적 마케팅의 5가지 전략적 모듈(슈미트, Schmitt)**
- 감각적 경험
- 감성적 경험
- 인지적 경험
- 행동적 경험
- 관계적 경험

58 정답 ④

▶ **고객화 위주의 서비스 전달 시스템**
- 다양한 고객의 욕구를 충족시킬 수 있다.
- 기능 위주의 전달 시스템보다 폭넓은 업무를 수행할 수 있다.
- 미용실, 세탁업, 숙박시설 등이 해당된다.
- 고객의 욕구가 서로 다양하다는 점에 착안하여 서비스전달시스템을 설계한다.
- 일관되고 표준화된 서비스 제공이 어렵다.

59 정답 ③

- **직접측정** : 종합 만족도를 구하는 조사, 민간부분 대상, 이론적 연구에 활용
- **단일 항목 또는 복수의 설문 항목으로 측정** : 조사 모델은 단순하며 하위 차원에 대한 만족도 결과를 합산할 때 중복 측정 문제를 방지
  대표적 조사 – 미국의 고객만족지수, 국가고객만족지수

60 정답 ③

▶ **도나베디언(Donabedian)이 제시한 의료서비스 품질 요소**
- 효율(Efficiency)
- 합법성(Legitimacy)
- 형평성(Equity)
- 적정성(Optimality)
- 효능(Efficacy)
- 효과(Effectiveness)
- 수용성(Acceptability)

정답

61	①	62	③	63	③	64	②	65	④
66	①	67	③	68	①	69	④	70	③
71	①	72	③	73	⑤	74	⑤	75	②
76	⑤	77	③, ⑤	78	②	79	③	80	①
81	①	82	③	83	③	84	①	85	④
86	④	87	③	88	①	89	②	90	①

61 정답 ①

① 인사는 인간관계의 시작이자 끝이다.

62 정답 ③

③ 통화품질관리자(QAA)의 모니터링과 슈퍼바이저의 주된 코칭으로 한다.

63 정답 ③

③ Eye-Contact : 눈 맞춤은 상대의 눈을 자연스럽게 응시한다.

64 정답 ②

② 블랜딩(Blending) 콜센터의 그 외 특징으로, 콜 예측에 따른 인원 배정과 아웃바운드 데이터의 사전 준비가 철두철미해야 하며, 상담사는 업무지식 및 유연성 있는 커뮤니케이션 능력이 필요하다.

① 제휴형 콜센터 : 전문성을 지닌 업체와 제휴하여, 시스템, 인력, 업무 노하우를 결합 및 공유하여 운영하는 방식이다.

⑤ CTI 시스템 콜센터 : 전화 장치 처리 시스템 및 컴퓨터 처리 시스템이 연동되어 음성과 데이터를 처리한다.

65 정답 ④

④ 고객의 말을 걸러 듣거나 미리 판단하지 않는다.

66 정답 ①

① 메뉴선택 시, 상대에게 일임하거나 "같은 것으로"라고 말하는 것은 지양한다.

67 정답 ③

③ 신속성에 대한 내용으로, 그 외에도 5W1H로 하고자 하는 말을 작성하고 순서와 주요 사항을 정리한 후 통화해

야 하며, 불필요한 대화를 반복하지 않아야 한다.

68 정답 ①

① 상대의 말을 지레짐작하여 응답하지 않아야 하며, 그 외에도 전화 상대를 가리지 않고, 경어를 사용하는 것이 좋다.

69 정답 ④

④ 부하직원이 상사에게 자신을 칭할 때는 부서명과 성명을 밝혀야 한다. 또한 외부업체에 자신을 밝힐 때에는 화사명과 부서명 및 성명을 모두 밝힌다.

70 정답 ③

③ '사장실은 복도 끝에 있습니다.'가 옳은 표현이며, 사람 이외에 사물에는 '님'을 붙이지 않아야 한다.

71 정답 ①

① 소비자기본법상의 국가, 지방자치단체의 책무 중 제14조, 소비자의 능력향상의 내용이다.

72 정답 ③

③ 국가는 사업자의 불공정한 거래조건 및 방법 등으로 소비자가 부당한 피해를 입지 않도록 필요한 시책을 수립 및 실시해야 하는 것으로 거래의 적정화 규정에 해당한다.

73 정답 ⑤

① 이마무라 세이와 : 소비자는 생활자로서 일반 국민인 동시에 거래과정의 끝무렵에 구매자로 나타나는 것이다.

② 윌리엄 플리트우드 : 가격지수의 개념을 정의한 영국 경제학자이다.

③ 다케우치 쇼우미 : 개인의 소비생활을 위해 타인이 공급하는 물자나 용역을 구입 또는 이용하는 사람으로 공급자와 상대된다.

④ 이치로 : 시민생활에서 반영된 개념으로 국민 일반을 소비생활이라 한다.

74 정답 ⑤

⑤ 국가, 지방자치단체의 책무 중 제19조, 사업자의 책무의 내용이다.

75 정답 ②

② 소비자는 물품 등의 사용으로 인한 피해구제를 한국소비자원에 신청할 수 있다.

76 정답 ⑤

① 제15조(개인정보의 보호) : 개인정보의 분실, 도난, 누출, 변조 또는 훼손으로 인한 부당한 피해를 입지 않도록 필요한 시책을 강구

② 제14조(소비자의 능력향상) : 소비자의 올바른 권리행사를 이끌고, 물품 등과 관련된 판단능력을 높이며, 소비자가 자신의 선택에 책임을 지는 소비생활을 할 수 있도록 필요한 교육을 수행

③ 제11조(광고의 기준) : 용도, 성능, 성분, 규격, 원산지 등을 광고하는 때에 허가 또는 공인된 내용으로만 광고를 제한하거나 특정내용을 소비자에게 알릴 필요가 있어야 하며, 소비자가 오인할 수 있는 특정 용어나 표현의 사용을 제한

④ 제8조(위해의 방지) : 소비자에게 제공하는 물품 등으로 인한 소비자의 생명, 신체 또는 재산에 대해 위해 방지를 위해 준수해야 하는 기준

77 정답 ③, ⑤

③ 합의가 이루어지지 아니하는 때에는 지체없이 소비자기본법 제60조의 규정에 따른 소비자분쟁조정위원회에 분쟁조정을 신청해야 한다.

⑤ 대통령령이 지정한 사건인 의료, 보험, 농업 및 어업 관련, 그 밖의 피해의 원인규명에 시험, 검사 또는 조사가 필요한 사건에 대해서는 60일 이내의 범위에서 처리기간 연장이 가능하다.

78 정답 ②

② 사업자는 물품 등의 하자로 인한 소비자의 불만이나 피해를 해결하거나 보상해야 하며, 채무불이행 등으로 인한 소비자의 손해 사업자가 배상해야 한다.

79 정답 ③

③ 개인정보처리자는 개인정보의 익명처리가 가능한 경우에는, 익명에 의해 처리될 수 있도록 할 수 있다.

80 정답 ①

① 동산 정보 : 소유 주택, 자동차, 기타 소유차량, 상점 및 건물 등이 해당된다.

81 정답 ①

③ Nadler(나들러)의 정의는, 업무성과 향상과 성장 가능성을 제고하기 위해 일정 기간 내 실행하는 계획적 학습경험이다.

82 정답 ③

③ 그 외에도, 문서나 멀티미디어 자료를 통해 답이 없는 사례를 통해 문제점을 파악하는 기법이다.

83 정답 ②

② 오프닝에서 경직된 분위기를 해소해야 교육 분위기를 잘 이끌어갈 수 있다.

84 정답 ①

① 그 외에도 청중과의 지식공유가 최우선의 목적이며, 성공적인 프레젠테이션을 위해서 청중의 주의집중과 유지가 매우 중요한 부분이다.

85 정답 ④

④ 성인학습자는 자기주도적 학습을 원하며, 일방적인 소통의 주입식이 아니라, 자신이 학습의 주체가 되고 존중받기를 원한다.

86 정답 ④

④ Donaldson & Scannel(1968)의 성인학습 기본원리의 내용이다.

87 정답 ③

③ 애니메이션을 너무 많이 사용하면 가독성이 저하되므로, 장식효과, 애니메이션은 과하게 사용하지 않아야 한다.

88 정답 ①

그 외에도, 교수 프로그램 개발자는 확정된 내용이 효과적으로 학습되고 실제 사항에 적용되도록 성인 학습이론을 바탕으로 교수학습계획을 수립해야 한다.

89 정답 ②

② 조화성 : 컬러, 크기 등 글자와 배경색의 어울림
① 단순성 : 필수적 요소 제공
③ 조직성 : 내용 배열의 완만함
④ 강조성 : 중요한 부분 강조
⑤ 균형성 : 심미적 배치

90 정답 ①

그 외 단점으로는, 대규모 집단은 적용 불가하고, 토의의 목적과 다른 불필요한 논쟁으로 주도될 수 있다. 장점으로, 상호 경험적 교류를 통해 실제 생활에 도움이 되는 지식 및 기술 습득이 가능하고, 참여자 간 인간관계 향상 및 연대의식 고양을 기대해 볼 수 있다.

제**1과목** CS개론

정답

01 ②	02 ②	03 ②	04 ①	05 ⑤
06 ④	07 ①	08 ①	09 ③	10 ④
11 ⑤	12 ③	13 ①	14 ⑤	15 ②
16 ②	17 ④	18 ②	19 ④	20 ①
21 ④	22 ⑤	23 ④	24 ③	25 ⑤
26 ①	27 ③	28 ⑤	29 ③	30 ③

01 정답 ②
- ▶ 올리버(Oliver) : 만족은 소비자의 성취반응으로 판단

02 정답 ②
- ▶ 1990년대(성장기) – 자율적/적극적
- 기업이나 공공기관들이 고객만족경영을 도입하기 시작하였다.
- 전사적 고객만족경영체제를 도입하였다.
- 데이터베이스마케팅 기법이 도입되었다.
- 고객관계관리(CRM) 기법을 도입하였다.
- 사이버고객의 만족도에 대한 관심이 고조되었다.

03 정답 ②
- ▶ 상호작용의 공정성(Iinteractional justice) : 의사결정시스템과 같은 절차뿐만 아니라 의사결정자가 구성원을 공정하게 대하는 것이 중요하다는 의미. 의사소통방식, 존경, 정직, 예의로 구성되어 있다

04 정답 ①
- ▶ 절차 공정성(procedural justice) : 보상의 결과보다는 보상을 결정하는 절차가 공정한가 하는 개념. 도출결과에 영향을 미치는 영향력과 정보의 공유 정도를 의미한다. 정보의 수집, 의사결정자의 정보 사용, 사람들의 의사결정에 영향력을 가지고 있다고 믿는 신념의 정도

05 정답 ⑤
- ▶ 고객충성도 사다리(Customer loyalty ladder) : 잠재고객이 신규고객이 된 이후 기업의 충성고객이 될 때까지 거치는 단계
- 옹호고객(Advocate) : 상품의 지속적 구매를 넘어 주변인들에게 자사 제품을 적극적으로 권유하는 고객
- 가망고객(prospector) : 제품에 대해 들어본 적이 있거나 관심은 있지만 아직 구매하지 않은 사람
- 신규고객(trial buyers) : 시험적으로 자사의 제품을 처음 구매한 고객
- 반복구매고객(repeat buyers) : 제품을 다시 구매함으로써 신뢰를 보이기 시작한 고객
- 고정고객, 단골고객(client) : 타사 제품을 구매하지 않고 해당 제품만을 반복 구매하여 상품에 매력을 느끼고 친숙해지는 고객

06 정답 ④
- 체리피커(Cherry Picker) : 기업의 상품 구매, 서비스 이용 실적은 좋지 않으면서 자신의 실속 챙기기에만 관심이 있는 소비자
- 옹호고객 : 단골고객이며, 다른 사람에게 추천하는 적극성을 띤 고객
- 알파 컨슈머 : 첫째를 의미하는 알파와의 합성어로 어떤 제품을 가장 먼저 사용해 본 후 제품 정보나 사용 후기 등을 다른 사람들에게 제공하는 소비자

07 정답 ①
- ▶ 프로세스적 관점에 따른 고객의 분류
- 외부고객 : 자사의 최종 제품을 구매한 고객으로 구매자, 소비자 등
- 중간고객 : 도매상, 소매상 등
- 내부고객 : 회사내부의 종업원, 조직과의 관계에서의 고객으로 동료, 부하, 주주 등

08 정답 ①
파이브 포스(5 forces)란 다섯 가지 경쟁요인을 의미하며 ㉠ 기존 기업 간의 경쟁 정도, ㉡ 신규 기업의 진입 위협,

ⓒ 대체재의 위협, ⓔ 구매자의 협상력, ⓜ 공급자의 협상력이다.
- 경쟁자 : 제품차별성/생산능력/브랜드력/시장성장성/산업의 경기변동/철수 장벽
- 신규 진입자 : 초기투자, 대체비용, 정부의 규제, 기술 장벽 등에 대하여 검토
- 대체재 : 대체품 가격 및 효능, 교체비용 등
- 구매자 : 구매자의 정보력, 구매비중, 구매량, 제품 차별화 정도 등
- 공급자 : 공급 비중의 양, 부품차별화 정도, 교체 비용 등

09 정답 ③
❯ 그레고리 스톤의 고객 분류
- 경제적 고객(절약형 고객) : 투자한 시간, 비용, 노력에 대하여 최대한의 효용을 얻으려는 고객
- 윤리적 고객(도덕적 고객) : 윤리적인 기업의 고객이 되는 것을 고객의 책무라고 생각
- 개인적 고객(개별화 추구 고객) : 형식적인 서비스보다 자기를 인정하는 서비스를 원하는 고객
- 편의적 고객 : 자신이 서비스를 받는데 있어서 편의성을 중요시 하는 고객

10 정답 ④
❯ 구전과 구매행동과의 관계
- 매우 신뢰성이 높은 정보의 원천
- 일방적이 아닌 쌍방적 의사소통
- 구매와 관련한 위험을 줄이고 제품 구매, 가격 등에 대한 정보를 얻기 위해 구전 활동

11 정답 ⑤
① 의견선도고객 : 구매보다는 제품의 평판, 심사, 모니터링에 영향을 미치는 집단(기자, 블로거 등)
② 얼리 어답터 : 새로운 제품 정보를 다른 사람보다 먼저 접하고 구매하는 소비자군으로 이들이 작성한 제품평가 및 후기는 다른 소비자들의 구매 결정에 많은 영향을 미친다.
③ 간접고객 : 최종소비자 또는 2차 소비자로 자동차를 살 경우 최종 소비자는 일반인이 되지만 자동차 영업사원이 공급하여 판매할 때에는 자동차 구매자는 간접고객이 됨
④ 의사결정고객 : 직접고객의 선택에 커다란 영향을 미치는 개인 또는 집단으로, 직접적으로 구입을 하거나 돈을 지불하지 않는 고객

12 정답 ③
❯ 준거집단에 영향을 주는 유형

- 실용적(규범적) 영향 : 고객이 보상을 기대하거나 처벌을 회피하기 위해 다른 사람의 기대에 순응하고자 할 때 발생된다.
- 가치 표현적 영향 : 사람들이 특정 집단에 소속되길 원할 때 발생하는 영향력으로 그 집단의 행동이나 규범을 따른다.
- 정보적 영향 : 준거집단 구성원의 의견을 신뢰성 있는 정보로 받아들인다.

13 정답 ①
❯ 매슬로우의 욕구단계론
생리적 욕구 – 안전과 안정 욕구 – 사랑과 소속감에 대한 욕구 – 존경욕구 – 자아실현의 욕구

14 정답 ⑤
❯ 목적 달성을 위한 활동
- 고객 단가 증대 : 추가판매, 교차판매, 재판매
- 고객 수 증대 : 이벤트, 외부업체와의 제휴, 기존고객 유지 활동, 기존고객의 추천을 통한 신규고객 창출
- 구매 빈도 증대 : 사용방법의 다양화

15 정답 ②
구전은 고객들의 개인적인 직·간접적인 경험에 대해 긍정적, 혹은 부정적인 내용의 정보를 비공식적으로 교환하는 의사소통이다.

16 정답 ②
일방적이 아닌 쌍방적 의사소통이 이루어진다.

17 정답 ④
❯ 공공적 원천 : 신문, 방송, 인터넷 등 언론매체를 통한 보도자료, 소비자원이나 정부기관의 발행물 등을 통한 정보

18 정답 ②
MBTI 선호경향의 내향형과 관계된 설명이다.

19 정답 ④
❯ 스탠리 브라운(Stanley Brown)이 제시한 성공적인 CRM 구현 단계
- 관련된 모든 부서를 참여시킨다.
- 목표를 분명하게 설정한다.
- 인터페이스, 데이터 전환, 데이터 전송에 유의한다.
- 위기의식 조성으로 프로젝트 진행을 가속화 시킨다.
- 기업에서 가장 유능한 직원을 참여시킨다.
- 지나치게 전문화된 솔루션을 피한다.

- 비판적인 자세로 방법론을 선택한다.
- 가시적 성과에 초점을 맞춘다.
- 기업의 다른 전략 과제들과 조율한다.

20 정답 ①
인식기능에 따라 감각형과 직관형으로 나뉜다.

21 정답 ④
가격이 아닌 서비스를 통해 기업 경쟁력을 확보할 수 있다.

22 정답 ⑤
❯ **시장의 변화** : 고객획득보다 고객유지가 수익성이 높음. 시장의 세분화 현상, 대중 마케팅(Mass Marketing)의 비효율성 증대, 고객 협상력 증가, 고객확보 경쟁의 증가, 시장의 규제 완화, 마케팅 활동 및 고객에 대한 중요성 부각

23 정답 ④
공급업체 간 경쟁심화로 인해 구매자 비용이 절감된다.

24 정답 ③
❯ **인간관계 형성 단계 – 휴스턴(Huston)과 레빙거(Levinger)**
- 면식 단계 : 두 사람의 직접적인 접촉 없이 관찰을 통해 서로 아는 단계
- 접촉 단계 : 두 사람 사이에 직접적인 교류가 일어나는 단계
- 상호의존 단계 : 두 사람 사이에 크고 작은 상호의존이 나타나는 단계

25 정답 ⑤
❯ **인간관계 유형**
- 공유적 관계 : 상대방과 자신이 하나라고 지각하는 관계로 호혜성의 원칙이 무시된다.
- 교환적 관계 : 서로 필요한 것을 주고 받는 거래적이고 교환적 성격으로 이득과 손실의 균형이 중요하다.
- 수직적 관계 : 종적 관계, 불평등 관계. 사회적 지위나 위치가 서로 다른 사람끼리의 상호작용이다.
- 수평적 관계 : 사회적 지위나 위치가 서로 유사한 사람들 사이의 상호작용이며 자발적인 속성을 가진다.

26 정답 ①
❯ **인간관계 심화 요인 – 넬슨 존스(Nelson Jones)**
- 규칙 : 서로의 역할과 행동에 대해 명료하게 설정된 기대나 지침
- 상호성 : 인간관계에서 보상이 서로 균형 있게 교류됨을 의미

- 보상성 : 긍정적인 보상의 효과(정서적 지지와 공감, 즐거운 체험 등)

27 정답 ③
① 미숙형 : 대인관계 기술 또는 사교적 기술이 부족하여 인간관계가 원활하지 못함
② 의존형 : 누군가에게 전폭적으로 자신을 맡기고 의지하려는 사람들
④ 반목형 : 인간관계에서 많은 다툼과 대립을 반복적으로 경험하는 사람들
⑤ 회피형 : 인간관계를 회피하고 고립된 생활을 하는 사람

28 정답 ⑤
❯ **중심화 경향** : 판단을 함에 있어 아주 나쁘다거나 아주 좋다거나 하는 판단을 기피하고 중간 정도인 것으로 판단하려는 경향

29 정답 ③
❯ **숨겨진 영역(Hidden Area, 신중형)**
- 다른 사람의 이야기는 잘 경청하지만 자신의 이야기는 잘 하지 않는 사람
- 수용적이며 속이 깊고 신중한 사람
- 자신의 속마음을 잘 드러내지 않는 크레믈린형의 사람이 많으며 계산적이며 실리적인 경향
- 내면적으로 고독감을 느끼며 현대인에게 가장 많은 유형
- 자기 개방을 통해 다른 사람과 좀 더 넓고 깊이 있는 교류가 필요

30 정답 ③
- 자타부정(I'm not ok–You're not ok)
- 자기부정–타인긍정(I'm not ok–You're ok)
- 자기긍정–타인부정(I'm ok–You're not ok)
- 자타긍정(I'm ok–You're ok)

정답

31	①	32	③	33	②	34	④	35	⑤
36	②	37	④	38	④	39	②	40	③
41	④	42	④	43	②	44	③	45	④
46	①	47	⑤	48	②	49	①	50	④
51	①	52	③	53	③	54	③	55	⑤
56	④	57	④	58	②	59	③	60	⑤

31　정답 ①

▶ 관여도의 결정요인
- 개인적 요인 : 개인마다 관여도가 다르며 한 제품에 개인이 지속적으로 갖는 관여를 지속적 관여라고 함
- 제품 요인 : 자신의 욕구와 가치를 충족시키는 제품
- 마케팅 요인 : 광고, 판매 촉진, 이벤트 등의 영향
- 상황적 요인 : 상황에 따라 달라짐
- 기타요인 : 정치적 요인, 유통 경로, 커뮤니케이션

32　정답 ③

▶ 세스(Sheth), 뉴먼(Newman), 그로스(Gross, 1991)의 5가지 가치
- 기능 가치 : 제품의 품질, 기능, 가격, 서비스 등과 같은 실용성 또는 물리적 기능과 관련
- 사회 가치 : 제품을 소비하는 사회계층 집단과 관련
- 정서 가치 : 제품의 소비에 의한 긍정적 또는 부정적 감정 등의 유발과 관련
- 상황 가치 : 제품 소비의 특정 상황과 관련
- 인식 가치 : 제품 소비를 자극하는 새로움, 호기심 등과 관련

33　정답 ②

▶ 스위니와 수트르가 제시한 고객가치
- 감성가치(감정적 가치) : 제품에서 제공받는 느낌이나 정서적인 측면에서 파생되는 가치
- 기능적 가치 : 제품의 사용에 따른 시간 절약에서 오는 비용 절감에 의한 가치
- 사회적 가치 : 사회적인 개념을 증대시키는 제품의 능력에서 파생되는 가치
- 품질 : 제품의 지각된 품질과 기대성과의 차이에서 파생되는 가치

34　정답 ④

▶ 기업 요인 : 기업의 이미지, 실내장식, 기업의 이미지, 광고, 직원역량, 가격설정, 마케팅 활동 등

35　정답 ⑤

⑤ 소비자는 정보탐색자이다.

36　정답 ②

▶ 고객경험관리 5단계 – 번 슈미트
- 1단계 : 고객의 경험 분석
- 2단계 : 고객의 경험적 기반 확립
- 3단계 : 상표 경험을 디자인
- 4단계 : 고객 상호접촉 구축
- 5단계 : 끊임없는 혁신

37　정답 ④

고객이 기업에 대해 생각하고 느끼는 것을 파악한다.

38　정답 ④

▶ CS 계획 수립 절차
- 1단계 : 기업 목표의 기술
- 2단계 : 기업환경분석(SWOT)
- 3단계 : 마케팅 목표 설정
- 4단계 : 목표달성을 위한 전략의 수립
- 5단계 : 전략수행을 위한 프로그램 작성
- 6단계 : 실행 및 재검토

39　정답 ②

▶ 기간에 따른 계획수립 구분
- 단기계획 : 1년 이내의 계획
- 중기계획 : 1~2년 정도의 계획
- 장기계획 : 3년 이상의 계획

40　정답 ③

▶ 경험적 마케팅의 5가지 전략적 모듈 – 슈미트(Schmitt)
- 감각적 경험 : 주로 기업과 브랜드 이름, 시각적인 상징, 컬러, 슬로건 등과 같은 형식을 통해 경영자들이 기업이나 브랜드 아이덴티티를 만들어내고 유지하는 데 있어 강력한 도구로 활용되는 유형
- 감성적 경험 : 브랜드와 관련된 다소 긍정적인 감정에서부터 즐거움과 자부심 같은 강한 감정에 이르기까지 영향을 주는 경험을 창출
- 인지적 경험 : 소비자들에게 창조적 인지력과 문제 해결의 경험을 만들어 주려는 목적으로 지성에 호소

- 행동적 경험 : 소비자의 육체적인 경험과 라이프 스타일, 상호작용에 영향
- 관계적 경험 : 개인적 경험을 증가시키고 개인으로 하여금 이상적 자아나 타인, 문화 등과 연결시켜 줌으로써 고객의 자기 향상 욕구를 자극

41 정답 ④
❯ **계획수립 시 성공적인 목표의 조건(SMART 기법)**
- Specific(구체적)
- Measurable(측정 가능한)
- Achievable(달성 가능한)
- Realistic(현실적)
- Time-bound(기한이 있는)

42 정답 ④
❯ **계획수립(Planning)의 장점**
- 조정을 도와주는 역할을 한다.
- 시간 관리를 할 수 있게 해준다.
- 조직 구성원의 행동지침이 된다.
- 집중도를 높이고 조직의 유연성을 향상시켜 준다.

43 정답 ②
❯ **메가 트렌드(Mega Trend) – John Naisbitt(미래학의 창시자)**
- 거대한 변화를 의미하며, 사회문화적 환경의 변화와 함께 형성된 트렌드가 모여 사회의 거대한 조류를 형성하게 되는 현상
- 최소 30~50년간 지속되고, 모든 영역에서 징후를 볼 수 있으며 글로벌하다.

44 정답 ③
❯ **서비스 청사진 작성 단계**
- 1단계 : 과정의 도식화
- 2단계 : 실패 가능점 확인
- 3단계 : 경과 시간의 명확화
- 4단계 : 수익성 분석
- 5단계 : 청사진 수정

45 정답 ④
❯ **아시아의 소비자 태도 변화 7가지 추세**
- 소비자의 가치 변화
- 도시와 농촌 환경의 변화
- 정보에 대한 거부감 증가
- 정보 활용도의 변화
- 대형 유통업체의 진출 및 생성

- 산업의 변화에 따른 기업의 포커싱 변화
- 시장의 구조조정

46 정답 ①
❯ **고객충성도 4가지 유형 – 행동적 · 태도적 충성도 차원의 고객 세분화 유형**
- 낮은 충성도 : 재구매율과 태도적 애착이 둘 다 낮은 성향을 보이며, 경쟁업체의 마케팅 전략에 동요되기 쉬운 고객 집단
- 타성적 충성도 : 기업의 재정에 지속적으로 도움이 될 가능성이 있으며 경쟁사와 차별화된 서비스를 제공한다는 것을 고객들에게 인지시킴으로써 더 높은 수준의 충성도를 지닌 고객으로 바꿀 수 있는 유형으로 높은 반복구매의 특성이 있으나 애착도가 낮다.
- 잠복된 충성도 : 기업에 대한 좋은 이미지를 가지고 있으나, 가격 · 접근성 또는 마케팅 전략이 재구매 욕구를 이끌어 내지 못하기 때문에 행동적 충성도가 낮은 집단
- 최우량 충성도 : 모든 기업이 선호하는 고객충성도의 유형으로 높은 수준의 애착과 반복 구매가 동시에 존재한다.

47 정답 ⑤
❯ **레이나르츠와 쿠머(Reinartz and Kumar, 2002)의 고객충성도 향상전략**
- Butterflies
  - 회사의 제공 서비스와 소비자 욕구 간 적합도가 높고 높은 잠재이익을 가지고 있다.
  - 태도적인 충성도가 아니라 거래적인 만족을 달성하도록 해야 한다.
- True Friends
  - 회사의 제공 서비스와 소비자 욕구 간 적합도가 높고 잠재이익을 가지고 있다.
  - 태도적인 충성도 구축과 더불어 지속적인 의사소통과 고객관계 유지가 필요하다.
- Strangers
- Barnacles
  - 회사의 제공 서비스와 소비자 욕구 간의 적합도가 제한되고 낮은 잠재이익을 가지고 있다.
  - 규모와 지갑 점유율을 측정한다.
  - 지갑 점유율이 낮으면 상향, 교차구매를 유도해야 한다.

48 정답 ②
❯ **고객충성도 발전 4단계 – 올리버(Oliver)**
- 인지적 충성 : 하나의 브랜드가 대체안보다 선호될 수 있음을 제시하는 것으로 인지적 충성 또는 브랜드 신념에만 근거한 충성 단계

- 감정적 충성 : 브랜드에 대한 선호나 태도가 만족스러운 사용 경험이 누적됨에 따라 증가하는 형태
- 행동 의욕적 충성 : 반복적인 경험에 의해 영향을 받고 행위의도를 가지게 되는 단계
- 행동적 충성 : 의도가 행동으로 전환되는 것으로 행동 통제의 연속선상에서 이전 충성 상태에서 동기부여된 의도는 행동하기 위한 준비 상태로 전환

49 정답 ①

(가) : 역 품질 요소
(나) : 매력적 품질요소
(다) : 일원적 품질 요소
(라) : 당연적 품질 요소

50 정답 ④

❯ 서비스 기대의 영향 요인 : 구전, 개인적 필요, 과거의 경험

51 정답 ①

① 포괄적인 질문에서 구체적 질문 순서로 배치한다.

52 정답 ③

❯ 서베이법(Survey method)
- 기술조사에서 가장 많이 활용되는 방법으로 다수의 응답자들을 대상으로 설문조사에 의하여 수집하는 방법이다 (대인조사, 전화조사, 우편조사, 인터넷 조사 등).
- 조사문제가 명확히 정의된 경우에 이용되며 정형화된 설문지를 이용하여 자료를 수집하는 기법이다.
- 장시간 소요, 낮은 응답률, 응답의 정확성 문제, 설문지 개발의 어려움 등의 한계점이 있다.

53 정답 ③

③ 비계량적인 방법으로 수집하여 분석한다.
❯ 탐험조사(Exploratory Research)
- 조사자가 문제를 모르는 경우에 실시한다.
- 표적집단면담(FGI), 전문가의견조사, 심층면담, 문헌조사와 같은 비정형적인 절차 등 비계량적인 방법으로 수집하여 분석한다.

54 정답 ③

❯ 종합만족도 측정방식
- 직접측정법
  - 단일 설문 또는 복수의 설문 항목을 통하여 만족도를 측정하는 방법
  - 중복 측정 문제를 방지

- 민간부분을 대상으로 하는 만족도 조사
- 혼합측정법
  - 공공기관을 대상으로 하는 만족도인 PCSI 조사에 가장 많이 활용
  - 중복 측정 문제가 발생

55 정답 ⑤

⑤ 양적 조사의 사전 단계에 진행된다.

56 정답 ④

④ 민간부분을 대상으로 하는 만족도 조사나 이론적 연구에 주로 활용된다.

57 정답 ④

④ 내부 마케팅을 최우선으로 시행하고 이후 순차적으로 외부 마케팅을 시행하여야 한다.

58 정답 ②

❯ 고객충성도 : 재구매 시 가격인상 허용률, 재구매 가능성 평가, 재구매 유도를 위한 가격인하 허용률

59 정답 ③

고객화, 신뢰도, 전반적인 품질 평가의 세 가지 구성요소를 평가한다.

60 정답 ⑤

❯ CSI 측정의 필요성
- 자사의 경쟁 관련 품질성과(Quality Performance) 연구
- 자사 및 경쟁사의 고객충성도 분석
- 고객기대가 충족되지 않는 영역평가
- 고객의 제품 및 서비스 가격 인상의 허용 폭 결정
- 경쟁사의 CS 강・약점 분석
- 잠재적인 시장진입장벽 규명
- 효율성 평가 및 불만 해소의 영향 분석
- 고객유지율의 형태로서 예측된 투자수익률(ROI : Return Of Investment) 예측

정답

61	④	62	③	63	③	64	⑤	65	①
66	⑤	67	①	68	③	69	③	70	①
71	⑤	72	①	73	②	74	⑤	75	①
76	③	77	②	78	④	79	②	80	③
81	①	82	③	83	③	84	③	85	⑤
86	①	87	⑤	88	②	89	④	90	①

61 정답 ④

④ 비대면(전화응대) 커뮤니케이션은 청각적 요소(음성, 어조, 억양, 말씨, 호흡, 속도) 82%와 언어적 요소(말의 내용, 전문지식, 숙련된 기술) 18%로 구성되어 있다.
① 55%는 대면 커뮤니케이션시 시각적 요소에 해당된다.
② 38%는 대면 커뮤니케이션의 청각적 요소에 의해 전달된다.
③ 7%는 대면 커뮤니케이션의 언어적 요소에 의해 전달된다.
⑤ 38%는 대면 커뮤니케이션의 청각적 요소에 의해 전달된다.

62 정답 ③

③ 고정고객 관계개선 센터 외에도, 콜센터의 일반적인 특성으로 고객 접근성이 용이한 개방형, 물건의 품질 또는 상태가 좋은 우량(優良) 창출, 원스톱 고객 서비스를 제공할 수 있는 서비스 품질 제공, 고객감동 실현 가능한 Human relations 센터다.

63 정답 ③

③ 콜센터 핵심성과지표(KPI) 확보는 서비스 전략적인 측면의 내용에 해당한다.
기업 경영적 측면에서는 습득한 고객 정보를 통해 이탈고객 유치 및 잠재고객을 활성화하며, 고객가치 증대를 위해 지속적인 차별화된 가치를 제공한다.

64 정답 ⑤

⑤ 전화상담뿐만 아니라 상품거래까지 연결 가능하다. 그 외에도 고객을 설득 시킬 수 있는 전문성 보유, 텔레마케팅 코디네이터, 고객의 니즈, 욕구, 불만 등을 처리하는 고객 카운슬러, 텔레 커뮤니케이터라고도 한다.

65 정답 ①

① 상담업무가 효율적으로 운영될 수 있도록 지휘·감독은, 실질적인 관리자인 슈퍼바이저(Supervisor)의 역할로, 전략수립, 판촉전개, 스크립트 작성 및 개선작업, 현장교육 및 코칭, 이직률 관리 등에 전반적인 업무를 맡아서 수행한다.

66 정답 ⑤

⑤ 인바운드콜 서비스 특징으로 그 외에도 정밀성, 서비스성, 신속성, 정확성으로, 고객의 불만이나 문제 해결을 돕는 역할을 한다.

67 정답 ①

① 콜센터의 생산성 및 효율성 향상을 위해 새로운 기술 도입이 필요하다.

68 정답 ③

③ 스크립트는 첫인사부터 상담 및 마무리 인사까지 절차와 구성을 세부적으로 구성하여 설계한 것으로, 직원 모두가 같은 스크립트로 응대 절차가 통일감이 있어야 한다. 따라서 고객 상황의 변수에 따라 탄력적 운영이 되지 않도록 주의해야 한다.

69 정답 ③

아웃바운드의 도입부분에서는 첫인사 및 상담원 자신 소개, 고객 확인, 전화목적 전달, 상대방 양해, 부재시 대응이 해당되며, 본론은 정보수집 및 니즈파악, 상품 및 서비스 제안, 반론극복, 결론에서 재확인 및 종결로 구성된다.

70 정답 ①

① 기본 내용은 차트식으로 진행하되, 변수나 구체적인 상황에서 회화식을 적용하며 진행하는 차트식과 회화식의 혼합적 방법이다.
④ 차트식은, "네, 아니오"의 답변을 듣는 방식으로 상담 흐름에 따라서 다음 질문 및 설명을 덧붙이며 진행한다.
⑤ 회화식은 상대와 주고받으며 대화하는 방식이다.

71 정답 ⑤

❍ 의전의 5R 기본정신의 원칙
Rank(서열), Respect(상대 존중), Right(우측 상석), Reflecting Culture(문화 반영), Reciprocity(상호주의 원칙)

72 정답 ①

② 폰 히펠은 '소비자 개인의 용도에 맞게 쓰기 위해 상품 또는 서비스를 제공받는 사람이다.'라고 정의한다.
③ 가토 이치로는 '시민생활에서 반영된 개념으로 국민 일반을 소비생활이라 한다.'라고 정의한다.

④ 이마무라 세이와는 '소비자는 생활자로서 일반 국민인 동시에 거래과정의 끝무렵에 구매자로 나타나는 것이다.'라고 정의한다.
⑤ 와이블은 개인정보의 유형을 분류한 학자이다.

73 정답 ②
① 소비자기본법 제1조에서는 소비자의 권익을 증진하기 위함이다.

74 정답 ⑤
⑤ 독자적이고 합리적인 행동을 취하여 자원을 절약하고 환경친화적인 소비생활을 함으로써 소비생활 향상과 국가경제 발전에 적극적인 역할을 해야 한다는 내용은 소비자의 책무에 해당된다.

75 정답 ①
① 미국에서는 소비자 보호를 위한 법률 제정이 이루어졌고, 우리나라와 국제소비자기구(Consumers International)에서는 소비자기본법에서 '소비자의 8대 권리'를 규정하고 있다.

76 정답 ③
공정거래위원회는 소비자정책위원회의 심의·의결을 거쳐 소비자 정책에 관한 기본계획을 3년마다 수립하여야 한다. 또한, 기본계획에는 다음의 사항이 포함되어야 한다.
• 소비자정책과 관련된 경제·사회 환경의 변화
• 소비자정책의 기본방향
• 다음의 사항이 포함된 소비자정책의 목표

77 정답 ②
국가는 소비자에게 제공하는 물품 등으로 인한 소비자의 생명, 신체 또는 재산에 대해 위해 방지를 위해 아래 내용을 준수해야 한다.
• 물품 등의 성분, 함량, 구조 등 안전에 관한 중요 사항
• 물품을 사용할 때의 주의사항 및 경고등을 표시할 내용과 방법
• 그 밖의 위해 방지를 위해 필요하다고 인정되는 사항으로 사업자가 지켜야 할 기준을 정해야 한다.

78 정답 ④
소비자중심경영의 인증(제20조의2)
• 공정거래위원회는 물품의 제조·수입·판매 또는 용역의 제공의 모든 과정이 소비자 중심으로 이루어지는 경영(이하 "소비자중심경영"이라 한다)을 하는 사업자에 대하여 소비자중심경영에 대한 인증(이하 "소비자중심경영인증"이라 한다)을 할 수 있다.

• 소비자중심경영인증을 받으려는 사업자는 대통령령으로 정하는 바에 따라 공정거래위원회에 신청하여야 한다.
• 소비자중심경영인증을 받은 사업자는 대통령령으로 정하는 바에 따라 그 인증의 표시를 할 수 있다.
• 소비자중심경영인증의 유효기간은 그 인증을 받은 날부터 2년으로 한다.
• 공정거래위원회는 소비자중심경영을 활성화하기 위하여 대통령령으로 정하는 바에 따라 소비자중심경영인증을 받은 기업에 대하여 포상 또는 지원 등을 할 수 있다.
• 공정거래위원회는 소비자중심경영인증을 신청하는 사업자에 대하여 대통령령으로 정하는 바에 따라 그 인증의 심사에 소요되는 비용을 부담하게 할 수 있다.
• 제1항부터 제6항까지의 규정 외에 소비자중심경영인증의 기준 및 절차 등에 필요한 사항은 대통령령으로 정한다.

79 정답 ②
② 일반정보 : 이름, 주민등록번호, 운전면허정보, 주소, 전화번호, 생년월일 등
⑤ 가족정보 : 부모, 배우자 등 가족구성원의 이름 및 직업

80 정답 ③
• 개인정보처리자는 개인정보의 처리 목적을 명확하게 하여야 하고 그 목적에 필요한 범위에서 최소한의 개인정보만을 적법하고 정당하게 수집하여야 한다.
• 개인정보처리자는 개인정보의 처리 목적에 필요한 범위에서 적합하게 개인정보를 처리하여야 하며, 그 목적 외의 용도로 활용하여서는 아니 된다.
• 개인정보처리자는 개인정보의 처리 목적에 필요한 범위에서 개인정보의 정확성, 안전성, 최신성이 보장되도록 하여야 한다.
• 개인정보처리자는 개인정보의 처리 방법 및 종류 등에 따라 정보 주체의 권리가 침해받을 가능성과 그 위험 정도를 고려하여 개인정보를 안전하게 관리하여야 한다.
• 개인정보처리자는 개인정보 처리방침 등 개인정보의 처리에 관한 사항을 공개하여야 하며 열람청구권 등 정보주체의 권리를 보장하여야 한다.
• 개인정보처리자는 정보주체의 사생활 침해를 최소화하는 방법으로 개인정보를 처리하여야 한다.
• 개인정보처리자는 개인정보를 익명 또는 가명으로 처리하여도 개인정보 수집목적을 달성할 수 있는 경우 익명처리가 가능한 경우에는 익명에 의해, 익명처리로 목적을 달성할 수 없는 경우에는 가명에 의하여 처리될 수 있도록 하여야 한다.
• 개인정보처리자는 이 법 및 관계 법령에서 규정하고 있는 책임과 의무를 준수하고 실천함으로써 정보주체의 신뢰를 얻기 위하여 노력하여야 한다.

81 정답 ①

① 학습은 자극(Stimulation)으로 시작해서 감각(Senses)으로 마친다.

그 외에도 최선의 학습은 '시도해 보는 것'과 훈련시간이 적정분배되어야 한다.

82 정답 ③

③ 교수전략 개발자는 각종 학습 보조 도구와 시청각 자료를 제작하고 활용하여 학습효과를 상승시킬 방안을 강구한다.

① 학습자들과 직접 학습 활동을 하거나 학습자가 하도록 도와주는 역할로, 강의, 토의진행, 시범 등의 역할을 수행함에 있어 강사는 다양한 경험과 이론적 배경지식을 필요로 한다.

④ 조직의 문제를 확인하고 학습요구를 분석하여 이를 충족할 학습 내용을 확정하며, 확정된 내용이 효과적으로 학습되고 실제 사항에 적용되도록 성인학습이론을 바탕으로 교수학습계획을 수립한다.

83 정답 ②

• 프레젠테이션의 4P는 Purpose(목적), Place(장소), People(사람), Preparation(사전준비)이다.

• 사전준비(Preparation)는 그 외에도 대상별 조직특성에 맞는 자료로 공감을 이끌어낼 수 있는 효과적인 발표자료를 제작하여야 한다.

84 정답 ③

③ 교수자로서 신뢰 확립 및 유지

그 외에도 효과적인 커뮤니케이션, 학습자 정보 및 자료 분석, 학습 강화와 동기유발, 효과적인 질문 능력과 기법, 평가정보의 기록 및 유지, 교수활동 평가, 학습자 성취도평가, 학습 강화와 동기유발이 해당된다.

85 정답 ⑤

⑤ 앤드라고지(Andragogy)의 성인학습 실천원리에 대한 내용이다.

크로스는 아이들과 달리 정보를 제공할 때 능숙하게 할 수 있는 기회가 주어져야 완벽하게 학습할 수 있는 성인이기 때문에 가능하며, 한 번에 하나의 아이디어나 개념을 제공해야, 이를 통해 학습자는 기존 지식과 새로운 지식을 융합하고, 지적 손실을 최소화하여 이해력 향상에 도움을 준다고 제시한다.

86 정답 ①

① Body(본론)에 해당하며, 종결로 넘어가기 전에 질의응답 시간을 통해 청중의 의문점을 해소시키고 마무리로 넘어간다.

그 외에도 Closing(종결)에서 청중에게 깊은 인상을 남길 수 있다.

87 정답 ⑤

⑤ 정보적 프레젠테이션은 객관성, 완전성, 공정성, 명확성, 해석성 등 충분한 정보제공을 기반으로 한다.

① 대부분의 비즈니스적 프레젠테이션에서 활용

② 형식과 격식에 중점

③ 청중의 의욕을 불러일으키며, 기대하는 활동을 받아들이게 하는 목적

④ 절차 및 과정을 명확하게 해주는 방법

88 정답 ②

① 개인과 개인 간의 거래로, 소비자가 상품의 구매 및 소비 주체인 동시 공급의 주최

③ 기업과 행정기관 거래로, 기업과 정부조직 간 모든 거래

④ 기업과 개인 간의 거래로, 수량 및 옵션사항, 배달장소를 판매자에게 제공하면 대불 지금을 통해 거래가 성사

⑤ 기업과 기업 간의 거래로, 무역 및 제조분야에서 활발히 활용

89 정답 ④

④ 장기간에 학습자에게 업무숙지를 필요로 할 때

90 정답 ①

① Convenience는 편의성으로 보안기능 4요인에 해당하지 않는다.

전자결제 보안기능 4요인은, 기밀성(Confidentiality), 무결성(Integrity), 부인방지(Non-repudiation), 인증(Authentication)이다.

제1과목 CS개론

정답

01	①	02	②	03	③	04	③	05	③
06	⑤	07	④	08	①	09	③	10	②
11	⑤	12	③	13	⑤	14	⑤	15	②
16	③	17	①	18	①	19	②	20	⑤
21	④	22	①	23	③	24	⑤	25	②
26	①	27	①	28	②	29	⑤	30	③

01 정답 ①
> **2000년대의 CS** : 고객 감동 경영, 업종 불문한 CS의 도입

02 정답 ②
> **공정성의 유형**
- 도출결과의 공정성(분배적 공정성) : 투입과 산출 사이의 상호관계 원칙과 같이 투입과 산출에 대한 평가가 우선시 되는 기준. 기여(Contribution), 요구(Needs) 및 평등성(Equality)
- 절차 공정성(procedural justice) : 보상의 결과보다는 보상을 결정하는 절차가 공정한가 하는 개념. 도출 결과에 영향을 미치는 영향력과 정보의 공유 정도를 의미 정보의 수집, 의사결정자의 정보 사용, 사람들의 의사결정에 영향력을 가지고 있다고 믿는 신념의 정도
- 상호작용의 공정성(interactional justice) : 의사결정시스템과 같은 절차뿐만 아니라 의사결정자가 구성원을 공정하게 대하는 것이 중요하다는 의미. 의사소통방식, 존경, 정직, 예의

03 정답 ③
> **내적 귀인** : "내적 요인" 또는 "기질적 요인"으로 원인을 돌리는 것(지능 수준, 발생한 사건에 대한 책임 등)

04 정답 ③
> **기반 프로세스** : 핵심프로세스는 아니지만 경쟁자보다 뛰어나지는 않더라도 고객에게 최소한의 가치를 제공한다.

05 정답 ③
도출결과의 공정성에서 제시하고 있는 구성요소에는 요구(Needs), 평등성(Equality), 기여(Contribution)가 있다.

06 정답 ⑤
> **서비스 프로세스의 표준화** : 대량의 고객을 상대하고 고객의 참여 수준이 낮은 서비스 업종에 적합

07 정답 ④
④ 서비스의 제공 절차가 복잡하여 고객에게 복잡하고 포괄적인 행동이 요구되기도 한다.

08 정답 ①
②는 지원프로세스 ③은 기본 프로세스, ④, ⑤는 변혁 프로세스에 대한 설명이다.

09 정답 ③
> **대기시간에 영향을 주는 통제요인**
- 기업의 완전통제요인 : 공정성, 편안함, 확실성, 대기단계 (서비스 단계)
- 기업의 부분통제요인 : 점유, 불만
- 소비자(고객) 통제요인 : 대기단위, 대기목적가치, 소비자 태도

10 정답 ②
> **서비스 접점의 유형**
- 원격 접점 유형 : 고객이 어떠한 인적 접촉 없이 서비스 기업과 접촉하는 것을 의미.
(은행의 ATM, 자동티켓 발매기)
물리적 단서가 중요한 요소가 되므로 허용오차가 적고 통제가 가능

- 전화 접점 유형 : 직원의 목소리, 친절한 응대, 직원의 지식, 문제 처리능력 등이 품질의 기준이 된다.
- 대면 접점 유형 : 서비스 제공자와 고객이 직접 만남에서 상호작용이 발생. 고객 자신의 행동, 서비스의 유형적인 단서, 다른 유형에 비해 서비스 품질을 파악하고 판단하기가 가장 복잡

11 정답 ⑤
❯ **서비스 접점의 특징**
- 서비스 제공자와 고객은 양자적 관계
- 서비스 제공자와 고객 간의 인간적인 상호작용
- 서비스 접점의 목적은 정보의 교환
- 제공되는 서비스의 내용과 특성 및 참여자의 위치에 따라 서비스의 범위가 제한됨

12 정답 ③
Moment of Truth(MOT)는 리처드 노먼(Richard Norman)이 정립한 이론으로 SAS(스칸디나비아 항공사)의 얀 칼슨(Jan Carlson) 사장은 1980년대 이후 '진실의 순간(MOT)' 개념을 CS경영에 도입하여 적자에서 흑자로의 성과를 창출해 냈으며 이후 고객만족의 개념을 세계적으로 확산시켰다. 곱셈의 법칙 적용 : 처음에 우수한 성적을 받았어도, 마지막에 0이면 결과는 제로일 뿐이다.

13 정답 ⑤
❯ **피쉬본 다이어그램의 단계별 흐름(FLOW)**
- 1단계 : 문제의 명확화
- 2단계 : 문제의 주요 원인 범주화
- 3단계 : 잠재원인 브레인스토밍 실시
- 4단계 : 주요원인 범주의 세부사항 검토
- 5단계 : 근본원인 확인

14 정답 ⑤
❯ **품질의 집(HOQ)의 구성요소** : 고객의 요구, 상호작용, 품질의 특성, 상관관계, 설계의 품질, 경쟁사 비교 등

15 정답 ②
② 마켓 쉐어 확대
❯ **품질기능전개(QFD)를 적용하기 위한 목적** : 개발 기간의 단축, 설계 변경의 감소, 품질비용 감소, 설정과정의 문서화, 기능 부서 간의 팀워크 향상, 판매 후 하자 감소, 시장 품질 정보 축적, 마켓 쉐어 확대, 설계 품질 및 기획 품질 설정, 설계의도를 제조에 전달

16 정답 ③
③ 소비자 중심의 경제활동으로 변화
❯ **고객만족경영 도입 배경 – 마이네트**
- 수요의 감소
- 소비자 중심의 경제
- 소비자의 기대상승
- 소비자 주권의식의 확산
- 소프트웨어적 요소의 중요성

17 정답 ①
❯ **거래 전, 사전 서비스(Before Service)** : 명시된 회사의 정책, 회사에 대한 고객의 평가, 회사 조직, 시스템의 유연성, 기술적 서비스 등에 대한 정보

18 정답 ①
❯ **노드스트롬 백화점의 경영 방식** : 가족 경영 기업문화, 현장배회 경영. 역 피라미드 구조, 종업원 지주 제도

19 정답 ②
❯ **2000년대(고객만족 완성기) – 생활화/선도역할**
- 고객관계관리(CRM) 경영기법의 활용이 보편화되었다.
- 기업의 사회적 책무를 중요시하였다.
- 고객생애가치(Life Time Value)의 창출을 통한 고객기여도를 극대화하였다.
- 내・외부고객을 동시에 중시하고, 글로벌 기업의 경우에는 국내・외 고객의 만족까지 고려했다.

20 정답 ⑤
❯ **인식기능에 따른 선호경향**
ⓐ 감각형(S, sensing) : 오감에 의존하여 실제의 경험을 중시하며 지금・현재에 초점을 맞추고 정확하고 철저히 일을 처리한다.
ⓑ 직관형(N, intuition) : 육감 내지 영감에 의존하며 미래지향적이고 가능성과 의미를 추구하며 신속, 비약적으로 일을 처리한다.

21 정답 ④
❯ **노드스트롬 백화점의 외부고객만족**
- 조건없는 반품 수용정책
- 다양한 제품 구색
- 개인별 고객수첩 활용

22 정답 ①
① 시장의 변화 – 시장의 규제 완화

◈ 고객의 변화 : 고객만족이 아닌 고객충성이 구매결정력을 가짐. 개인생활 방식의 변화, 고객의 요구 변화

23 정답 ③

③ 매슬로우는 하위 단계의 욕구가 만족되어야 다음 단계의 욕구가 발생한다고 본 반면, 알더퍼는 여러 가지 욕구를 동시에 경험할 수 있다고 하였다.

24 정답 ⑤

◈ CRM 전략 수립 6단계 : 환경분석 – 고객분석 – CRM 전략방향 설정 – 고객에 대한 오퍼(Offer) 결정 – 개인화설계 – 대화설계

25 정답 ②

② 메타슈머 : 기존의 제품을 변형하여 사용하는 소비자들을 가리키는 말

① 리뷰슈머 : 인터넷 블로그나 게시판에 전문적으로 글을 올리는 사람, 후기(review)와 소비자(consumer)의 합성어

③ 스토리슈머 : 스토리와 컨슈머의 합성어로 이야기를 찾는 소비자 제품뿐 아니라 제품과 관련된 자신의 이야기와 사연을 적극적으로 알리는 특성

④ 트윈슈머 : 인터넷 등의 구매 후기를 참고하여 상품이나 서비스를 구매하는 소비자. 쌍둥이라는 뜻의 트윈과 컨슈머의 합성어로 생각, 취미, 소비성향이 쌍둥이처럼 유사한 소비자를 의미

⑤ 가이드슈머 : 기업의 장단점에 대해 칭찬 및 지적은 물론 스스로 적극적인 구전마케팅(홍보)까지 하는 소비자

26 정답 ①

◈ 무형성 : 형태가 없으므로 특허로서 보호받을 수 없고, 전달 불가하며, 가격설정 기준이 모호하다.

27 정답 ①

◈ 거래 시 서비스(On Service) : 인도시간, 주문의 편리성, 상품 대체성, 재고품질 수준, 수송수단 선택, 백오더(back order) 이용 가능성 등

28 정답 ②

◈ 보복전략(Retaliation) : 경쟁사의 수익확보를 저지할 목적으로 신규 서비스 시도를 줄이고 시장점유율을 유지하기 위해 공격적으로 경쟁하는 것

예 장기간의 계약기간, 장기고객에 대한 요금할인·가격인하, 판매촉진 등

29 정답 ⑤

◈ 적응 전략(Adaptation Strategy)
• 새로운 경쟁사가 시장에 이미 진입했을 경우, 진입자의 시장 잠식을 막는 전략이다.
• 새로운 진입자의 서비스보다 우위의 서비스를 제공하기 위해 서비스를 추가하거나 서비스를 수정한다.
• 서비스 추가, 지속 가능한 경쟁우위 확보, 서비스 패키지 강화 등

30 정답 ③

◈ 서비스 리더십의 특성 – 커트 라이만(Curt Reiman)
• 고객에 대한 접근성
• 솔선수범과 정확한 지식의 결합
• 일에 대한 열정
• 도전적 목표
• 강력한 추진력
• 기업문화의 변화
• 조직화

정답

31	⑤	32	③	33	①	34	③	35	③
36	①	37	③	38	②	39	⑤	40	⑤
41	④	42	⑤	43	④	44	⑤	45	③
46	⑤	47	④	48	①	49	④	50	①
51	⑤	52	⑤	53	②	54	③	55	③
56	④	57	④	58	⑤	59	①	60	①

31 답 ⑤

❯ **그렌루스(Grönroos)가 제시한 6가지 품질 구성요소**
- 접근성과 융통성
- 평판과 신용
- 신뢰성과 믿음
- 전문성과 기술
- 서비스회복
- 태도와 행동

32 정답 ③

③ 외부고객과 종업원 사이의 상호작용선을 통해 고객이 자신의 역할을 깨닫게 되며 고객이 경험하는 서비스 품질을 알게 하여 서비스 설계에 공헌할 수 있도록 한다.

33 정답 ①

❯ **서비스 청사진의 위험 요소 - 린 쇼스택**
- 지나친 단순화 : 서비스를 도식화하여 모든 것을 묘사하는 것은 지나치게 단순화하는 것이다.
- 불완전성 : 서비스를 표현할 때, 직원, 관리자, 고객은 자신에게 익숙하지 않은 서비스의 세부항목이나 요소를 빠뜨리는 경향이 있다.
- 주관성 : 어떤 사람이 말로 서비스를 표현하는 것은 그 서비스에 대한 노출정도와 개인적인 체험에 의해 왜곡될 가능성이 있다.
- 편향된 해석 : 한 단어를 정확히 같은 뜻으로 해석하지 않는다.

34 정답 ③

❯ **가시선** : 고객에게 보이는 활동과 그렇지 않은 활동으로 구분된다. 고객이 볼 수 있는 영역과 어떤 종업원이 고객과 접촉하는지를 알려주어 합리적인 서비스 설계를 도와준다.

35 정답 ③

③ 서비스 성과 모니터 및 성과 추적

36 정답 ①

❯ **신뢰성** : 미스터리 쇼핑을 의뢰한 회사는 미스터리 쇼퍼의 활동과 보고에 의존하므로 신뢰성은 미스터리 쇼퍼의 기본 자격이다.

37 정답 ③

③ 짧은 쇼핑 기간 동안에 매장을 돌면서 이름 받기, 설명 듣기, 기타 자세한 사항들을 주시, 기억해야 한다.

38 정답 ②

❯ **MOT 사이클 차트 분석 5단계**
- 1단계 : 서비스 접점 진단하기
- 2단계 : 서비스 접점 설계하기
- 3단계 : 고객접점 사이클 세분화
- 4단계 : 고객접점 시나리오 만들기
- 5단계 : 구체적 서비스 표준안으로 행동하기

39 정답 ⑤

⑤ 고객의 요구를 바탕으로 작성되어야 한다.

40 정답 ⑤

❯ **복합적 마케팅의 구성요소** : 통합적 마케팅, 사회적 마케팅, 관계 마케팅, 내적 마케팅

41 정답 ④

❯ **서비스 삼각형의 요소**
- 내부 마케팅
- 외부 마케팅 : 기업과 고객 간에 이루어지는 마케팅으로 서비스를 제공하기 이전에 고객과의 커뮤니케이션하는 모든 것이다. 고객과의 약속을 의미한다.
- 상호작용 마케팅 : 종업원과 고객 간에 이루어지는 마케팅 (고객접점 마케팅)으로 사람이 가장 중요한 역할을 한다.

42 정답 ⑤

⑤ 대기업에 비해 중소기업이 높은 매출액을 실현할 수는 없지만 수익성을 보장할 수 있는 충분한 시장규모와 구매력이 있어야 한다.

43 정답 ④

❯ **내부 강점(Strength)** : 독보적 제조기술력, 자금의 원활함, 높은 시장점유율 등

44 정답 ⑤

❯ **시장 세분화의 장점**
- 세분화된 시장의 요구에 적합하게 제품계열을 결정할 수 있다.
- 미래의 시장변동에 대비해 계획을 수립하고 대책 마련이 가능하다.
- 광고매체를 합리적으로 선택할 수 있고 각 매체별로 효과에 따라 예산을 할당할 수 있다.
- 이익가능성이 높은 몇 개의 세분화시장에 대해서만 판매촉진비를 설정할 수 있도록 범위 설정이 가능하다.
- 판매 저항이 최소화되고 판매 호응이 최대화될 것으로 예측되는 기간에 판촉활동을 집중할 수 있다.

45 정답 ③
- ① 기능요소 차별화 : 고객 문제에 대한 새로운 해결 방법 제시
- ② 유형적 제품 차별화 : 유형재의 효용 가치를 증가시키기 위해 추가적인 서비스를 강화하고, 서비스는 유형재를 추가적 제공
- ④ 상징요소 차별화 : 다른 사람과의 관계 속에서 보다 높은 의미와 가치를 갖는 요소로 차별화
- ⑤ 서비스 제공방법 차별화 : 서비스 또는 부가 서비스의 내용을 차별화하기 어려운 경우에는 서비스 제공 방법과 고객접점에서 차별화

46 정답 ⑤

❯ **포지셔닝 전략 수행절차 6단계 – 아커와 샨비(Aaker and Shanby)**
- 1단계 : 경쟁자 확인
- 2단계 : 경쟁자 인식 및 평가 분석
- 3단계 : 경쟁 기업과 제품 시장에서의 포지셔닝 결정
- 4단계 : 소비자 분석 수행
- 5단계 : 포지셔닝 의사 결정
- 6단계 : 모니터링

47 정답 ④
- ④ 서비스의 동질화

48 정답 ①
- ② 생산 개념 : 가장 오래된 마케팅 개념으로 판매자 관점에서 제품 및 서비스의 생산과 유통을 강조하여 기업의 역량을 대량생산체제와 유통 효율성 제고에 집중시키는 마케팅 개념
- ④ 제품 개념 : 소비자의 선택 기준이 품질, 성능 및 혁신적인 특성 면에 있다고 가정하고 마케팅적 근시안을 초래

할 가능성이 높은 마케팅 개념
- ⑤ 고객지향적 마케팅 : 기업의 목표 달성을 고객의 욕구 파악 및 만족을 위한 활동으로 정립하고 경쟁사보다 효율성을 추구하는 마케팅 개념

49 정답 ④

❯ **복합적 마케팅 개념(IMC; Integrated Marketing Communication)**
- 관계 마케팅 : 기업이 고객과의 장기적인 관계를 구축하는 것을 목표로 함
- 통합적 마케팅 : 고객을 위한 가치 창조와 커뮤니케이션 및 전달을 위해 모든 형태를 취하는 마케팅 활동
- 내적 마케팅 : 고객 관점을 갖는 능력 있는 조직원을 고용, 훈련, 동기부여하는 마케팅
- 사회적 마케팅 : 기업의 관심사와 마케팅을 윤리적 · 환경적 · 사회적 · 법적 맥락에서 이해하는 것으로 현재 기업 및 소비자의 차원을 넘어 사회 전체로 확대되고 있는 마케팅 개념

50 정답 ①

❯ **학자별 서비스 실패의 개념**
- 원(Weun) : 서비스의 실패란 서비스 접점에서 고객의 불만족을 야기하는 열악한 서비스 경험을 의미
- 존스턴(Johnston) : 책임소재와는 무관하게 서비스 과정이나 결과에 있어서 무엇인가 잘못된 것
- 헤스켓(Heskette), 새서(Sasser), 하트(Hart) : 서비스 과정이나 결과에 대하여 서비스를 경험한 고객이 좋지 못한 감정을 갖게 되는 것
- 벨(Bell), 젬케(Zemke) : 서비스 경험이 기대 이하로 심각하게 떨어지는 서비스 결과를 초래하는 것

51 정답 ⑤

❯ **서비스 실패(전환) 유형/고객 이탈 유형**
- 가격 : 높은 가격, 불공정한 산정, 가격인상
- 불편 : 서비스를 제공받는 위치나 시간, 대기 시간, 예약 시 대기 불편
- 핵심 서비스 실패 : 제공자의 업무 실수, 서비스 파멸, 계산상 오류
- 비차별적 전환 : 서비스 제공자의 업무 중단, 점포 폐쇄 및 이전, 고객 이동 등

52 정답 ⑤

❯ **상호작용 품질** : 적극성과 친절도에 의한 말과 행동, 태도, 처리시간, 편의성

53 정답 ②

종업원 지주제도는 노드스트롬 백화점의 내부고객 만족과
관련된다.

54 정답 ③

③ 기존 고객 유지 측면에 도움이 된다.

◉ **고객인지 프로그램의 장점** : 차별화된 서비스를 제공하
고 고객 행동의 예측이 가능. 적절한 제품, 서비스 제공
가능, 고객과의 원활한 의사소통이 가능. 기존 고객 유지
측면에 도움

55 정답 ③

③ 내부 품질은 종업원 만족을 가져온다.

56 정답 ④

◉ **운영 전략과 서비스 전달 시스템 요소** : 의사결정권한,
종업원 선발과 경력개발, 업무 설계와 의사결정권, 작업
장 설계, 정보제공 및 커뮤니케이션, 보상과 인정

57 정답 ④

◉ **제품 차별화의 구체적인 요소**
• 형태 : 제품의 크기, 모양 또는 물리적인 구조
• 특성 : 제품의 기본적인 기능을 보완하는 특징
• 내구성 : 정상적인 조건 또는 긴박한 조건에서 제품에 기
대되는 작동수명의 측정치
• 성능품질 : 제품의 기본적인 특징이 작동하는 수준
• 적합성 품질 : 생산된 모든 제품 단위가 일관되게 만들어
졌으며 또한 약속한 목표

58 정답 ⑤

◉ **소비자의 쇼핑 습관에 따른 소비재 분류**
• 전문품 : 소비자가 특별히 가격이나 기간, 매장과의 거리
등에 구애받지 않고, 해당 제품을 구매하기 위해 노력하
는 제품
• 선매품 : 제품을 구매하기 전에 가격, 품질, 형태, 욕구
등에 대한 충분한 적합도를 비교하여 선택적으로 구매하
는 제품
• 비탐색품
• 편의품 : 값싸고 자주 구입하는 필수품과 갑작스럽게 구
입하는 비상용품으로 구분하여 생활이나 업무에 편리한
제품으로 나뉜다.

59 정답 ①

◉ 도나베디언이 제시한 의료서비스의 품질 요소 : 수용성,
합법성, 형평성, 적정성

60 정답 ①

◉ **의료서비스의 특징**
• 무형성을 가지고 있다.
• 수요 예측이 불가능하다.
• 의사결정자가 다양하다.
• 기대와 실제 성과의 불일치가 크다.
• 의료서비스 비용은 간접 지불 형태를 갖는다.
• 노동집약적이며 소멸성을 가지고 있다.

정답

61	⑤	62	①	63	④	64	⑤	65	①
66	②	67	①	68	③	69	③	70	③
71	②	72	③	73	⑤	74	①	75	②
76	③	77	①	78	⑤	79	④	80	①
81	④	82	④	83	④	84	④	85	③
86	④	87	⑤	88	①	89	④	90	②

61 정답 ⑤

⑤ 평균 콜 건당 비용은 아웃바운드 성과지표에 해당한다.

62 정답 ①

② 풀 코칭은 스팟(미니) 코칭보다 길고, 코칭의 내용이 2~3개의 통화품질기준에 의해 구체적으로 진행한다.

③ 스팟 코칭은 짧은 시간 진행하여 많은 상담원을 접촉할 수 있는 장점이 있다.

④ 개별 코칭은 신입, 부진자 등을 대상으로 일대일로 하는 가장 기본 코칭 유형이다.

⑤ 그룹 코칭은 적정 수준의 통화품질 유지를 위해 일대 다수로 진행한다.

63 정답 ④

① 후광 화법 : 유명인의 매출을 먼저 보여드린 후, 응대하여 고객 저항을 감소시켜 나가는 화법이다.

② 부메랑 화법 : 제품에 대해 변명 및 트집을 잡는 경우, 외려 그 부분이 장점이라고 설득하며 제품을 구입하게 하는 화법이다.

③ 긍정 화법 : 대화를 할 때 부정적인 답을 할 수밖에 없을 때 분위기 전환으로, 가능한 대안과 방법을 긍정형의 말로 제안하는 화법이다.

⑤ 레이어드 화법 : 명령어 또는 지시어를 요청하는 청유의 형태로 바꾸어 전하는 화법으로 보편적으로 쿠션어와 많이 사용한다.

64 정답 ⑤

⑤ 클레임(Claim)의 내용으로, 클레임은 권리 등을 청구하는 당연한 것으로, 클레임 처리가 되지 않을 때 고객에게 물질적 또는 정신적, 법적 보상이 가능하다.

65 정답 ①

① 건방떨기, 생색, 거만(Condescension) : 고객을 무지하게 대하고, 어리숙하게 보며 건방진 태도를 말한다.

② 무시(Brush - off) : 고객의 요구나 문제를 못 본척하며 피하는 태도

③ 무관심(Apath) : 나와는 상관 없다는 듯한 태도

④ 냉담(Coldness) : 무뚝뚝하게 대하는 태도

⑤ 발뺌(Run around) : 타부서로만 넘기는 태도

66 정답 ②

① 적응하기 : 현재 상황을 스스로 받아들이며 긍정적 해설을 하려고 노력하는 것

③ 분노조절 훈련 : "저 고객이 개인적으로 무슨 일이 있어서 화를 낸거지, 일부러 나를 무시하려고 그런 말을 한 것은 아닐거야"라고 생각하며 나 스스로 분노조절을 잘 하는 강한 사람이라고 격려하는 것

④ 생각 멈추기 : 속으로 "그만"이라고 하며 외친 뒤, 백지장처럼 해당 고객을 지우는 것

⑤ 혼잣말 : 내가 지금 굳이 화를 내야 하는 상황일까? 화낼 만큼 중요한가? 하며 스스로에게 질문해 보는 것

67 정답 ①

② 사고 과정은 과거 관련 기억의 입력 요소와 현재 인식이 혼합되어 개인의 이미지를 형성되는 과정을 말한다.

③ 감정 과정은 지각과 사고 이전의 감정에 반응하여 확장된 효과이다.

68 정답 ③

① 초례는 웃어른이 아랫사람 절에 대한 답배(答拜)에 주로 사용한다.

② 배례는 혼례, 관례, 상례 등에 주로 사용한다.

④ 행례는 항렬(行列)이 같거나, 직급이 같을 경우 주로 사용한다.

69 정답 ③

③ 국가원수, 왕족, 성직자, 공직자는 제외하고, 여성에게 남성을 소개한다.

70 정답 ③

자가 운전의 경우, 조수석이 상석, 조수석 뒤 좌석이 차석, 운전자 뒤 좌석이 말석이지만, 운전기사가 있는 경우, 조수석의 뒤쪽 좌석이 최상석이고, 그 옆의 뒷좌석이 상석, 조수석이 말석이므로, 수행기사가 동반하여 탑승할 경우에는, 조수석 (가)이다.

71 정답 ②

> **개인정보 유출 등의 신고(개인정보 보호법 시행령 제40조)**

- 개인정보처리자는 다음 사항에 해당하는 경우로서 개인정보가 유출등이 되었음을 알게 되었을 때에는 72시간 이내에 법 제34조 제1항 각 호의 사항을 서면등의 방법으로 보호위원회 또는 같은 조 제3항 전단에 따른 전문기관에 신고해야 한다.
- 1천명 이상의 정보주체에 관한 개인정보가 유출등이 된 경우
- 민감정보 또는 고유식별정보가 유출등이 된 경우
- 개인정보처리시스템 또는 개인정보취급자가 개인정보 처리에 이용하는 정보기기에 대한 외부로부터의 불법적인 접근에 의해 개인정보가 유출등이 된 경우
- 법 제34조제3항 전단 및 후단에서 "대통령령으로 정하는 전문기관"이란 각각, 한국인터넷진흥원을 말한다.

72 정답 ③

> **개인정보의 열람(제35조)**

- 개인정보처리자는 제1항 및 제2항에 따른 열람을 요구받았을 때에는 대통령령으로 정하는 기간 내에 정보주체가 해당 개인정보를 열람할 수 있도록 하여야 한다. 이 경우 해당 기간 내에 열람할 수 없는 정당한 사유가 있을 때에는 정보주체에게 그 사유를 알리고 열람을 연기할 수 있으며, 그 사유가 소멸하면 지체 없이 열람하게 하여야 한다.
- 개인정보처리자는 법률에 따라 열람이 금지되거나 제한되는 경우, 다른 사람의 생명·신체를 해할 우려가 있거나 다른 사람의 재산과 그 밖의 이익을 부당하게 침해할 우려가 있는 경우 정보주체에게 그 사유를 알리고 열람을 제한하거나 거절할 수 있다.
- 공공기관이 다음 각 목의 어느 하나에 해당하는 업무를 수행할 때 중대한 지장을 초래하는 경우

73 정답 ⑤

⑤는 국가, 지방자치단체의 책무 요약의 내용이다.

74 정답 ①

① 제71조(벌칙)로, 제22조의2 제1항(제26조 제8항에 따라 준용되는 경우를 포함한다)을 위반하여 법정대리인의 동의를 받지 아니하고 만 14세 미만인 아동의 개인정보를 처리한 자는, 5년 이하의 징역 또는 5천만원 이하의 벌금에 처한다.

75 정답 ②

① 교육훈련 : 타인으로부터 생각하게 하고, 타인의 경험을 자신의 것으로 만드는 유무형의 교육적 효과를 줄 수 있다.

③ 자문 : 권한 있는 자에 의해 일방적으로 결정하기에는 업무의 범위가 방대하거나 결정의 영향력이 클 때에는 전문가의 자문으로 결정할 수 있다.

④ 의사소통 : 회의를 통해 서로 다른 직무의 활동과 정책을 알리고 역할에 대한 이해를 돕고, 조직 목표 달성을 위한 협력의 전제는 부서 간 원활한 의사소통기능이 있다.

76 정답 ③

그 외에도, 개인정보처리시스템 또는 개인정보취급자가 개인정보 처리에 이용하는 정보기기에 대한 외부로부터의 불법적인 접근에 의해 개인정보가 유출 등이 된 경우의 조항도 포함하며, 법 제34조 제3항 전단 및 후단에서 "대통령령으로 정하는 전문기관"이란 각각 한국인터넷진흥원을 말한다.

77 정답 ①

①은 소비자기본법 제16조의 '소비자분쟁 해결'에 대한 내용이다. 제20조 제1항에서는 '사업자는 제8조 제1항의 규정에 따라 국가가 정한 기준에 위반되는 물품 등을 제조, 수입, 판매하거나 제공하여서는 아니 된다.'의 내용이 포함된다.

78 정답 ⑤

그 외에도, '공정거래 위원회 또는 지방자치단체의 장은 소비자단체가 거짓 그 밖의 부정한 방법으로 제29조의 규정에 따른 등록을 한 경우에는 등록을 취소하여야 한다.'의 조항도 있다.

79 정답 ④

① 이용목적에 필요한 범위 내에서 정확하고 완전한 최신 상태로 보존되어야 한다.

② 개인정보는 정보주체의 동의가 있거나 법률의 규정에 따른 경우를 제외하고는 목적 및 특정 목적의 명확성에 따라 그 밖의 용도로 공개되거나 이용되어서는 아니 된다.

③ 개인참여 원칙의 필요조건으로 쉽게 이용되는 수단은 개인이 시간, 사전지식, 교통, 비용 등에 대한 정보가 부담 없이 취득되어야 한다.

⑤ 정보 관리자는 위의 모든 원칙을 준수할 수 있도록 필요한 조치를 취할 책임이 있다.

80 정답 ①

① 지시받은 방침 및 방법으로 진행이 불가능한 경우에 중간보고가 필요하다.

81 정답 ④

④ OJT 유의성 : 자기계발과 연결하여 훈련시키는 것이 효과적이다.

82 정답 ④

① SD(Self Development) : 자발적 학습, 학습된 내용을 토대로 스스로 응용
② OFF-JL(Off the Jpb Learning) : 독서 및 자기계발
③ OJT(On the Job Training) : 현장실무교육
⑤ OJL(On the Job Learning) : 실천학습

83 정답 ⑤

⑤ 자신의 지식 및 경험을 교환하며 학습자와 학습자, 교수자와 학습자 중심의 자율수업이 가능하다. 그 외에도, 높은 수준의 인지적 학습목표달성에 능률적이지만, 시간분배가 어렵고 시간 소비량이 많아진다.

84 정답 ④

① 브레인스토밍
② 토의법
③ 사례연구법
⑤ 역할 연기법

85 정답 ③

③ OJT는 OFF-JT(집합교육)와 함께 진행되어야 효과적이다.

86 정답 ④

④ 시간과 장소에 취약하여 많이 실시하기는 힘든 단점이 있다.

87 정답 ⑤

• OJT(On the Job Training) : 현장실무교육
• OJL(On the Job Learning) : 자기학습
• OFF-JT(Off the Jpb Training) : 집합교육 전반
• OFF-JL(Off the Jpb Learning) : 자기계발 활동
• SD(Self Development) : 자발적 학습

88 정답 ①

① 피고스 & 마이어스의 성인학습 효과는 그 외에도 신입사원은 기업에 대한 내용, 방침 등을 파악하여 친근감과 안심감을 가지며, 신입사원의 양과 질이 모두 표준에 달하고, 임금 증가 대책 방법을 세울 수 있다. 종사원의 불만과 결근, 이동을 방지할 수 있으며, 승진에 대비하여 능력향상에 대책과 방법을 세울 수 있다고 제시한다.

89 정답 ④

OFF-JT(Off the Jpb Training)인 집합교육에 해당하는 교육방법으로, 시범 외에도 토의법, 강의법, 사례연구법, 역할연기법이 있다.

90 정답 ②

② OFF-JT(집합교육)에서 주로 많이 활용되며, 교육생 모두가 흥미롭게 현실감 있는 학습이 가능하다. 단점으로는 준비하는 데 시간이 많이 소요되며 교육장소확보가 쉽지 않다.

Memo

Memo

저자 | 백지연

[약력]
한양대학교 경영학 박사
現 한양대학교 경영전문대학원 겸임교수
　　　인하공업전문대학 항공경영학과 겸임교수
　　　글로벌경영학회 이사
前 한양대학교 경영학과 겸임교수
　　　농협대학교 겸임교수
　　　숭실사이버대학교 외래교수
　　　대구사이버대학교 외래교수
　　　배화여자대학교 외래교수
　　　한국표준협회 경영전문위원
　　　한국생산성본부 SMAT 출제위원

[주요 저서]
고객응대실무 3판(한올)
리더십의 이해(한올)
고객서비스실무(한올)
SMAT(서비스경영자격) 모듈A(신지원)
CS리더스관리사(신지원)
텔레마케팅관리사(신지원)

저자 | 이유민

[약력]
숭실대학교 경영학 석사
現 한국감성교육컨설팅(KEEC) 대표
　　　사회적협동조합 이음플러스 교육이사
前 한국표준협회(KSA) 전문위원
　　　한국능률협회(KMA) 파트너 강사
　　　(주) 삼성전자서비스 교육 및 코칭강사
　　　(주) 현대백화점그룹 교육 및 코칭강사
　　　(주) 한국문화예술위원회 서비스교육 강사
　　　문화체육관광부 교육 강사
　　　제주특별자치도 공공정책 연수원 교육 강사

COMPLETE-PASS
CS 리더스 관리사
한 권 으 로 끝 내 기

개정판인쇄　2025년 1월 5일
개정판발행　2025년 1월 10일
공 편 저 자　백지연 · 이유민
발 행 인　최현동
발 행 처　신지원
주　　　소　07532 서울특별시 강서구 양천로 551-17, 813호(가양동, 한화비즈메트로 1차)
전　　　화　(02) 2013-8080
팩　　　스　(02) 2013-8090
등　　　록　제16-1242호
교재구입문의　(02) 2013-8080~1

※ 본서의 독창적인 부분에 대한 무단 인용 · 전재 · 복제를 금합니다. 저자와의 협의하에 인지는 생략합니다.

ISBN　979-11-6633-504-4 13320

정 가　23,000원